índice

Introducción	5
Ensaladas	11
Sopas, cremas, purés y legumbres	33
Entrantes	107
Arroz y pasta	161
Verduras	191
Salsas	229
Huevos	251
Mariscos	271
Pescados	299
Carnes	381
Postres	493
Diccionario de términos	567
Índice alfabético de recetas	571
Índice de recetas por dificultad	603
Agradecimientos	639

everest

recetas sencillas

para novatos y cocinillas

Cocina española

Xabier Gutiérrez, Igor Zalakain y Juan Calduch

1ª edición: octubre 2009
2ª edición corregida: noviembre 2009
3ª edición: diciembre 2009
4ª edición: febrero 2011

Autores: **Xabier Gutiérrez, Igor Zalakain** y **Juan Calduch** Fotografías cubierta: **Mikel Alonso** Dirección editorial: **Raquel López Varela** Coordinación editorial: **Aizkorri Argitaletxea** y **Ángeles Llamazares** Diseño libro: **Luis Alonso** Maquetación: **Luis Alonso**
Carretera León - La Coruña, km 5 - LEÓN
ISBN: 978-84-441-2056-1 Depósito Legal: LE. 371-2011 Printed in Spain - Impreso en España
EDITORIAL EVERGRÁFICAS, S. L. Carretera León - La Coruña, km 5 LEÓN (ESPAÑA)
www.everest.es
Atención al cliente: 902 123 400

introducción

Esta obra no es una recopilación dogmática de recetas españolas. Que nadie se tire de los pelos si alguno de los platos más emblemáticos de su región o ciudad no está descrito como se ha hecho toda la vida. Es normal, las recetas no son las sagradas escrituras, cambian y evolucionan. Deben matizarse conservando su esencia, pero, a la vez, adaptándose a los nuevos tiempos. Porque no nos engañemos: no comemos como hace cien años. Entonces las necesidades eran bien distintas, y hace dos siglos, aún más.

En este libro hemos intentado recopilar los platos más representativos de la gastronomía española, descritos de la manera más simple y atractiva posible. Como en manuales anteriores, hemos dividido las recetas en tres apartados de dificultad: con un tenedor, las más fáciles; con dos tenedores, recetas para pinches con ganas de lucirse, y con tres, las adecuadas para cocinillas avanzados con un pelín de experiencia. Pero no os asustéis, todas se pueden elaborar sin problemas en vuestra casa.

Recordad, recetas muy sencillas, basadas en el recetario tradicional español, para que os salgan platos divertidos.

El recetario popular no es una ciencia exacta, así que animamos a dejar volar vuestra imaginación en la cocina. Si os falta un ingrediente, no os preocupéis, buscad otro similar que tengáis a mano y que os parezca apropiado. De la misma manera, cuando os apetezca elaborar platos de diferentes regiones, podéis crear vuestra propia versión con los ingredientes que encontréis en el mercado o en la nevera. Si lo que queréis es probar algo nuevo, no dudéis en apoyaros en alguna de estas recetas para ensayar nuevas combinaciones, distintos acompañamientos.

Lo más importante es que lo hagáis con cariño y que le dediquéis el tiempo necesario.

Recuerda que siempre que hablamos de hornear algo ese horno tiene que estar precalentado unos 10 minutos.

Salvo que no se especifique otra cosa, todas las recetas incluidas en este libro están pensadas para un número de cuatro comensales.

Así que ¡a disfrutar en la cocina y a mimar a todo el que se siente a vuestra mesa!

Abreviaturas:

cc: cucharadita de café

cs: cucharada sopera

g: gramo

dl: decilitro

cl: centilitro

cm: centímetro

seg: segundo

min: minuto

h: hora

aprox.: aproximadamente

unid.: unidad

ENSALADAS

Cogollos con *txangurro*

Ingredientes

2 cogollos • 3 cs de aceite • 1 cs de vinagre • Sal • 1 *txangurro* de un kilo y mayonesa

Elaboración

Cortar el cogollo en 4 trozos y poner en cada uno aceite, vinagre y sal.
Hervir el *txangurro* durante 12 min en agua con sal. Sacarlo y dejarlo enfriar 1 h. Abrir el caparazón y romper las patas sin provocar demasiadas astillas, es decir, con golpes secos y precisos, lo que constituye todo un arte. Con paciencia y la punta de un cuchillo, ir sacando la carne del interior. Reservar.
Echar encima de los cogollos la carne del *txangurro* picada y mezclada con una pizca de mayonesa.

Ensalada a la vinagreta de azafrán

Ingredientes

50 g de jamón de pato • 1 tomate • 1 lechuga rizada • 100 g de berros y 4 champiñones
Para la vinagreta:
6 cs de aceite de oliva • 2 cs de vinagre de vino • 6 hebras de azafrán • 1 diente de ajo picado • Sal y pimienta

Elaboración

Limpiar bien la lechuga y extender las hojas sobre el plato. Cortar el tomate en cuadrados y disponerlo sobre la lechuga. Colocar los berros mezclados entre el tomate y la lechuga.
Filetear los champiñones y ponerlos sobre lo demás. Hacer la vinagreta, mezclar los ingredientes en frío y condimentar con ella la ensalada.
Presentarla intercalando sobre los ingredientes el jamón de pato.

Ensalada agridulce

Ingredientes

6 patatas medianas • 2 manzanas • 1 lechuga • 7 cs de aceite de oliva • Zumo de un limón • Sal • 50 g de avellanas fritas y 2 cc de perejil picado

Elaboración

Envolver las patatas en papel film y cocerlas al microondas a media potencia unos 6 min. A continuación, pelarlas y cortarlas en dados.
Pelar y cortar en cuadros las manzanas y mezclarlas en un bol junto con las patatas.
Lavar y deshojar la lechuga, trocearla con la mano y añadirla al bol.
Preparar el aliño mezclando el aceite de oliva, el zumo de limón, sal y pimienta al gusto. Mezclar todos los ingredientes en el bol y presentarlo sobre una ensaladera. Espolvorear con perejil y trocitos de avellana frita.

Ensalada campera

Ingredientes

1 patata cocida en dados • 1 pimiento verde • ½ cebolla • 3 tomates • 2 huevos duros • 75 g de aceitunas verdes sin hueso • 10 cs de aceite de oliva • 2 cs de vinagre • 1 cs de perejil picado • Sal y pimienta

Elaboración

Cortar la cebolla y el pimiento en juliana fina y los tomates, en trozos. Colocar todo en un bol junto con la patata. Mezclar bien e incorporar los huevos en láminas y las aceitunas.
Aliñar el conjunto con la mezcla de aceite, vinagre, perejil picado, sal y pimienta.
Servirlo en una fuente o ensaladera.

Ensalada de arroz Reinosa

Ingredientes

200 g de arroz cocido y frío • 200 g de atún en aceite • 8 anchoas • 2 tomates medianos pelados, sin semillas y cortados en dados • ½ cebolla picada muy fina • 4 cc de aceite de oliva • ½ cc de vinagre • 1 cc de mostaza • ½ lcc de tomillo • Sal y pimienta

Elaboración

Cocer el arroz en agua con sal durante 18 min y, después, pasarlo por agua fría. Escurrir a conciencia. Añadir el tomate y el atún desmenuzado, poner en una fuente para servir y adornar con las anchoas.

Batir bien el resto de los ingredientes para hacer la vinagreta, salpimentar y mezclar bien con el resto de la ensalada.

Ensalada de atún

Ingredientes

400 g de atún en aceite • 8 hojas de lechuga • 12 aceitunas negras y verdes • 1 cebolleta • 2 huevos cocidos • 2 pepinillos en vinagre • 1 tomate pelado y sin pepitas • 90 g de aceite de oliva • ½ vaso de vinagre de sidra • 1 cc de perejil picado • Sal y pimienta

Elaboración

Limpiar la lechuga y colocarla artísticamente en el plato. Sobre ella, disponer el atún desmenuzado en trozos hermosos, las aceitunas y la cebolleta cortada muy fina.

Preparar la vinagreta picando los huevos, el tomate y los pepinillos muy finos. Mezclar todo en un cuenco con el aceite, el vinagre de sidra, el perejil picado, la sal y la pimienta.

Aliñar la ensalada y servir.

Ensalada de atún y nueces

Ingredientes

1 escarola • 3 patatas cocidas • 1 tomate • 250 g de atún en aceite • 8 espárragos cocidos • 2 nueces • 1 diente de ajo • 6 cs de aceite de oliva • 2 cs de vinagre de jerez y sal

Elaboración

Limpiar la escarola y extenderla en el fondo de una fuente. Cortar las patatas en cuadros y ponerlas sobre la escarola.

Cortar el tomate en rodajas finas y colocarlo junto con la patata y la escarola.

Finalmente, desmenuzar ligeramente el atún y añadirlo a los ingredientes anteriores junto con los espárragos cortados por la mitad.

Majar en el mortero las nueces y agregarlas a la ensalada. Hacer la vinagreta con el ajo picado, el aceite, el vinagre y la sal.

Aliñar la ensalada y servir.

Ensalada de hongos

Ingredientes

600 g de hongos frescos • 20 g de almendras fritas • 6 cs de aceite de oliva virgen • 1 cs de vinagre de sidra • Sal y pimienta

Elaboración

Limpiar los hongos con un trapo húmedo y cortarlos en láminas.

Una vez cortados, colocarlos en una fuente o plato. Salpimentar. Espolvorear con la almendra frita que habremos picado muy fino.

Introducir durante 1 min la fuente en el horno precalentado a 200 °C. Así, los hongos soltarán todos sus aromas a bosque, como debe ser. Salsear con el aceite y añadir un hilo de vinagre.

Si los hongos son buenos, prepárate para chuparte los dedos.

Ensalada de brócoli y jamón

Ingredientes

300 g de brócoli • 3 tomates • 200 g de jamón serrano (en lonchas muy finas) • 2 plátanos • Zumo de un limón • 6 cs de aceite oliva virgen • 2 cs de vinagre de jerez • 1 cc de mostaza • Sal y pimienta

Elaboración

Laminar el brócoli y cortarlo en trozos pequeños. Cocer en agua con sal. Una vez cocido (3 ó 4 min), retirar del agua y rociar con zumo de limón.

En la misma agua, escaldar durante un instante los tomates y, a continuación, enfriarlos en agua con hielos. Pelar, despepitar y cortarlos en cuartos.

Pelar los plátanos, cortarlos en rodajas y rociarlos con zumo de limón para que no se oxiden.

Elaborar la vinagreta de la ensalada mezclando el aceite, el vinagre, la mostaza, la sal y la pimienta.

En una fuente o ensaladera, mezclar todos los ingredientes, excepto el jamón. Agregar la vinagreta.

En el momento de servir, añadir el jamón.

Ensalada de cigalas y aguacates

Ingredientes

800 g de cigalas • 6 cs de aceite de oliva • 2 dientes de ajo picado • 2 aguacates • Zumo de 1 limón • ½ escarola • 1 cc de cebollino picado • Sal y pimienta

Elaboración

Pelar las cigalas y guardar sus cabezas para otros usos. Sazonar las colas y saltearlas junto con el ajo picado en una sartén con aceite caliente.

Pelar los aguacates y trocearlos. Colocarlos en una fuente o plato rociados con zumo de limón.

Limpiar la escarola y deshojarla. Cortarla en trozos pequeños y aliñarla con aceite, zumo de limón, sal y pimienta. Colocar la escarola sobre el aguacate. Disponer las cigalas en el centro de la fuente junto al resto de ingredientes, acompañando el conjunto con un hilo de aceite. Espolvorear con cebollino picado y servir.

Ensalada de cogollos con aguacate

Ingredientes

4 cogollos de Tudela • 1 tomate • 2 aguacates • 1 cc de perejil picado • 8 cs de aceite de oliva virgen • 2 cs de vinagre de frambuesa • 1 cs de salsa de soja • Sal y pimienta

Elaboración

Limpiar y trocear en cuatro cada cogollo. Pelar y despepitar el tomate y trocearlo en cuartos.

Sobre una fuente, colocar en el centro los cogollos y, a su alrededor, el tomate. Disponer los aguacates pelados troceados en láminas entre el tomate y los cogollos.

Aliñar con una vinagreta elaborada con aceite, vinagre, salsa de soja, sal y pimenta.

Espolvorear con perejil picado y servir.

Ensalada de cogollos y anchoas en salsa de queso

Ingredientes

2 cogollos • 8 filetes de anchoa en salazón • 2 rebanadas de pan en dados fritos • 1 yema de huevo cocido • 40 g de queso de Burgos • 1 diente de ajo

• 1 cs de *ketchup* • 2 cs de leche • 10 cs de aceite de oliva • 2 cs de vinagre • Sal y pimienta

Elaboración

Con la ayuda de una túrmix, triturar el conjunto de queso, ajo, *ketchup*, leche, aceite y vinagre. Salpimentar y reservar.

Limpiar los cogollos y trocear cada uno en cuatro. Colocar sobre cada cogollo un filete de anchoa.

Presentar sobre el plato los cogollos con su anchoa y la salsa preparada anteriormente. Decorar el conjunto con los dados de pan y la yema de huevo espolvoreada.

Ensalada de cogollos y brócoli

Ingredientes

2 cogollos • 150 g de brócoli • 1 cebolla • 75 g de rabanitos • 80 g de habas (ya limpias) • 70 g de guisantes (ya limpios) • 2 cs de vinagre de jerez • 6 cs de aceite de oliva • Sal y pimienta

Elaboración

Lavar bien los cogollos y cortarlos en rodajas.

Partir el brócoli en trozos pequeños eliminando su tronco. Cocer las dos verduras en agua hirviendo con sal hasta que estén tiernas. Se pueden cocer junto a las habas y guisantes, ya que los tiempos de cocción son muy parecidos, alrededor de 5 a 8 min.

Pelar los rabanitos y la cebolla y cortarlos en rodajas finas.

En una ensaladera, mezclar el conjunto de los ingredientes. Aliñar la ensalada con una vinagreta hecha con el vinagre, el aceite, la sal y la pimienta.

Presentar a temperatura ambiente en una fuente.

Ensalada de invierno

Ingredientes

200 g de lombarda • 120 g de cecina • 70 g de panceta • 20 g de aceite de oliva • 2 dientes de ajo pequeños

Para la vinagreta de nueces:

4 cs de aceite de oliva • 1 cc de vinagre de vino y nueces peladas y picadas muy finamente

Elaboración

Cortar la lombarda en tiras y sofreírla en una cazuela con aceite de oliva y los dientes de ajo picados. Retirarla y, en esa misma cazuela, freír la panceta durante un par de minutos.

Poner en el fondo del plato la lombarda al ajillo y, encima, la cecina en lonchas finas, junto con la panceta frita y una vinagreta de nueces.

Ensalada de langostinos con alcachofas

Ingredientes

300 g de langostinos • 1 diente de ajo picado • 4 cs de aceite de oliva • 8 alcachofas limpias y cocidas • 4 cs de aceite de oliva virgen • 100 g de tallarines • 2 cs de salsa de soja • 1 cc de perejil picado • Sal y pimienta

Elaboración

Pelar los langostinos y guardar sus cabezas para otros usos. Sazonar.

Saltear los langostinos en aceite junto con los ajos y espolvorear sobre ellos el perejil picado.

Limpiar las alcachofas retirando gran parte de las hojas exteriores, parte del tallo y la punta de la alcachofa hasta dejar solo el corazón. Cocer las alcachofas

en agua con un poco de sal durante 15 min a fuego medio. Escurrir y reservar.
Cortar en cuartos las alcachofas y mezclarlas en un bol junto con los langostinos.
Cocer la pasta en agua con sal dejándola al dente y escurrirla.
Disponer en los platos los langostinos, las alcachofas y la pasta.
Preparar la vinagreta mezclando aceite de oliva virgen, salsa de soja, sal y pimienta.
Repartirla en cada plato y servir.

Ensalada de langostinos y queso

Ingredientes

500 g de langostinos • 200 g de queso manchego • 2 dientes de ajo picados • 8 cs de aceite de oliva • 2 peras • 1 cs de zumo de limón • ½ yogur • 1 cs de nata • 2 cc de mostaza • 1 lechuga • 1 cs de cebollino picado • Sal y pimienta blanca

Elaboración

Pelar los langostinos guardando las cabezas para otros usos. Cortar las colas por la mitad a lo largo. Sazonarlos y saltearlos con el ajo picado en una sartén con 3 cs de aceite.
Pelar las peras y cortarlas en trozos no muy grandes. Cortar de la misma manera el queso.
Preparar el aderezo mezclando el yogur, el limón, la nata y la mostaza. Salpimentar.
Limpiar la lechuga y deshojarla.
Mezclar en una fuente o ensaladera todos los ingredientes, incluido el aderezo, y espolvorear con cebollino. Rectificar de sal y pimienta y servir.

Ensalada de maíz y judías

Ingredientes

400 g de judías tiernas • 3 tomates • 200 g de maíz dulce • 2 cs de mostaza en grano • Aceite de oliva • Zumo de medio limón • Sal y pimienta

Elaboración

Limpiar bien las judías, eliminando hilos laterales, y cortarlas. A continuación, hervirlas en agua con sal durante 15 min. Escurrir y enfriar en agua con hielo y volver a escurrir.

Cortar los tomates en trozos menudos y mezclarlos junto con las judías y el maíz.

Preparar la vinagreta mezclando el aceite de oliva, la mostaza, el zumo de limón, la sal y la pimienta, y agregar a la preparación anterior.

Servir a temperatura ambiente.

Ensalada de manzana y gambas

Ingredientes

200 g gambas peladas • 150 g de ajos frescos • 2 manzanas • 1 escarola • Zumo de medio limón • 1 cebolla • 3 cs de vinagre de jerez • 10 cs de aceite de oliva • 1 cs de mostaza • Sal y pimienta

Elaboración

Limpiar los ajos y trocearlos. Saltearlos en aceite junto con las gambas. Reservar fuera del fuego y dejar enfriar.

Pelar las manzanas y cortarlas en dados. Rociarlas con el zumo de limón para que no se oxiden y añadirlas sobre las gambas.

Lavar a conciencia la escarola y cortarla en trozos pequeños.

Picar la cebolla en juliana fina y mezclarla junto con las gambas, las manzanas y la escarola.

Preparar la vinagreta mezclando el aceite, la mostaza, el vinagre, la sal y la pimienta.
Añadir el aliño sobre la ensalada y servir.

Ensalada de manzana

Ingredientes

4 manzanas reineta • 250 g de zanahorias • 1 lechuga • 1 aguacate • 1 pepino • 6 cs de aceite de oliva • 2 cs de vinagre y sal

Elaboración

Pelar las manzanas y quitarles el corazón. Partirlas por la mitad y cortarlas en gajos finos. Pelar el aguacate, quitar el hueso y cortarlo en láminas. Cortar el pepino en rodajas y, por último, pelar y rallar las zanahorias.
En una fuente colocar las rodajas de manzana en el borde, a su lado el aguacate y en el centro, la zanahoria. Adornar con el pepino y la lechuga cortada en juliana.
Aliñar con sal, aceite y vinagre.

Ensalada de melón con langostinos

Ingredientes

500 g de langostinos cocidos • 150 g de arroz blanco cocido • ½ melón y ½ lechuga
Para la salsa rosa:
200 g de mayonesa • 3 cs de salsa *ketchup* • 1 cs de coñac • Un toque de tabasco y 1 cs de salsa Worcerster

Elaboración

Abrir el melón por la mitad, quitarle la pulpa y cortarlo en daditos. Mezclar la lechuga picada en juliana con el melón, el arroz y la mitad de los langostinos. Rellenar cuatro cuencos de cristal con esta mezcla.

Preparar la salsa rosa mezclando todos los ingredientes y cubrir levemente los cuencos.

Decorar con el resto de los langostinos.

Ensalada de pasta I

Ingredientes

250 g de pasta multicolor • 1 tomate • 16 aceitunas negras sin hueso • ½ lechuga • 16 gambas • 8 cs de aceite de oliva • 4 cs vinagre de Módena • Sal y pimienta

Elaboración

Cocer la pasta en agua con sal. Escurrirla y mezclarla en un bol junto con el tomate pelado y despepitado cortado en dados.

Por otro lado, picar las aceitunas y añadirlas sobre la pasta y el tomate.

Saltear las gambas en un poco de aceite y ajo picado e incorporarlas al bol con todo su jugo.

Limpiar la lechuga y trocearla. Mezclar todos los ingredientes en un bol añadiendo sobre ello el aceite, el vinagre, la sal y la pimienta.

Remover y servir. A chuparse los dedos.

Ensalada de pasta II

Ingredientes

250 g de pasta • 350 g de langostinos • 1 diente de ajo • 1 naranja • 200 g de espárragos cocidos • 1 huevo • 250 g de aceite de oliva • 1 cs de *ketchup* • 1 cs de brandy • 1 cs de nata líquida • Zumo de media naranja • 1 cc de cebollino picado y sal

Elaboración

Cocer la pasta en agua con sal y aceite. Pelar los langostinos y guardar sus cabezas para otros usos. Partirlos por la mitad y saltearlos en aceite con el ajo picado. Reservar.

Pelar y cortar la naranja en gajos, limpios de piel y pepitas.
Preparar la salsa tipo cóctel haciendo una mayonesa con huevo, aceite y sal; añadir el *ketchup*, el brandy, la nata líquida y el zumo de media naranja. Sazonar.
Juntar los langostinos, la pasta, la naranja y los espárragos cortado en trozos. Agregar la salsa y mezclar. Espolvorear con cebollino picado.

Ensalada de rabanitos y cogollos

Ingredientes

100 g de rabanitos • 2 cogollos • 1 cc de pimentón dulce • 4 cs de aceite de oliva virgen • Zumo de ¼ de limón • Sal y pimienta

Elaboración

Cortar los cogollos en cuatro y disponerlos en un plato.
Pelar los rabanitos, cortarlos en láminas muy finas y colocarlos en el plato junto a los cogollos. Salpimentar y espolvorear ligeramente con pimentón dulce. Añadir el aceite y unas gotas de zumo de limón.
A esta ensalada se le puede añadir algo de carne, como higaditos de pollo bien frititos, y mejora notablemente.

Ensalada de rollitos de mar

Elaboración

400 g de rollitos de mar (barritas de *surimi*) • 200 g de maíz dulce cocido • 180 g de mayonesa • 3 cs de salsa *ketchup* • 1 cs de coñac • 1 cc de tabasco • 1 cogollo de lechuga • Sal y pimienta

Elaboración

Trocear los rollitos de mar. Lavar y escurrir bien la lechuga y cortarla en juliana.

Mezclar la mayonesa, el *ketchup*, el coñac y el tabasco. Añadir el maíz dulce. Mezclar el conjunto de los ingredientes y salpimentar.

Ensalada de rosada

Ingredientes

420 g de filetes de rosada • 200 g de maíz dulce • 2 tomates • 1 cebolla • 2 chalotas • 1 cs de perejil picado • 6 cs de aceite de oliva y sal

Elaboración

Pelar y cortar la cebolla y las chalotas en juliana. Rehogarlas con aceite a fuego suave. Cuando adquieran color, añadir el tomate pelado y despepitado cortado en dados. Agregar al conjunto el maíz junto con el perejil picado, mezclar bien y sazonar. Dar un hervor y reservar.

Trocear los filetes en cuatro raciones. Sazonarlos y cocinarlos a la plancha con un poco de aceite.

Disponer sobre el plato un lecho de verduras y maíz, y colocar sobre ella la rosada. Añadir un hilo de aceite crudo sobre el conjunto.

Ensalada de salmón ahumado

Ingredientes

300 g de salmón ahumado • 1 lechuga • 2 manojos de berros • 1 lata pequeña de maíz • 6 cs de aceite de oliva virgen • 2 cs de zumo de limón • Sal y pimienta

Elaboración

Cortar el salmón en tiras y reservar. Lavar a conciencia toda la verdura, escurrirla bien y reservar. Mezclar todos los ingredientes

Esparcir el maíz sobre la ensalada y agregar el salmón en tiras.

Preparar el aliño mezclando el aceite, el limón, la sal y la pimienta. Mezclar bien y añadirlo sobre la ensalada en el último momento.

Ensalada de carne

Ingredientes

200 g de carne (solomillo) • 1 tomate • 1 lechuga • 1 escarola • 8 rabanitos • 8 cs de aceite de oliva • 1 cs de vinagre • 1 cs de mostaza en grano • 200 g de espárragos verdes • Sal y pimienta

Para el caldo:

1 zanahoria • 1 puerro • 1 hoja de laurel y ½ manojo de perejil

Elaboración

Hacer un caldo de verduras con la zanahoria, el puerro, el perejil y el laurel. Mientras se está haciendo, colocar una vaporera encima y cocer los espárragos durante 5 min.

Limpiar la lechuga y la escarola, y deshojarla. Limpiar el solomillo y cortarlo en tiras. Salpimentar.

En una sartén caliente, con 2 cs de aceite, rehogar la carne a fuego fuerte, incorporar los espárragos y saltear el conjunto durante un instante.

Presentar el plato mezclando la ensalada con los rabanitos laminados y el conjunto de carne y los espárragos. Aliñar con aceite, vinagre, mostaza, sal y pimienta.

Servir la ensalada templada.

Ensalada de tetilla

Ingredientes

1 lechuga grande • 150 g de queso de tetilla • 90 g de aceitunas rellenas de anchoa • 4 cs de aceite de oliva • 2 cc de vinagre • Pimienta negra molida y sal

Elaboración

Lavar bien la lechuga, escurrirla y cortarla con la mano en trozos medianos.
Hacer daditos de queso quitando la corteza y cortar las aceitunas en 4 partes.
Mezclar todo bien en un bol y aliñarlo, removiendo con suavidad.
Presentarlo en el bol o en una fuente, moliendo un poco de pimienta negra en el último momento, para que tenga todo su aroma al llegar a la mesa.

Ensalada de vieiras

Ingredientes

6 vieiras • 1 endibia • 1 tomate • 1 lechuga • Un manojo de berros • 100 g de judías verdes (ya cocidas) • 6 cs de aceite de oliva • 2 cs de vinagre de jerez • Sal y pimienta

Elaboración

Limpiar bien el conjunto de las hortalizas (lechuga, endibia, tomate y berros) y cortarlas muy fino.
Abrir las vieiras y limpiarlas. Sazonarlas y saltearlas con un poco de aceite en una sartén caliente. Cortar las vieiras por la mitad y reservarlas.
Mezclar las hortalizas con la vinagreta preparada con aceite, vinagre, sal y pimienta. Añadir al conjunto las judías y presentarlas sobre un plato o fuente. Depositar en la parte superior las vieiras calentitas.

Ensalada de mariscos y cogollos

Ingredientes

400 g de langostinos • 150 g de guisantes cocidos • 200 g de rollitos de mar (barritas de *surimi*) • 2 cogollos de Tudela • 3 cs de alioli • 4 cs de aceite oliva virgen • Zumo de un limón • Sal y pimienta

Elaboración

Limpiar bien los cogollos y cortar en cuatro partes cada uno. Salpimentar y aderezar con aceite y limón.
Cocer los guisantes en agua con sal durante 5 min, escurrir y reservar.
Cocer en agua con sal los langostinos, pelar las colas y desechar las cabezas.
Cortar los rollitos de mar en trozos de 1 cm de grosor.
Presentar en un plato sopero los cogollos colocando el resto de ingredientes encima y salsear en el último momento con alioli y aceite.

Ensalada murciana

Ingredientes

8 tomates de pera • 2 cebollas • 2 huevos duros • 250 g de atún en escabeche • 80 g de alcaparras • 100 g de aceitunas negras • 4 tiras de pimientos asados • 10 cs de aceite de oliva • Sal y pimienta

Elaboración

Pelar los tomates y cortarlos en tacos. Cortar las cebollas en una juliana fina y colocarlas en una fuente. Añadir las alcaparras, las aceitunas, el atún ligeramente desmenuzado y los pimientos en trocitos.
Mezclar bien el conjunto y aderezar con aceite de oliva. Salpimentar. Colocar alrededor los huevos duros cortados en cuartos.

Ensalada templada de pasta y salmón

Ingredientes

300 g de salmón fresco • 250 g de pasta (macarrones) • Unas hojas de albahaca fresca • 8 cs de aceite de oliva virgen • 2 cs de vinagre de jerez • Sal y pimienta

Elaboración

Limpiar el salmón de espinas y piel. Cortar en tacos y salpimentarlo. Saltearlo en una sartén caliente con aceite durante 1 min.

Picar la albahaca en una juliana fina y mezclarla junto con el aceite y el vinagre. Verter a continuación este aliño sobre el salmón.

Cocer la pasta con sal el tiempo adecuado para ello (3 min será suficiente) escurrir bien y verter sobre la mezcla anterior.

Mezclar con cuidado de que no se deshaga el pescado y presentarlo con alguna hoja de albahaca.

Ensaladilla rusa I

Ingredientes

5 patatas (400 g) • 3 zanahorias • 6 pimientos morrones en aceite • 180 g de guisantes cocidos • 250 g de bonito en aceite • 200 g de mayonesa • 1 cs de vinagre de jerez y sal

Elaboración

Cocer las patatas y las zanahorias en agua y sal. Pelarlas, picarlas en trocitos pequeños y dejar enfriar. Cocer los guisantes en agua con sal durante 5 min. Escurrir y reservar. Picar los pimientos y desmenuzar el bonito.

Mezclar en un recipiente todos los ingredientes y añadir la mayonesa. Dar el punto de sal.

Servir en plato o sobre rodajas de pan

Ensaladilla rusa II

Ingredientes

5 patatas • 4 zanahorias • 200 g de judías verdes • 180 g de guisantes • 80 g de atún en aceite • 150 g de aceitunas deshuesadas y 5 espárragos blancos cocidos

Para la mayonesa:
2 huevos • 200 g de aceite de oliva • 1 chorrito de vinagre y sal

Elaboración

Cocer por separado las patatas, los guisantes, las judías y las zanahorias enteras en agua con sal. Escurrir y cortarlas en dados del mismo tamaño.
Una vez estén frías, mezclarlas con el atún desmenuzado y las aceitunas picadas.
Preparar una mayonesa triturando en la batidora los huevos, el aceite, el vinagre y la sal. Emulsionar bien.
Mezclar bien la mayonesa con el resto de los ingredientes, a excepción de los espárragos, y añadir un toque de vinagre.
Presentar en una fuente decorada con los espárragos.

Ensaladilla toledana

Ingredientes

5 pimientos rojos • 5 tomates maduros • 2 cebollas • 4 cs de aceite de oliva • 1 cs de vinagre • 1 cc de cominos molidos • 1 diente de ajo picado y sal

Elaboración

Sobre una bandeja de horno asar los pimientos, los tomates y las cebollas a 180 ºC.
Cuando estén bien coloreados, sacarlos del horno, cubrirlos con un paño y dejarlos reposar un buen rato. Pelarlos y guardar sus jugos.
Una vez pelados, cortarlos en tiritas y colocarlos en una ensaladera añadiendo sus jugos.
Incorporar al conjunto el aceite, el vinagre, el comino, los ajos y la sal.
Servir a temperatura ambiente.

SOPAS

cremas guisos y legumbres

Ajo blanco I

Ingredientes

100 g de aceite de oliva • 1 diente de ajo • 250 g de almendras blancas • 500 g de agua • 30 g de miga de pan • Una pizca de sal • 2 cs de vinagre y 100 g de melón cortado en trozos medianos

Elaboración

Machacar las almendras finamente. Pasar el resto de los ingredientes por la batidora y añadir agua a gusto y las almendras machacadas. Volver a triturar el conjunto durante por lo menos 5 min más.

Servir frío, con los trozos de melón encima.

Ajo blanco II

Ingredientes

100 g de almendras peladas y blanqueadas • 2 dientes de ajo • 1 taza de miga de pan remojada en leche • 4 cs de aceite de oliva • 500 ml de agua muy fría • 2 cc de vinagre • Sal • 2 racimos de uva moscatel pelada y picatostes

Elaboración

En un mortero, machacar el ajo y las almendras con un poco de sal, y mezclar todo muy bien hasta que quede una pasta suave. Añadir la miga de pan bien escurrida. Echar poco a poco el aceite de oliva removiendo continuamente hasta que todo quede perfectamente mezclado y tenga la consistencia de una mayonesa.

Agregar el vinagre y remover de manera que se mezcle con el resto. Verter el agua sin dejar de remover hasta obtener una pasta suave. Enfriar en la nevera 2 h antes de servir.

Se puede servir con uvas y picatostes.

Caldo con tropezones ♈

Ingredientes

100 g de garbanzos • 250 g de morcillo • 1 filete de pollo • 1 punta de jamón • 1 puerro • 250 g de jamón serrano en lonchas • 1 hueso de rodilla de ternera • 1 huevo duro • Sal y 2 l de agua

Elaboración

Limpiar todos los ingredientes y meterlos en la olla exprés. Cerrar y dejar cocer durante 30 min.

Abrir la olla y colar el caldo.

Picar el filete de pollo, el jamón serrano, la carne y el huevo duro, y añadir al caldo.

Caldo de carne ♈♈

Ingredientes

½ kg de carne o de gallina • 1 puerro • 1 hueso de rodilla • 3 l de agua • 1 hueso de cañada • 1 rama de perejil • 1 cebolla • 1 trozo de chorizo • 1 zanahoria y sal

Elaboración

Poner todos los ingredientes en una cazuela con agua y dejar cocer a fuego lento hasta que reduzca a la mitad (unas 2 h). Colar el caldo y añadir sal al gusto. Estas cantidades se han calculado para 1 ½ l de caldo.

Caldo de hortalizas ♈

Ingredientes

3 zanahorias • 100 g de champiñones • 2 puerros • 2 rāmita de apio • 3 tomates maduros • 2 l de agua • 1 pastilla de caldo de pollo • Perejil • Estragón y sal

Elaboración

En una olla, poner a hervir el agua con la pastilla de caldo y un poco de sal. Cortar las zanahorias, el puerro, los champiñones y el apio en tiras finas. Aparte, sumergir los tomates en agua caliente durante 2 min, pelarlos y cortarlos en cuadraditos.

Cuando el agua rompa a hervir, añadir las hortalizas (reservando los tomates) y dejar cocer 15 min.

Agregar los tomates al caldo y servir en tazones individuales. Picar perejil y estragón, y espolvorear por encima.

Caldo de perro gaditano

Ingredientes

1 pescadilla de unos 750 g • 4 cs de aceite de oliva • 2 naranjas ácidas • 1 cebolla • 4 rodajas finas de pan • 2 dientes de ajo • 1 l de agua y sal

Elaboración

Limpiar bien la pescadilla de espinas y partir en rodajas gruesas de unos tres dedos de grosor, salar bien y dejar en un plato por espacio de 1 h. Freír los ajos en una cazuela con el aceite, retirarlos cuando estén dorados, y rehogar la cebolla finamente picada en esa misma grasa. Añadir 1 l de agua hirviendo. Tapar la cazuela y dejar cocer la cebolla ½ h a fuego suave.

Cuando esté deshecha, incorporar la pescadilla y que hierva durante unos 15 min. Finalmente, añadir el zumo de las naranjas y el pan. Servir bien caliente.

Caldo de pollo y verduras

Ingredientes

2 nabos • 2 puerros • Apio • 1 cebolla • 1 patata • 1 tomate • ¼ de pollo sin piel y 2 l de agua

Elaboración

Limpiar todos los ingredientes y poner a cocer durante 2 h a fuego suave.
Colar el caldo y reservar los ingredientes.
Se puede servir solo o con los ingredientes reservados picados, y 1 huevo duro, también picado.

Caldo de rabo de buey

Ingredientes

3 l de agua • ½ kg de rabo de buey • ½ kg de carne magra picada • ¼ kg de pechuga de gallina • 2 puerros medianos • 2 zanahorias • 2 nabos • 1 cebolla • 100 ml de vino blanco • 3 cs de jerez • 1 ramillete de perejil • Laurel • Tomillo • Sal • Pimienta y 1 clara de huevo

Elaboración

Cortar en trozos el rabo de buey y dejarlo en remojo con agua fría la noche anterior.
Poner en una cazuela la zanahoria, los puerros, la cebolla, la pechuga de gallina, los trozos de rabo, los nabos, el perejil, el tomillo, el laurel y la mitad del vino blanco. Llevar al fuego durante unos 8 min, dando vueltas con una cuchara de madera, hasta que el vino se ponga pegajoso como un jarabe.
Añadir el resto del vino, el agua hirviendo y la sal. Dejar cocer durante 2 h a fuego lento.
Colar el caldo y añadir la carne picada y la clara de huevo ligeramente batida con un tenedor, sin que llegue a punto de nieve. Remover y dejar cocer muy suave ½ h más.
Dejar que se enfríe del todo y quitarle la grasa. Colar por un trapo.
Calentar antes de servir. Rectificar de sal y pimienta si es necesario, y ponerle el jerez.

Caldo gallego I

Ingredientes

3 l de agua • 1 hueso de jamón o lacón que no esté rancio • 1 hueso de ternera (mejor de caña) • 100 g de habas (puestas en remojo 12 h) • 25 g de unto • 1 manojo de grelos • 1 kg de patatas cortadas en trocitos pequeños y sal

Elaboración

Poner al fuego dos ollas con agua. En una de ellas, echar los huesos y las habas, y sazonar. Cuando estén las habas medio cocidas, quitar los huesos, agregar las patatas y dejar que se haga.

En la otra olla, echar los grelos para quitarle el sabor del ácido que tienen. Al levantar el hervor, quitarlos y echarlos junto con el unto en la olla que contiene las patatas y las habas. Cocer a fuego lento durante 90 min.

Rectificar el punto de sal y servir bien caliente en cuencos individuales.

Caldo gallego II

Ingredientes

100 g de judías blancas • 1 hueso de lacón con algo de carne • 1 hueso de rodilla de ternera • ¼ kg de carne de morcillo • 2 patatas medianas • 300 g de grelos, nabos o repollo • 1 cs de unto • 4 l de agua y sal

Elaboración

Poner en remojo las judías unas 3 h antes de cocerlas.

En una olla con agua fría, echar la carne, el lacón, el hueso de ternera y el unto, y dejar cocer durante 1 h a fuego medio.

Mientras tanto, echar las judías en un cazo con agua fría y sin sal. Cocer también, y cuando rompa el hervor, tirar toda el agua y volver a poner agua fría que las cubra bien, pero no demasiado. Dejar cocer durante ½ h y segui-

damente añadir a la olla con su caldo. Cocer todo hasta que las judías estén blandas, más o menos 1 ½ h (depende de la clase de judías).
Añadir las patatas peladas, cortadas a cuadraditos y lavadas. Dejar hacer otros 15 min, y poner entonces la sal. Incorporar los grelos, previamente picados y lavados. Dejar que se haga todo junto durante 30 min más. Rectificar de sal si hace falta y servir en sopera.

Caldo guanche

Ingredientes

1 ½ l de agua • ½ kg de patatas • 100 g de cebollas • 200 g de tomates • 4 cs de aceite de oliva • 2 calabacines y sal

Elaboración

Preparar sobre el fuego un recipiente con el agua. En cuanto rompa a hervir, echar las patatas y los calabacines pelados y troceados; sazonar, tapar y dejar hervir por espacio de 1 h a fuego suave.
Pelar y cortar los tomates y las cebollas, hacer un sofrito con aceite de oliva, y añadir a la cazuela. Rectificar de sal y triturar bien con la batidora. Servir caliente

Costrada navarra

Ingredientes

4 zanahorias • 4 cebollas • 50 g de chorizo de Pamplona • Pan de sopa • Aceite • Sal • 4 huevos y 1 l de caldo limpio

Elaboración

Tostar el pan en el horno, cortado previamente en rebanadas. Freír el chorizo en lonchas muy finas y preparar un puré con las zanahorias y las cebollas cocidas en agua y sal.

Hacer la sopa en una cazuela de barro de la forma siguiente: poner una capa de pan tostado, otra de chorizo, puré de zanahoria y cebollas, y la última, de pan. Añadir caldo limpio y un poco de la grasa que sobre de freír el chorizo. Meter la sopa en el horno muy caliente con los huevos cascados por encima, hasta que estos estén cuajados. Decorar con unas gotas de aceite crudo.

Crema de aguacates

Ingredientes

2 aguacates bien maduros • 2 porciones de quesitos • 250 ml de caldo de carne • 100 ml de agua • 100 ml de nata líquida • ½ limón • Sal y 1 huevo duro

Elaboración

Pelar los aguacates y retirar los huesos. Pasar por la batidora con las porciones de queso, el caldo de carne, el agua y el zumo de medio limón hasta obtener una crema suave.

Calentarla ligeramente sin que llegue a hervir, añadir la nata y sazonarla con sal.

Servir templada en tazas de consomé, espolvoreándola con huevo duro picado finamente.

Crema de calabacín I

Ingredientes

1 calabacín • 1 patata • 1 l de agua • Sal y 1 chorrito de aceite

Elaboración

En una cazuela con el agua hirviendo, poner el calabacín y la patata cortados en daditos. Añadir un poquito de sal y un chorrito de aceite. Dejar hervir 20 min, triturar y colar.

Crema de calabacín II

Ingredientes

4 ó 5 calabacines • 1 cebolla • 10 g de mantequilla • 1 patata • 1 pastilla de caldo de gallina • Sal • Pimienta • 6 quesitos en porciones • 250 ml de leche y 1 ½ l de agua

Elaboración

Lavar bien los calabacines y quitarles las puntas. Cortarlos en rodajas y ponerlos en una cazuela junto con la mantequilla, la patata, la cebolla, la pastilla de caldo de gallina, la sal y la pimienta. Cubrir con el agua y cocer 20 min a fuego medio.

Retirar del fuego y añadir los quesitos en porciones y la leche. Remover bien para que se deshagan los quesitos.

Triturar con la batidora y colar.

Crema de cangrejos

Ingredientes

200 g de carne de cangrejo • 40 g de mantequilla • 40 g de harina • 150 ml de nata líquida • Pimentón y perejil

Para el caldo:

450 g de espinas y cabezas de lenguado, gallo o pescadilla • 1 ¼ l de agua • 1 cc de sal • 1 zanahoria raspada y rebanada • 1 cebolla pelada y rebanada • 1 hoja de laurel • 1 rama de apio rebanada • 6 granos de pimienta • Una pizca de nuez moscada y 1 trozo de cáscara de limón

Elaboración

Para el caldo: lavar las raspas de pescado, partirlas y ponerlas en una olla grande con agua y sal a fuego bastante lento.

En cuanto rompa a hervir, quitar la espuma con la espumadera y añadir los demás ingredientes, taparlo y cocerlo 20 min a fuego muy lento. Volver a llevarlo a ebullición más fuerte para que el líquido se reduzca a 1 l. A continuación, colarlo con una tela fina y dejarlo enfriar un poco.
Enjuagar la misma olla y derretir en ella la mantequilla. Añadir la harina, revolverla y dorarla un poco, hasta que quede color pajizo claro. Incorporar el caldo de pescado, removerlo hasta que empiece a hervir, y luego dejarlo cocer muy lentamente 5 min.
Añadir la carne de cangrejo cuando se haya calentado, añadir la nata líquida y batirla. Rectificar de sal.
Servir con perejil picado y pimentón por encima.

Crema de langostinos

Ingredientes

1 kg de langostinos • 100 g de mantequilla • 100 g de crema de arroz • 150 ml de nata líquida • 2 cs de coñac • Sal y pimienta negra
Para el caldo corto:
2 l de agua fría • 250 ml de vino blanco • 2 zanahorias medianas cortadas en rodajas • 1 cebolla mediana, cortada en cuadros • 1 ramita de perejil • 1 hoja de laurel y sal

Elaboración

Para el caldo corto: Poner todos los ingredientes del caldo corto en una cazuela y, cuando rompa a hervir, bajar el fuego y dejar ½ h. Retirar y dejar enfriar.
Lavar los langostinos y echarlos sin pelar sobre el caldo ya frío. Poner al fuego y retirarlos al comenzar la ebullición. Sacar los langostinos del caldo y pelarlos. Separar algunas colas, cortarlas en dos y reservarlas en un tazón tapadas para que no se sequen.

Echar el resto de los langostinos en la trituradora con la mantequilla y hacer un puré.
Cuando esté todo bien machacado, meter el puré en el horno precalentado a 140 °C durante 25 min.
Medir 1 ½ l de caldo corto y verterlo en el puré. Desleír en un tazón los 100 g de crema de arroz con un poco de agua fría. Poner el coñac en el caldo y calentar. Cuando esté caliente, añadir la crema de arroz desleída.
Dejar cocer durante 5 ó 10 min sin parar de remover. Rectificar con sal y pimienta si hiciera falta.
En la sopera donde se vaya a servir, poner la nata líquida, previamente desleída con un poco de agua fría, e incorporar las colas de los langostinos reservadas.

Crema de champiñones

Ingredientes

1 tomate • 1 kg de champiñones • 1 diente de ajo • 1 cebolla pequeña • Costrones de pan frito • 1 ½ l de agua • Perejil • Aceite y sal

Elaboración

Lavar y limpiar los champiñones.
Picar la cebolla, el tomate y el ajo, y poner a rehogar en una cazuela con aceite.
Reservar 8 champiñones. Filetear el resto, añadir a la cazuela y rehogar también. Echar agua y cocer a fuego medio 30 min. Rectificar el punto de sal y triturar con la batidora hasta que la crema sea uniforme.
Filetear y saltear los champiñones restantes en una sartén con aceite muy caliente y perejil picado.

Servir la crema con los costrones de pan fritos y los champiñones salteados por encima.

Crema de gambas

Ingredientes

250 g de gambas • 850 ml de fumet de pescado (caldo de pescado) • 25 g de mantequilla • 25 g de harina • Sal • Pimienta negra recién molida • 2 yemas grandes • 150 ml de nata líquida y 2 cs de zumo de limón

Elaboración

En un cazo de fondo grueso, poner las gambas sin pelar con el caldo, o simplemente con agua, y cocerlas a fuego lento durante 5 min. Sacarlas con una espumadera.

Pelarlas, echar las cáscaras en un mortero y aplastarlas con la mano del mortero, vertiendo un poco de caldo por encima para que coja el sabor. Conservar el caldo caliente.

Poner la mantequilla en un cazo de fondo grueso a fuego suave, añadir la harina, remover y sofreírla 4 min hasta que tome un poco de color. Quitar el cazo del fuego e incorporar poco a poco el caldo caliente. Ponerlo al fuego, llevarlo a ebullición sin parar de remover y bajar el fuego en cuanto rompa el hervor.

Cocer el caldo a fuego lento durante 5 min y agregar las gambas peladas. Reducirlo a puré en una batidora o pasarlo por el pasapurés. Volverlo a poner en el cazo y salpimentarlo al gusto.

Batir las yemas y la nata juntas, añadir 2 cs de puré y revolverlo todo.

Incorporar esta mezcla al puré, cocerlo a fuego lento durante 4 min más y echar el zumo de limón inmediatamente antes de servir la crema.

Crema de nécoras

Ingredientes

400 g de nécoras • 1 cebolla • 1 puerro • 1 zanahoria • 2 tomates • 100 ml de coñac • 150 ml de vino blanco • 100 g de arroz • 200 g de gambas cocidas • Aceite de oliva • Sal y pimienta

Elaboración

Rehogar las verduras con aceite de oliva.

Pelar y machacar la carne de las nécoras y mezclar con las verduras rehogadas. Cocer todo durante 5 min. Añadir el coñac y el vino, dejar calentar y flamear.

Agregar 2 l de agua y, cuando hierva, poner el arroz a cocer 30 min.

Triturar con la batidora, sazonar y colar.

Servir con costroncitos de pan frito, trocitos de gambas cocidas, y adornar con un hilo de nata líquida por encima.

Crema ligera de coliflor

Ingredientes

1 coliflor • 50 g de mantequilla • 250 ml de leche • 2 cs de aceite de oliva • Estragón o albahaca • 2 huevos • Agua y sal

Elaboración

Lavar bien la coliflor con agua fría y cortarla en ramilletes. Cocerlos en agua con sal durante 20 min hasta que estén bien tiernos. Colar y desechar el agua de cocción. Añadir la leche, la mantequilla y el aceite de oliva, y triturar todo bien. Dejar hacer a fuego muy suave 5 min y poner el punto de sal.

Cocer los huevos y picarlos una vez fríos. Servir con el estragón o albahaca picada por encima, y los huevos duros.

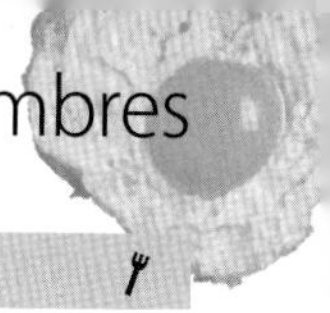

Gazpacho andaluz

Ingredientes

2 kg de tomates • ½ pepino • ½ cebolla • ½ pimiento verde • Pan duro • 1 diente de ajo • Aceite • Vinagre • ½ l de agua y sal

Elaboración

Lavar y picar todos los ingredientes (los tomates, pelados), y echarlos en un recipiente grande.

Triturar todo con la batidora. Cuando esté un poco triturado, añadir el agua, un buen chorro de aceite, un chorro de vinagre y un poco de sal. Seguir triturando hasta que esté bien fino.

Colar y enfriar.

Gazpacho de naranja

Ingredientes

50 ml de aceite • ½ diente de ajo • 1 huevo cocido • 8 naranjas peladas • Una pizca de sal y un chorretón de vinagre

Elaboración

Triturar los ingredientes excepto el huevo duro, colar y enfriar.

Servir bien frío decorado con el huevo picado por encima.

Gazpacho madrileño

Ingredientes

1 diente de ajo • 1 pimiento verde • 4 tomates grandes bien maduros • 1 pepino • Pan cortado en dados • 250 ml de agua • Vinagre y sal

Elaboración

Pasar por la trituradora el ajo, el pimiento, el pepino, los tomates y 1 taza de dados de pan remojados en agua. A continuación, añadir el agua y pasar todo por el chino.

Sazonar con sal y vinagre. Servir muy frío.

Nota

Dícese del gazpacho hecho por un andaluz pero en Madrid.

Gazpacho manchego I

Ingredientes

6 cs de aceite de oliva • 4 dientes de ajo • 400 g de conejo • Una pizca de pimentón dulce • Una pizca de pimienta • 1 pellizco de sal • 30 g de tomate y 1 torta manchega

Elaboración

Cocer el conejo en agua con sal o en un caldito hasta que esté tierno, separar la carne y picar fina.

En una sartén, sofreír en aceite los ajos cortados y el tomate, incorporar el pimentón, la pimienta y el caldo del conejo, añadir la torta cortada en trocitos y cocer 15 min hasta que la torta esté tierna.

Incorporar la carne de conejo y servir.

Gazpacho manchego II

Ingredientes

½ perdiz • ¼ de pollo • ¼ de liebre • 1 l de agua • 1 diente de ajo • 1 tomate pelado, sin pepitas y picado • 1 torta de gazpachos • 1 cebolla grande picada • 1 cebolla entera • ¼ de taza de aceite de oliva • ½ l de caldo de hervir las carnes • 1 ramita de tomillo • 1 hoja de laurel • 1 rama de perejil • Una pizca de romero • 1 cc de pimienta machacada • 1 cs de orégano y sal

Elaboración

Limpiar bien las 3 carnes y ponerlas en una olla grande con el agua, la mitad del aceite, el tomillo, el laurel, el perejil, el romero, la cebolla entera, la pimienta y la sal. Cocer a fuego lento durante 1 h. Reservar.

Calentar el aceite restante en una cazuela de barro, añadir el ajo y la cebolla picada, y dejar hacer durante 20 min a fuego lento hasta que estén dorados. Agregar el tomate picado y cocer 15 min más hasta obtener una salsa.

Sacar las carnes del caldo, deshuesarlas y cortarlas en trozos iguales. Saltearlas en la salsa e incorporar el caldo colado, el orégano y la torta de gazpachos, previamente troceada. Salar y cocer durante unos 10 min hasta que el caldo se haya consumido. Servir caliente.

Gazpachuelo malagueño de pescados y mariscos

Ingredientes

1 lenguado fileteado • 100 g de rape limpio • 8 gambas peladas • 8 mejillones • 12 hebras de azafrán • 20 bolitas de patatas • 16 bolitas de zanahorias • Perejil picado • 1 hoja de laurel • 1 diente de ajo • 1 cucharadita de vinagre • ½ dl de aceite de oliva y 1 dl de vino blanco

Elaboración

Poner el aceite en un cazo y, cuando esté caliente, añadir el diente de ajo picado, que no tome color.

Agregar las raspas del lenguado, rape y sobras de las gambas; dejar que fondee un poco y mojar con el vino blanco. Cocer 5 min y retirar.

Aparte, cocer los mejillones al vapor y reservar el agua que suelten. Extraer la pulpa de de la concha y reservar. Echar el agua de los mejillones a las raspas y dar otro hervor.
Colar el caldo obtenido y añadir la patata, la zanahoria, el laurel, el azafrán y el vinagre.
Dejar cocer a fuego moderado hasta que la patata esté tierna, e incorporar el pescado y las gambas. Retirar del fuego y agregar los mejillones.
Tomar un poco del caldo y mezclar con 1 cs de mayonesa bien espesa, con cuidado para que no se formen grumos. Añadirlo al resto de la sopa.
Servir en sopera, espolvoreado de perejil y con unas rebanadas de pan frotadas con ajo aparte.

Porra antequerana

Ingredientes

5 rebanadas grandes de pan cateto • ¾ kg de tomates maduros • 1 diente de ajo • 1 pimiento verde • 60 g de aceite de oliva • 30 g de vinagre y sal
Para la guarnición:
Taquitos de jamón • Huevo duro y unas gotas de aceite

Elaboración

Poner a remojar en agua las 5 rebanadas grandes de pan cateto durante 3 h por lo menos. Agregar los tomates troceados y el ajo. Por último el pimiento, el aceite y el vinagre. Dar el punto de sal. Triturar el conjunto hasta que nos quede una masa espesa de color anaranjado.
Dejar reposar de un día para otro, que estará mucho mejor.
Acompañar con taquitos de jamón y huevo duro, y algunas gotas de aceite.

Porrusalda I

Ingredientes

2 puerros • 5 patatas • ½ zanahoria • 5 cs de aceite de oliva virgen • ½ cebolla • 1 diente de ajo • Sal y agua

Elaboración

Pochar en una cazuela con aceite la cebolla, la zanahoria, todo bien picado, junto con el ajo entero y pelado, y los puerros limpios y cortados en aros. Después, añadir las patatas troceadas y rehogarlas también. Sazonar. A continuación, verter el agua y dejarlo cocer durante 30 min aprox. Por último, poner el punto de sal y servir.

Porrusalda II

Ingredientes

5 patatas • 2 puerros • 250 g de bacalao desalado • 1 pimiento verde • 4 cs de aceite de oliva y sal

Elaboración

Desmenuzar el bacalao y retirar las pieles y espinas.

Lavar y trocear las verduras. Pelar las patatas y cascarlas en trozos menudos.

Poner aceite en una cazuela y rehogar durante 5 min las patatas, los puerros y los pimientos.

Cubrir ligeramente de agua y dejar cocer durante 20 min. A mitad de la cocción, incorporar el bacalao. Rectificar de sal y servir.

Salmorejo

Ingredientes
1 ½ kg de tomates maduros • 2 dientes de ajo • 2 rebanadas de pan seco • 2 cc de vinagre • 4 cs de aceite • 1 yema de huevo • 1 huevo duro • Cebollino picado y sal

Elaboración
Lavar los tomates. Trocearlos y ponerlos en el vaso de la batidora con el pan, los ajos y la yema de huevo.

Batir bien, incorporar el vinagre, la sal y el aceite, y seguir batiendo hasta que quede una mezcla fina. Refrigerar.

Antes de servir, agregar cebollino y el huevo duro picado.

También se puede picar jamón serrano y añadir en el último momento.

Salmorejo cordobés

Ingredientes
5 tomates maduros • 2 dientes de ajo • Pan duro • Aceite de oliva • Vinagre • Sal y 1 huevo duro

Elaboración
Pelar los tomates y echarlos en un recipiente, junto con los dientes de ajo y el pan, y majarlo todo. Una vez hecha una pasta, ir echando sobre ella un chorrito de aceite.

Es muy importante añadir lentamente, ya que el punto se alcanza cuando el salmorejo empieza a no aceptar la emulsión con más aceite, de modo que quede fino pero espeso. Salar y echar vinagre al gusto. Terminar con el huevo duro rallado para servirlo.

Sopa burgalesa

Ingredientes

250 g de carne de cerdo en trozos pequeños • 150 g de cebolla picada • 1 cs de harina • 12 cangrejos de río • 2 l de caldo del cocido • 4 cs de aceite de oliva • 1 cs de perejil picado y sal

Elaboración

Rehogar en el aceite la carne con la cebolla y el perejil. Cuando comiencen a colorear, integrar la harina, y en cuanto esta empiece también a tomar color, echar el caldo caliente. Dejar hervir 5 min, corregir de sal y añadir los cangrejos. Dejar hervir a fuego lento hasta que se reduzca a un poco más de la mitad. Servir caliente.

Sopa campestre

Ingredientes

1 cogollo de repollo • 300 g de alubias blancas • 3 cebollas • 5 zanahorias medianas • 3 tomates • 1 rama de apio • 200 g de panceta • 2 ramas de tomillo • 6 cs de aceite de oliva • 3 cc de perejil picado • 6 rebanadas de pan • Sal y pimienta

Elaboración

Lavar y cortar en tiras las hojas de repollo. Pelar y picar muy finas las cebollas. Reservar. Pelar y trocear las zanahorias. Cortar la panceta en dados.

En una sartén, calentar la mitad del aceite, incorporar la mitad de las cebollas y toda la panceta. Rehogar.

Añadir las tiras de repollo, las zanahorias, el apio limpio y cortado en aros, las alubias escurridas tras haberlas mantenido en remojo durante toda la noche, el tomillo y la mitad del perejil. Rehogar 4 min y poner en una cazuela.

Cubrir con 2 l de agua fría, tapar la cazuela y dejar cocer a fuego suave durante 1 h. A mitad de la cocción, incorporar los tomates pelados y troceados. Unos 15 min antes de terminar de cocerse, calentar el resto del aceite, incorporar la cebolla restante y dorar a fuego suave.
Tostar las rebanadas de pan. Espolvorear con el perejil restante y la cebolla previamente dorada. Salpimentar la sopa al gusto y servir muy caliente en una sopera.
Acompañar con las rebanadas de pan tostado.

Sopa de ajo

Ingredientes
4 dientes de ajo • 1 l de agua • 2 cc de pimentón picante • ½ barra de pan tostado • 4 huevos • Aceite y sal

Elaboración
Pelar y poner los ajos en una cazuela de barro con un generoso chorro de aceite de oliva. Dorarlos a fuego muy lento.
Cuando se hayan dorado bien por todos los lados, añadir el pan troceado previamente y sofreírlo. Retirar del fuego, incorporar el pimentón y removerlo durante 1 min por lo menos. Echar el agua y volver a poner al fuego.
Cocer a fuego lento durante 45 min. Batir los huevos y añadirlos a la sopa. Dar punto de sal. Remover y esperar a que cuajen.
Servir bien caliente.

Sopa de ajo castellana

Ingredientes
6 cs de aceite de oliva • 1 ½ l de agua • 6 dientes de ajo • 6 huevos • 125 g de pan del día anterior • 2 cc de pimentón dulce o picante y sal

Elaboración

Pelar los ajos y dorarlos en una cazuela de barro, reservarlos y, en el mismo aceite, freír el pan cortado en dados.

Incorporar los ajos y el pimentón e inmediatamente cubrir con agua o caldo para que no se quemen. Cocer durante 45 min a fuego suave. Dar punto de sal.

Unos 5 min antes de terminar la cocción, escalfar los huevos enteros en la propia sopa y servir inmediatamente muy caliente.

Sopa de ajo con jamón

Ingredientes

200 g de rebanadas de pan viejo • 100 g de jamón serrano • 4 huevos • 4 dientes de ajo • 1 ½ l de caldo de pollo • 2 cc de pimentón dulce o picante • 4 cs de aceite de oliva • Sal y pimienta

Elaboración

Calentar el aceite de oliva en una cazuela de barro y rehogar en él los ajos fileteados con el jamón.

Agregar el pimentón y las rebanadas de pan, que se habrán tostado previamente en tostadora o al horno.

Incorporar el caldo y dejar hervir durante 30 min. Salpimentar.

Escalfar los huevos sobre la sopa y meter la cazuela al horno hasta que cuaje la clara de los huevos.

Servir bien caliente en la misma cazuela.

Sopa de almendras y ajo

Ingredientes

40 almendras peladas • 2 dientes de ajo • 4 granos de pimienta • 4 rebanadas de pan • ½ pimiento morrón • ½ pimiento verde • 1 cebolleta • 1 cs

de perejil picado • ¼ cc de azafrán en polvo • 1 l de agua • Aceite de oliva • Sal y pimienta

Elaboración

Freír las almendras en aceite caliente y, cuando estén doradas, retirarlas y escurrir. En el mismo aceite, rehogar el ajo, el pan cortado en dados, los pimientos y la cebolleta picados, la pimienta y el azafrán. Una vez dorado, salpimentar, escurrir y verter en un mortero. Añadir las almendras y machacar.

En una cazuela, poner el agua al fuego y, al llegar al punto de ebullición, echar la pasta del mortero. Cuando vuelva a hervir, espumar y dejar cocer 10 min a fuego lento. Probar de sal y espolvorear con el perejil.

Sopa de cebolla

Ingredientes

2 cebollas grandes • 4 lonchas de queso • 4 rebanadas de pan tostado • 1 ½ l de caldo de carne o agua • 4 cs de aceite y sal

Elaboración

Pelar las cebollas, cortarlas en discos finos y rehogarlos en el aceite a fuego muy suave hasta que estén bien dorados, 40 min aprox. Verter el caldo y cocer otros 40 min. Corregir el punto de sal.

Echar la sopa en 4 cazuelitas de barro, poner en cada una de ellas una rebanada de pan y una loncha de queso. Gratinarlas en el horno hasta que el queso esté dorado.

Sopa de espárragos trigueros

Ingredientes

1 ½ l de caldo de verduras • 1 manojo de espárragos trigueros • 2 huevos • 100 g de jamón troceado • Sal y aceite

Elaboración

Lavar y trocear los espárragos. Desechar la parte más dura del tallo.
En una cazuela, saltear el jamón con un chorrito de aceite.
A continuación, trocear los espárragos y añadirlos, junto con el caldo, a la cazuela donde hemos salteado el jamón.
Dejar cocer durante 20 min. Al cabo de este tiempo, echar los huevos batidos y moverlos hasta que cuajen. Poner el punto de sal y servir bien caliente.

Sopa de fideos con espárragos

Ingredientes

250 g de fideos finos • 1 manojo de espárragos trigueros • 1 l de caldo de carne • 2 huevos • 2 cs de queso rallado • Sal y pimienta

Elaboración

Lavar los espárragos. Desechar la parte dura. Cortar las yemas y reservarlas.
Cocer durante 20 min los tallos en una cazuela, con agua y un poquito de sal.
Retirar, triturar y pasar por el pasapurés. Reservar el agua de la cocción.
Verter el caldo de carne en una cazuela y añadir el puré de espárragos y el agua de la cocción.
Cuando empiece a cocer, incorporar los fideos y las puntas de los espárragos.
En una sopera, batir los dos huevos con el queso rallado, sal y pimienta, y añadir la crema con los espárragos. Servir bien caliente.

Sopa de mejillones montserratina

Ingredientes

1 kg de mejillones • 1 cebolla picada • 3 tomates pelados y troceados • ¼ de taza de aceite • 3 cs de aguardiente • 1 taza de pan en cubos

• 2 dientes de ajo • 1 cs de perejil picado • 1 pellizco de canela molida
• Pimienta negra molida y sal

Elaboración

Limpiar bien los mejillones y abrirlos al vapor. Quitarles las conchas, colar el líquido y reservarlo.
Rehogar la cebolla en el aceite y, cuando comience a dorarse, añadir los tomates y el líquido de los mejillones más 1 l de agua hirviendo. Salpimentar, poco ó nada, añadir el pan y el aguardiente.
Machacar los dientes de ajo en el mortero junto con el perejil y la canela hasta reducirlos a pasta. Agregar también, junto con los mejillones, y cocer 5 min más

Sopa de Mondeña

Ingredientes

3 ajos • 2 tomates pequeños • 70 g de habas • 1 pimiento verde • 50 g de espárragos verdes (opcional) • 100 g de pan duro • 1 ½ l de agua o caldo • 4 huevos • 3 cs de aceite de oliva y sal

Elaboración

Dorar el ajo en láminas en una sartén profunda con el aceite. Agregar los tomates troceados, las habas y el pimiento verde. Cuando esté bien sofrito, añadir los espárragos en trozos en caso de que hayamos decidido ponerlos. Dejar hacer 5 min y agregar el pan, también troceado. Mojar con el agua y dejar hervir a fuego suave durante 20 min. Dar el punto de sal.
Incorporar por último los huevos enteros de modo que apenas se haga la clara y quede líquida la yema.
Esta sopa debe quedar espesa, casi para comer con tenedor.

Nota

Versión libre de la sopa que se hace en Monda (Málaga). Es decir, que no me venga nadie diciendo que no es la auténtica.

Sopa de pescado

Ingredientes

Para el caldo:

1 cabeza de rape pequeña • 1 cebolla • ½ puerro • 1 tomate maduro y 2 ½ l de agua

Para la salsa:

1 cebolla • ½ puerro • 1 diente de ajo • 4 cs de aceite de oliva • 4 cs de salsa de tomate • 3 cs de brandy • 10 g de miga de pan tierna y 100 g de pescadilla limpia

Elaboración

Trocear y poner en una cazuela la cabeza de rape y la verdura. Sazonar, agregar el agua y poner al fuego. Cuando empiece a hervir, espumar y dejarlo hervir a fuego muy suave hasta que se reduzca a la mitad. Colar y reservar.

En otra cazuela, picar muy fina la cebolla, el ajo y el puerro, y rehogarlos con aceite. Cuando estén dorados, añadir el brandy, la salsa de tomate, el pan y el caldo, y dejar cocer todo por espacio de unos minutos.

Por último, agregar el pescado troceado. Rectificar de sal.

Sopa de pescado con mejillones y langostinos

Ingredientes

1 cabeza de merluza • 1 cabeza de rape • 2 tomates • 1 cebolla • 12 langostinos • 400 g de mejillones • 20 g de pan duro • 1 ½ l de agua • Aceite y sal

Elaboración

Hervir las cabezas de pescado, junto con las cabezas de los langostinos, en agua con sal durante 20 min para hacer un fondo de pescado.
Colar y recuperar toda la carne de las cabezas de pescado. Desmenuzar y reservar.
Pelar las colas de los langostinos y lavar bien los mejillones. Cocer los mejillones en una cazuela tapada al fuego. Reservar la carne y todos sus jugos.
Picar la cebolla fina y rehogarla en una cazuela con aceite. A continuación, incorporar los tomates picados, sin piel ni pepitas, y sofreírlos bien junto con las cebollas.
Añadir el pan troceado y los langostinos, y sazonar ligeramente. Agregar el caldo de cocción de las cabezas de pescado, la carne desmigada y los jugos de los mejillones. Dejar hervir durante 20 min. Trocear los mejillones e incorporarlos a la sopa.
¡Ojo con la sal! y servir.

Sopa de pescado de Candás

Ingredientes

500 g de rape • 10 almejas • 10 mejillones • 1 guindilla • Pan del día anterior • Perejil • 5 huevos duros • 2 dientes de ajo • 2 cebollas • 1 hoja de laurel • 1 tomate • Aceite y sal

Elaboración

Poner a hervir agua en un puchero hondo (unos 2 l) con un trozo de cebolla, un diente de ajo, un manojito de perejil y el laurel. Una vez que el agua esté bien caliente, echar el rape limpio, pero con la espina, y sal. Cuando haya hervido ya unos 10 min, añadir las almejas y mejillones, bien limpios.
Ya todo cocido, colar el caldo y echar a una cazuela de barro, incorporar el pan cortado en rebanadas muy finas y dejarlas cocer durante 15 min.

Rehogar en la sartén con aceite las cebollas picadas muy menuditas y, cuando estén doradas, añadir perejil, el otro diente de ajo muy picado, y el tomate pelado y picado.
Verter esta salsa sobre el caldo. Desmenuzar bien el rape, picar los huevos, quitar las cáscaras a las almejas o mejillones, y echar todo ello en la sopa.

Sopa de pescado tinerfeña

Ingredientes
500 g de lubina en trozos • 1 ½ l de agua • 250 g de patatas peladas y en trozos • 3 tomates medianos en gajos • 4 rodajas finas y grandes de pan • 1 pellizco de cominos • 1 pellizco de azafrán y sal

Elaboración
Poner a cocer el agua con sal en una cazuela, echar los tomates, las patatas y los cominos. Cuando las patatas comiencen a ablandarse, incorporar el pescado y el azafrán majado en el mortero.
Una vez que el pescado esté a punto, colocar en cada plato 1 rodaja de pan, echar el caldo y colocar encima los trozos de patatas y de pescado.

Sopa de rape

Ingredientes
4 cs de aceite de oliva • 1 diente de ajo • 25 g de almendras • 1 cs de cebolla picada • 4 hebras de azafrán • 250 g de pan en rebanadas • 1 ramito de perejil • 1 cc de pimentón • 500 g de rape • 200 g de tomate natural y sal

Elaboración
Limpiar el rape y cocerlo durante 5 min en agua con sal. Retirarlo y guardar su caldo. Quitar pieles y espinas y desmenuzarlo.

En una sartén con aceite, freír las almendras, el ajo y una ramita de perejil. Cuando estén fritos, majarlos en un mortero. Reservar
Sofreír en una cazuela con aceite la cebolla y añadir los tomates, sin piel ni pepitas, cortados finamente. Dejar sofreír unos 6 min. Agregar el pimentón, las hebras de azafrán y el majado diluido en un poco de agua. Rehogar bien el conjunto. Verter el caldo de cocción del rape y dejar reducir.
Cortar el pan en rebanadas finas y añadir al caldo junto con el rape. Cocer el conjunto durante 8 min a fuego medio. Sazonar y servir

Sopa de rape con gambas

Ingredientes

5 cs de aceite • 100 g de cebolla • 375 g de gambas • 1 cs de harina • 1 hoja de laurel • Una pizca de pimentón dulce • 300 g de rape • 2 cs de tomate frito • 100 ml de vino blanco seco y sal

Elaboración

Hacer un caldo con el rape, las cabezas de las gambas, la hoja de laurel y sal al gusto.
Sofreír la cebolla muy picada hasta que empiece a dorarse, añadir la harina y dorarla un poco. Incorporar el pimentón, el tomate y el vino.
Cocer 5 min, y echar el caldo del pescado colado. A este caldo, agregarle las gambas peladas y la carne del rape, desmenuzada y sin espinas. Servir bien caliente.

Sopa de salmón y verduras

Ingredientes

200 g de salmón limpio de pieles y espinas • 8 cebolletas pequeñas • 10 zanahorias jóvenes • 10 nabos jóvenes • 2 puerros • 30 g de espinacas cocidas

y picadas • 100 g de mantequilla • 1 cs de cebollino picado • 1 cc de maicena • Sal y pimienta

Elaboración

Limpiar bien las verduras, cortarlas todas en cubos del mismo tamaño y cocerlas en agua con una pizca de sal. Enfriar en agua fría y reservarlas, así como el caldo de la cocción. Salpimentar el salmón y cocerlo al vapor.

Ligar el caldo con la maicena previamente desleida en un poco de agua fría. Añadir la mantequilla y el resto de los ingredientes, y el salmón ligeramente desmenuzado. Dar un buen hervor al conjunto.

Salpimentar y servir.

Sopa de tencas

Ingredientes

4 tencas • 2 tomates • 1 diente de ajo • Sal • Aceite • Perejil • Pan duro y 1 cebolla

Elaboración

Preparar una cazuela honda de barro o de hierro, poner en ella aceite y hacer un sofrito con los tomates pelados y picados, el ajo trinchado, el perejil picado, la cebolla sin piel y finamente picada, y un poco de sal.

Cuando el sofrito esté hecho, incorporar las tencas bien limpias y cortadas en trozos regulares, y freírlas en la salsa que se ha formado en la cazuela. Añadir pan cortado fino y agua (solo la justa, o sea, 4 platos hondos llenos, pues el punto de esta sopa consiste en que no quede muy caldosa).

Hervir durante 10 min, rectificar de sal y servir bien caliente

Nota

La tenca es un pescado de pantano o río, en general más de aguas estancadas, cuya elaboración en forma de sopa es exclusiva de la cocina navarra.

Sopa de tomate

Ingredientes

4 cs de aceite de oliva • 1 cebolla grande • ¾ kg de tomates maduros • ¼ kg de pimientos rojos • 1 l de caldo de verduras. • ¼ l de leche • 1 cc de tomillo • 1 cs de perejil muy picado • Sal y pimienta

Elaboración

Pelar y picar muy fina la cebolla, lavar los tomates y los pimientos, escurrir, secar y cortar por la mitad. Retirar las pepitas de los tomates, y los filamentos y las semillas de los pimientos.

Calentar el aceite de oliva en una cazuela, agregar la cebolla y rehogar sin dejar que coja color. Incorporar los tomates y los pimientos, y saltear a fuego medio durante 5 min.

Añadir el caldo de verduras, el tomillo, la sal y la pimienta. Cocer a fuego suave unos 30 min, removiendo de vez en cuando con una cuchara de madera.

Triturar y colar para obtener una crema suave y homogénea. Poner la crema de nuevo en la cazuela y añadir la leche y el perejil. Calentar a fuego suave sin dejar de remover y rectificar de sal.

Se puede servir fría o caliente.

Sopa de vendimia

Ingredientes

4 patatas • 200 g de bacalao desmigado • 3 dientes de ajo • 3 puerros • Aceite • Agua o caldo • Sal • Perejil y 4 granos de pimienta negra

Elaboración

En una cazuela de barro con aceite, freír los ajos enteros y reservar.

Rehogar los puerros limpios y cortados en rodajas, añadir las patatas peladas y cortadas en trozos, saltearlas 5 min, e incorporar agua o caldo hasta cubrirlas.

Cuando lleve 10 min cociendo, agregar un majado de ajos fritos, perejil picado y pimienta.
Dejar hacer a fuego lento y, transcurridos 5 min, echar el bacalao desmigado. Cocer otros 5 min. Rectificar el punto de sal, poner un chorrito de aceite y servir bien caliente.

Nota

Habitual en la zona de la Mancha cuando se recoge la uva.

Sopa de verduras con pollo

Ingredientes

150 g de judías verdes • 2 zanahorias • 1 penca de acelga • 1 cebolleta • 200 g de guisantes • 1 puerro • 1 patata • 1 pechuga de pollo • 5 cs de aceite de oliva • 2 huevos cocidos y sal

Elaboración

Limpiar de hebras las judías verdes y la penca de acelga. Pelar las zanahorias y las patatas, y picar todo bien fino junto con el puerro y la cebolla. Picar también el pollo. En una cacerola con 5 cs de aceite, poner todo a pochar con un poco de sal y los guisantes. Cubrir con agua y cocer tapado a fuego suave durante 35 min.
Servir con los huevos picados por encima.

Sopa gaditana

Ingredientes

4 cs de aceite de oliva • 1 l de caldo de ave • 75 ml de jerez seco • 150 g de jamón • 3 dientes de ajo • 2 huevos cocidos • 2 yemas de huevo • 3 puñados de pan cortado en cuadrados • Perejil picado y sal

Elaboración

Cortar los ajos en láminas y hacer con ellos un sofrito en una sartén.
Añadir el jamón cortado en cuadraditos y el pan. Rehogar bien y pasar todo a una cazuela de barro. Agregar el caldo caliente y el huevo picado, poner el punto de sal y dejar cocer durante 20 min.
Después, mezclar la yema con el jerez, batir bien e incorporar a la sopa. Volver a remover.
Antes de servir, añadir un puñado de perejil picado.

Sopa marinera de mejillones

Ingredientes

20 mejillones • 1 cebolla mediana • 2 puerros gruesos • 2 tomates medianos • 1 ½ l de agua • 250 g de arroz • 1 clavo • 1 ramito de perejil • 1 hoja de laurel • 1 pellizco de pimienta • 1 pellizco de azafrán y 3 cs de aceite de oliva

Elaboración

Lavar bien los mejillones y abrirlos al vapor, retirar la carne y reservarla. Colar y reservar el líquido.
Picar muy finamente la cebolla y la parte blanca de los puerros, freírlo en el aceite hasta que comiencen a tomar color. Agregar los tomates pelados y cortados en trozos. Verter el agua hirviendo 4 min más tarde.
Condimentar con el clavo, el perejil y la hoja de laurel. Cuando comience a hervir de nuevo, echar el arroz y mezclarlo bien.
Bajar un poco el fuego y aderezar con los pellizcos de pimienta y azafrán; dejar cocer el arroz y, una vez esté hecho, retirar el ramito de perejil y la hoja de laurel.
Por último, echar la carne de los mejillones y el líquido, y dejar cocer 2 min más.

Nota

¡Ojo con la sal! Los mejillones la aportan en cantidad.

Sopa montserratina

Ingredientes

100 g de judías blancas • 100 g de garbanzos • 100 g de congrio seco • 3 l de agua • 1 coliflor pequeña • 3 patatas • 1 cebolla • 100 g de arroz • Aceite y sal

Elaboración

Poner a remojo la víspera las judías secas y los garbanzos. En una olla con el agua fría, echar los garbanzos y las judías junto con el congrio seco. Dejar hervir durante 2 h y añadir la coliflor partida en trozos, las patatas peladas y cortadas, y la cebolla pelada, picada y rehogada en aceite. Cocer durante 25 min más.

Colar todo, reservar los trozos y poner el caldo en una cacerola. Cocer en él el arroz durante 20 min.

Mezclar el arroz cocido con el caldo y los ingredientes reservados anteriormente. Corregir de sal.

Sopa moruna de Cádiz

Ingredientes

100 g de lentejas • 50 g de carne picada • 1 cebolla • Pimienta • Perejil • Azafrán • 2 l de agua • 1 cc de levadura • 1 limón • 2 huevos • 3 cs de aceite de oliva y sal

Elaboración

Poner las lentejas en remojo la noche anterior.

Rehogar con el aceite en una cazuela la carne picada y la cebolla, también picada. Sazonar. Dejar enfriar un poco y añadir las lentejas ya remojadas desde el día anterior.

Agregar la pimienta, el perejil picado y el azafrán, así como el agua. Cocer hasta que la carne y las lentejas estén en su punto; poner entonces la levadura disuelta en un poco de agua y el zumo del limón.
Cocer durante unos 10 min y, al tiempo de servirla, incorporar los huevos batidos. Servir bien caliente.

Guiso de patatas con chorizo

Ingredientes

¾ kg de patatas • 2 cebollas grandes • 1 chorizo • 250 ml de agua • 100 ml de vino blanco • 2 cs de aceite • 1 cc de pimentón • 2 hojas de laurel • 1 ramita de tomillo y sal

Elaboración

Pelar y cortar las patatas en rodajas no muy finas. Pelar y cortar las cebollas en aros finos.
Poner en una cazuela de barro una capa de patatas, encima, una capa de cebolla y unos trocitos de chorizo. Añadir sal y un poquito de pimentón. Volver a poner patatas, cebolla y chorizo, sal y pimentón. Terminar con una capa de patatas.
Rociar con el aceite, el agua y el vino. Poner el tomillo y las hojas de laurel encima. Tapar y cocer suavemente en el fuego durante 45 min.
Servir en la misma cazuela.

Marmitako

Ingredientes

5 patatas • 1 kg de bonito • 2 cebollas • 2 pimientos verdes • 4 pimientos choriceros (hidratar antes) • 2 dientes de ajos • 4 cs de salsa de tomate • 6 cs de aceite de oliva • Caldo de bonito o agua y sal

Elaboración

Limpiar el bonito y cortarlo en dados. Sazonar.

Rehogar en una cazuela con aceite el pimiento, la cebolla y el ajo picado. Incorporar las patatas al sofrito y rehogarlas. Añadir la carne de los choriceros y cubrir las patatas con el caldo de bonito. Dejar cocer durante 20 min a fuego medio.

Agregar el bonito cortado en dados y la salsa de tomate. Cocer durante 5 min a fuego medio. Rectificar el punto de sal y servir caliente.

Puré de patatas

Ingredientes

2 patatas • Un chorro de aceite de oliva • Agua • 1 nuez de mantequilla • Pimienta molida (opcional) y sal

Elaboración

Cocer las patatas peladas en un recipiente con agua, sal y un chorro de aceite. A continuación, triturar y pasar por un pasapurés.

Añadir una nuez de mantequilla y remover para que al enfriar no forme costra. Si se desea, se puede añadir una pizca de pimienta molida.

Puré de bacalao y patatas

Ingredientes

150 g de bacalao desalado • 400 g de patatas • 1 pimiento verde • 4 huevos cocidos • Un manojo pequeño de perejil • 4 cs de aceite de oliva virgen y sal

Elaboración

Cocer en una cazuela con agua las patatas peladas y cascadas, y el pimiento verde. A media cocción, añadir el bacalao y el perejil. Pasar por un pasapurés o triturarlo con la ayuda de una túrmix. Añadir el aceite de oliva y sazonar. Mezclar bien, decorar con los huevos cocidos cortados en rodajas finas y servir.

Nota

La decoración no es muy original pero sabe que da gusto.

Puré de verduras con merluza

Ingredientes

1 zanahoria • 4 hojas de acelga • 2 patatas • 2 puerros • 100 g de espinacas • 300 g de merluza sin piel • ½ hoja de laurel • 2 cs de aceite de oliva virgen y sal

Elaboración

Limpiar las verduras y cortarlas en trozos menudos. Ponerlas en una cazuela cubiertas de agua con un poco de sal, el laurel y 2 cs de aceite.
Cocerlas a fuego medio y añadir la merluza a falta de 5 min de cocción. Retirar la hoja de laurel, triturar el conjunto de los ingredientes y agregar el aceite restante. Rectificar de sal y servir.

Nota

Ideal para niños pequeños.

Puré de verduras con pollo

Ingredientes

100 g de judías verdes • 2 zanahorias • 1 patata grande • 2 puerros finos • 100 g de calabaza • 1 muslo de pollo • 1 l de caldo de carne • 2 cs de aceite • Sal y 1 huevo duro

Elaboración

Pelar la patata y las zanahorias, lavar los puerros y las judías verdes, y pochar todo picado en 2 cs de aceite bien caliente durante 5 min.

Añadir el caldo, el muslo de pollo y la calabaza, y hervir 30 min. Retirar el hueso y la piel del pollo, y triturar todo en la batidora. Corregir de sal. Servir adornado de huevo duro picado.

Nota

Ideal para niños un poquito más mayores.

Patatas con costillas

Ingredientes

¾ de costillas de cerdo adobadas • 1 kg de patatas • 2 dientes de ajo • Pimentón • Sal • Aceite y perejil

Elaboración

Poner las costillas en una sartén con aceite a freír a fuego lento. Pelar, cortar y salar las patatas en cuadraditos.

Cuanto las costillas estén medio hechas, añadir las patatas y freír también junto con las costillas.

Machacar en el mortero los dientes de ajo pelados y el perejil (si se quiere, se puede añadir un poco de pimentón). Echar sobre las costillas y las patatas. Machacar unas patatas e incorporarlas al caldo.

Dejar que dé un hervor y pasar a una cazuela todo junto. Añadir agua hasta cubrirlo y cocer durante 20 min. Rectificar de sal.

Servir caliente.

Patatas a la importancia

Ingredientes

4 patatas grandes • 2 huevos • 100 g de jamón serrano picado • Harina para rebozar • Aceite de oliva virgen y sal

Para la salsa:

1 cebolla mediana • 1 diente de ajo • 1 cc de harina • ½ l de caldo • 1 cs de perejil picado y aceite

Elaboración

Pelar, lavar y cortar las patatas en rodajas de 5 mm. Pasarlas por harina y huevo batido con perejil y un poco de sal. Freírlas por los dos lados hasta que queden doradas. Escurrir y reservar.

Para la salsa: saltear en una sartén con aceite la cebolla y el diente de ajo sin que se doren. Añadir la harina, el perejil picado y el caldo. Cocer durante 5 min.

A continuación, poner esta salsa en una cazuela de barro y meter en el horno. Agregar las patatas y cocerlas durante 8 min a 180 °C. Si se quiere dar más importancia al plato, añadir 100 g de jamón ibérico picado o 200 g de almejas. Remover suavemente de vez en cuando para que las patatas no se peguen en el fondo.

Servir en la misma cazuela. También se pueden colocar en cada plato las patatas con su salsa y espolvorear el perejil picado por encima.

Patatas a la riojana I

Ingredientes

1 kg de patatas • 150 g de chorizo • 1 vaso de vino blanco • 2 dientes de ajo • 1 hoja de laurel • 1 guindilla cayena • Perejil • Sal • Pimienta • 2 cs de aceite de oliva

Elaboración

Poner en una cazuela el chorizo cortado en ruedas y cayena con el aceite de oliva, dar unas vueltas y añadir las patatas peladas y cortadas en trozos. Rehogar bien y cubrir con el vaso de vino y el agua suficiente.

Sazonar con sal y pimienta, la hoja de laurel y los ajos y perejil, bien majados en el mortero. Dejar cocer lentamente durante 30 min. Las patatas deben quedar blandas y casi sin caldo.

Patatas a la riojana II

Ingredientes

1 l de agua • 12 cs de aceite • 3 dientes de ajo • 1 cc de sal • 2 pimientos verdes • 4 patatas • 20 rodajas de chorizo y 3 guindillas cayenas

Elaboración

Poner en la olla el aceite y, cuando esté caliente, echar los ajos, el pimiento en tiras, las guindillas cayena y el chorizo.

Remover y sofreír un poco. Añadir las patatas cortadas en dados. Sazonar y remover.

Seguidamente, echar el agua suficiente para cubrir las patatas.

Cerrar la olla y cocer 15 min.

Nota

Esta receta sólo se puede comer con una botella de vino por cabeza o también riojanos con label.

Patatas a la logroñesa

Ingredientes

1 kg de patatas • Aceite • Sal • 200 g de lomo fresco • Pimienta negra • Pimentón dulce • Guindilla • 1 diente de ajo y 8 huevos

Elaboración

Cortar las patatas exactamente como se hace para freírlas, pero más gruesas. Poner una sartén con abundante aceite y, cuando esté bien caliente, verter las patatas y el lomo cortado en dados. Freír bien ambas cosas.
Machacar en el mortero un poco de pimienta negra, una cucharadita de pimentón, un poco de guindilla y el diente de ajo. Agregar luego un poco de agua, remover bien el contenido y verterlo después sobre las patatas, a las que previamente habremos quitado su grasa.
Sazonar con sal y servir con los huevos cocidos, pelados enteros y calientes.

Patatas al horno

Ingredientes

100 g de queso Edam holandés en lonchas • 4 patatas grandes • 100 g de jamón dulce • 100 ml de vino blanco • 50 g de mantequilla • Sal y pimienta

Elaboración

Hervir durante 15 min las patatas peladas y cortadas en rodajas bastante gruesas. Untar una fuente de horno con mantequilla. Poner en el fondo una capa de patatas, salar, añadir la pimienta, y cubrir con lonchas de jamón y queso. Luego poner otra capa de patatas, sal, pimienta, jamón y queso.
Agregar el vino blanco. Cubrir con trozos de mantequilla y poner en el horno, previamente calentado unos 5 ó 10 min, a 180 °C durante 20 min.

Patatas al cabrales

Ingredientes

2 claras a punto de nieve • 1 yema de huevo • 30 g de mantequilla • Una pizca de nuez moscada • 6 patatas y 100 g de queso de cabrales

Elaboración

Asar las patatas con su piel durante aprox 30 min a 180 °C, hasta que estén tiernas, lo sabremos pinchado con un cuchillo, si están blandas ya se pueden retirar. Una vez asadas, cortarlas por la mitad a lo largo y vaciar la pulpa.

Con esta pulpa, la mantequilla, el queso, la nuez moscada y una yema, hacer una crema triturándolo todo en una batidora. Añadir las claras a punto de nieve fuerte y rellenar las patatas. Gratinar hasta que estén bien doradas.

Patatas alioli

Ingredientes

600 g de patatas y 500 g de aceite de oliva

Para la salsa alioli:

2 dientes de ajo • 2 dl de aceite de oliva • 1 cs de perejil picado y sal

Elaboración

Pelar las patatas y cortarlas en trozos regulares. Freírlas en una sartén con abundante aceite a fuego lento, hasta que estén doradas. Sazonar

Para la salsa alioli: en una batidora, triturar los ajos y agregar el aceite, poco a poco y sin parar de triturar, hasta lograr una especie de mayonesa. Sazonar y espolvorear con perejil troceado.

Acompañar las patatas con la salsa.

Patatas asadas al ajillo

Ingredientes

8 patatas medianas cortadas por la mitad • Aceite de oliva • 2 dientes de ajo • Perejil y pimienta negra

Elaboración

Disponer las mitades de las patatas en una bandeja de horno.

En un mortero, machacar los dientes de ajo con un poco de sal, unos granos de pimienta negra y 4 cs de aceite de oliva.

Embadurnar la patata con el ajillo del mortero. Asar las patatas en el horno, precalentado unos 5 ó 10 min, a 180 °C, durante 45 min. Espolvorear con el perejil picado.

Patatas bravas

Ingredientes

1 kg de patatas • ½ kg de tomates • 1 cs de harina • Pimentón picante • ½ vasito de vino blanco • Aceite de oliva • Guindilla y sal

Elaboración

Pelar y cortar las patatas. Se pueden freír, cocer o ambas cosas.

Una vez preparadas las patatas, rehogar los tomates pelados junto con la guindilla. A continuación, añadir el vino blanco, la harina y un poco de pimentón picante. Sazonar con sal, retirar la guindilla y verter esta salsa sobre las patatas en el momento de servir. Si la salsa es muy espesa, añadir un poco de agua.

Patatas con calamares

Ingredientes

½ kg de patatas • 400 g de calamares • 1 cebolla • 100 ml de vino blanco • Sal y aceite

Elaboración

Limpiar y cortar en aros los calamares. Picar la cebolla fina, poner con el aceite en la sartén y sofreír hasta que la cebolla empiece a dorar. Remover, incorpo-

rar los calamares y echar la sal. Sofreír 5 min, añadir el vino blanco y dar un hervor hasta que se haya evaporado casi todo el vino.
Pasar todo a una cazuela, incorporar las patatas cortadas en cuadrados, cubrir con agua y cocer a fuego suave hasta que las patatas estén blandas, durante 30 min aprox.

Patatas con chirlas

Ingredientes

1 ½ kg de patatas • 500 g de chirlas • 1 cebolla grande • 1 pimiento verde grande • 2 dientes de ajo • Perejil • Nuez moscada • Pimienta • Aceite de oliva y sal

Elaboración

Limpiar bien las chirlas. Pelar y cortar las patatas en trozos regulares. Picar bien la cebolla y rehogarla en una cazuela de barro con un poco de aceite; añadir luego el pimiento troceado. Antes de que se dore el pimiento, agregar las patatas y sofreírlo todo muy bien, removiendo continuamente. Incorporar las chirlas a las patatas, rehogar bien el conjunto.
Machacar en un mortero los ajos con abundante perejil, desleír con un poco de agua y verter por encima de las patatas. Añadir agua hasta cubrirlas. Salpimentar, y agregar la nuez moscada. Deja cocer lentamente hasta que las patatas estén tiernas. Servir en la misma cazuela.

Patatas con chorizo

Ingredientes

¾ kg de patatas peladas y cortadas a lo largo • 2 chorizos cortados en rodajas • 1 cebolla mediana picada • 6 dientes de ajo picados • 3 cs de aceite de oliva y sal

Elaboración

Calentar el aceite en una cazuela de barro y dorar en ella la cebolla y los ajos. Cuando hayan tomado color, agregar el chorizo y rehogar durante 2 min. Luego añadir las patatas, salarlas y cubrirlas de agua.

Remover bien y dejar cocer a fuego suave hasta que estén a punto.

Patatas con queso gratinadas

Ingredientes

800 g de patatas • 4 dientes de ajo • 1 l de leche • ½ l de nata • Queso rallado • Sal • Pimienta • Una ramita de perejil

Elaboración

Poner en una cazuela la leche y la nata a cocer junto con los ajos, que habremos picado muy finos previamente. A continuación, cortar las patatas en lonchas de ½ cm de grosor cada una e incorporar a la leche con la nata que hemos puesto a cocer anteriormente. Dejar cocer todo junto hasta que las patatas estén blandas, unos 30 min aprox.

Salpimentar, repartir en cazuelitas individuales, espolvorear con queso rallado a nuestro gusto y gratinar.

Servir caliente en las mismas cazuelitas y adornar con una ramita de perejil.

Patatas guisadas

Ingredientes

½ kg de patatas • 1 cebolla • 2 dientes de ajo • 2 huevos • 1 cs de harina • Sal • Aceite • Azafrán y perejil

Elaboración

Cortar las patatas en rodajas gorditas y sazonarlas. Rebozar en harina y huevo, y freír con aceite. Sacarlas a una cazuela.

Picar la cebolla y un diente de ajo muy finos y sofreír en el aceite que quedó de freír las patatas, a fuego lento.
Mientras tanto, machacar en el mortero el otro ajo con perejil, echar a la sartén antes de terminar de freír la cebolla y sofreír todo junto.
Cuando la cebolla esté transparente, agregar un poco de azafrán, previamente molido, o colorante. Remover y añadir la harina; volver a remover e incorporar poco a poco una pequeña cantidad de agua.
Incorporar a las patatas que estaban en la cazuela, cubrir de agua y añadir la sal. Cocer 20 min.

Patatas guisadas con costillas

Ingredientes

1 kg de costillas de cerdo adobadas • 2 kg de patatas • 1 cebolla mediana • 150 g de pimientos rojos de lata • 1 tomate grande • 1 cs de harina • 1 cc de pimentón • 100 ml de vino blanco • 8 cs de aceite de oliva • 2 dientes de ajo • 1 hoja de laurel • 2 ramitas de perejil • 1 cc de vinagre y sal

Elaboración

Cortar las costillas en tres trozos cada una y reservar.
En una cazuela, poner aceite a calentar y rehogar la cebolla picada, un ajo pelado y golpeado, y la hoja de laurel. Cuando la cebolla empiece a dorarse (unos 6 min), espolvorear con la harina, remover, añadir el pimentón, rociar con el vino blanco y dejar cocer 5 min. Retirar el ajo y el laurel.
Añadir entonces las costillas, cubrirlas con agua y cocer 20 min. Pasado este tiempo, incorporar las patatas, peladas, troceadas y sazonadas. Dejar hacer 20 min y agregar agua caliente si es necesario. Echar el tomate pelado, despepitado y en trozos, así como el pimiento cortado en tiritas. Dejar cocer todo junto otros 10 min.

Machacar el otro diente de ajo con un poco de sal, perejil y el vinagre. Echar al guiso y dejar cocer todo 3 min más.
Servir bien caliente.

Patatas guisadas con hongos

Ingredientes
2 kg de patatas • 750 g de hongos • 1 cebolla • 2 dientes de ajo • 3 hojas de laurel • 1 pimiento rojo • Azafrán • Pimentón • 150 ml de vino blanco • 2 tomates muy maduros • 100 ml de aceite de oliva y sal

Elaboración
Lavar bien los hongos.
En una sartén con aceite poner la cebolla picada, los dientes de ajo y el laurel. A continuación, añadir los hongos y saltear a fuego vivo, agregar el pimentón, los tomates sin piel y picados, el vino blanco, el azafrán y las patatas cortadas no muy grandes, saltear a fuego vivo durante unos minutos y cubrir con agua. Tapar y cocer hasta que las patatas estén blandas, antes de retirar del fuego la sartén, machacar en el mortero ajo y perejil y añadirlo a las patatas. Poner a punto de sal.

Patatas guisadas con níscalos

Ingredientes
2 kg de patatas • 750 g de níscalos • 1 cebolla • 2 dientes de ajo • 3 hojas de laurel • 1 pimiento rojo • Azafrán • Pimentón • 150 ml de vino blanco • 2 tomates muy maduros • 100 ml de aceite de oliva y sal

Elaboración
Lavar bien los níscalos.

En una sartén con aceite, poner la cebolla picada, los dientes de ajo y el laurel.

A continuación, añadir los níscalos y saltear a fuego vivo. Agregar el pimentón, los tomates sin piel y picados, el vino blanco, el azafrán y las patatas cortadas no muy grandes; saltear a fuego vivo durante unos minutos y cubrir con agua. Tapar y cocer hasta que las patatas estén blandas. Antes de retirar del fuego la sartén, machacar en el mortero ajo y perejil, y añadirlo a las patatas. Poner el punto de sal.

Patatas guisadas con setas de cardo

Ingredientes

2 kg de patatas • 750 g de setas de cardo • 1 cebolla • 2 dientes de ajo • 3 hojas de laurel • 1 pimiento rojo • Azafrán • Pimentón • 150 ml de vino blanco • 2 tomates muy maduros • 100 ml de aceite de oliva y sal

Elaboración

Lavar bien las setas.

En una sartén con aceite, poner la cebolla picada, los dientes de ajo y el laurel.

A continuación, añadir las setas y saltear a fuego vivo, agregar el pimentón, los tomates sin piel y picados, el vino blanco, el azafrán y las patatas cortadas no muy grandes. Saltear a fuego vivo durante unos minutos y cubrir con agua. Tapar y cocer hasta que las patatas estén blandas. Antes de retirar del fuego la sartén, machacar en el mortero ajo y perejil, y añadirlo a las patatas. Poner el punto de sal.

Patatas guisadas del día de San Martín

Ingredientes

1 kg de patatas • 1 cebolla • 2 pimientos verdes • 2 dientes de ajo • 2 chorizos frescos • 2 manitas de cerdo cocidas • 400 g de costillas de cerdo • Agua • Aceite de oliva y sal

Elaboración

En una cazuela con aceite de oliva bien caliente, poner a sofreír la cebolla, los pimientos y los dientes de ajo, todo bien picadito para que desaparezca en el guiso, cuando esté todo pochado. Añadir el chorizo troceado en rodajas y las costillas, en trocitos.

Rehogarlo y echar el pimentón, dar unas vueltas y ponerle agua caliente. Cocer durante ½ h y, pasado ese tiempo, echar las patatas peladas, lavadas y troceadas (partirlas arrancando los trozos, pues esto hará que la salsa quede ligada). Echar las manitas de cerdo y dejar cocer 25 min a fuego muy suave.

Patatas rellenas con salmón ahumado

Ingredientes

4 patatas medianas • 100 g de salmón ahumado • 1 tarrina de queso fresco Philadelphia de 200 g • 2 yemas de huevos • 1 cs de alcaparras • Pimienta y sal

Elaboración

En un recipiente especial para microondas, cocer las patatas, enteras con piel, pinchadas y tapadas, a la máxima potencia unos 12 min, o bien en la olla superrápida sin piel o con piel unos 3 ó 4 min.

Picar el salmón. Batir el queso con las yemas, la sal y la pimienta, y mezclar con las alcaparras picadas.

Pelar las patatas si se cocieron con piel. Vaciar un poco el centro y llenar con el salmón.
Cubrir con la salsa de queso y gratinar a plena potencia 3 min.

Pucherete

Ingredientes

200 g de morcillo de vaca • 120 g de puntas de jamón • 2 longanizas de 100 g cada una • 2 chorizos cantimpalos de 100 g cada uno • 4 patatas • 100 g de repollo • 1 zanahoria grande • 1 nabo de 100 g • 1 cebolla mediana • 1 rama grande de apio • 2 dientes de ajo picados muy finos • 1 guindilla fresca y sal

Elaboración

Cortar el morcillo y la punta de jamón en 4 trozos. Cortar las longanizas y los chorizos por la mitad. Poner todos los ingredientes en un puchero de barro, añadir agua hasta cubrir bien todo y cocer a fuego muy suave hasta que el morcillo esté bien tierno. Tardará unas 2 h.
Servir repartido en cazuelas individuales de barro.

Puchero estilo catalán

Ingredientes

250 g de gallina o pollo • 1 repollo • 4 patatas medianas • Unas ramas de apio • 1 kg de rabo de vaca • 2 chorizos • 100 g de arroz • 100 g de fideos gruesos • 2 l de agua y sal
Para la pelota catalana:
¼ de carne picada • 2 ó 3 dientes de ajo • 2 cs de perejil picado • ½ limón • Sal • Pimienta • 2 huevos • Pan rallado y harina

Elaboración

Poner una olla con agua en el fuego y echar el rabo, la gallina y el apio. Cocer hasta que la carne esté tierna.

Agregar el repollo con las hojas separadas, las patatas peladas y enteras, y los chorizos, enteros también. Corregir de sal. Cocer 15 min.

Para la pelota: poner en un bol la carne picada, los ajos picados, el perejil, el zumo del medio limón, una cucharadita de sal, la pimienta, los huevos y 2 cs de pan rallado. Amasar y hacer la pelota alargada. Rebozar en harina.

Por último, echar la pelota a la cazuela y cocer 10 min más.

Pasado este tiempo, agregar el arroz y dejar 15 min. Añadir los fideos y cocer 5 min más.

Servir bien caliente.

Alubias blancas guisadas con judías verdes

Ingredientes

300 g de alubias • 1 zanahoria • 1 pimiento verde • 1 tomate • 300 g de judías verdes • 2 dientes de ajo • Aceite • Sal y agua

Elaboración

Dejar las alubias en remojo el día anterior.

Poner a cocer en agua fría las alubias con la zanahoria, el tomate, el pimiento verde y la sal.

La cocción debe ser a fuego suave. Añadir agua fría para romper el hervor cuando vayan quedándose sin caldo.

Una vez estén tiernas, agregar las judías verdes y el refrito, hecho con aceite y los ajos cortados en láminas. Dejar cocer 20 min a fuego suave.

La salsa no tiene que quedar muy espesa ni tampoco muy ligera.

Alubias con puré de berza

Ingredientes

1 cebolleta • 500 g de alubias • 1 puerro • 1 pimiento verde • Aceite • Sal y agua

Para el puré de berza:

½ berza • 4 patatas medianas y sal

Para decorar:

Panes fritos y perejil picado

Elaboración

Poner en remojo las alubias el día anterior.

Picar muy fina la cebolleta, el pimiento verde y el puerro. En una cazuela, echar un chorro de aceite, las verduras, las alubias, el agua y la sal. Dejar cocer 2 h.

Para el puré de berza: limpiar la berza y trocearla, al igual que las patatas. Poner todo en una cazuela con agua y sal, y cocer durante ½ h a fuego medio. Después, triturar con la batidora.

Servir bien caliente y cada cosa por separado.

Decorar el puré con los panes fritos y el perejil picado al estilo de Karlos.

Alubias con salchichas

Ingredientes

500 g de alubias • 6 salchichas de carnicería • 2 cebollas pequeñas • 2 dientes de ajo • 300 g de tomates • 100 ml de vino blanco • 1 ramita de tomillo • 1 ramita de laurel • Una pizca de perejil • Aceite y sal

Elaboración

Dejar las alubias en remojo la noche anterior.

Escurrirlas y ponerlas al fuego en una olla cubiertas con agua fría. Cuando empiecen a hervir, añadir una cebolla entera, el laurel, el tomillo y la sal. Cocer lentamente durante 45 min.

Cortar las salchichas y freírlas ligeramente en una sartén. Reservar.

Pelar y rallar los tomates, la cebolla restante, el ajo y el perejil, y sofreír en el mismo aceite. Verter el vino y cocer 10 min.

Agregar las salchichas y el sofrito en la olla, y cocerlo tapado durante 30 min más. Añadir agua si fuera necesario hasta cubrir las alubias. Rectificar de sal y servir bien caliente.

Alubias pintas

Ingredientes

½ kg de alubias pintas • 1 trozo de panceta • 1 chorizo asturiano • 1 morcilla asturiana • 1 cebolla • 2 dientes de ajo • 2 hojas de laurel • Sal y agua

Elaboración

Poner en remojo las alubias el día anterior.

Colocar en la cazuela las alubias, la panceta, el chorizo, la morcilla, los ajos, el laurel y la cebolla, todo en crudo, cubrir con agua y añadir la sal. Cocer durante 2 h a fuego suave, removiendo despacio de vez en cuando para que no se rompa la alubia.

Se puede hacer en olla exprés; en ese caso, cocer durante 30 min.

Cocido andaluz

Ingredientes

½ kg de garbanzos • 100 g de tocino • Huesos (codillo, etc.) • 3 patatas • 1 ramitas de perejil • 2 dientes de ajo • 1 pastilla de caldo de carne • Una pizca de azafrán • ¼ kg de carne (morcillo o falda) y sal

Elaboración

Dejar en remojo los garbanzos la noche anterior.

En la olla exprés, poner todos los ingredientes menos la patata. Cocer durante 40 min. Añadir la patata y cocer durante otros 10 min más con la olla cerrada.

Cocido madrileño I

Ingredientes

½ kg de garbanzos • 400 g de morcillo • 2 chorizos • 2 morcillas • 100 g de jamón • 100 g de panceta • 1 pechuga de pollo • 1 punta de jamón • 2 huesos de caña de ternera • 1 repollo • 2 zanahorias • 1 patata • 1 puerro • Fideos finos y sal

Para la bola:

150 g de carne picada de ternera • 50 g de chorizo • 50 g de jamón serrano • 100 g de tocino • Pan rallado • Huevo • Leche • Aceite y sal

Elaboración

Dejar los garbanzos en remojo la noche anterior.

Poner a cocer el repollo partido, con sal en la olla durante 15 min.

Para hacer la bola, picar el jamón, el chorizo, el tocino y el huevo; añadir la carne picada, la sal y mezclar con el pan rallado empapado en leche, dar forma de bola y rebozar en huevo batido y pan rallado. Freír en abundante aceite caliente, escurrir y reservar.

Poner en otra olla todos los ingredientes del cocido: la morcilla, el chorizo, los garbanzos, el jamón, la punta de jamón, el pollo, las zanahorias, el puerro, la panceta y la carne. Sazonar y cocer durante 40 min. Añadir una patata y la bola. Cocer durante 20 min más con la olla abierta.

Con el caldo colado, hacer una sopa con fideos como primer plato. La carne, la verdura y los garbanzos se sirven como segundo plato.

Cocido madrileño II

Ingredientes

250 g de morcillo • 1 chorizo • 300 g de garbanzos • 1 hueso de jamón • 1 hueso de rodilla de vaca • 1 huevo • 1 morcilla • 50 g de pan rallado • 2 patatas medianas • 250 g de pollo o gallina • 1 puerro • 250 g de repollo • Una pizca de sal • 100 g de tocino • 2 zanahorias y sal

Elaboración

Dejar en remojo los garbanzos la noche anterior.

Poner en la olla todos los ingredientes pelados y lavados. Cubrir con abundante agua con sal y cocer a fuego suave durante 2 ½ h. En el primer hervor, quitar la espuma. Añadir agua hirviendo si es necesario completar, pues debe tener bastante caldo.

Media hora antes de finalizar la cocción, agregar las patatas y la pelota, hecha con un huevo batido, un poco de jamón picadito, ajo picado, perejil y pan rallado. Con esta masa, hacer como una croqueta grande, freír en aceite de oliva y añadir al cocido.

Una vez que los garbanzos y las carnes estén tiernos, sacar el caldo de la cocción y hacer una sopa con fideos finos, que será el primer plato.

El segundo plato serán los garbanzos con las verduras y la pelota, y el tercero, las carnes, el chorizo y la morcilla, que se habrá hervido aparte en un poco de agua.

Cocido maragato

Ingredientes

300 g de lacón • 300 g de cecina • 500 g de carne de morcillo • ½ gallina con los menudillos • 1 oreja de cerdo • 100 g de tocino • 3 chorizos • 6 patatas pequeñas • 1 kg de repollo • 1 puerro • 2 zanahorias • 500 g de garbanzos

remojados • Sal • Para el relleno: • 3 huevos • Pan rallado • 3 dientes de ajo y 50 g de jamón

Elaboración

La noche anterior, dejar en remojo los elementos conservados en salazón y cambiar el agua un par de veces. En una olla de barro con 3 l de agua, poner los chorizos, la carne de morcillo, la cecina, el lacón, la oreja de cerdo y el tocino. Dejar cocer unos 15 min.

Añadir la carne de gallina, la zanahoria, el puerro y los garbanzos. Sazonar y dejar cocer el tiempo necesario para que todo esté en su punto.

En otra cazuela, poner el repollo y, cuando esté medio cocido, añadir las patatas, peladas y enteras.

Para el relleno: batir los huevos en una fuente, junto con los menudillos de la gallina, el jamón, un poco de chorizo, unos dientes de ajo y un poco de pan rallado. Amasar hasta conseguir una mezcla homogénea y formar unas croquetas grandes o unas pelotas. Echar en la olla.

Colar el caldo y hacer una sopa de fideos, de pan o de arroz. Presentar las carnes, las verduras y las patatas acompañadas con el repollo y, por último, la sopa (es la particularidad de este cocido).

Fabada asturiana I

Ingredientes

500 g de fabes • 2 morcillas ahumadas • 2 chorizos ahumados • 100 g de punta de jamón • 100 g de tocino de jamón • 5 costillas de cerdo frescas y sal

Elaboración

Dejar les fabes a remojo la noche anterior.

En una cazuela, preferiblemente de barro, poner todos los ingredientes juntos con poca agua, y cuando comience a hervir, añadir un buen chorro de agua fría para romper el hervor. Repetir esta operación una vez más.

Dejar cocer a fuego muy suave y removiendo de vez en cuando con mucho cuidado para no romper les fabes. Cuando estén bien tiernas, corregir de sal y retirar del fuego. Dejar reposar un rato y servir.

Fabada asturiana II

Ingredientes

200 g de chorizo • 500 g de fabes • 150 g de punta de jamón • 125 g de lacón • 100 g de morcilla • Una pizca de pimienta • Una pizca de sal • 125 g de tocino magro y sal

Elaboración

Dejar en remojo les fabes el día anterior.

Poner a cocer todos los ingredientes en una cazuela con agua fría, la justa para cubrir los ingredientes. Cocer a fuego muy suave durante 3 ½ h. Añadir agua fría de vez en cuando para volver a cubrir los ingredientes.

Cuando les fabes estén tiernas, corregir de sal.

Garbanzos a la catalana

Ingredientes

500 g de garbanzos • 6 cs de aceite de oliva • 1 cebolla grande • 4 tomates • 150 g de butifarra • 4 huevos cocidos • 50 g de piñones • Pimienta y sal

Elaboración

Poner a remojo la noche anterior los garbanzos. Preparar una olla al fuego con agua y, cuando rompa el hervor, echar los garbanzos, dejar hervir durante unos minutos y echar sal. A media cocción, quitar todo el caldo y reservarlo en otro recipiente.

En una sartén al fuego, poner el aceite de oliva y freír en ella la cebolla cortada fina. Una vez esté casi dorada, añadir el tomate pelado y cortado en

trozos. Freír lentamente y, antes de que termine de freírse, incorporar los piñones y la butifarra, rehogar todo y pasarlo a una cazuela de barro. Incorporar los garbanzos y ponerla al fuego.
Rehogar de nuevo durante unos minutos y cubrir con el caldo de cocción de los garbanzos. Rectificar de sal y pimienta. Cocer destapados y muy lentamente hasta que estén cocidos. No tiene que quedar demasiado caldo.
Retirar y dejar reposar durante unos momentos.
Servir con los huevos duros, pelados y picados, sobre ellos.

Habas a la catalana

Ingredientes

1 ½ kg de habas frescas • ½ l de caldo de carne • 50 g de tocino picado • 50 g de panceta • 75 g de morcilla • 75 g de chorizo • 1 butifarra • 125 g de cebollas picadas • 2 tomates pelados y picados • 25 g de jamón serrano • Un poquito de aguardiente • 2 cs de vino moscatel • 1 diente de ajo • 1 palo de canela • 1 rama de apio • Tomillo • Laurel • Orégano • Hierbabuena • Pimienta y sal

Elaboración

En una cacerola, saltear el ajo, el tocino y la panceta hasta que se doren. Añadir el jamón picado, las hierbas (en un ramito), las cebollas y los tomates. Dejar cocer 5 min a fuego fuerte, echar las habas, el caldo de carne y las especias.
Pinchar los embutidos, incorporarlos a la cacerola, tapar y dejar cocer lentamente durante 30 min. Agregar el aguardiente y el moscatel, y salpimentar. Dejar cocer a fuego lento 20 min.
Sacar los embutidos y ponerlos en un plato aparte.
Una vez que las habas estén tiernas, quitar la cacerola del fuego y retirar las hierbas. Cortar en rebanadas la morcilla y la butifarra, y colocarlas por encima. Servir en la misma cazuela.

Habas con jamón

Ingredientes

1 kg de habas tiernas • 50 g de jamón • 2 dientes de ajo • 2 cebolletas • 50 g de pasas • 25 g de piñones • Aceite y sal

Elaboración

Cocer las habas frescas con agua, aceite y sal durante 1 min. Escurrir y reservar. Picar las cebolletas y los ajos, y freírlos en una sartén con aceite. Añadir el jamón cortado en tiras y los piñones. Rehogar 2 min e incorporar las habas. Rehogar 5 min más.

Por último, agregar las pasas y servir.

Habitas guisadas

Ingredientes

½ kg de habas frescas desgranadas • 150 g de tocineta • 3 cebolletas • 1 cs de harina • 3 zanahorias • 2 patatas cocidas • Perejil picado • Aceite • Agua y sal

Elaboración

Echar en una cazuela un chorro de aceite y pochar las cebolletas bien picaditas. Añadir a continuación las habas peladas y rehogar un poco con la cebolleta. Echar la sal y cubrir con agua. Cocer 25 min.

Cortar en trozos la zanahoria y la patata cocida. Cortar en daditos la tocineta.

En una sartén con un chorrito de aceite, sofreír el tocino, añadir la zanahoria, las patatas y la harina. Rehogar todo e incorporarlo a las habas; dejar cocer un par de min para que se mezclen bien los sabores. Espolvorear con perejil picado.

Judías pintas guisadas con cerdo

Ingredientes

500 g de judías • 200 g de oreja de cerdo • 100 g de chorizo • 1 codillo de jamón • 1 pimiento verde • 1 tomate duro • 1 cebolla • 1 diente de ajo • Salsa de tomate • Pimentón dulce • Harina • Aceite y sal

Elaboración

Poner las judías en remojo desde el día anterior. En una olla de barro con agua, echar las judías, la oreja, el chorizo, el codillo, el pimiento, el tomate y el diente de ajo. Cocer a fuego muy lento durante un mínimo de 2 h.

Por otro lado, en una sartén con poco aceite, sofreír la cebolla hasta que se dore bien; a continuación, agregar una cucharadita pequeña de harina y media de pimentón dulce.

Remover bien para que no se pegue. Inmediatamente después, incorporar un vaso de salsa de tomate y seguir removiendo. Cuando las judías estén tiernas, añadir el sofrito a la olla, corregir de sal y dejar a fuego suave durante 10 min más.

Se pueden servir con un poco de repollo cocido.

Alubias rojas y sus sacramentos

Ingredientes

1 kg de alubias rojas • ½ kg de tocino fresco rosado • 2 chorizos • 2 tomates maduros • 1 cebolla • 2 cabezas de ajo • Pimentón dulce • 1 berza o repollo • 1 morcilla • Harina • Aceite de oliva y sal

Elaboración

Dejar las judías en remojo la noche anterior. En una cazuela con abundante agua fría, poner las judías, los tomates pelados y troceados, las cabezas de ajo, media cebolla picada, los chorizos y el tocino.

Dejar cocer a fuego lento durante 1 h, primero tapadas y, al final de la cocción, destapadas para que espese el caldo.
En una sartén con aceite, sofreír la cebolla restante, con una pizca de harina y otra de pimentón dulce. Remover hasta que se dore y echar una taza del agua de las judías. Dar un hervor, añadir a la cazuela de las judías y remover para que ligue.
En una olla aparte con agua y sal, cocer la berza, lavada y troceada. Agregar a la olla la morcilla y dejar que cueza con la berza durante 5 min. Sacar la morcilla y darle una vuelta en una sartén con aceite para que se dore la piel.
Escurrir la berza y rehogarla en una sartén con aceite y un ajo picado. Cortar la morcilla en rodajas y servir junto a la berza.
Poner las judías en cazuelitas de barro individuales a la hora de servirlas.

Lentejas estofadas I

Ingredientes

½ kg de lentejas • 1 cebolla • 2 dientes de ajo • 2 chorizos • 1 pata de cerdo • 1 oreja de cerdo • 3 zanahorias • 2 patatas • 1 puñado de arroz • Pimentón dulce • 1 hoja de laurel • Sal y aceite

Elaboración

Dejar las lentejas en remojo la noche anterior en agua fría.
Poner en la olla exprés el chorizo, la pata y la oreja de cerdo con agua, sal, una hoja de laurel, media cebolla y un diente de ajo. Cocer 15 min.
Partir las zanahorias y las patatas en cuadritos. Incorporar las lentejas, el arroz, las patatas y las zanahorias. Dejar cocer 15 min más.
Mientras tanto, hacer un sofrito con el ajo restante y la otra media cebolla. Cuando el sofrito esté casi hecho, retirar del fuego e incorporar un poco de pimentón dulce y dar una vuelta a todo.
Echar el sofrito sobre las lentejas y dar un hervor.

Lentejas estofadas II

Ingredientes

50 ml de aceite • 150 g de acelgas • 1 cabeza de ajos • 100 g de cebolla o cebolleta • 30 g de harina • 1 hoja de laurel • 3 zanahorias medianas • 400 g de lentejas • Una pizca de pimentón y una pizca de sal

Elaboración

Cocer con agua fría las lentejas con las zanahorias cortadas en rodajitas, la hoja de laurel, la cabeza de ajos entera, las acelgas lavadas y picadas, y la sal.

El tiempo de cocción será 40 min aprox.

Aparte en una sartén, sofreír en aceite la cebolla picadita, añadir la harina y, cuando esté tostada, agregar el pimentón y retirar la sartén del fuego para que este no se queme.

Inmediatamente, agregar poco a poco caldo de las lentejas hasta formar una crema, e incorporar a las lentejas.

Cocer un poco más y servir calientes.

Lentejas guisadas con almejas

Ingredientes

400 g de lentejas • 500 g de almejas • 125 g de tomates • 1 cebolla • 1 pimiento rojo • 1 dl de aceite • Ajos y sal

Elaboración

Poner todos los ingredientes, excepto las almejas, a cocer con agua fría en una cazuela. Pasados 55 min, añadir las almejas y cocer 5 min más.

Lentejas guisadas con chorizo

Ingredientes

400 g de lentejas • 1 cabeza de ajos • 1 cebolla • 1 puerro • 1 chorizo • 2 cc de pimentón • Sal y aceite

Elaboración

Poner en remojo las lentejas la noche anterior.

En una cazuela con agua fría, echar las lentejas y ponerla al fuego. Cuando rompa a hervir, añadir los demás ingredientes en crudo y un chorro más de agua fría, dejar cocer todo.

Si lo hacemos en cazuela, cocer 60 min a fuego suave. En la olla exprés, bastará con cocer durante 15 min.

Lentejas guisadas con conejo

Ingredientes

1,200 kg de conejo • 400 g de lentejas • 100 g de beicon • 1 pimiento verde • 1 puerro • 1 cebolla • 2 zanahorias • 1 hoja de laurel • Sal • Pimienta • Aceite y agua

Para el refrito:

4 dientes de ajo • 1 hoja de laurel • 1 cs de pimentón y aceite

Elaboración

En una cazuela con un poco de aceite (4 ó 5 cs) sofreír unos daditos de beicon. Salpimentar el conejo e incorporarlo a la cazuela a rehogar. Añadir una cebolla, el puerro, el pimiento y las zanahorias, todo bien picado. Dar unas vueltas e incorporar las lentejas, cubrir de agua fría, sazonar y cocer unos 50 min.

Hacer un sofrito con los ajos picados y la hoja de laurel en cinco trozos. Cuando estén los ajos dorados, agregar 1 cs de pimentón, apartar la sartén del fuego, rehogar un poco el pimentón y echar todo a la cazuela.

Llegumet

Ingredientes

250 g de judía blanca • 300 g de pencas de acelga • ½ nabo • 2 patatas • 2 ñoras • 100 g de arroz • 500 g de caracoles • Aceite • 6 hebras de azafrán • 1 clavo de olor • Sal y pimienta

Elaboración

Poner las judías en remojo la víspera. Escurrirlas y colocarlas en una olla, cubiertas con agua fría. Añadir el nabo pelado y picado, y los caracoles bien limpios. Tapar la olla y cocer durante 1 h.

Cortar las pencas de acelga en trozos, agregarlas a las judías y continuar la cocción.

Mientras tanto, freír las ñoras, previamente remojadas y escurridas, en el aceite caliente hasta que comiencen a dorarse. Verter la grasa de fritura de las ñoras en la olla con las judías, y agregar las patatas peladas y troceadas menudas.

Machacar en un mortero la ñora, el clavo, el azafrán, la sal y la pimienta hasta obtener una pasta. Incorporar el majado a la olla. Remover y proseguir la cocción durante 15 min más.

Agregar el arroz (las judías deben estar prácticamente en su punto) y cocer de 18 a 20 min más, hasta que el arroz esté en su punto. Servir enseguida.

Michirones (habas)

Ingredientes

500 g de habas • 150 g de chorizo • 120 g de tocino • 1 hueso de jamón serrano • 4 hojas de laurel • 2 cs de pimentón dulce • 1 guindilla cayena • Sal y pimienta

Elaboración

Cortar el chorizo y el tocino en dados y colocarlo en una cazuela junto con los michirones. Añadir el resto de los ingredientes a la cazuela y cubrir con agua.

Una vez hierva, quitar las impurezas que salgan a la superficie y cocer hasta que las habas estén tiernas (de 40 a 50 min). Dar el punto de sal y pimienta, y servir.

Moros y cristianos I

Ingredientes

400 g de judías negras • 250 g de arroz • Perejil • Laurel • Aceite • Sal • 1 cebolla y 1 diente de ajo

Elaboración

Remojar las judías el día anterior.

Estofarlas en poca agua con la cebolla y el laurel, procurando que no queden con mucho caldo. Cocer arroz blanco con el ajo y escurrir.

Presentar en una fuente alternando las judías estofadas con el arroz blanco, y espolvorear con el perejil finamente picado.

Se puede terminar poniendo encima huevos fritos o duros.

Moros y cristianos II

Ingredientes

400 g de judías negras • ½ cebolla • ½ pimiento verde • 1 diente de ajo • ¼ kg de arroz • Perejil • Laurel • Aceite y sal

Elaboración

Remojar las judías durante 24 h. Hervirlas cubiertas de agua con la verdura picada y estofar a fuego lento durante unos 90 min procurando que no queden con mucho caldo.

Una vez cocidas, colocar en una fuente con grupos de arroz blanco cocido durante 20 min con agua y sal, y moldeado en pequeños recipientes para flan, o en tazas pequeñas. Adornarlo con huevos cocidos.

Olla alicantina

Ingredientes

200 g de garbanzos • 1 rabo de cerdo • 1 mano de cerdo • 400 g de calabaza • 2 chorizos en mitades • 2 nabos grandes en mitades • 1 manojo de carditos en trozos pequeños • 2 morcillas de cebolla • 200 g de patatas muy pequeñas • 200 g de arroz • 1 pellizco de azafrán y sal

Elaboración

Poner a cocer el cerdo y los garbanzos. Una hora después, añadir los chorizos, carditos y nabos. Cuando el cerdo y los garbanzos estén tiernos, sazonar y agregar las morcillas, la calabaza, las patatas, el arroz y el azafrán. Cocer durante 30 min más.

Este plato ha de quedar caldoso y se come con cuchara, tenedor y cuchillo.

Pochas blancas con tocino y chorizo 🍴🍴

Ingredientes

500 g de pochas blancas desgranadas • 2 pimientos verdes • 1 cebolla • 1 diente de ajo picado • 200 g de chorizo fresco • 100 g de tocino fresco • 8 cs de aceite de oliva y sal

Elaboración

Poner las pochas en agua fría con sal, media cebolla y un chorro de aceite. Cocer a fuego lento hasta completar su cocción, 40 min aprox. Aparte, cocer el chorizo y el tocino. Trocear y reservar.

Por otro lado, elaborar un refrito con los pimientos verdes picados, los ajos y la cebolla, también picada. Agregar a las alubias cocidas el tocino, el chorizo y el refrito. Mezclar todo bien y rectificar de sal.

Potaje castellano 🍴🍴

Ingredientes

½ kg de garbanzos • ½ kg de espinacas • 2 zanahorias • 2 hojas de laurel • 4 dientes de ajo • 1 cebolla • 2 huevos cocidos • 1 cs de harina • 2 cc de pimentón • Aceite y sal

Elaboración

Dejar los garbanzos con una hoja de laurel a remojo la noche anterior.

Picar las zanahorias, media cebolla y las espinacas. Cocer en agua caliente los garbanzos, las verduras picadas y el laurel. Dejar a fuego lento 2 h.

Aparte, hacer un sofrito con la otra media cebolla y los ajos picados.

Cuando la cebolla esté dorada, añadir la harina, el pimentón y un cazo de caldo de garbanzos. Agregar a la cazuela de los garbanzos, corregir de sal y cocer 5 min más. Acompañar con el huevo picado por encima.

Potaje de garbanzos

Ingredientes

400 g de garbanzos • 1 cebolla mediana • 1 cabeza de ajos entera • 50 g de jamón serrano en trozo • 1 hueso de codillo de jamón • 2 cs de aceite • Pimienta • Sal • 2 ramitas de azafrán y 1 huevo duro

Elaboración

Echar los garbanzos en remojo la noche anterior en agua tibia.

Poner agua a punto de hervir y echar los garbanzos escurridos del agua del remojo. Añadir la cebolla, la cabeza de ajos, el codillo y el jamón. Cocer 60 min.

En una sartén, poner el aceite a templar y echar el pimentón para que se disuelva bien. Añadirlo a los garbanzos.

Machacar en el mortero el azafrán, diluirlo con un poco del caldo de los garbanzos y añadirlo también.

Machacar unos pocos garbanzos y agregarlos a la cazuela donde están los garbanzos. Rectificar de sal.

Por último, poner el huevo duro picado y servir bien caliente.

Potaje de garbanzos con bacalao

Ingredientes

400 g de garbanzos • 100 g de bacalao desmenuzado • 1 cebolla • 1 cabeza de ajos entera • 2 cs de aceite • Pimienta • Sal • 2 ramitas de azafrán y 1 huevo duro

Elaboración

Poner los garbanzos en remojo la noche anterior en agua tibia.

En una olla con agua hirviendo, echar los garbanzos escurridos del agua del remojo. Añadir la cebolla y la cabeza de ajos, y cocer 60 min. A los 45 min, agregar el bacalao desmenuzado.

En una sartén, poner el aceite a templar, incorporar el pimentón y disolverlo bien. Echarlo a los garbanzos. Machacar en el mortero el azafrán, diluirlo con un poco del caldo de los garbanzos y añadirlo también.
Machacar unos pocos garbanzos y agregarlos a la olla para que espese el caldo. Rectificar de sal. Añadir el huevo duro picado y servir bien caliente.

Potaje de garbanzos de Viernes Santo

Ingredientes

350 g de garbanzos • 250 g de judías blancas • 250 g de bacalao • 200 g de espinacas • 4 huevos • Aceite • Vinagre • Harina • Sal • Pimentón dulce • 2 dientes de ajo y ½ cebolla

Elaboración

La noche anterior, dejar en remojo el bacalao con los garbanzos y las judías, todo junto en agua fría.
Poner a cocer los garbanzos con las judías en la olla exprés durante 20 min.
Mientras tanto, rebozar el bacalao en harina y huevo, y freír en el aceite. En el mismo aceite, freír el ajo y la cebolla muy bien picados. Apartar un poquito de este aceite y añadir una cucharadita pequeña de harina y un pellizco de pimentón. Remover.
Una vez cocidas, freír las espinacas en el aceite con la cebolla y el ajo rehogados.
Cuando los garbanzos estén cocidos, separar 1 cs de garbanzos y otra de judías, aplastar y añadir un chorrito de vinagre.
Echar el sofrito y las espinacas a los garbanzos.
Incorporar al potaje la cc de garbanzos y judías aplastados, el aceite con la harina, y el pimentón.
Hervir los huevos durante 10 min, para que se queden duros. Picarlos finamente y agregarlos al potaje, así como un poquito de azafrán machacado y sal si fuera necesaria.

Cocer todos los ingredientes juntos durante 10 min sin parar de remover.

Potaje serrano

Ingredientes

600 g de judías pintas • 300 g de patatas • 1 trozo de espinazo de cerdo • 3 chorizos • 3 morcillas • 2 cebollas • 2 hojas de laurel • 1 cabeza de ajos • Pimentón • Sal y aceite de oliva

Elaboración

Poner a remojar las judías la noche anterior. Cocerlas a fuego suave 75 min en una cazuela, junto con los chorizos, el espinazo, las morcillas, los ajos, el laurel y la cebolla. Echar agua fría justo para cubrir los ingredientes. Agregar las patatas cortadas en cuadraditos y cocer 30 min más.

Poco antes de cocerse las patatas, hacer un sofrito con cebolla, pimentón y tomate. Añadirlo a las judías, rectificar de sal y cocer otros 10 min.

Durante la cocción, echar agua fría a la cazuela cuando sea necesario.

Pote asturiano

Ingredientes

500 g de judías blancas • 1 berza • 2 morcillas • 2 chorizos • 250 g de huesos de jamón secos • 100 g de tocino • 1 diente de ajo • 1 cc de pimentón encarnado dulce o picante • 500 g de patatas • Aceite y sal

Elaboración

Poner en remojo las judías en agua fría la noche anterior. En una cazuela, echar las judías, las morcillas, los chorizos, el tocino y los huesos. Cubrir con agua fría y poner sobre el fuego. Una vez rompa a hervir, espumar, bajar el fuego un poco y dejar cocer lentamente por espacio de 2 h. Sazonar.

Cocer por separado la berza picada, con las patatas peladas y cortadas en trozos; escurrir y unir con las judías. Si fuera necesario, agregar agua hirviendo basta que quede todo cubierto y mezclado.

En una sartén con un poco de aceite, freír el diente de ajo, retirar la sartén del fuego para que se enfríe y estrujarlo con un tenedor con el fin de que suelte su jugo y aroma. Una vez templada la sartén, disolver el pimentón mezclándolo bien con el aceite y el ajo, y echarlo sobre la cazuela con el resto.

Corregir de sal y dejar cocer lentamente hasta que todo esté bien tierno. No debe estar ni muy caldoso ni muy seco. Dejar reposar durante unos minutos y presentarlo en una fuente honda con la carne cortada en trozos.

Pote gallego

Ingredientes

3 l de agua • 1 hueso de jamón o lacón, es importante que no esté rancio • 1 hueso de caña de ternera • 100 g de habas (dejarlas en remojo 12 h) • 25 g de unto • 1 manojo de grelos • 1 kg de patatas cortadas en trocitos pequeños y sal

Elaboración

Poner al fuego dos ollas con agua salada. En una de ellas se echan los huesos y las habas. Cuando las habas estén medio cocidas, quitar los huesos y poner las patatas. Dejar a fuego suave durante 20 min hasta que las patatas estén tiernas.

En la otra olla, escaldar los grelos durante 2 min para quitarle el sabor ácido que tienen. Poner los grelos escaldados y el unto en la olla de las patatas y las habas. Cocer a fuego suave durante 15 min más. Rectificar de sal si fuera necesario.

Sobras de garbanzos de cocido fritos con tacos de cecina

Ingredientes

Garbanzos • Aceite • Ajo y cecina

Elaboración

De un cocido maragato, reservar en la nevera para el día siguiente los garbanzos con el caldo que los cubra.

Calentar aceite, añadir ajo y freír. Volcar encima los garbanzos con el caldo y reducir a fuego lento. Aparte, calentar la sartén, poner tacos de cecina tierna y saltear unos 5 min. Mezclarla con los garbanzos y servir inmediatamente.

NI
RAN
TES

Aguacate con salmón ahumado

Ingredientes

4 aguacates de tamaño medio • 4 cogollos • 2 hojas de col blanca • 2 hojas de col morada • 300 g de salmón ahumado • 4 pepinillos en vinagre • Aceite de oliva virgen • Vinagre de jerez • ¼ de limón • 2 yemas de huevo cocido y sal

Elaboración

Después de lavar muy bien las verduras, picar la col en juliana muy fina, cuartear los cogollos y colocarlos a un lado en un plato. Cortar los aguacates por la mitad y después en láminas, dándoles forma de abanico, y poner en el otro extremo del plato.

Enrollar el salmón ahumado y colocar entre los abanicos. Picar finamente los pepinillos y espolvorearlos por encima del salmón.

Para terminar, aliñar todo con una vinagreta elaborada con un chorro escaso de vinagre de jerez, aceite de oliva virgen, el limón, las dos yemas de huevo y la sal, mezclándolo todo en frío.

Ajo mataero

Ingredientes

1 kg de pan casero • 400 g de tocino fresco de panceta • 250 g de hígado de cerdo • 50 g de almendras de piñón • ½ l de agua • 4 dientes de ajo • ½ cc de orégano • ½ cc de canela • ½ cc de pimienta molida • 3 unidades de clavo picado • Sal y 1 pimentón picante

Elaboración

Quitar la corteza al pan duro y desmenuzar muy fino.

Cortar el tocino y el hígado en tacos pequeños.

En una sartén, poner el tocino a fuego lento y, cuando esté hecho, retirar y reservar.
En la misma grasa, freír el hígado, retirar también y reservar.
Añadir el pimentón y todas las especias a la grasa de la sartén. Sin dejar de dar vueltas, en la propia sartén, agregar el pan hecho migas y rehogar. Cubrir con agua.
Coger la mitad del hígado que teníamos reservado y machacarlo en el mortero, junto con los ajos crudos. Incorporar a la sartén y dejar hervir a fuego lento, hasta que se haga una masa homogénea y compacta, dispuesta para servir.
Servir en cazuela de barro, donde previamente se habrá puesto el tocino, el resto del hígado y los piñones para decorar.

Albóndigas de espinacas

Ingredientes

1 kg de espinacas • Harina • 100 g de tocineta (panceta) • Crema de zanahoria • 1 diente de ajo • Sal y aceite

Elaboración

Lavar las espinacas y cocerlas 1 min en una cazuela con agua y sal. Una vez que estén bien escurridas, hacer con ellas unas bolitas y rebozarlas en harina.
Después, freír bien estas albóndigas, teniendo mucho cuidado de que no se deshagan.
Mientras tanto, cortar el ajo en láminas finas y sofreír con un poco de aceite en una sartén. Añadir la tocineta en trozos y la crema de zanahoria.
Acto seguido, agregar las albóndigas. Una vez hecho esto, dejar cocer a fuego lento durante 5 min y servir.

Almogrote

Ingredientes

Queso muy curado, a ser posible gomero • 4 tomates • 2 granos de pimienta negra • 1 diente de ajo y aceite

Elaboración

Rallar el queso y triturar con una batidora con los tomates pelados, las pimientas, el ajo y el aceite.

Tiene que quedar con el espesor de un paté para untar en rodajitas de pan.

Atascaburras I

Ingredientes

300 g de bacalao desalado • 8 patatas • 3 dientes de ajo • 100 g de aceite de oliva • 4 huevos duros y 50 g de nueces

Elaboración

Cocer las patatas con su piel y el bacalao. A los 5 min retirar el pescado y a los 30 min, las patatas. Reservar una taza de caldo del bacalao.

Picar los ajos, pelar las patatas y desmigar el bacalao. En un mortero, machacar los ajos, incorporar la patata y mezclar.

Añadir el bacalao y mezclar bien. Agregar el aceite sin dejar de remover.

Si quedase muy espeso, añadir un poco de caldo del bacalao hasta conseguir la consistencia de un puré.

Traspasar a los platos donde se vaya a servir y adornar con rodajas de huevo duro, nueces y un chorrito de aceite.

Servir a temperatura ambiente. Ideal, ideal.

Atascaburras II

Ingredientes

10 patatas medianas • 350 g de bacalao desalado • 3 dientes de ajo • 5 huevos duros • 8 cs de aceite de oliva virgen extra y 40 g de almendras

Elaboración

Cocer el bacalao durante 5 min, reservar el caldo y utilizar este para cocer las patatas con piel durante 25 ó 30 min, hasta que estén blandas.

Picar los ajos, pelar las patatas y desmigar el bacalao. En un mortero, machacar los ajos, incorporar la patata y mezclar. Añadir el bacalao y mezclar bien.

Agregar el aceite sin dejar de remover hasta que quede un puré espeso, que si queremos podemos aligerar un poco con el caldo de cocción del bacalao y las patatas.

Servir y decorar con huevo duro picado y almendras también picadas. Añadir al final un chorrito de aceite de oliva virgen extra.

Caracoles

Ingredientes

2 kg de caracoles • 2 pimientos verdes • 1 cebolla • 500 g de tomate • 2 dientes de ajo • 2 cc de pimentón • 100 g de chorizo • 100 g de jamón • 150 g de caldo de carne • 3 cs de harina • Sal y aceite

Elaboración

Dejar los caracoles durante tres días en un recipiente con harina. Lavarlos con abundante agua fría por lo menos tres veces y ponerlos a cocer también en agua fría para que saquen el cuerpo de la cáscara. Cuando den un hervor, tirar el agua, lavarlos y volverlos a cocer durante 30 min. Escurrir y reservar.

En una sartén con aceite, sofreír el pimiento, la cebolla y el tomate. Añadir la harina y el pimentón, dejar hacer y cambiar todo a una cazuela de barro.

Agregar los caracoles, el jamón, el chorizo picante, el caldo, la sal y el ajo picado. Dejar cocer unos 30 min moviendo todos los ingredientes de vez en cuando.
El resultado es exquisito, y si se hacen de víspera, mejor aún.

Caracoles a la madrileña

Ingredientes
6 docenas de caracoles grandes • 2 cebollas • 150 g de jamón • 150 g de chorizo • 200 g de salsa de tomate • 200 g de caldo de carne • Cominos • Guindilla • Pimentón dulce • Ajo • Aceite y sal

Elaboración
Como cuestión previa, es muy importante que los caracoles estén vivos pero bien purgados; para ello se tendrán en ayunas un par de días antes de guisarlos.
Igualmente trascendente es la limpieza del bicho: deben permanecer al menos 3 h en agua fría con sal gorda, hasta que suelten toda la espuma, y luego deben ser aclarados uno a uno en el chorro de agua fría. Si al introducirlos en una cacerola con agua aún babearan o ensuciaran esta, habría que repetir la operación.
Una vez limpios, poner en una cacerola grande con agua fría a fuego suave y dejar cocer durante 30 min junto con una cebolla troceada, un diente de ajo y una cc de sal.
En una sartén aparte, hacer un sofrito con la otra cebolla, el jamón, el chorizo, el pimentón, el tomate y la guindilla. Ya cocidos y escurridos los caracoles, echarlos al sofrito, añadir un poco de caldo y dejar cocer unos minutos.
Al final de la cocción, añadir los ajos y el comino machacados salteados un momento antes con un poco de aceite.

Caracoles a la riojana

Ingredientes
1 kg de caracoles • 100 g de manteca de cerdo • 100 g de jamón • 100 g de chorizo • 100 g de tocino • 1 cs de harina • 1 cebolla • 2 pimientos rojos en tiras • 500 g de tomates • 100 g de vino tinto • 2 guindillas • Pimienta • Aceite y sal

Elaboración
Después de bien lavados con muchas aguas, poner los caracoles en una olla con agua fría a fuego lento, y cuando hayan sacado las cabezas, aumentar el fuego y dejar cocer 30 min. Pasado este tiempo, escurrir y colocar en una cazuela de barro.

En una sartén, preparar un sofrito con la manteca, la cebolla, el tocino, el jamón y el chorizo, todo ello bien picado. En otra sartén, freír con un poco de aceite los pimientos y los tomates cortados, sin pieles ni semillas.

Añadir al sofrito que habíamos hecho las guindillas, la sal, la pimienta y la harina, removiendo esta última para que se disuelva y se tueste un poco. A continuación, incorporar el vino y, tras dar unas vueltas, el tomate y los pimientos. Mezclar todo bien y verter sobre los caracoles.

Así preparados, dejarlos cocer lentamente unos 15 min. Se sirven en la misma cazuela.

Caracoles en salsa figón

Ingredientes
2 kg de caracoles • 200 g de chorizo casero • 200 g de jamón serrano • 1 cebolla • 2 cc de harina • Hierbabuena • 3 huevos cocidos • 100 g de vino blanco • 2 hojas de laurel • 300 g de caldo de carne o agua • 2 cs de tomate • 2 guindillas secas • Aceite y sal

Elaboración

Dejar los caracoles toda la noche anterior en agua con un puñado de harina.

Al día siguiente lavarlos bien con agua varias veces para que suelten toda la suciedad.

Una vez bien lavados, ponerlos en una cacerola con agua fría y hervirlos durante 5 min. Escurrir y reservar.

En una cazuela de barro, poner aceite y añadir la cebolla picada muy fina, el jamón partido y el chorizo. Cuando esté hecho, agregar la harina, la hierbabuena, el laurel, el tomate, la guindilla, el caldo, la sal y el vaso de vino blanco. Dejar reducir un poco el caldo.

Añadir esta salsa a los caracoles que habíamos reservado en la cacerola. Picar los huevos y dejarlo cocer todo junto a fuego lento durante media hora.

Servir muy caliente en la misma cazuela de barro.

Champiñones a la cazuela

Ingredientes

3 cs de aceite de oliva • 4 dientes de ajo • 1 cebolla grande • 500 g de champiñones • 100 ml de vino blanco seco • 2 cs de perejil picado y sal

Elaboración

Limpiar bien los champiñones, cortarlos en láminas y sazonarlos.

En una sartén con aceite, poner a freír los ajos y la cebolla cortados a láminas y, cuando empiecen a tomar un fuerte color dorado, añadir los champiñones y el vino blanco.

Darles unas vueltas y agregar abundante perejil picado.

Rehogar durante 10 min a fuego suave.

Champiñones al ajillo

Ingredientes
3 cs de aceite de oliva • 4 dientes de ajo • 500 g de champiñones • 2 cs de perejil picado y sal

Elaboración
Limpiar bien los champiñones, cortarlos en láminas y salarlos.
En una sartén con aceite, poner a freír los ajos cortados en láminas y, cuando empiecen a tomar ligeramente un color dorado, añadir los champiñones.
Darles unas vueltas y agregar abundante perejil picado.
Rehogar durante 10 min a fuego suave.

Champiñones al brandy

Ingredientes
3 cs de aceite de oliva • 4 dientes de ajo • 500 g de champiñones • 150 ml de brandy o coñac • 2 cs de perejil picado y una pizca de sal

Elaboración
Limpiar bien los champiñones, cortarlos en láminas y salarlos.
En una sartén con aceite, poner a freír los ajos cortados a láminas y, cuando empiecen a tomar ligeramente un color dorado, añadir los champiñones y el brandy.
Darles unas vueltas y agregar abundante perejil picado.
Rehogar durante 10 min a fuego suave.

Champiñones al jerez

Ingredientes

3 cs de aceite de oliva • 4 dientes de ajo • 500 g de champiñones • 150 ml de jerez • 2 cs de perejil picado y una pizca de sal

Elaboración

Limpiar bien los champiñones, cortarlos en láminas y salarlos.

En una sartén con aceite, poner a freír los ajos cortados a láminas y cuando empiecen a tomar ligeramente un color dorado, añadir los champiñones y el jerez.

Darles unas vueltas y agregar abundante perejil picado.

Rehogar durante 10 min a fuego suave.

Charlota de berenjenas y mollejas

Ingredientes

2 berenjenas • 250 g de mollejas de ternera • 2 dientes de ajo • 1 cebolla • 8 champiñones • 3 cs de tomate picado • 1 cc de pan rallado • 60 g de vino blanco • Aceite • Sal y 4 moldes de aluminio tipo flan individual

Elaboración

Cortar en lonchas las berenjenas y freír. Escurrir y reservar.

Saltear las mollejas en trozos pequeños con la cebolla y el ajo picados. Añadir los champiñones fileteados y el vino blanco, y dejar reducir.

Incorporar el tomate picado, el pan rallado y la sal. Reservar.

Forrar los moldes con las lonchas de berenjenas (la grasa de estas evitará que se peguen al molde), cubrir con el preparado de mollejas y tapar con más lonchas de berenjena.

Meter al horno previamente calentado unos 5 ó 10 min, a 180 °C durante 20 min.
Desmoldar con cuidado.

Chorizos a la sidra

Ingredientes

500 g de chorizos ahumados y 500 ml de sidra natural

Elaboración

Poner la sidra al fuego en una cazuela de barro.
Partir el chorizo en trozos y añadir a la cazuela. Dejar cocer durante 15 min.

Chorizos al infierno

Ingredientes

500 g de chorizos frescos • 500 ml de vino blanco y 6 guindillas cayenas

Elaboración

Poner el vino blanco al fuego en una cazuela de barro.
Partir el chorizo en trozos, machacar las guindillas y añadir a la cazuela. Dejar cocer durante 15 min.

Coca de atún

Ingredientes

Para la masa: • 600 g de harina • 170 g de aceite de oliva • 200 g de agua • Yema de huevo para pintar y sal
Para el relleno:
280 g de atún en aceite • 300 g de cebolla • 300 g de tomates maduros • 100 g de piñones • 1 ramillete de perejil • 1 cc de pimentón • Aceite de oliva y sal

Elaboración

Para el relleno: desmenuzar el atún escurrido del aceite.
Cortar las cebollas y los tomates, previamente pelados, escaldándoles la piel.
Poner aceite en una sartén para hacer un sofrito con las hortalizas.
Cuando se doren sin quemarse, añadir el perejil picado, los piñones y, por último, el pimentón. Agregar el atún fuera del fuego. Sazonar y reservar.
Para la masa: colocar en una cazuela el agua con el aceite y la sal. Cuando empiece a hervir, quitarla del fuego y, cuando se haya enfriado un poco, añadir la harina. Trabajar todo ello con una espátula de madera.
Cuando esté bien trabajada y sin dejar enfriar, estirar la masa con un rodillo hasta que tenga ½ cm de espesor y darle forma redonda de molde de tarta.
Colocar el relleno, cubrir con el resto de la masa, cerrar ambos bordes con un tenedor y pintar con la yema de huevo empleando un pincel. Introducir en el horno, previamente calentado unos 5 ó 10 min, y dejar cocer durante 15 a 20 min a 250 °C.

Coca de verduras

Ingredientes

• 500 g de harina • 225 g aprox. de agua • 25 g de levadura • 40 g de aceite • 50 g de manteca de cerdo • 3 pimientos verdes medianos • 3 cebolletas tiernas • 3 tomates medianos maduros • 1 diente de ajo • Un puñado de perejil • Pimentón dulce y sal

Ingredientes

Poner el agua templada en una cazuela, preferentemente de barro; disolver en ella la levadura, añadir la manteca y el aceite, echar la harina poco a poco con la mano y amasar hasta que la pasta se separe de la cazuela. Formar una bola y dejar reposar. Reservar.

Cortar los pimientos en trozos pequeños, las cebolletas (incluyendo los rabos), los tomates en rodajas finas, el ajo y el perejil. Mezclar todo y agregar la sal y el pimentón. Saltear levemente durante un par de minutos con unas gotas de aceite. Dejar enfriar y reservar.

Untar ligeramente con aceite un molde redondo de unos 34 cm de diámetro, con borde y poco profundo (1 cm o algo más), y colocar la pasta, que ya habrá subido. Aplanar y estirar con las manos hasta llegar al borde del molde, procurando que quede igualada en grosor. Repartir la verdura por encima, dar el punto de sal y hornear durante 1 h a 160 °C aprox. Al sacarla, pintar con un poco de aceite.

Puede comerse caliente o fría, En invierno, las verduras pueden ser acelgas o espinacas sustituyendo a los pimientos, pero también en crudo y cortadas finamente.

Corona de marisco

Ingredientes

500 g de tronquitos de mar • 500 g de langostinos • 250 g de nata líquida • 4 huevos • 120 g de salsa rosa • 1 lechuga y un poco de mantequilla

Elaboración

Cortar los tronquitos en trozos pequeños y triturarlos levemente en la batidora para que queden desmenuzados. Añadir los huevos y la nata y volver a batir.

Untar con mantequilla un molde de corona y echar en él esta mezcla. En el horno, previamente calentado unos 5 ó 10 min, meter al baño María, durante 50 min aprox., a 180 °C.

Una vez listo, dejar enfriar y retirar del molde. Reservar.

Cocer los langostinos y pelarlos. Cubrir la corona con la salsa rosa y disponer en el centro los langostinos. Adornar la corona alrededor con la lechuga muy picada en juliana.

Croquetas

Ingredientes

½ cebolla picada • 80 g de harina • 6 cs de aceite de oliva • 3 huevos cocidos • Pan rallado • 2 huevos • 1 l de leche • Sal y aceite para freír

Elaboración

Pochar la cebolla a fuego lento en aceite. Rehogar un poco e incorporar la harina. Mover bien el conjunto hasta que coja un color tostado. Añadir la leche y mezclar bien para que no se formen grumos hasta que espese, procurando que la masa no quede muy blanda. Sazonar y verter los huevos cocidos previamente bien picados. Dejar que de un hervor y enfriar la masa en una fuente.

Ya fría, formar las croquetas y rebozarlas pasándolas primero por la harina, después, por el huevo batido y, por último, por el pan rallado. Freír y servir.

Croquetas de bacalao

Ingredientes

1 l de leche • 225 g de bacalao • 100 g de harina • 300 g de pan rallado • 4 huevos • ½ l de aceite y sal

Elaboración

Poner en remojo el bacalao para desalar, junto con un trozo de pan del día anterior. Escurrir y desmenuzarlo bien. Rehogarlo en aceite y cocinarlo a fuego suave. Incorporar la harina y mezclarla bien con el bacalao. Cocinarla hasta que adquiera cierta coloración. Incorporar la leche sin dejar de dar vueltas con una cuchara de madera, hasta que se convierta en una masa uniforme y consistente. Probar de sal, verterla a una fuente y dejarla enfriar.

Sacar la masa del frigorífico y coger con una cuchara la cantidad de masa que necesitaremos para cada croqueta. Recoger la bola y darle forma con la mano.
Pasar por el pan rallado para rebozarla, huevo batido y terminar pasándola de nuevo por el pan rallado.
Una vez hechas, poner en una sartén aceite abundante, y cuando esté caliente, ir echando las croquetas para que se frían.

Croquetas de pollo

Ingredientes
40 g de mantequilla • 70 g de harina • 1 l de leche • 500 g de pollo • 2 huevos • 250 g de pan rallado • 250 g de aceite de oliva • Pizca de nuez moscada • Sal y pimienta

Elaboración
Sobre una cazuela, fundir la mantequilla, añadir la harina y rehogar hasta que esté tostadita. Ir añadiendo la leche poco a poco hasta formar una bechamel, salpimentar y dar el punto de nuez moscada.
Cocer el pollo y guardar su caldo para otros usos. Ya cocido, desmenuzar la carne e incorporarla a la bechamel. Dejar cocer durante 10 min a fuego lento sin dejar de remover. Verter sobre una fuente y dejar enfriar en el frigorífico.
Sacar la masa del frigorífico y coger con una cuchara la cantidad de masa que necesitaremos para cada croqueta. Recoger la bola y darle forma con la mano.
Pasar por el pan rallado para rebozarla, huevo batido y terminar pasándola de nuevo por el pan rallado.
Una vez hechas, poner en una sartén aceite abundante y, cuando este esté caliente, ir echando las croquetas para que se frían.

Empanada compostelana

Ingredientes

350 g de harina • 125 g de manteca de cerdo • 60 g de aceite de oliva • 2 yemas de huevo • 500 g de lomo de cerdo en filetes muy delgados • 6 cs de tomate triturado • ½ cc de pimentón • 2 pimientos verdes troceados • 1 cebolla picada • 3 dientes de ajo picados • 2 cs de aceite • Pimienta y sal

Elaboración

Fundir la manteca y el aceite y, fuera del fuego, incorporarles la harina, trabajándola bien con las manos. Añadir 1 yema y continuar amasándola hasta que esté suave y flexible. Formar una bola, cubrirla con un paño y dejarla reposar en un lugar templado durante 1 h. Reservar.

Preparar el relleno friendo en el aceite los pimientos, la cebolla y los dientes de ajo hasta que estén a punto, sin tomar demasiado color. Salpimentar, añadir el pimentón, el tomate y el lomo, y cocer todo a fuego muy lento hasta que el lomo esté muy tierno. Reservar.

Aplastar la masa con las manos, rociarla con muy poco aceite y estirarla hasta formar los 2 discos de la empanada. Poner un papel blanco engrasado sobre una placa para horno, encima uno de los discos y, en el centro de este, el lomo con la salsa, sin que la mezcla llegue a tocar los bordes.

Cubrir con el otro disco humedeciendo los bordes con agua y presionando para que queden bien unidos. Recortar la masa sobrante, que puede servirnos para poner unos adornos sobre el disco superior, y cocerla en el horno, previamente calentado unos 5 ó 10 min, a 160 °C durante 40 min, hasta que la superficie esté dorada.

A mitad de la cocción, pincelar la parte superior de la empanada con la segunda yema de huevo para que tome mejor color.

Empanada de atún

Ingredientes

500 g de harina • 10 g de levadura • 2 huevos crudos • 120 g de vino blanco • 60 g de aceite frito • 2 cebollas • 300 g de atún en aceite • 100 g de aceitunas sin hueso • 50 g de pimiento morrón • 2 huevos duros • 50 g de aceite • una pizca de sal y 1 yema de huevo

Elaboración

Disponer la harina en forma de volcán o círculo. En el centro, echar la levadura, cascar los huevos crudos y añadir el vino. Amasar incorporando poco a poco el aceite frito. Cuando se haya conseguido una pasta suave, tapar con un paño y dejar reposar 10 min. Reservar.

Para el relleno, rehogar suavemente con un poco de aceite las cebollas cortadas en láminas finas hasta que estén tiernas.

Fuera del fuego, incorporar el atún desmenuzado y sin aceite, las aceitunas partidas en dos y el pimiento morrón cortado en tiritas. Sazonar.

Con la mitad de la masa y con ayuda de un rodillo, estirar dos círculos. Depositar uno de ellos sobre una fuente de horno previamente engrasada.

Sobre la masa, extender el relleno frío más los huevos duros cortados en rodajas.

Cerrar la empanada con la otra mitad de la masa que ya se tiene extendida.

Pintar la tapa con una yema y Meter al horno a 180 °C durante 35 min aprox.

Empanada de calamares

Ingredientes

Para la masa:

¼ l de agua • 40 g de levadura • Sal • 750 g de harina • 2 huevos y 1 cs de aceite

Para el relleno:

1 ½ kg de calamares • 6 cebollas • 4 pimientos verdes • 100 g de aceite de oliva • Azafrán en polvo (muy poco) y sal

Elaboración

Para la masa: en un recipiente, mezclar agua tibia, levadura y sal. Añadir la harina y los huevos, amasar e incorporar a esta 1 cs de aceite en crudo. Dejar subir durante unos 15 min tapada con un paño. Reservar.

Para el relleno: en una sartén poner aceite, cebolla y pimientos picados, y dejar dorar bien.

Añadir los chipirones, el azafrán y la sal. Reservar.

Estirar la masa con un rodillo, untar la placa con un poco de aceite de la misma salsa y colocar una capa fina de masa. Verter el relleno frío extendiéndolo uniformemente por todos los lados. Cubrir con otra lámina de masa.

Disponerla en el horno, previamente calentado unos 5 ó 10 min, a 180 °C, hasta que esté dorada (alrededor de media hora más o menos). Conviene pincharla antes de introducirla en el horno con un tenedor para que no se infle y cueza mejor el relleno.

Empanada de lamprea a la gallega

Ingredientes

Para la masa:

150 g de harina de maíz • 250 g de harina de trigo • 150 g de manteca de cerdo • 2 huevos y 180 g de agua (aprox.)

Para el relleno:

1 lamprea de 1kg • 50 g de aceite de oliva • 500 g de cebollas en juliana • Sal y pimienta

Elaboración

Para la masa: mezclar las dos clases de harina y colocarlas sobre la mesa en forma de anillo. En el centro del mismo, poner la manteca de cerdo, uno de los huevos y el agua; amasar bien la mezcla.

Cuando la masa esté suficientemente trabajada, espolvorear la mesa con harina, y sobre ella, poner la masa y estirarla con el rodillo hasta darle un grosor de algo menos de 1 cm.

Cortar con un plato 2 círculos de masa y, con uno de ellos, forrar el interior de un molde para horno. Reservar.

Para el relleno: rehogar la cebolla en el aceite hasta que tome buen color y salpimentarla.

Incorporar la lamprea cortada en trozos medianos y limpia de espinas, rehogarla también durante 3 min y dejar enfriar. Volcar la lamprea con su jugo en el molde forrado con masa y cubrirla con el otro disco, uniendo bien los bordes.

Pintar la empanada con un poco de huevo batido y meterla en el horno, a 170 °C durante 25 min, tiempo necesario para que tome buen color.

Empanada de lomo de cerdo

Ingredientes

350 g de harina • 125 g de mantequilla • 60 g de aceite de oliva • 2 yemas de huevo • 500 g de lomo de cerdo en tiras muy finas • 6 cs de tomate crudo triturado • 1 cc de pimentón • 3 dientes de ajo picados • 2 pimientos verdes cortados en tiras • 1 cebolla grande picada bien fina • 60 g de aceite de oliva y sal

Elaboración

Derretir las grasas y retirar del fuego. Incorporarles la harina y amasar bien. Añadir 1 yema y continuar amasando hasta que la mezcla quede suave y flexible. Hacer un bollo, cubrir con un trapo ligeramente humedecido y dejar reposar en un lugar templado durante 1 h para que fermente.

Durante la fermentación, preparar el relleno friendo en aceite suave los pimientos, la cebolla y los dientes de ajo hasta que estén hechos pero poco dorados. Salpimentar y agregar el pimentón, el tomate y el lomo. Cocer todo a fuego muy suave hasta que el lomo esté bien tierno.

Estirar la masa en forma redonda o rectangular poniéndose en las manos un poco de aceite de oliva. Colocar sobre papel de horno una capa de masa y poner en el centro el relleno de lomo con salsa, cuidando de que no llegue al borde para luego poder cerrar la empanada.

Poner encima la otra capa de masa y, con las manos mojadas, presionar los bordes para que queden bien unidos entre sí. Recortar la masa que sobre y hacer unos rulos finitos para colocar encima como adorno.

Batir la otra yema de huevo con una pizca de sal y pintar la parte superior de la empanada.

Cocerla en el horno precalentado a 180 °C durante 30 min hasta que la masa esté bien dorada.

Empanada de sardinas

Ingredientes

Para la masa:

400 g de harina • 15 g de levadura fresca • 100 g de vino blanco seco • 90 g de aceite de oliva y sal

Para el relleno:

750 g de filetes de sardina • 450 g de tomate triturado crudo

450 g de cebolla picada fina • Sal y pimienta

Elaboración

Para la masa: disolver la levadura en una cc de agua caliente. Colocar la harina en un montón como un volcán, añadir la levadura en el centro y amasar. Poco a poco, mezclar el vino y la sal. Añadir el aceite y amasar de nuevo, hasta que quede suave y flexible.
Colocar la masa en una cazuela de barro, cubrir con un trapo ligeramente humedecido y dejar reposar en un lugar templado entre 45 y 60 min.
Para el relleno: calentar un poco de aceite en una sartén y freír ligeramente las cebollas a fuego suave hasta que estén tiernas. Añadir los tomates y sofreír hasta que se evapore el agua del tomate y quede una salsa espesa. Salpimentar.
Extender la masa ligeramente espolvoreada de harina. Colocar el relleno en el centro de la masa sin que llegue a los bordes y cubrir con los filetes de sardinas. Colocar la otra capa de masa y, con las manos mojadas, unir los bordes para que queden bien cerrados. Pintar la superficie con un poco de aceite de oliva.
Cocer la empanada en el horno, precalentado unos 5 ó 10 min, a 180 °C hasta que la masa esté bien dorada.

Empanada de vieiras

Ingredientes

Para la masa:
800 g de harina • 300 g de agua • 100 g de vino blanco seco • 25 g de levadura • 2 cs de aceite de oliva y sal
Para el relleno:
16 – 20 vieiras con su coral • 3 cebollas medianas • 3 pimientos verdes • 3 dientes de ajo y 3 cs de aceite de oliva

Elaboración

Para el relleno: picar las cebollas, los ajos y los pimientos, y pochar en aceite bien caliente. Reservar.

Para la masa: disolver la levadura en una cc de agua caliente. Colocar la harina en un montón como un volcán, añadir la levadura en el centro y amasar. Poco a poco, añadir el vino y la sal. Incorporar el aceite y amasar de nuevo, hasta que quede suave y flexible.

Colocar la masa en una cazuela de barro, cubrir con un trapo ligeramente humedecido y dejar reposar en un lugar templado entre 45 y 60 min.

A continuación, estirar la masa con un rodillo y cubrir con ella el fondo de una bandeja para empanadas untada con un poco de aceite del sofrito. Utilizar la mitad de la masa sin cortarla.

Colocar encima la mitad del relleno. Rellenar con las vieiras con su coral. Poner encima el resto del relleno y tapar todo con el resto de la masa extendida con el rodillo.

Cerrar los bordes pellizcándolos y pintar por encima de la tapa con aceite de oliva para que brille.

Pinchar la empanada con un tenedor antes de introducirla en el horno para que no se hinche y cueza mejor. Meterla en el horno, previamente calentado unos 5 ó 10 min, a 190 °C durante 10 min.

Nota

Utilizar, para elaborar la masa, el aceite que sobre de la elaboración del sofrito del relleno, le dará un bonito color.

Empanada de *xoubas*

Ingredientes

Para la masa:

800 g de harina • 300 g de agua • 100 g de vino blanco seco • 25 g de levadura • 2 cs de aceite de oliva y sal

Para el relleno:
600 g de xoubas (anchoas) • 3 cebollas medianas • 3 pimientos verdes • 3 dientes de ajo y 3 cs de aceite de oliva

Elaboración

Para el relleno: picar las cebollas, los ajos y los pimientos, y pochar en aceite bien caliente. Reservar.

Para la masa: disolver la levadura en una cc de agua caliente. Colocar la harina en un montón como un volcán, añadir la levadura en el centro y amasar. Poco a poco mezclar el vino y la sal. Añadir el aceite y amasar de nuevo, hasta que quede suave y flexible.

Colocar la masa en una cazuela de barro, cubrir con un trapo ligeramente humedecido y dejar reposar en un lugar templado entre 45 y 60 min.

A continuación, estirar la masa con un rodillo y cubrir el fondo de una bandeja para empanadas untada con un poco de aceite del sofrito. Utilizar la mitad de la masa sin cortarla.

Colocar encima la mitad del relleno. Rellenar con las anchoas limpias y sin la espina. Poner encima el resto del relleno y tapar todo con la masa extendida con el rodillo.

Cerrar los bordes pellizcándolos y pintar por encima de la tapa con aceite de oliva para que brille.

Pinchar la empanada con un tenedor antes de introducirla en el horno para que no se hinche y cueza mejor. Meterla en el horno, previamente calentado unos 5 ó 10 min, a 190 °C durante 10 min.

Nota

Utilizar el aceite que sobre de la elaboración del sofrito del relleno, le dará un bonito color a la masa.

Empanada ovetense

Ingredientes

Para la masa:

½ kg de harina • 2 huevos • 100 g de manteca de cerdo • 100 g de mantequilla • 100 g de vino blanco y 1 yema

Para el relleno:

100 g de chorizo en rodajas • ½ kg de carne de ternera en trocitos • ½ kg de tomates picados • 1 cebolla picada • 70 g de aceite y sal

Elaboración

Para la masa: poner la harina en un recipiente y, en el centro, los huevos, la manteca, la mantequilla y el vino. Mezclar todo muy bien. Dejar en reposo durante ½ hora.

Para el relleno: aparte, freír la carne en el aceite, añadir el chorizo y, cuando hayan tomado buen color, retirarlos con una espumadera y, en el mismo aceite, rehogar la cebolla y el tomate hasta que estén dorados. Mezclar estas 2 preparaciones y dar el punto de sal. Reservar.

Estirar la masa con un rodillo y formar 2 láminas del tamaño del molde elegido. Forrarlo con una de ellas, echar el relleno y cubrir con la otra, asegurando bien los bordes.

Pintar con la yema batida y disponer en el horno, previamente calentado unos 5 ó 10 min, a 160 °C durante 40 min aprox.

Empanadillas de verduras

Ingredientes

200 g de espinacas • 200 g de acelgas • 2 zanahorias en cuadraditos • ¼ l de salsa bechamel • 16 obleas de empanadillas • Aceite de oliva • Salsa de tomate y sal

Elaboración

Limpiar las verduras y cocer en agua durante por lo menos 3 min (la zanahoria tardará alrededor de 10 min). Reservar.

Aparte, preparar la bechamel. Añadir las verduras bien picadas, mezclar todo y darle el punto de sal.

Cuando la mezcla esté fría, rellenar las obleas y sellarlas con un tenedor. Freír en abundante aceite y servir acompañadas de salsa de tomate

Ensaimada mallorquina de sobrasada

Ingredientes

9 huevos • 800 g de azúcar • 1 l de agua • 70 g de levadura • 3 kg de harina • Aceite • 50 g de manteca de cerdo • 60 g de sobrasada y azúcar glas

Elaboración

Mezclar bien los huevos, el azúcar, el agua y la levadura. Añadir la harina y trabajar la mezcla hasta que no se pegue en las manos. Dejar reposar media hora.

En la mesa de trabajo, echar un poco de aceite, verter la masa y dejar fermentar.

Cortar la sobrasada en trozos pequeños. Extender la masa en forma de cilindro, hacer un corte longitudinal y meter la sobrasada. Cerrar. Untar con la manteca y enrollar dándole la forma típica en espiral, así queda lista para la última fermentación.

Cocer en el horno, previamente calentado unos 5 ó 10 min, a 180 °C hasta que esté dorada.

Sacar y espolvorear con azúcar glas.

Entremeses de sardinas

Ingredientes

150 g de bonito en aceite • 50 g de mantequilla en pomada (textura de pomada) • Zumo de un limón • 12 sardinas en aceite • 2 huevos duros • ½ manojo de perejil • 100 g de aceite y sal

Elaboración

Desmenuzar el bonito y mezclarlo con la mantequilla y el zumo de limón. Amasarlo hasta conseguir una pasta muy fina.

Presentar una cc bonita de la pasta y colocar a su alrededor las sardinas y los huevos duros en cuartos.

Hacer un aceite verde triturando el perejil y el aceite. Sazonar.

Salsear alrededor de todo el conjunto.

Escabeche de pollo con champiñones

Ingredientes

1 pollo • 3 cebollas • 250 g de champiñones cortados en cuartos • 10 dientes de ajo • 150 g de zanahorias • 250 g de aceite de oliva • 60 g de vinagre blanco • 6 hojas de laurel • 1 cc de pimienta negra en grano y sal

Elaboración

Sazonar el pollo y freírlo en abundante aceite en una cazuela. Una vez frito, agregar las cebollas y las zanahorias cortadas en juliana, los ajos, la pimienta en grano, los champiñones, el laurel y el vinagre.

Cocer el conjunto durante 50 min a fuego medio. Servirlo frío acompañado de sus verduras y champiñones.

Gilda

Ingredientes

8 anchoas en salazón • 8 guindillas en vinagre • 4 aceitunas rellenas de anchoa • 4 palillos y ½ dl de aceite de oliva virgen

Elaboración

Insertar en un palillo alternando la guindilla con la anchoa. Terminar la gilda con una aceituna. Salsear el conjunto con aceite.

Nota

El nombre de este entrante, cuyo origen algunos sitúan en el bar Casa Valles en Donostia, es un homenaje a Rita Hayworth en su película *Gilda* (1946) porque era verde, salado y un poco picante. Fantástico.

Gratén de atún

Ingredientes

400 g de atún en aceite • 500 g de caldo de pescado • 60 g de nata líquida • 1 cs de aceite de oliva • 30 g de mantequilla • 40 g de vino blanco • 2 cebollas en juliana • 50 g de beicon en tacos • 50 g de queso gruyer rallado • Sal y pimienta

Elaboración

En un cazo y a fuego medio, mezclar el vino y el caldo, y reducirlo a la mitad. Poner en una sartén la mantequilla y el aceite, y rehogar el beicon y la cebolla. Con la cebolla ligeramente coloreada, verter la reducción de caldo y vino. Dar un buen hervor y añadir la nata. Salpimentar.

Echar la mitad del preparado sobre cuencos e incorporar el atún ligeramente desmenuzado. Cubrir con el resto del preparado y espolvorear con el queso. Meter en el horno a gratinar (10 min aprox.) y servir caliente.

Gulas con vinagreta de ajo

Ingredientes

500 g de *Gula del Norte* • 2 cs de vino blanco • ½ limón • 20 g de salmón ahumado • 30 g de aceite de oliva • 6 hojas de endivias • Sal • Vinagre y ajo picado

Elaboración

Mezclar la *Gula del Norte* con un poco de vino blanco y unas gotas de limón.

Preparar la vinagreta con el aceite, el vinagre, la sal (muy poca) y el ajo picado, y añadirla sobre la *Gula del Norte*.

Disponer la *Gula del Norte* en el centro del plato y adornar alrededor con las hojas de endivia, sobre las que habremos puesto unos trocitos de salmón ahumado.

Hojaldre de merluza y gambas

Ingredientes

500 g de masa de hojaldre • 300 g de merluza • 200 g de gambas peladas • 1 cebolla • 1 chalota • 1 pimiento verde • 10 cs de salsa de tomate • 1 huevo • 5 cs de aceite de oliva • Sal y pimienta

Elaboración

Pochar en aceite la cebolla, la chalota y el pimiento verde picados en juliana. Añadir las gambas y la merluza cortada del tamaño de las gambas. Rehogar durante 2 min. Agregar la salsa de tomate y salpimentar. Dejar enfriar.

Estirar el hojaldre y formar dos mitades iguales y muy finas. Disponer una de las mitades y, encima, poner el preparado anterior ya frío. Cubrirlo con la otra mitad de la masa. Untar con huevo batido toda la superficie cerrando bien las esquinas.

Meter en el horno, previamente calentado unos 5 ó 10 min, a 180 °C durante 20 min.
Cortar y servir.

Hojaldre de puerros y gambas

Ingredientes

300 g de hojaldre • 200 g de gambas peladas • 1 cebolla • 6 puerros • 40 g de brandy • 50 g de vino blanco • 200 g de nata • 125 g de harina • 400 g de leche • 1 huevo • Aceite • Sal y pimienta

Elaboración

Pochar la cebolla picada en juliana con aceite. Añadir las gambas y rehogar durante 2 min. Agregar el brandy y flamear. A continuación, añadir el vino blanco y dejar reducir.
Incorporar la nata y, cuando hierva, la harina. Mezclar bien para evitar grumos. Ir añadiendo la leche y removiendo hasta que hierva. Cocer durante 15 min.
Aparte, en agua hirviendo con sal, cocer durante 8 min el puerro picado fino. Ya cocido, escurrir bien y añadirlo a la masa anterior. Salpimentar.
Estirar el hojaldre y forrar el molde con él, guardando un poco de la masa para poner después la tapa del pastel.
Poner el relleno en el molde forrado de hojaldre, untar de huevo batido los bordes y colocar la tapa. Pincharlo con un tenedor por toda la superficie y Meter al horno previamente calentado unos 5 ó 10 min, a 200 °C durante 12 min.
Cortar y servir.

Hojaldre de salmón

Ingredientes

500 g de hojaldre • 500 g de salmón limpio • 120 g de gambas peladas • 1 cebolla picada fina • 1 tomate picado fino • ¼ l de bechamel • 4 cs de aceite de oliva • 1 huevo batido • 200 g de salsa de tomate • Sal y pimienta

Elaboración

En una sartén con aceite, rehogar la cebolla y el tomate. A los 10 min, añadir el salmón troceado y las gambas. Salpimentar y dejar rehogar unos minutos más. Agregar la bechamel no muy espesa y mezclar bien.

Estirar el hojaldre y forrar el molde con él, guardando un poco para poner después la tapa del pastel.

Poner el relleno en el molde forrado de hojaldre, untar de huevo batido los bordes y colocar la tapa. Pincharlo con un tenedor por toda la superficie y Meter al horno previamente calentado unos 5 ó 10 min, a 180 ªC durante 25 min.

Cortar y servir acompañado de la salsa de tomate.

Hojaldre de vieiras con setas y gambas

Ingredientes

16 vieiras • 8 setas de cardo • 24 gambas grandes frescas • 90 g de mantequilla • 200 g de masa de hojaldre • 1 cc de perejil picado • 2 cs de aceite de oliva virgen • Sal y pimienta

Elaboración

Estirar la masa de hojaldre y cortarla en 4 círculos. Limpiar las setas y cortarlas finas. Salpimentarlas y colocarlas sobre los cuatro círculos de hojaldre. Hornear el conjunto a 180 °C durante 8 min.

Limpiar bien las vieiras y saltearlas en una sartén con mantequilla. A media cocción, incorporar las colas de gambas. Salpimentar.

Transcurrido el tiempo de horneado, retirar los hojaldres y colocar sobre las setas el salteado de gambas y vieiras.

Para presentarlos, espolvorear perejil y añadir una gota de aceite sobre cada uno.

Masa de empanadillas

Ingredientes

300 g de harina • 4 cs de harina (para espolvorear la mesa) • 25 g de mantequilla • 25 g de manteca de cerdo • 70 g de agua • 70 g de vino blanco • Sal y aceite para freír

Elaboración

En un cazo, poner el agua, el vino, la mantequilla y la manteca a calentar. Cuando esté caliente, pero sin que llegue a hervir, retirar del fuego y añadir la harina, mezclada previamente con la sal.

Trabajar primero con una cuchara de madera y luego en la mesa de mármol espolvoreada con 2 cs de harina. Amasar bien un rato y después formar una bola y dejar reposar 2 horas tapada con un paño limpio. Espolvorear otra vez la mesa con harina y extender la masa con un rodillo de amasar hasta que queda muy fina. Cortar en círculos.

Poner el relleno que se haya previsto y doblar la masa para cubrirlo. Unir los bordes apretando bien con un tenedor para que no se salga el relleno al freír las empanadillas.

Freír en abundante aceite caliente.

Masa de empanadillas II

Ingredientes

300 g de harina • 4 cs de harina para espolvorear la mesa • 25 g de mantequilla • 3 cs de aceite de oliva • 1 huevo • 100 g de agua • Sal y aceite para freír

Elaboración

En un cazo, poner el agua, la sal, la mantequilla y el aceite a calentar. Antes de empezar a hervir, apartar del fuego, echar la harina y después el huevo. Amasar en el cazo y dejar reposar.

Espolvorear la mesa de trabajo con harina. Amasar durante 3 min (si hiciese falta, se podría añadir algo más de harina a la masa). Dejarla tapada con un paño limpio una vez hecha, por lo menos durante ½ h.

Pasado este tiempo y con ayuda de un rodillo de amasar, estirar la masa muy fino y dar forma de círculos con ayuda de un molde o un vaso.

Rellenar con lo que tengamos preparado, un guiso espeso de carne, por ejemplo.

Pegar bien los bordes y freír en abundante aceite caliente hasta que se doren.

Matafam

Ingredientes

4 huevos • 100 g de harina • 100 g de jamón cocido • 100 g de queso gruyer rallado • 50 g de mantequilla • Nuez moscada • Pimienta y sal

Elaboración

Batir los huevos con la pimienta, la sal y la nuez moscada. Tamizar la harina sobre ellos y trabajar el conjunto hasta la obtención de una pasta fina. Cortar el jamón en trozos pequeños. Ponerlos en una sartén antiadherente y freírlos hasta que estén dorados.

Retirarlos del fuego e incorporarlos a la masa anterior. Añadir también el queso y mezclar bien. Fundir la mitad de la mantequilla en una sartén grande e incorporarla asimismo a la masa.

Cubrir y dejar cocer durante 6 min, hasta que esta crêpe esté cocida por el lado que toca la sartén. Sacarla, dejar escurrir sobre un plato llano y fundir la otra mitad de la mantequilla en la sartén. Poner el lado no cocido de la *crêpe* contra el fondo de la misma. Cubrir y dejar cocer de 5 a 7 min hasta que esté bien cocida y dorada.

Este plato se puede comer caliente o frío.

Migas

Ingredientes

1 hogaza grande de pan candeal • 6 lonchas de panceta entreverada • 100 g de chorizo • Aceite de oliva • 4 dientes de ajo • 1 cs de pimentón dulce o picante y sal

Elaboración

Utilizar pan candeal u otro pan de miga apretada y blanca, siempre que sea un pan de hace tres días.

Picar el pan la víspera. Machacar los ajos en un mortero, añadir el pimentón y mojar todo con un poco de agua. Mojar las migas con la mezcla y tapar con un trapo húmedo durante toda la noche.

Para hacer las migas:

Al día siguiente, poner un poco de aceite de oliva en una sartén honda con asas. Sofreír la panceta picada y retirar. Repetir la operación con el chorizo picado.

Por último, poner el resto del aceite en la sartén y, cuando esté caliente, agregar las migas, el chorizo, la panceta y la sal al gusto.
Revolver todo ello con la espumadera con el aceite a fuego lento para que, poco a poco, se vayan secando las migas. No dejar de revolver para que no se quemen en el fondo y retirar del fuego cuando empiecen a dorarse (unos 10 min).
Servir recién hechas y acompañadas por unos huevos fritos.
Se pueden hacer sin embutidos y servir con uvas o con chocolate.

Migas a la cordobesa

Ingredientes

400 g de pan desmigado • ½ kg de pimientos verdes • ½ kg de pimientos rojos • Chorizo • Morcilla • 100 g de panceta ibérica • 100 ml de aceite de oliva • 250 ml de agua caliente y sal

Elaboración

Echar el agua con sal en el pan y dejar reposar. Mientras, calentar el aceite y freír los pimientos, la panceta, el chorizo y la morcilla. Reservar en una fuente de barro.
Freír los ajos pelados enteros y dejarlos en el aceite. Añadir el pan e ir dando vueltas hasta que quede seco y suelto.
Servir en la fuente de barro.

Migas con jamón

Ingredientes

½ l de aceite • 500 g de pan del día anterior • 2 dientes de ajo • 150 g de chorizo • 300 g de jamón • 2 cc de pimentón • Sal y un poco de agua

Elaboración

Cortar el pan en forma de daditos y rociar con un poco de agua. Espolvorear con sal y pimentón, tapar y dejarlo unas horas para que se esponje el pan.
Poner el aceite a calentar y, cuando esté caliente, freír en él los dientes de ajo y retirarlos en cuanto estén fritos.
Echar en el mismo aceite el jamón y el chorizo cortado en daditos, rehogar y añadir las migas preparadas. Remover con una cuchara de madera y dejar que se refría todo junto unos 10 min.
Servir recién hechas. Se pueden acompañar con huevos fritos.

Mistela

Ingredientes

200 g de bacalao • 200 g de magro de cerdo • 100 g de chorizo • 2 cabezas de ajos • 1 guindilla • 30 g de harina • 60 g de agua • 30 g de aceite y sal

Elaboración

Triturar los ajos muy finamente y rehogarlos en el aceite. Cuando empiecen a estar dorados, añadir el magro cortado en trocitos, el chorizo cortado en lonchas finas, el bacalao previamente desalado y desmigado, y la guindilla.
Cuando esté casi todo cocido, añadir la harina disuelta en un poco de agua. Dejar cocer un poco más removiendo de vez en cuando para que no se pegue.
Probar de sal.

Morteruelo

Ingredientes

½ liebre o conejo de campo • 1 perdiz • ¼ de gallina • ¼ kg de jamón serrano • ¼ kg de hígado de cerdo • ¼ kg de panceta • 3 l de agua • 100 g de vino blanco • 200 g de pan rallado • 100 g de aceite de oliva • Sal • Pimienta • Pimentón • Comino • Clavo molido y canela al gusto

Elaboración

Pelar bien las aves y limpiar todas las carnes.

Ponerlas a cocer durante 3 h a fuego suave y, una vez cocidas, sacarlas, limpiar bien de huesos y pieles las aves, y cortar la carne con el cuchillo. Reservar el caldo de la cocción.

En una sartén grande, poner el aceite y, cuando esté caliente, agregar el pimentón, dejar sofreír unos segundos y añadir el caldo de la cocción, así como las especias, el vino y la sal.

Cuando empiece a hervir, añadir el pan rallado y dejar cocer durante 5 min.

Incorporar las carnes picadas y dejar cocer durante 20 min más a fuego lento, moviéndolo de vez en cuando para que no se pegue.

Poner el punto de sal y servir caliente.

Níscalos en salsa

Ingredientes

1 kg de níscalos (robellones) • 1 cebolla • 2 dientes de ajo picado • 1 hoja de laurel • 1 cs de harina • 4 cs de salsa de tomate frito • 50 g de vino blanco • 100 g de piñones • 4 cs de aceite de oliva • 1 cc de perejil picado • Sal y pimienta

Elaboración

Limpiar bien los níscalos con un paño húmedo. Picar la cebolla fina y rehogarla en una sartén con aceite, junto con el ajo y la hoja de laurel.

Agregar los níscalos, cortados si fuesen grandes, y saltearlos bien. Añadir la harina, el vino blanco, el tomate, los piñones machacados y el perejil.

Dejar cocer durante 5 min reduciendo la salsa. Salpimentar.

Níscalos salteados

Ingredientes
800 g de níscalos (robellones) bien limpios • 1 diente de ajo picado • Perejil picado • Sal y pimienta y 3 cs de aceite de oliva

Elaboración
Poner en una sartén con aceite el ajo y, cuando esté dorado, agregar los níscalos troceados. Dejar hacer a fuego fuerte apenas 4 min. Espolvorear con el perejil y salpimentar.

Si después de comerlos, el color de la orina es bastante anaranjado, no hay que preocuparse, es culpa de los níscalos. Su composición hace que la orina cambie de color, pero es inocuo.

Pan de aceitunas y jamón

Ingredientes
3 huevos • 100 g de leche • 50 g de aceite • 150 g de harina • 1 cc de levadura • 150 g de queso rallado • 3 cs de nueces peladas • 50 g de aceitunas negras sin hueso • 150 g de jamón de york picado muy grueso • Sal • Aceite o mantequilla y harina para untar el molde

Elaboración
Batir los huevos como para tortilla y añadir la leche y el aceite.

Mezclar la harina con la levadura y la sal y agregar a la mezcla anterior. Una vez bien ligada la harina, añadir el queso rallado.

Untar con la mantequilla y la harina un molde alargado de unos 26 cm. Echar una tercera parte de la masa en el molde. Poner por encima parte de las nueces, las aceitunas y el jamón. Verter otra tercera parte de la masa y disponer más nueces, jamón y aceitunas. Cubrir con lo que queda de masa.

Meter al horno previamente calentado unos 5 ó 10 min, a 140 °C durante 15 min. Pasado este tiempo, subir hasta a 170 °C durante 45 min.
Sacar, desmoldar y enfriar sobre una rejilla.
Servimos cortado en rebanadas como un bizcocho corriente.

Panojas malagueñas

Ingredientes

1 ½ kg de boquerones • Harina • Aceite y sal

Elaboración

Limpiar y escurrir los boquerones. Secarlos con un trapo limpio y salarlos. Enharinarlos uniéndolos por la cola, cada media docena, en forma de abanico.
En una sartén con aceite caliente, freír los boquerones, cuidando de que no se peguen unos con otros. Sacarlos del aceite.
Servir bien calientes y recién hechos.

Pastel caliente de salmón y tocino

Ingredientes

900 g de salmón fresco • 130 g de patatas • 3 cl de leche • 1 huevo • 4 lonchas finas de tocino fresco y sal

Elaboración

Preparar 4 moldes circulares sin fondo de 65 mm de diámetro por 4 cm de altura y revestirlos por dentro con las lonchas de tocino.
Sacar los filetes de salmón sin piel ni espinas, cortarlos en trozos de 1,5 cm de espesor y colocarlos en los moldes.
Cocer las patatas y hacer un puré junto con la leche. Agregar un huevo cuando esté templado. Dar el punto de sal.

Rellenar los moldes con este puré e introducir en el horno, previamente calentado unos 5 ó 10 min, a 190 °C durante 7 min. Reservar.
Servir caliente acompañado de una vinagreta.

Pastel de merluza

Ingredientes

600 g de merluza • 400 g de tronquitos de mar • 30 g de mantequilla • 100 g de nata líquida • 3 huevos • Sal y pimienta
Para la salsa:
50 g de judías • 60 g de zanahorias • 50 g de acelgas • 30 g de patatas • 50 g de blanco de puerro • 1 l de agua • Aceite • 1 pastilla de caldo concentrado y 50 g de nata

Elaboración

Limpiar el pescado de pieles y espinas y picarlo bien fino en la picadora. Mezclar esta pasta con los huevos, la nata, la mantequilla fundida y los rollitos de mar, cortados en daditos. Salpimentar y verter en un molde de pudin engrasado.
Cocer en el horno a 160 °C durante 1 h.
Para la salsa: cocer las verduras en agua hirviendo, con un chorrito de aceite y una pastilla de caldo concentrado, durante 15 min.
Tirar la mitad del caldo de la cocción, agregar la nata y pasar el resto del caldo con las verduras por la batidora para obtener una salsa clarita.
Desmoldar en frío el pastel y verter la salsa sobre él.
Servir frío.

Pastel de pescado

Ingredientes

½ kg de rape o merluza • 200 g de gambas cocidas • 1 hoja de laurel • Aceite • 3 huevos • 5 cs de tomate frito para dar color • 100 g de nata líquida

• Una pizca de nuez moscada • 1 cs de vinagre • Una pizca de pimienta blanca • 1 zanahoria • 100 g de judías verdes • 1 cebolla • Mantequilla para el molde • Pan rallado para el molde y sal

Elaboración

Cocer el pescado con las verduras, una hoja de laurel y un chorrito de aceite durante 10 min.

Mezclar el pescado desmigado, las gambas, los huevos, el tomate frito, la nata líquida, la nuez moscada, el vinagre, la pimienta y la sal.

Untar con mantequilla y pan rallado el molde de horno.

Añadir la mezcla al molde y disponerlo al baño María en el horno, previamente calentado unos 5 ó 10 min, a 150 °C durante 1 h.

Meter en la nevera para que se enfríe y desmoldar en frío.

Pastel de pescado y marisco

Ingredientes

500 g de merluza • 3 patatas medianas • 200 g de gambas • 450 g de tronquitos de mar • 300 g de tomates maduros • 1 cebolla • 5 huevos • Sal • Pizca de mantequilla y 125 g de salsa rosa

Elaboración

Hervir las patatas y los corazones de merluza ambos por separado. Pasar las patatas por el pasapurés y mezclar con la merluza desmigada. Sofreír la cebolla y el tomate con un poco de aceite. Fuera del fuego, agregárselo a la mezcla de patata y, por último, añadir los 5 huevos batidos.

Untar un molde rectangular con mantequilla. Colocar en él la masa y cocer a 180 °C durante 75 min.

Dejar enfriar, retirar del molde y adornar con las gambas peladas y los tronquitos de mar.

Servir con salsa rosa.

Pastel de puerros y tomate

Ingredientes

1 kg de puerros • 300 g de tomates • Orégano en polvo • 100 g de jamón cocido • 100 g de queso manchego en lonchas • Aceite • Sal y azúcar

Elaboración

Limpiar los puerros y aprovechar solo lo blanco. Cocerlos en agua con sal durante 15 min. Reservar.

Aparte, pelar los tomates y pocharlos en una sartén con un chorro de aceite, sal, azúcar y una pizca de orégano.

Seguidamente, colocar los puerros cocidos en una fuente de horno haciendo una cama.

Picar el jamón cocido y disponerlo encima de la cama de puerros.

A continuación, agregar el tomate rehogado y, por último, cubrir todo bien con las lonchas de queso.

Gratinar a fuego fuerte 5 min. Servir muy caliente.

Pastel de *samfaina*

Ingredientes

2 pimientos rojos • 2 pimientos verdes • 1 berenjena • 1 calabacín • 3 tomates • 2 latas de atún en aceite • 2 huevos duros • Mayonesa • 1 pan de molde grande • Aceite y sal

Elaboración

Cortar las verduras a cuadraditos y freír en una sartén con aceite añadiendo al final el tomate. Salar y reservar. Cuando se haya enfriado, añadir el atún y los huevos troceados, mezclar bien. En un molde, colocar una capa de rebanadas de pan de molde (sin la corteza) de manera que encajen bien en él.

Es importante que no queden huecos entre rebanadas; si esto sucede, cortar trocitos de pan e ir tapando.

Añadir una capa del refrito, otra de pan, y así hasta terminar con una capa de pan de molde. Ponerlo en la nevera y, antes de consumirlo, untar por encima y los laterales con mayonesa suave y decorar al gusto.
Servir frío.

Paté casero

Ingredientes

300 g de carne de cerdo en trozos • 1 pechuga de pollo • 50 g de tocino con magro • 2 dientes de ajo • ½ cebolla • 1 hoja de laurel • 100 ml de vino blanco • 100 ml de caldo de carne • Aceite de oliva • Pimentón • Sal y pimienta

Elaboración

En una cazuela, sofreír la cebolla, los ajos y el laurel. Cuando la cebolla coja color, añadir el tocino y la carne para que se doren. Incorporar el pimentón y el vino, y rehogar 5 min. Añadir el caldo y la pechuga de pollo en dados, y cocer 15 min.
Salpimentar y triturar hasta obtener una pasta fina. Rellenar moldes de flan con cuidado de que no quede aire dentro. Envolver en plástico de cocina y dejar reposar en la nevera 36 h.

Pisto con salmón

Ingredientes

600 g de salmón fresco • 1 cebolla • 2 pimientos verdes • 1 berenjena • 1 calabacín • 2 tomates maduros • Aceite de oliva • 120 g de fumet de pescado • Sal • Pimienta y perejil

Elaboración

Limpiar el salmón de espinas y piel, cortar en tacos regulares y reservar.
Hacer el caldo de pescado con las espinas y la piel. Reservar.

Rehogar la cebolla picada junto con el pimiento verde cortado. Añadir la berenjena y el calabacín cortado en taquitos sin pelar. Por último, incorporar el tomate, escaldado, pelado y sin pepitas, cortado en cuadraditos.
Cocer lentamente y salpimentar, añadir el fumet de pescado.
Cuando el pisto esté tierno, añadir el salmón. Dejar cocer 5 min y retirar.
Servir espolvoreado de perejil.

Pudin de pescado

Ingredientes
600 g de krabarroka (cabracho) • 400 g de merluza • 250 g de cebollas • 2 dientes de ajo picados • ½ kg de salsa de tomate • 100 g de nata líquida • 3 huevos • 2 hojas de laurel • Sal y pimienta blanca

Elaboración
Cocer los pescados en agua con sal durante 5 min. Desmenuzar y reservar.
Hacer un sofrito con la cebolla picada, los tomates y los ajos.
A continuación, agregar el pescado y saltearlo durante 1 min. Fuera del fuego, agregar la nata y los huevos batidos. Salpimentar.
Disponer todo en un molde untado con mantequilla y espolvorear con pan rallado.
Cocer en el horno, previamente calentado unos 5 ó 10 min, a 170 °C durante 55 min.
Servir frío o caliente acompañado con mayonesa.

Repápalos

Ingredientes
1 cebolla pequeña • 1 diente de ajo • 120 g de pan rallado • 4 huevos • ½ cc de pimentón dulce • Perejil picado • Aceite de oliva y sal

Elaboración

Pelar y picar finamente la cebolla y el ajo, y rehogar en un poco de aceite.
A continuación, en un cuenco aparte, batir los huevos y agregar la cebolla y el ajo escurridos, así como el perejil, el pimentón, la sal y el pan rallado. Incorporar poco a poco y mezclar muy bien, hasta que se forme una masa.
Ir tomando pequeñas porciones con las manos y formar unas tortillas pequeñas. Freír en abundante aceite caliente.

Rollitos de jamón de york rellenos de piña

Ingredientes

1 lechuga • 5 rodajas de piña • 4 porciones de queso (quesitos) El Caserío • 8 lonchas de jamón de york • 1 limón • Perejil • Sal y pimienta

Elaboración

Cortar 4 rodajas de piña y las porciones de queso en trocitos.
Rociar con 2 cs de zumo de limón y sazonar con sal y pimienta.
Rellenar el jamón con esta mezcla y enrollar.
Colocar los rollitos en una fuente de servir y decorar con unas hojas de lechuga, la rodaja de piña restante y unas ramitas de perejil.

Rollitos de salmón con *Gula del Norte*

Ingredientes

200 g de *Gula del Norte* • 200 g de salmón ahumado en láminas • 5 cs de aceite de oliva virgen • 2 cs de vinagre de jerez • 1 cc de perejil picado y 16 tostadas de pan frito

Elaboración

En un bol, condimentar la *Gula del Norte* con el aceite, el vinagre y el perejil. Mezclar bien.

Extender las láminas de salmón y colocar en medio un puñado de *Gula del Norte*. Envolver en forma de rulo o rollito.
Presentar los rollitos sobre las tostadas de pan frito.

Romesco de mariscos

Ingredientes

16 langostinos pelados • 150 g de gambas peladas • 2 pimientos rojos secos • 2 dientes de ajo • 25 g de pan de víspera • 50 g de almendras • 1 cebolla • 1 tomate • 4 hebras de azafrán • ½ vaso de aceite de oliva • 12 rodajas de pan frito • Sal y pimienta

Elaboración

Hidratar en agua los pimientos durante 1 hora. Transcurrido el tiempo, raspar la carne pegada a la piel para recuperarla.
En una cazuela, freír los ajos y el pan. Sacarlos y majarlos en un mortero con las almendras y la carne de los pimientos.
En el mismo aceite, sofreír la cebolla picada fina y el tomate troceado sin piel ni pepitas durante 5 min. Agregarlo al mortero y continuar majando.
Añadir 50 g de gambas al mortero y majar junto con el resto y el azafrán. Salpimentar
Cocer el resto del marisco en agua y sal.
Acompañar el marisco caliente con el romesco y unas rodajas de pan frito.

Robellones al horno

Ingredientes

1 kg de robellones (níscalos) • Aceite • 4 dientes de ajo • Mantequilla y perejil picado

Elaboración

Limpiar bien de tierra los robellones con un paño húmedo. Untar una fuente grande con aceite. Majar los ajos, mezclar con la mantequilla y añadir el perejil. Colocar los robellones en la fuente, abiertos por la mitad y hacia arriba; salarlos y untarlos por encima de uno en uno con un poco del majado de mantequilla, ajo y perejil. Poner el horno en la posición grill y meterlos durante de 15 min. Regarlos por encima con el juguillo que destilan al fundirse la mantequilla.

Robellones con patatas

Ingredientes

1 kg de robellones (níscalos) • 1 kg de patatas • 1 cebolla • ½ guindilla • Aceite • Sal • Tomillo • 4 hojas de laurel • 1 cc de pimentón dulce • 4 dientes de ajo • 1 cs de harina y ½ l de caldo de carne

Elaboración

Limpiar los robellones y cortarlos en trozos grandes. Pelar y trocear las patatas. Pochar en una cazuela la cebolla troceada y la guindilla con aceite y sal. Echar las patatas y los robellones y rehogar 5 min.

Añadir el tomillo, el laurel, el pimentón, los ajos y la harina. Darle un par de vueltas al conjunto y cubrirlo con el caldo. Dejar cocer durante 15 min a fuego suave sin tapar el puchero.

Comer muy caliente.

Setas a la navarra

Ingredientes

1 kg de setas • 6 cs de caldo de carne • 2 cs de almendras molidas • 4 cs de aceite de oliva • Pimentón picante y sal

Elaboración

Quitar los troncos, lavar y secar perfectamente con un trapo. Rehogar 5 min con aceite de oliva con sal, añadir el caldo de carne y un poco de pimentón picante. Incorporar las almendras molidas y dejar reducir a fuego suave durante 5 min.
Servir caliente.

Setas al ajillo

Ingredientes

500 g de setas • 80 g de jamón serrano picado • 2 dientes de ajo • Perejil picado • Aceite • Sal y pimienta

Elaboración

Limpiar, escurrir y cortar en mitades las setas. Picar los dientes de ajo. Poner aceite en una cazuela de barro y, cuando esté caliente, echar el ajo picado junto con el jamón. Rehogarlo 2 min y añadir las setas.
Rehogar a fuego muy fuerte hasta que se haya evaporado el agua de las setas y queden un poco doradas. Salpimentar y añadir el perejil.

Tarta de queso y jamón

Ingredientes

200 g de masa quebrada congelada • 150 g de nata • 150 g de queso rallado • 4 lonchas de jamón de york • 4 huevos • 50 g de mantequilla • Sal y pimienta

Elaboración

Untar un molde con mantequilla y forrarlo con la masa quebrada estirada muy fina.
Batir los huevos, el queso, el jamón y la crema de leche; añadir sal y pimienta y echar en el molde.

Meter en el horno, previamente calentado unos 5 ó 10 min, a 170 °C durante 30 min.

Servir muy caliente.

Tarta salada de verduras y pollo

Ingredientes

Para la masa:

200 g de harina • Sal • 90 g de mantequilla • 1 yema de huevo • 1 cs de aceite de cacahuete • 1 cs de agua fría y mantequilla para untar el molde

Para el relleno:

2 lonchas de beicon • 40 g de queso gruyer en lonchitas finas • 250 g de crema líquida • 4 huevos • 100 g de leche fría • Sal • 50 g de queso gruyer rallado • 1 pechuga de pollo cocida • 200 g de brócoli o de puerros • 50 g de mantequilla y 1 pimiento rojo asado

Elaboración

Para la masa: echar la harina en un bol, espolvorearla con un poco de sal y poner la mantequilla en trocitos pequeños, añadir las yemas y el aceite, y amasar. Agregar el agua.

Poner la mezcla en una tabla espolvoreada con harina y terminar de amasarla.

Una vez conseguida la masa, hacer una bola grande, meterla en un bol y guardarla en la nevera para que repose por lo menos 2 h.

Colocarla sobre la tabla espolvoreada previamente con harina y, con el rodillo de amasar, estirarla dándole forma redondeada.

Preparar un molde con los bordes altos untándolo con la mantequilla, doblar la masa y meterla en el molde. Recortar lo que sobre con un cuchillo y pinchar con un tenedor todo el fondo.

Para el relleno: colocar el beicon cortado en trocitos y las lonchas de queso. Meter al horno previamente calentado unos 5 ó 10 min, a temperatura media y dejar que cueza sin que llegue a tomar color.

Mientras tanto, batir muy bien los huevos con la sal y añadir la crema líquida y la leche. Espolvorear con el queso rallado y verter sobre la masa.

Cocer la pechuga de pollo. Rehogar los puerros cortados en rodajas en un poquito de mantequilla. Cortar el pollo en trocitos pequeños y añadir junto con los puerros o el brócoli. Volver a meter al horno a 195 °C durante 15 min, y luego bajarlo un poco de temperatura (180 °C) y dejar otros 25 min.

Cuando falten unos 5 min, poner por encima unas tiras de pimiento rojo para adornar.

La tarta debe tener un aspecto bonito de color tostado o gratinado. Dejar reposar unos minutos y desmoldar.

Servir caliente o templada.

Tartaleta de menestra

Ingredientes

500 g de hojaldre • 650 g de menestra de verduras • 1 cebolla • 100 g de jamón • Aceite de oliva • Huevo batido • Sal y pimienta

Elaboración

Preparar una menestra clásica con las verduras que más nos apetezcan.

Rehogar en el aceite la cebolla picada y el jamón cortado en trocitos. Incorporar la menestra y salpimentar.

Con ayuda de un rodillo, estirar el hojaldre y forrar con él un molde de horno. Pintar con el huevo batido y cocer 20 min en el horno, previamente calentado unos 5 ó 10 min, a 180 °C.

Abrir a lo largo el hojaldre y rellenar con la menestra.

Servir muy caliente

Tartaletas de salmón ahumado

Ingredientes

100 g de salmón ahumado • 10 tartaletas • 100 g de queso fresco • 1 cs de mostaza líquida • 125 g de queso emmental rallado • 2 cs de queso parmesano rallado • 2 huevos • 100 g de nata líquida • 1 cc de perejil picado • ½ cebolla y sal

Elaboración

Picar finamente la cebolla y ponerla en una sartén a fuego bajo hasta que esté bien blandita. Batir el queso con los huevos, el queso emmental, el parmesano, la nata, el perejil, la mostaza y la sal. Incorporar el salmón ahumado cortado en lonchas y la cebolla y seguir batiendo hasta que esté homogéneo.

Rellenar las tartaletas con esta mezcla y meterlas al horno, previamente calentado unos 5 ó 10 min, a 180 °C durante 18 min.

Tostada de escalivada

Ingredientes

2 pimientos rojos • 2 berenjenas • 2 tomates • 8 rebanadas de pan • 8 anchoas en aceite • 4 cs de aceite de oliva virgen • 1 cs de vinagre y sal

Elaboración

Asar en el horno los pimientos, junto con las berenjenas y los tomates. Asarlos bien por ambos lados.

Una vez tengamos los ingredientes asados, pelarlos y cortarlos en tiras pequeñas.

Sazonar el conjunto, añadir el aceite y el vinagre y mezclarlo todo.

Mientras tanto, tostar las rebanadas y colocar encima de ellas el revuelto de berenjena, tomate y pimiento. Poner encima de cada tostada una anchoa.

Colocarlas en una bandeja y servir.

Tostas de salmón

Ingredientes
2 rebanadas de pan de molde • 2 huevos • 12 lonchas de salmón ahumado • 2 cs de nata líquida • 2 cc de perejil picado • 1 cc de levadura en polvo • 3 cs de aceite de oliva y sal

Elaboración
Tostar el pan de molde y cortarlo por la mitad. Reservar.
En un bol batir los huevos con la nata líquida, el perejil y la levadura. Picar fino 8 lonchas de salmón e incorporar a los huevos. Sazonar.
Calentar el aceite en una sartén y hacer un revuelto con el preparado anterior. Conviene que quede jugoso.
Colocar el revuelto encima de cada tostada cubriendo esta con una loncha de salmón ahumado. Servir caliente.

Tripoches

Ingredientes
600 g de intestinos delgado y grueso de oveja • 100 g de tocino • 2 cebollas • 2 clavos • Pimienta en polvo y en grano • Sebo de oveja • 6 huevos • Sal • 2 dientes de ajo • 2 cs de harina • Manteca de cerdo • Pimiento seco y pimentón dulce

Elaboración
En primer lugar, proceder a la perfecta limpieza de los intestinos con agua corriente y mantenerlos después en agua y sal durante unos 15 min. Una vez limpios, hervir los intestinos delgados con agua y sal durante por lo menos 2 h. A continuación, picarlos muy menuditos, juntamente con el tocino, la cebolla, las especias y el sebo.

Batir por separado los huevos, añadir todo el picado y volver a batir hasta que la mezcla quede bien homogénea. Limpiar el intestino grueso, introducir en él la mezcla anterior y atar bien los dos extremos, dejando un poco de espacio entre la masa y la atadura. Introducir el intestino relleno en agua templada y, cuando comience a ponerse sólido el contenido, retirar del agua y pinchar con una aguja para impedir que reviente por la cocción. Volver a meter en agua, y avivar el fuego basta que esté bien cocido.
Hacer por separado una salsa con aceite y ajo. Añadir manteca, cebolla picada, dos cs de harina, unas tiras de pimiento seco y el pimentón.
Partir el relleno en rodajas, echarlas a la salsa, darles una vuelta al fuego y servir.

Tumbet

Ingredientes

500 g de patatas • 2 berenjenas • 4 pimientos verdes • 500 g de tomates maduros • 3 dientes de ajo picados • 1 hoja de laurel • 100 g de aceite • Sal y pimienta

Elaboración

Pelar las patatas y cortarlas en rodajas finas. Salpimentar y freír. Colocarlas en una bandeja y reservar. Con el mismo aceite se irán tratando el resto de las verduras.
Repetir la operación con las berenjenas y disponer encima de las patatas.
Hacer lo mismo con los pimientos, aprovechando, como hemos dicho, el aceite de las patatas. Al terminar, si el aceite de la bandeja es excesivo, escurrirlo.
Mezclar los tomates pelados y cortados con los ajos y el laurel, y dejar pochar a fuego lento hasta que se forme una salsa espesa.
Verter encima de las verduras y hornear, con el horno previamente calentado unos 5 ó 10 min, a 200 °C durante 15 min.
Servir muy caliente.

Arroz / PASTA

Arroz a banda I

Ingredientes

400 g de arroz • 500 g de cabracho • 250 g de rape • 16 almejas frescas • 250 g de langostinos • 2 dientes de ajo • 250 g de gambas • 1 cebolla • 4 tomates • Laurel • 250 g de sobrantes de pescado, a ser posible, de roca Perejil • Pimienta • Azafrán • Salsa alioli • Aceite y sal

Elaboración

En una cazuela grande con aceite, freír la mitad de la cebolla picada finamente. Ya dorada, añadir 2 tomates pelados y limpios en trozos. Una vez fritos, echar 1 ½ l de agua y un ramito compuesto por el laurel y el perejil. Sazonar con sal y pimienta. Echar los desperdicios de limpiar el pescado, cociéndolo todo por espacio de ½ h. Después, colar el caldo.

Poner en una olla el pescado limpio y partido en trozos, las gambas, los langostinos, y las almejas bien lavadas y abiertas. Cubrir todo con el caldo ya preparado, añadir la sal y el azafrán, y dejar hervir durante 10 min a fuego suave. Volver a colar y reservar el caldo.

Freír en una paella con aceite un poco de cebolla, 2 tomates pelados en trozos y los ajos finamente picados, añadir el arroz y rehogar bien. Poner después el caldo de cocer todos los pescados, rectificar de sal y mantener a fuego medio hasta que se haya evaporado el caldo y se haya cocinado el arroz, 20 min aprox. Subir el fuego en el caso de que se esté evaporando demasiado despacio y bajarlo si nos quedamos cortos de caldo. Nunca añadir caldo o agua a media cocción.

Retirar y dejar reposar durante 5 min tapado con papel (a ser posible de periódico). Servir el arroz en la paella y el pescado en una fuente, acompañado de salsa alioli.

Arroz a banda II

Ingredientes

400 g de arroz • ½ kg de cabra (pescado de roca) • ¼ kg de rape • ¼ kg de gallina de mar (pescado de roca) • ¼ kg de gambas • ¼ kg de langostinos • 12 almejas frescas • Tomillo • Pimienta • 4 tomates • Salsa mayonesa • 2 dientes de ajo • 1 cebolla • Laurel • Perejil • Azafrán • Aceite y sal

Elaboración

En una cazuela grande con aceite, freír la mitad de la cebolla picada menuda. Ya dorada, añadir 2 tomates pelados y limpios en trozos. Una vez fritos, echar 1 ½ l de agua y un ramito compuesto por el tomillo, el laurel y el perejil. Sazonar con sal y pimienta y echar los desperdicios de limpiar el pescado, cociéndolo todo por espacio de ½ h. Después, colar el caldo y reservar.

Aparte, poner en una olla el pescado limpio y partido en trozos (cabra, rape, gallina de mar), las gambas, los langostinos, las almejas bien lavadas y abiertas, así como el agua que sueltan. Cubrir todo con el caldo preparado, echar la sal necesaria y el azafrán, y dejar en el fuego durante 15 min.

Freír en una paella o cazuela con aceite un poco de cebolla, 2 tomates pelados en trozos y los ajos finamente picados, añadir el arroz y rehogar bien. Poner después el caldo de cocer todos los pescados, rectificar de sal y, a los 5 min de cocción, Meter al horno previamente calentado unos 5 ó 10 min, por espacio de ¼ de h.

Retirar y dejar reposar durante 5 min antes de presentarlo a la mesa. Servir en la misma cazuela (el pescado en una fuente aparte) acompañándolo de una salsera con salsa mayonesa.

Arroz a la marinera I

Ingredientes

300 g de arroz • 200 g de calamares • 1 l de caldo de pescado • 1 cebolla pequeña • 1 pimiento verde • 2 dientes de ajo • 100 g de guisantes • 200 g de rape limpio • 12 almejas • 12 gambas peladas • Aceite • Sal • Pimienta • Perejil y azafrán

Elaboración

Previamente, limpiar el pescado y los mariscos.

En una cazuela con aceite, rehogar la cebolla, el ajo y el pimiento, todo bien picado.

Cuando estos empiecen a dorarse, añadir el pescado y los calamares troceados y dejar que se sofrían un poquito.

Agregar el arroz y rehogar; después, añadir el azafrán, el caldo bien caliente y los guisantes. Pasados 10 min de cocción, incorporar las almejas y las gambas y dejar cocer otros 10 min más. Salpimentar y añadir el perejil.

Queda bastante caldoso, como una sopa espesa.

Arroz a la marinera II

Ingredientes

2 cs de aceite de oliva • 3 dientes de ajo • 200 g de almejas o chirlas • 500 g de arroz • 1 g de azafrán o colorante • 100 g de calamar • 1 ½ l de caldo de pescado • 1 cs de cebolla picada • 8 gambas grandes • 1 cs de licor de anís • Una pizca de pimentón dulce y 1 cs de tomate rallado

Elaboración

Pelar las gambas y reservar las colas peladas y las cabezas.

En un cazo hondo, calentar el aceite de oliva y rehogar en él poco a poco la cebolla picada, hasta que comience a dorarse. Seguidamente, avivar el fuego,

añadir las cabezas de las gambas, sofreírlas machacándolas con un tenedor para que suelten los jugos, y desecharlas (¡ojito con no dejar cáscaras!).
A continuación, incorporar el calamar troceado y dos ajos picados, y rehogarlo también.
Para terminar el sofrito, añadir el tomate rallado y dejarlo a fuego medio hasta que comience a oscurecerse, añadir el pimentón y el arroz y sofreírlo un par de minutos.
Una vez terminado el sofrito, verter el caldo hirviendo, el azafrán, el ajo restante picado y las almejas. Dejar cocer 15 min, removiendo de vez en cuando.
Para terminar el plato, añadir el anís y las colas de las gambas. Dejar cocer 2 min más, apagar el fuego y dejar reposar 4 ó 5 min.

Arroz a la marinera III

Ingredientes

3 cs de aceite • 2 dientes de ajo • 300 g de arroz • 4 hebras de azafrán • 1 cs de cebolla picada • 200 g de gambas • 900 g de caldo de pescado • 1 hoja de laurel • 1 limón • 1 cs de pimiento verde picado • 250 g de rape • 1 tomate maduro picado y una pizca de sal

Elaboración

Hacer un sofrito con el tomate, el pimiento verde, la cebolla, el ajo picado y el laurel.
Preparar un caldo con el rape y las cabezas de las gambas (se reservarán las colas peladas). Dejar hervir a fuego suave durante 15 min.
Agregar el caldo colado al sofrito y aderezar con azafrán, añadir el arroz y dejar cocer 4 ó 5 min antes de su cocción total. Añadir las gambas y el rape cortado en dados y rectificar de sal. Dejar hervir a fuego suave durante 16 min más.

Debe resultar un arroz caldoso; en el momento de reposo fuera del fuego se le puede poner unas rodajitas de limón.

Arroz con pollo y berberechos

Ingredientes

4 higadillos de pollo • 50 g de jamón • 1 cebolla picada finamente • 200 g de guisantes cocidos • 500 g de arroz • 1 l de agua • 1 cs de queso rallado • 200 g de berberechos • 1 tomate picado • 10 pimientos del piquillo • Aceite • Mantequilla y sal

Elaboración

Rehogar la cebolla, el tomate, el jamón y los higadillos en una cazuela con un chorro de aceite. Cuando todo esté dorado, incorporar el arroz y volver a rehogar todos los ingredientes.

Agregar 1 l de agua hirviendo. Echar los guisantes y el queso, sazonar y dejar hervir a fuego vivo sin tapar durante 12 min. Retirar del fuego.

Añadir los berberechos y meter la cazuela al horno a 180 °C durante 8 min.

Para servir, acompañar con unos pimientos fritos.

Arroz a la santanderina

Ingredientes

4 tazas de arroz • 50 g de mantequilla • 1 tazón de leche • 4 lonchas gruesas de jamón y sal

Elaboración

Poner a cocer el arroz en una cazuela de barro con agua a fuego lento durante unos 15 min. En el momento en que esté cocido, echar la mitad de la mantequilla, la sal, la leche y, finalmente, las tajadas de jamón. Dejar que dé otro hervor y retirar cuando el caldo esté completamente consumido.

En ese momento, echar por encima el resto de la mantequilla derretida y meterlo a dorar al horno sin cambiarlo de cazuela.

Arroz al ajo

Ingredientes

• 4 tazas de arroz • 8 tazas de caldo de gallina • 8 dientes de ajo • 1 cebolla • 400 g de habas • 4 alcachofas frescas • 2 pimientos rojos • 2 papeletas de azafrán • Aceite y sal

Elaboración

En una cazuela de barro con aceite, rehogar la cebolla y los ajos pelados y picados. Echar el arroz y el caldo de gallina hirviendo. Añadir las habas tiernas y las alcachofas (ambas estarán ya cocidas en agua y sal), los pimientos rojos picados, el azafrán y la sal.

Meter la cazuela al horno, previamente calentado unos 5 ó 10 min, y dejar cocer a temperatura media (150 °C) hasta que el arroz esté seco y bien cocido. Servir en la misma cazuela.

Arroz con atún

Ingredientes

200 g de arroz • 1 cebolla mediana • 2 cs de aceite • 2 dientes de ajo • ¼ de pimiento rojo • 2 filetes de anchoas en aceite • 200 g de migas de atún • 1 cc de perejil picado • 100 g de vino blanco seco y 600 g de caldo de verduras

Elaboración

En una cacerola, poner el caldo a calentar y, cuando hierva, echar el arroz y dejar cocer durante 16 min. Escurrir y reservar.

En una sartén o cacerola, calentar el aceite y a continuación echar la cebolla picada muy menuda, los dientes de ajo, también muy picaditos, y el pimiento en trocitos. Cuando la cebolla esté transparente, añadir los filetes de anchoa en trocitos y las migas de atún. Darle unas vueltas, añadir el perejil y el vino blanco, y dejar que cueza suavemente unos 15 min.

Incorporar el arroz escurrido a la mezcla de la sartén y saltear 1 min a fuego fuerte. Se sirve muy caliente.

Arroz con bonito

Ingredientes

300 g de arroz • 600 g de agua • 250 g de bonito troceado • 1 pimiento rojo del piquillo • 200 g de tomate • 1 cebolla pequeña • 2 dientes de ajo • 2 cc de perejil picado • 1 hoja de laurel • Una pizca de azafrán y sal

Elaboración

En una sartén con un poco de aceite, freír el pimiento un poco y añadir la cebolla y el ajo, ambos bien picados. Cuando todo esté dorado, echar el tomate picado y dejar freír un rato a fuego lento.

Añadir el agua, la sal, el ajo picado, el perejil, el laurel y el azafrán. Dejarlo cocer un rato, agregar el bonito y que cueza 5 min más. Incorporar el arroz y terminar de cocerlo durante unos 18 min a fuego suave.

Arroz con calabacines

Ingredientes

4 calabacines pequeños • 400 g de arroz • 2 cebolletas • 2 tomates maduros • 1 l de caldo de carne • 1 diente de ajo • Sal • Aceite • Perejil y 1 puerro

Elaboración

En una cazuela con un chorro de aceite, rehogar el puerro, el ajo, las cebolletas y el tomate todo troceado. Añadir el arroz, volver a rehogar unos minutos y cubrir con el caldo. Sazonar y añadir el perejil. Dejar cocer a fuego lento durante 20 min.

Cortar el calabacín en trozos grandes sin pelar y añadirlo al arroz 5 min antes de que termine la cocción.
Servir caliente.

Arroz con moscancia

Ingredientes

200 g de arroz • 200 g de grasa de cerdo • 1 tripa de cerdo • ½ kg de cebollas • 500 g de sangre de cerdo • Pimentón dulce y picante • Aceite • Sal y agua para cocer la moscancia

Elaboración

Para la moscancia: picar la cebolla muy fina, ponerla en una cazuela y, bien tapada, pocharla lentamente en aceite. Cuando esté tierna, reducir y dejar enfriar. Agregar dos partes de grasa de cerdo por una de cebolla, sangre hasta que quede jugosa, sal, y pimentón dulce y picante mezclados.
Ligar bien toda la mezcla y, con un embudo apropiado, meterla en la tripa, previamente remojada esta en agua tibia. Atar las morcillas y cocerlas en agua hirviendo durante 5 min, pinchándolas con una aguja por diversas partes para que suelten la grasa.
Para el arroz: una vez cocida la moscancia, sacarla del caldo y reservarla caliente. Echar el arroz en el caldo de cocer la moscancia y hervir destapado durante 15 a 20 min; debe quedar un poco caldoso.
Servir con la moscancia cortada en trozos.

Arroz con pollo I

Ingredientes

½ kg de pollo limpio de huesos • Aceite • 300 g de arroz • 600 g de agua • 1 cebolla • 2 dientes de ajo • 1 ramita de perejil • 1 pimiento del piquillo

• 200 g de tomate • Una pizca de azafrán • 10 aceitunas picadas • 30 g de guisantes • 40 g de pimiento morrón • Laurel y sal

Elaboración

Freír el pollo en una sartén y reservar.

En el aceite de freír el pollo, echar el pimiento, la cebolla y el tomate, en ese orden. Agregar el ajo y el perejil, que se habrán machacado previamente en el mortero. Por último, añadir el laurel, el azafrán y la sal. Incorporar el arroz y el caldo (o el agua) y dejar cocer unos 20 min.

A mitad de cocción, echar los guisantes, el pimiento morrón y las aceitunas. Dejar cocer los 10 min que faltan.

Arroz con pollo II

Ingredientes

400 g de arroz • 800 g de agua • 300 g de pollo en trocitos • 30 g de aceite • 2 dientes de ajo • Una pizca de azafrán o colorante • 3 cs de cebolla picada • 1 pastilla de concentrado de pollo • 1 cs de pimiento verde picado y 150 g de tomate frito

Elaboración

En una cazuela con aceite, rehogar los ajos, la cebolla y el pimiento finamente troceados.

Cuando empiece a tomar color, añadir los trozos de pollo y rehogarlo todo junto.

Una vez el pollo esté dorado, añadir el tomate frito y darle unas vueltas. A continuación, agregar agua hasta cubrir los ingredientes.

Incorporar el arroz, el azafrán y la pastilla de caldo de pollo y dejar hervir 20 min a fuego suave, hasta que el arroz esté hecho.

Servir un poco caldoso.

Arroz con pollo III

Ingredientes
½ kg de arroz • 1 pechuga de pollo de 300 g • 1 cebolla mediana • 1 diente de ajo • 3 cs de aceite de oliva • 1 huevo grande • 1 cs de perejil picado y sal

Elaboración
Cocer el arroz en agua abundante con sal durante 13 min, escurrir y refrescar con un chorro de agua fría. Escurrir de nuevo y reservarlo.

En una sartén, poner el aceite a calentar y rehogar la pechuga cortada en tiras, sin que llegue a tomar color. Una vez rehogada, cortarla en cuadritos y reservarla. En ese mismo aceite, sofreír la cebolla y el ajo mezclados y muy picados, hasta que se pongan transparentes. Añadir entonces el arroz, remover, agregar el pollo y cocer 5 min más. Dar el punto de sal y mezclar bien todos los ingredientes.

En un plato, batir el huevo e incorporarlo a la mezcla. Espolvorear con perejil picado y servir en una fuente.

Arroz con verduras y marisco

Ingredientes
250 g de gambas • 200 g de mejillones • 30 g de ajetes • 50 g de puntas de trigueros • 100 g de guisantes • 200 g de arroz • 500 g de agua • 50 g de aceite • 200 g de cebolla • 2 dientes de ajo • 100 g de puré de tomate • 1 pimiento de lata • Pimentón dulce o picante • Perejil y 1 hebra de azafrán

Elaboración
Poner aceite en una cazuela y dorar la cebolla picada y los dientes de ajo. Agregar el pimentón, el pimiento y el puré de tomate.

Una vez dorados, añadir 200 g de arroz y ½ l de agua. Agregar el azafrán, previamente tostado en un sartén antiadherente. Cuando rompa a hervir, incorporar las gambas, los mejillones, los ajetes, los trigueros y los guisantes. Cocer a fuego suave durante 15 min y dejar reposar durante 5 min más.

Arroz cremoso marinero

Ingredientes

180 g de arroz • 1 cebolla pequeña • 2 ajos picados • 1 pimiento verde • 200 g de mejillones (previamente abiertos, blanqueados en agua con sal) • 100 g de almejas • 100 g de vino blanco • 250 g de caldo de pescado • 200 g de aceite de oliva • 8 cs de aceite de oliva virgen extra • 1 cs de perejil picado • Sal y pimienta

Elaboración

Poner el aceite de oliva al fuego en una cazuela. Añadir la cebolla y el pimiento verde, picados ambos finos, y dejarlo pochar a fuego lento. Echar los ajos picados y dejar hacer. Añadir el arroz y remover un par de minutos. Agregar el vino y dejar cocer hasta que se evapore. Incorporar la carne de los mejillones picados y verter poco a poco el caldo. El arroz debe estar siempre cubierto por un poco de caldo. A los 20 min de cocción, incorporar las almejas previamente abiertas al vapor, y también su caldo. Agregar el aceite de oliva virgen extra, remover con una cuchara de madera y salpimentar. Añadir el perejil picado al final de todo.

Arroz integral con verduras

Ingredientes

300 g de arroz integral • 1 l de agua o caldo de verduras • 100 g de judías verdes • 2 zanahorias • 1 tomate • 2 dientes de ajo • 50 g de espinacas • Aceite y sal

Elaboración

Picar las judías verdes, las zanahorias, el tomate y los ajos, y rehogarlas con un poco de aceite en una cazuela.

Una vez hecho esto, añadir el arroz y rehogar para que nos quede suelto. Añadir el agua o caldo de verduras y la sal, y dejar cocer todo durante 45 min, ya que el arroz integral tarda en cocer casi el doble que los habituales 20 min del arroz normal.

Mientras tanto, picar las espinacas y agregarlas al arroz. Dejar cocer todo durante 5 min, poner al punto de sal y servir.

Arroz negro I

Ingredientes

40 g de aceite de oliva • 2 dientes de ajo • 500 g de arroz • 150 g de calamar • 1 ½ l de caldo de pescado • 1 cs de cebolla picada • Una pizca de pimentón dulce • 1 alcachofa cocida • 150 g de sepia • 2 bolsitas de tinta de calamar o la propia de la sepia • 8 cs de tomate triturado y 30 g de aceite de oliva con un diente de ajo pequeño

Elaboración

En una paella, calentar el aceite de oliva y añadir la cebolla picada, dejándola hasta que comience a dorarse. Trocear la sepia y el calamar en trozos regulares y añadir junto con los ajos picados, sofreír unos minutos y agregar el tomate; a continuación, el pimentón, la alcachofa y rápidamente, el arroz.

Sofreír 1 min el conjunto y añadir el caldo hirviendo y la tinta de calamar disuelta en un poco del mismo caldo. Dejar cocer durante 18 min. Rectificar de sal.

Dejar reposar 5 min y poner el «truqui": una mezcla de 30 g de aceite de oliva con 1 diente de ajo todo muy triturado.

Revolver todo y servir.

Arroz negro II

Ingredientes

600 g de arroz • 1 ¼ l de caldo de pescado y marisco • ½ cebolla • 4 dientes de ajo • 2 tomates maduros rallados • Perejil picado • ½ kg de chipirones en trozos • Las tintas de los chipirones (o dos bolsitas de tinta) • 1 cs o cc de pimentón dulce • Aceite de oliva y sal

Elaboración

En una paella, poner el aceite con un poco de sal y, cuando esté caliente, echar la cebolla picada y dorarla a fuego lento.

Añadir los chipirones, un poco después, el ajo y el tomate, y dejar sofreír. Poner a continuación el pimentón y el perejil.

Disolver en un poco de agua las tintas de chipirón.

Incorporar el arroz, freírlo un poco y añadir el caldo junto con las tintas.

Rectificar de sal y dejar hervir los primeros 5 min a fuego vivo y los otros 15 restantes, a fuego lento.

Servir muy caliente.

Bogavante con arroz

Ingredientes

100 g de aceite de oliva • 400 g de agua • 1 diente de ajo picado • 220 g de almejas • 2 bogavantes • ½ cebolla picada • 1 cs de perejil picado • 1 pimiento rojo • 100 g de setas • 1 tomate • 350 g de arroz y sal

Elaboración

Rehogar en un poco de aceite el pimiento picado y la cebolla. Añadir el ajo y el perejil, y pochar bien. Agregar las setas picadas en trozos, las almejas y el tomate pelado y cortado en dados.

Cuando esté todo bien sofrito, incorporar el arroz. Cubrir con agua, el doble de agua que de arroz.
Al empezar a hervir, sazonar y añadir el bogavante en trozos, y dejar cocer hasta que el arroz esté en su punto, 20 min aprox.

Canelones Barceloneta

Ingredientes

200 g de lomo de cerdo • 2 pechugas de pollo grandes • 200 g de ternera • Salsa de tomate espesa • 24 láminas de pasta de canelones • 100 g de queso rallado • 1 lata de trufa y • 2 yemas de huevo • 8 cs de aceite de oliva • Salsa de carne o caldo de ave • Unas gotas de brandy o de jerez y queso rallado
Para la besamel:
1 l de leche • 2 cs de harina • 2 cs de mantequilla • Pimienta molida • Nuez moscada y sal

Elaboración

Cortar la carne. Salpimentar y dorar. Agregar unas cs de salsa de carne o de caldo de ave hasta que se haga. Pasar por la trituradora para obtener una masa fina y pastosa, perfumándola con el brandy o el jerez, y ligarla fuera del fuego con una o dos yemas de huevo.
Para la besamel: preparar una salsa bechamel con la mantequilla, la harina y la leche. Sazonarla con sal, pimienta y nuez moscada rallada, y dejar que se haga unos 10 min.
Cocer los canelones en agua hirviendo salada con unas gotas de aceite durante unos 8 min. Sacarlos uno a uno y colocarlos sobre un paño.
Repartir el relleno y envolver en forma de tubo. Repartir en una fuente de horno la salsa de tomate y colocar los canelones.
Cubrir con la bechamel, espolvorear de queso y un poco de mantequilla y gratinar. Adornar con finísimas láminas de trufa.

Canelones rellenos de pescado

Ingredientes

16 canelones • 200 g de bacalao desalado • 200 g de congrio limpio • 100 g de gambas peladas • 16 almejas • 1 cebolla • 1 tomate • 1 diente de ajo • ¾ l de bechamel • Queso rallado • Aceite y sal

Elaboración

Picar muy fino el tomate y la cebolla y rehogarlo en una cazuela con un poco de aceite. Cuando esté dorado, añadir todo el pescado cortado en dados, las gambas enteras y la sal. Rehogarlo todo junto durante 2 min, rectificar el punto de sal y reservar.

En una cazuela con un poco de agua hirviendo, echar las almejas para que se abran. Separar la carne de las cáscaras y echar las almejas al relleno de los canelones,

Rellenar los canelones y colocarlos en una placa de horno. Cubrirlos de bechamel y ponerlos a gratinar con queso rallado en el horno precalentado a 200 °C durante 5 min.

Fideos con chirlas

Ingredientes

300 g de fideos • 300 g de chirlas • 1 cebolla mediana • 125 g de pimiento verde • 7 cs de salsa de tomate • 1 pastilla de caldo de pollo • 5 cs de aceite • 2 ½ vasos de agua • Sal y pimienta

Elaboración

Poner el aceite en una cazuela de barro. Cuando esté bien caliente, echar la cebolla muy picada y el pimiento en cuadraditos pequeños. Sofreír muy lentamente unos 10 min. Añadir el tomate y dejar hacer 5 min.

Agregar las chirlas, bien lavadas previamente, y cocer hasta que se abran. Quitar las conchas vacías y rociar todo con 2 vasos de agua.
En el mortero, machacar la pastilla de caldo, disolverla con el restante ½ vaso de agua y añadirla a la cazuela. Finalmente, echar los fideos bien repartidos. Salpimentar al gusto y cocer durante unos 10 min (el tiempo exacto dependerá del grosor del fideo).
Servir en la misma cazuela.

Fideuá de marisco I

Ingredientes

250 g de fideos gruesos • 300 g de rape • 300 g de cigalas medianas • 250 g de gambas frescas • 12 chirlas • 12 mejillones • 3 tomates maduros • 2 dientes de ajo • 2 l de caldo de pescado • 1 ½ dl de aceite de oliva • 1 cc de pimentón picante • 2 hebras de azafrán y sal

Elaboración

Calentar la paella en el fuego y sofreír muy levemente en el aceite de oliva las gambas y cigalas; retirarlas y reservarlas. A continuación, sofreír el rape, añadir el ajo picado, el tomate pelado y troceado, el azafrán y el pimentón.
Añadir el caldo de pescado y, cuando empiece a hervir, agregar los fideos, repartiéndolos bien por la paella. Sazonar y cocer unos 5 min, colocar las gambas, las cigalas, los mejillones y las chirlas, y terminar con otros 5 min de cocción fuerte si el caldo no se hubiera secado lo suficiente.
Presentar en la propia paella.

Fideuá de marisco II

Ingredientes

500 g de cigalas medianas • 3 tomates maduros • 1 cc de pimentón picante • 1 pellizco de hebras de azafrán • 350 g de rape • 300 g de fideos gruesos

• 2 dientes de ajo • 2 l de caldo de pescado • Una pizca de sal • 12 chirlas • 250 g de gambas frescas • 12 mejillones y 50 ml de aceite de oliva

Elaboración

Poner la paella sobre el fuego y sofreír en el aceite de oliva las gambas y cigalas; retirarlas y reservarlas.

A continuación, sofreír el rape, añadir el ajo picado, el tomate pelado y picado, el azafrán y el pimentón.

Añadir el caldo de pescado y, cuando empiece a hervir, agregar los fideos, repartiéndolos bien por la paella.

Sazonar con sal, colocar las gambas, las cigalas y las chirlas, y cocer unos 10 min.

Meter 5 min al horno para que se seque y se dore.

Entretanto, cocer los mejillones al vapor y colocar por encima.

Lasaña boloñesa *made in Benidorm*

Ingredientes

1 paquete de pasta para lasaña • 4 cs de aceite • 20 g de mantequilla • 125 g de queso parmesano rallado y sal

Para la salsa boloñesa:

150 g de carne • 50 g de panceta • 1 cebolla pequeña • 2 tallos blandos de apio • 1 zanahoria • 6 cs de salsa de tomate espesa • 2 cs de vino blanco • 1 clavo (especia) • Queso parmesano rallado y sal

Para la bechamel:

2 cs de harina • 50 g de mantequilla • 2 cs de aceite • ¾ l de leche fría y sal

Elaboración

Para la salsa boloñesa: poner en una sartén honda el aceite, que apenas cubra el fondo. Cuando esté caliente, rehogar la panceta, luego la carne, la cebolla, la zanahoria y el apio, todo muy bien picado. Poner la sal y añadirle el clavo. Rehogar unos 10 min y echar el tomate. Remover todo y dejar cocer muy despacio 10 min más con la cazuela tapada. Reservar.

Para la bechamel: poner en una sartén un poco de mantequilla a derretir con el aceite.

Una vez derretida, añadir la harina, darle vueltas con una cuchara de madera y agregar poco a poco la leche fría sin dejar de dar vueltas para evitar los grumos.

Cuando esté toda la leche incorporada, dar un hervor de 15 min a fuego medio y sazonar.

En una olla grande, poner abundante agua a cocer y añadir aceite y sal. Echar los rectángulos de pasta y cocer durante 5 a 8 min. Sacar del agua con ayuda de una espumadera, pasar rápidamente por el chorro de agua fría y extender sobre un paño limpio, sin que se monten unos sobre otros.

Encender el horno a 210 °C.

Untar una fuente honda de horno con mantequilla.

Poner en el fondo un rectángulo de pasta, después, una capa de la salsa boloñesa y, a continuación, una capa muy fina de salsa bechamel. Volver a poner una hoja de pasta y repetir la operación con las capas de salsa boloñesa y de bechamel.

Espolvorear con el queso parmesano rallado y meter al horno a gratinar. Servir muy caliente.

Lasaña de marisco

Ingredientes

18 placas de pasta para lasaña cocida • 2 carabineros • 200 g de langostinos • 150 g de gambas • 250 g de rape • 250 g de tomate natural triturado • 1 cebolla pequeña • 1 diente de ajo • 2 cs de brandy • 3 cs de aceite de oliva • Sal y perejil picado

Para la bechamel:
½ l de leche • 2 cs de mantequilla • 2 cs de harina • 1 cs de pan rallado • 2 cs de queso rallado • Pimienta molida • Nuez moscada y sal

Elaboración

Pelar los carabineros, los langostinos y las gambas. Poner en un cazo las cáscaras con una taza de agua y sal, y dejar cocer durante 10 min. Reservar.
Calentar aceite en una sartén y rehogar los ajos y la cebolla hasta que estén transparentes. Incorporar el tomate y rehogar a fuego lento hasta conseguir que la salsa espese. Trocear el rape y los mariscos, y agregar a la salsa junto con el brandy. Dejar cocer unos minutos y apartar del fuego. Una vez fuera del cazo, incorporar el pan rallado, mezclar y reservar.
Mientras tanto, hacer una bechamel con la mantequilla, la harina, el caldo de marisco, la leche, la sal, la pimienta y la nuez moscada.
Montar la lasaña, alternando las capas de salsa, pasta, y bechamel hasta terminar con una capa de bechamel.
Espolvorear con queso rallado y perejil, poner unos trocitos de mantequilla y meter en el horno con el grill encendido hasta que la superficie esté dorada.

Macarrones a la catalana

Ingredientes

1 huevo • 200 ml de leche • 400 g de macarrones • 25 g de mantequilla • 80 g de queso parmesano • Salsa de asar un pollo o caldo de pollo y queso rallado

Elaboración

En una fuente de horno, poner un huevo batido, leche, el queso y el caldo de pollo. Mezclarlo todo bien.

Cocer en abundante agua salada los macarrones. Escurrirlos, añadirlos a la fuente y mezclarlo todo. Poner por encima queso rallado y mantequilla. Gratinar.

Macarrones hortelana

Ingredientes

500 g de macarrones • ½ kg de patatas • ½ coliflor • 3 dientes de ajo • 100 g de mantequilla • 150 g de queso rallado • Aceite y sal

Elaboración

Poner agua a hervir con un chorrito de aceite y sal. Pelar y cortar las patatas y la coliflor en trozos medianos. Cocer durante 5 min y luego añadir los macarrones.

A continuación, pelar y cortar los ajos por la mitad y dorarlos en una sartén con la mantequilla.

Escurrir la verdura y los macarrones. Poner en una fuente y cubrir con la mantequilla con ajos. Espolvorear con abundante queso rallado y gratinar.

Paella mixta

Ingredientes

¼ kg de pollo en trozos sin piel • ¼ kg de conejo troceado • ¼ kg de costillas de cerdo adobadas • ¼ kg de almejas • 1 kg de mejillones • ¼ kg de rape en trocitos • ¼ kg de calamares • ¼ kg de gambas • 1 tomate pequeño • 1 pimiento verde • 1 pimiento morrón • 1 cebolla • 500 g de arroz • 2 dientes de ajo • Pimentón dulce • Un poquito de perejil • Azafrán y sal

Elaboración

Limpiar las almejas y los mejillones. Saltearlos en una sartén con algo de aceite y reservar.

Freír el pollo, el conejo y las costillas de cerdo adobadas. Después, freír media cebolla con tomate, el rape, los calamares y el pimentón dulce. Reservar.
Colocar en la olla todos los ingredientes que previamente hemos frito y poner a cocer, cubiertos de agua con sal y con el caldo de la cocción de los mejillones y las almejas, durante ½ h. Reservar.
En una paella, freír el pimiento verde, el tomate, la cebolla y el ajo. Añadir el arroz y freír un poquito con el sofrito.
Agregar el caldo (el doble que de arroz aprox) y los ingredientes cocidos, así como las almejas, los mejillones, las gambas y el pimiento morrón.
Machacar el ajo y el perejil en un mortero, y añadir al caldo con el azafrán.
Dejar cocer 20 min e ir añadiendo caldo según se necesite.
Una vez transcurrido el tiempo marcado, retirar de la lumbre y dejar reposar 5 min tapado con una tela.

Paella de la huerta

Ingredientes

50 g de aceite de oliva • 2 dientes de ajo picado • 400 g de arroz • 80 g de cebolla • 1 alcachofa • 1 calabacín • 300 g de coliflor • 100 g de habas tiernas • 150 g de judía verde • 10 g de pimentón dulce • Una pizca de azafrán • 2 tomates naturales rallados y una pizca de sal

Elaboración

Partir todas las verduras, menos la cebolla y la alcachofa, en trozos de unos 3 ó 4 cm; hervirlas y reservar el agua de la cocción.
Calentar el aceite en la paella y añadir la cebolla picada y la alcachofa muy limpia a trozos. Cuando empiecen a dorarse, sazonar, incorporar el resto de las verduras y rehogarlas a fuego muy suave durante 15 min, moviéndolas con frecuencia.

A continuación, agregar el tomate rallado y freírlo unos 5 min. Una vez frito, incorporar el pimentón y, 1 min después, el arroz, el ajo picado y el azafrán. Rehogar el conjunto durante 1 min más y echar el caldo de la verdura.
Cocer a fuego medio durante unos 15 min. Retirar y dejar reposar tapado 10 min más.

Paella de mariscos

Ingredientes

1 kg de calamares • ½ kg de mejillones • ½ kg de langostinos • 1 pimiento verde • ¼ kg de sepias • 1 kg de guisantes frescos • 2 alcachofas • 2 tomates • ½ cabeza de ajos • ½ kg de arroz • 1 l de agua • 80 g de aceite • Azafrán • Sal y 1 ramo de perejil

Elaboración

Limpiar el marisco y trocear los calamares. Sofreír las verduras en una paella. A continuación, agregar el marisco y sofreír el conjunto durante 5 min. Incorporar el arroz y, por último, el agua y el azafrán.
Machacar en el mortero los ajos, la sal y el perejil. Agregarlo a la paella y dejar cocer a fuego fuerte 5 min. Después, bajar la intensidad del fuego, cocer durante 15 min y dejar reposar 5 min más fuera del fuego.

Paella de pollo y sepia

Ingredientes

1 kg de pollo • 1 pimiento morrón grande • ¼ kg de sepias • 1 kg de guisantes frescos • 2 alcachofas • 2 tomates • ½ cabeza de ajo • ½ kg de arroz • 1 l de agua • 50 g de aceite • 2 hebras de azafrán • 1 cc de sal y un ramo de perejil

Elaboración

Sofreír el pimiento morrón. A continuación, freír el pollo en el aceite, cortado en trocitos pequeños. Cuando el pollo está bien frito, agregar las sepias cortadas previamente. A continuación, echar los guisantes y las alcachofas, limpias y cortadas en cuatro partes cada uno, y los tomates pelados.

Añadir el arroz dando vueltas con todo, de manera que quede impregnado del aceite y demás jugos.

En el mortero, machacar el perejil, los ajos, la sal y el azafrán diluido con un poco de agua, y echar al guiso.

Dejar cocer a fuego fuerte, procurando que se reparta uniformemente para que el caldo se evapore por igual, durante 15 min. Retirar del fuego y dejarlo reposar 10 min.

Paella valenciana

Ingredientes

40 g de aceite de oliva • 1,1 l de agua • 50 g de alcachofas • 425 g de arroz • 150 g de conejo • 25 g de garrofas grandes • 50 g de judías verdes anchas • ½ cc de pimentón • 150 g de pollo • 60 g de tomate • Una pizca de azafrán y sal

Elaboración

Calentar el aceite en la paella y, cuando empieza a humear, echar el conejo y el pollo troceados, y dorarlos a fuego medio. A continuación, añadir la verdura troceada y sofreír durante un par de minutos.

Seguidamente, sofreír el tomate y, cuando empiece a oscurecer, echar el pimentón con cuidado de que no se queme. Mover bien y añadir agua hasta el borde de la paella.

Dejar cocer durante 30 min, rectificando de sal.

Agregar el arroz y las hebras de azafrán, teniendo cuidado de repartir bien todo el arroz por la paella, y dejar hervir a fuego vivo hasta que el arroz esté en su punto y el caldo se evapore por completo (alrededor de 20 min).
Dejar reposar 5 min tapada con un paño.

Pasta a la marinera

Ingredientes

500 g de lacitos • 1 kg de chirlas • 1 kg de tomates • 1 pimiento • 1 cebolla • 1 pellizco de orégano • 25 g de mantequilla • 50 g de queso rallado • Azúcar y sal

Elaboración

Limpiar las chirlas cambiándolas de agua tres o cuatro veces. Cocerlas y quitarles las conchas. Reservar el agua de la cocción, añadirle sal y cocer la pasta.
Hacer un sofrito con la cebolla y el pimiento finamente picados, y el tomate.
Añadir 1 cs de azúcar para quitar la acidez, y un poquito de orégano.
Quitar el agua a la pasta y poner esta en una cazuela con la mantequilla al fuego. Remover hasta que la mantequilla se deshaga. Añadir el sofrito hecho previamente y las chirlas.
Servir inmediatamente con el queso rallado aparte.

Pasta con salchichas

Ingredientes

500 g de lazos medianos • 250 g de salchichas frescas • 50 ml de brandy • 75 g de mantequilla • 50 g de queso rallado • Sal y pimienta

Elaboración

Cocer la pasta en abundante agua hirviendo ligeramente salada.
Mientras se cuece la pasta, en una sartén sofreír suavemente con la mantequilla las salchichas sin piel, desmenuzadas con un tenedor.
Rociar con el brandy y retirar del fuego cuando este se haya evaporado.
Una vez la pasta esté cocida, escurrirla y verterla en una fuente de servir.
Añadir las salchichas sofritas, espolvorear por encima pimienta molida y servir enseguida, con queso rallado aparte.

Pasta fresca con cigalas

Ingredientes

800 g de cigalas • 500 g de pasta fresca • 150 ml de caldo de pescado • 3 cs de brandy • 4 cs de vino blanco • 2 cs de nata • 1 diente de ajo • Perejil picado • Aceite • Sal y mantequilla

Elaboración

Pelar las cigalas y reservar 6 para adornar. Saltearlas con los dientes de ajo en una mezcla de aceite y mantequilla. Mojar con el vino y el brandy, salpimentar y dejar cocer 2 min. Retirar primero las cigalas peladas y luego, las enteras.
Volver a poner en la sartén las cigalas peladas y cortadas en trozos, después de quitar los dientes de ajo. Incorporar el caldo de pescado y la nata.
Cocer la pasta fresca, escurrirla y mezclar con la salsa. Espolvorear con perejil picado y decorar con las cigalas enteras.

VERDURAS

Acelgas con anchoas

Ingredientes

1 kg de acelgas • 1 cabeza de ajos • 1 cebolleta picada fina • 12 filetes de anchoas en lata • Aceite de oliva y sal

Elaboración

Cortar las acelgas en tiras (blanco y verde) de unos 3 cm aprox. Cocerlas en agua durante 15 min con sal junto con la cabeza de ajos sin pelar. Una vez cocidas, escurrir las acelgas y reservar. Pelar los ajos y hacer un puré con ellos. En una sartén con aceite, pochar la cebolleta picada muy finamente. Cuando esté dorada, echar el puré de ajo. Rehogar y añadir las anchoas picadas. Remover hasta incorporar las acelgas durante 5 min. No poner más sal que la que ya tienen las anchoas.

Acelgas salteadas con patatas

Ingredientes

400 g de acelgas • 1 kg de patatas pequeñas • 2 dientes de ajo • Aceite y sal

Elaboración

Lavar y cortar las acelgas en trozos pequeños. Ponerlas en una olla con agua hirviendo, aceite y sal durante 10 min.

Aparte, pelar las patatas y cocerlas durante 10 min.

Escurrir bien las acelgas, picar los ajos y freírlos junto a las patatas cocidas en una sartén con aceite.

Servir muy caliente

Alcachofas con salsa amontillada

Ingredientes
2 kg de alcachofas • 2 limones • 2 cs de harina • ¼ l de vino de Montilla • 1 dl de aceite • 4 dientes de ajo • 1 ramita de hierbabuena • ½ l de jugo de carne • 200 g de cinta de lomo asada y sal

Elaboración
Limpiar las alcachofas dejando solo el corazón. Frotar los corazones con medio limón y hervir con agua y los restos del limón durante 15 min; añadir 1 cs de harina y algo de sal. Cuando estén tiernas, enfriar con agua y dejar cubiertas con un paño húmedo.

Dorar los ajos picados en una sartén con el aceite bien caliente y saltear en este las alcachofas bien escurridas; añadir una ramita de hierbabuena, sal, el vino blanco, la cinta de lomo cortada en tiras, 1 cs de harina sin que forme grumos y el jugo de carne.

Dejar cocer a fuego suave durante 10 min y corregir de sal.

Alcachofas con zanahorias guisadas

Ingredientes
8 alcachofas • 2 zanahorias • 1 cebolla • 2 dientes de ajo • 100 g de vino blanco • 100 g de agua • 250 g de guisantes • Una pizca de harina • Sal y aceite

Elaboración
Limpiar las alcachofas y cortarlas en 4 trozos.

Poner aceite en una cazuela y pochar la cebolla picada, el ajo y la zanahoria. Cuando esté rehogado, añadir una cucharadita de harina y remover.

A continuación, incorporar las alcachofas, el vino blanco y el agua. Sazonar y dejar cocer a fuego lento 1 hora.
10 min antes de terminar, añadir los guisantes y dejar cocer.
Servir todo muy caliente.

Alcachofas en vinagreta

Ingredientes

16 alcachofas • ½ limón • Agua y sal
Para la vinagreta:
50 g de cebolleta • 30 g de pimiento rojo • 30 g de pimiento verde • 8 cs de aceite de oliva virgen • 2 cs de vinagre • Sal y perejil picado

Elaboración

Limpiar las alcachofas quitándoles el rabo, las hojas de fuera y la punta. Lavarlas frotando en limón y echarlas en una cazuela con agua y sal, donde cocerán unos 20 min. Una vez cocidas, escurrirlas y trocearlas. Colocarlas en una fuente y verter la vinagreta por encima.
Para la vinagreta: cortar en pequeños daditos las verduras y mezclar todos los ingredientes en frío.

Aros de cebolla rebozados

Ingredientes

2 cebollas • 100 g de maicena para rebozar y aceite para freír

Elaboración

Cortar y separar los aros de cebolla, introducirlos en una bolsa de plástico, donde previamente hayamos echado maicena.
Cerrar la bolsa y agitar varias veces hasta que queden bien rebozados. Freír con aceite muy caliente.

Berenjenas con carne y verduras

Ingredientes

2 berenjenas • 275 g de carne picada • ½ calabacín • ½ cebolla • 1 pimiento verde • 2 dientes de ajo • 4 lonchas de queso de fundir • 4 cs de salsa de tomate • Una pizca de orégano • 7 cs de aceite de oliva • Sal y pimienta

Elaboración

Cortar las berenjenas a lo largo realizando unos cortes sobre su carne. Colocarlas en una placa de horno con un poco de aceite y sazonar. Introducir la placa con las berenjenas en el horno, previamente calentado unos 5 ó 10 min, durante 15 min a 180 °C.

Limpiar bien el resto de la verdura cortándola toda en cuadraditos.

En una sartén con 6 cs de aceite, rehogar la cebolla, el pimiento, el calabacín y el ajo.

Salpimentar la carne y añadir esta a las verduras. Rehogar el conjunto.

Retirar las berenjenas del horno, y con una cuchara extraerles la carne, mezclarla con el resto de las verduras y la carne picada, y dejar que se haga durante 15 min a fuego suave.

Verter la salsa de tomate en el fondo de la cazuela. Depositar encima las berenjenas y rellenarlas con la mezcla de la sartén. Colocar en su superficie el queso y gratinar.

Berenjenas de Almagro

Ingredientes

3 cs de aceite de oliva • 5 dientes de ajo picado • 4 hebras de azafrán • 500 g de berenjenas pequeñas • 1 cc de comino en grano • 3 hojas de higuera o vid • 500 g de pimientos rojos para asar • 250 g de vinagre • Sal y pimienta negra

Elaboración

Frotar los pimientos con aceite y asarlos a horno fuerte dorándolos bien por todos los lados.

Quitar la piel y despepitar guardando el jugo que sueltan. Colar el jugo. Cortar los pimientos en tiras. Reservar.

Preparar la mezcla de los ajos, el azafrán, los cominos machacados ligeramente en el mortero, 50 g de vinagre, el aceite de oliva y el jugo de los pimientos. Salpimentar.

Dejar reposar en esta mezcla las tiras de pimiento en la nevera unas 12 h.

Lavar bien las hojas de higuera o vid y las berenjenas.

Cocer con sal las berenjenas en una cacerola con las hojas de higuera a fuego medio unos 30 min aproximados dependiendo del tamaño.

Ya cocidas, escurrir las berenjenas y reservar el agua de la cocción previamente colado.

Dejar enfriar. Realizar una incisión a lo largo sin llegar a tocar el tallo y en cada hendidura colocar dos tiras de pimiento ensartando el conjunto con un palillo para que se sujeten bien.

Depositar en un recipiente de cristal de boca amplia y cubrir hasta sus dos tercios con el agua de la cocción de las berenjenas. Terminar de cubrir con agua y añadir entonces la mezcla sobrante del jugo de los pimientos y el resto del vinagre.

Reposar unas 24 h y rectificar entonces si es necesario de sal y vinagre.

Y después... ¡a zampar se ha dicho! a temperatura ambiente.

Berenjenas en salsa

Ingredientes

6 berenjenas pequeñas • 250 g de carne de cerdo picada • 50 g de cebollas picadas • 40 g de aceite de oliva • 50 g de miga de pan mojada en leche • 40 g de harina • 1 huevo batido • Sal y pimienta recién molida

Para la salsa:
100 g de cebolla picada • 400 g de tomate picado • 30 g de aceite de oliva • 50 g de almendras tostadas y molidas • 20 g de azúcar • 150 g de agua y sal

Elaboración

Calentar el aceite en una cazuela de barro y saltear las cebollas y los tomates. Añadir las almendras, el azúcar y el agua, y dejarlo cocer a fuego suave. Añadir más agua si fuese necesario. Triturar y reservar. Cortar las berenjenas por la mitad a lo largo y vaciar el centro con una cuchara. En un bol, mezclar la pulpa de las berenjenas muy picada y la carne. Añadir las cebollas muy picadas, la miga de pan y el huevo. Mezclar bien, sazonar y rellenar con esto las berenjenas.

Calentar un poco de aceite en una sartén, pasar las berenjenas por la harina y freírlas enseguida. Escurrirlas bien y ponerlas en la cazuela con la salsa. Dejarlas hervir a fuego lento hasta que estén tiernas, removiendo de vez en cuando la cazuela para que no se peguen. Servir en la misma cazuela.

Berenjenas rellenas con anchoa

Ingredientes

2 berenjenas • 8 filetes de anchoa en aceite • 1 diente de ajo en láminas • 2 tomates • 3 cs de aceite de oliva • ½ cc de albahaca picada • Sal • Pimienta • Azúcar • Perejil picado y 1 cc de pan rallado

Elaboración

Lavar las berenjenas y cortarlas por la mitad a lo largo. Retirar la pulpa sin romper la piel. Trocear y reservar.

Dorar los ajos en el aceite de oliva. Retirar estos y reservarlos. Sofreír en el mismo aceite los tomates pelados, despepitados y troceados. Incorporar la

pulpa de las berenjenas y la albahaca. Salpimentar y dar el punto de azúcar. Cocer a fuego lento durante 25 min.
Majar en el mortero los dientes de ajo reservados y el perejil picado. Agregar el pan rallado y mezclar todo junto con el preparado de la pulpa de berenjena.
Rellenar las berenjenas con esta mezcla y colocar sobre cada media berenjena dos filetes de anchoa. Asar al horno durante 10 min a 170 °C gratinando su superficie.

Berenjenas rellenas I

Ingredientes

4 berenjenas • 500 g de tomate • 100 g de salsa de tomate • 100 g de queso mozzarella • 2 dientes de ajo picado • 1 cc de orégano • 1 cc de albahaca picada • 6 cs de aceite de oliva • Sal y pimienta

Elaboración

Lavar las berenjenas y cortarlas por la mitad a lo largo. Retirar la pulpa o carne sin romper la piel. Trocear en cuadritos. Saltear la carne de berenjena en una sartén caliente con 2 cs de aceite y el ajo picado. Salpimentar y reservar.
Rellenar las medias berenjenas con dicha preparación pero sin llenar.
Colocar las medias berenjenas en una fuente con 1 cs de aceite en cada una. Echar salsa de tomate en cada una ellas.
Pelar y despepitar los tomates y cortarlos en cuadrados. Terminar de rellenar las berenjenas con los tomates y la mozzarella. Espolvorear sobre ellas la albahaca y el orégano. Rociar con un chorrito de aceite y salpimentar ligeramente.
Meter al horno previamente calentado unos 5 ó 10 min, a 180 °C durante 15 min.

Berenjenas rellenas II

Ingredientes

2 berenjenas • 3 cebollas picadas finas • 6 cs de aceite de oliva • 160 g de champiñones picados • 90 g de miga de pan desmenuzada • Perejil picado • 2 yemas de huevo • 100 g de salsa de tomate • Sal y pimienta

Elaboración

Cortar a lo largo por la mitad las berenjenas y vaciarlas con cuidado. Picar su carne y rehogar con las cebollas en una sartén con aceite. A medio proceso, agregar los champiñones, el perejil y la miga de pan. Rehogar todo bien. Salpimentar y retirar del fuego.

Ligar el preparado con las yemas batidas. Rellenar las berenjenas con la mezcla y la salsa de tomate. Colocarlas en una placa de horno y rociar con un chorrito de aceite. Meter al horno previamente calentado unos 5 ó 10 min, a 180 °C durante 20 min.

Berenjenas y tomates como en Eibar

Ingredientes

4 berenjenas • 4 tomates • 4 anchoas saladas • 2 dientes de ajo fritos y picados • 60 g de miga de pan • Sal • Pimienta y aceite

Elaboración

Pelar las berenjenas y partirlas a lo largo en 2 porciones. Freírlas en aceite. Cortar los tomates en 2 a lo ancho y quitarles las semillas. Salarlos. Vaciar las berenjenas, reservar la carne y colocar los tomates y las berenjenas en una fuente de barro.

Picar las anchoas junto con los ajos, la miga de pan remojada en agua, la pulpa de las berenjenas picadas, sal y pimienta. Dar una vuelta a la sartén e incorporar lo que habíamos quitado de los tomates.

Llenar las berenjenas y los tomates con esta pasta, y rociarlas con unas gotas de aceite. Meter al horno previamente calentado unos 5 ó 10 min, a 200 °C durante 15 min y servir en el mismo recipiente.

Boniatos mallorquines

Ingredientes

1 kg de boniatos • ¼ de l de miel y aceite abundante

Elaboración

Pelar los boniatos. Cortarlos en láminas gruesas y freírlos en aceite no muy fuerte hasta que estén cocidos. Retirarlos cuando estén dorados y servirlos en una bandeja untados con miel.

Borrajas gratinadas

Ingredientes

1 kg de borrajas y queso rallado suave

Para la bechamel:

100 g de mantequilla • 1 cs de harina • 300 g de leche • Sal • Pimienta y perejil picado

Elaboración

Para la besamel: en una cazuela disponer la mantequilla. Cuando esté fundida, añadir la harina. Disolver bien y agregar poco a poco la leche fría sin dejar de remover. Hervir un par de minutos. Dar el punto de sal, pimienta y perejil. Cocer las borrajas bien limpias y troceadas en pedazos de unos 5 cm, en agua con poca sal. Cuando estén tiernas, aprox. 20 min, sacarlas y escurrirlas bien. Colocarlas en una fuente de horno y cubrirlas con la bechamel.

Una vez hayamos cubierto bien las borrajas, espolvorear con el queso rallado y meter en el horno en la posición de gratinador durante unos minutos. Servir caliente.

Bubangos al gratín

Ingredientes

500 g de bubangos pequeños • 1 cebolla muy picada • 2 huevos • 250 cc de nata líquida • 50 g de queso gruyer molido • 50 g de mantequilla • Nuez moscada • Sal y pimienta

Elaboración

Lavar los bubangos, suprimir las puntas, y cortar el resto en láminas finas.

Batir los huevos en un bol, añadirles la nata, salpimentar y agregar un poco de nuez moscada. Batir el conjunto e incorporar el queso. Reservar.

En una sartén, fundir la mitad de la mantequilla y freír la cebolla hasta que esté dorada. Escurrirla y añadirla a la preparación anterior.

Fundir el resto de la mantequilla en la sartén y freír los bubangos durante 5 min a fuego suave hasta que estén tiernos.

Agregarlas al bol. Mezclar bien el contenido, pasarlo al molde previamente enharinado e introducirlo en el horno, previamente calentado unos 5 ó 10 min, a 200 °C. Dejarlo cocer alrededor de 30 min hasta que esté bien dorado.

Servirlo en su plato, caliente, tibio o frío.

Nota

Bubango: variedad de calabacín autóctono de las Islas Canarias.

Cachelos con lacón a la gallega

Ingredientes

½ kg de patatas gallegas (cachelos) • 125 g de lacón • Sal y 1 cs de pimentón, a ser posible de La Vera

Elaboración

Pelar las patatas y cortarlas en trozos grandes. Cocerlas con agua salada a fuego fuerte, junto con el lacón cortado en trozos de la mitad del tamaño de las patatas. Una vez esté hirviendo fuerte, bajar el fuego y dejarlo hasta que las patatas estén hechas (por lo menos 25 min).
Presentar espolvoreado con el pimentón.

Canelones de berenjenas

Ingredientes

2 berenjenas grandes • 200 g de carne picada • Salsa de tomate • Salsa bechamel • Queso rallado • 1 diente de ajo • Sal y aceite

Elaboración

Lavar y secar las berenjenas, cortarlas a lo largo muy finas, freírlas en aceite y escurrirlas bien.
Aparte, saltear la carne picada con el diente de ajo. Añadir 2 cs de salsa de tomate y 3 de bechamel. Poner el punto de sal.
Con esta masa, rellenar las tiras de berenjenas, enrolladas como si fueran canelones.
Colocarlos en una fuente y cubrirlos, primero con salsa de tomate, después con salsa bechamel y, por último, con queso rallado.
Meter al horno previamente calentado unos 5 ó 10 min, a 200 °C durante 5 min.

Cardo con jamón

Ingredientes

1 cardo pequeño • 2 cc de harina • El zumo de ½ limón • 8 cs de aceite de oliva • 1 diente de ajo • 100 g de jamón serrano • Pimienta molida y sal

Elaboración

Limpiar muy bien los cardos en agua fría y cortarlos en trozos regulares de unos 2 cm de grosor aprox. Desechar esa agua.

Cocerlos a fuego lento para que se hagan bien en abundante agua hirviendo con sal, en la que se habrá disuelto en frío 1 cs de harina y el zumo del limón (esto último, si queréis, se puede obviar porque muchas veces no es necesario. Yo personalmente no le echo ni limón ni harina), por lo menos 45 min, aunque también se puede hacer en olla a presión en menos tiempo.

Escurrir todo y reservar el caldo.

Freír en el aceite el ajo fileteado y el jamón cortado en dados no muy gruesos. Rehogar encima el cardo durante 5 min y salpimentar.

Cardo con panceta

Ingredientes

1 ½ kg de cardo • 200 g de panceta curada • 1 vaso de caldo de ave • 1 cs de harina • 1 limón • Agua • Sal y perejil picado

Elaboración

Limpiar de piel e hilos el cardo. Una vez que esté bien limpio, cortarlo en trozos de unos 5 cm cada uno. Echarlos a un bol con agua. Desechar esa agua.

En una cazuela con agua, sal y zumo de limón, poner a cocer el cardo (el tiempo de cocción, el limón y la harina, igual que en la receta anterior).

Mientras se cuece, cortar la panceta curada en dados pequeños y dorarla en otra cazuela con un chorrito de aceite. Después, añadir la harina, rehogar removiendo y echar el caldo.
Por último incorporar el cardo bien escurrido y cocer 10 min.
Servir bien caliente

Cardos a la madrileña

Ingredientes

1 kg de cardos • 150 g de tocino • 1 cs de harina • Sal • Caldo de carne y pimienta en polvo

Elaboración

Cortar los cardos en trozos. Lavarlos bien en agua y desechar esta. Limpiar de los hilos que puedan tener y ponerlos a cocer en agua hirviendo con sal (en olla normal, alrededor de 30 min dependiendo del tamaño del cardo).
Cuando ya estén tiernos, poner aparte una cazuela con el tocino en pedacitos y, cuando esté frito, retirarlo y echar la harina en la grasa que ha dejado.
Cuando tome color, añadirle el caldo, la sal y un poquito de pimienta.
Dejar cocer esta salsa durante 15 min y agregar los cardos, que se harán poco a poco. Servir muy calientes.

Cebollas rellenas de Ibiza

Ingredientes

4 cebollas grandes peladas • 250 g de carne picada • ½ taza de aceite y sal

Elaboración

Poner las cebollas en una cazuela con agua fría al fuego hasta que hiervan ligeramente. Cortar la zona que tienen en la parte alta y con una cuchara hacerles un hueco en el centro.

Rellenarlas con la carne picada, volver a ponerles la coronilla, rociarlas con el aceite, salarlas y asarlas en el horno, previamente calentado unos 5 ó 10 min, a 160 °C durante 1 h aprox.

Cebollas rellenas

Ingredientes

8 cebollas grandes • 200 g de carne picada de cerdo • 50 g de jamón serrano • 100 ml de jerez • 1 manojo de ajos tiernos • 1 cebolla pequeña • 30 g de mantequilla • 1 cs de harina • 250 ml de leche • Aceite y sal

Elaboración

Hervir las cebollas peladas y enteras en agua salada 20 min.

Mientras, poner en una sartén un poco de aceite y sofreír la carne picada con los ajos cortados a rodajas. Cuando esté casi dorada, añadir el jamón bien picado y el jerez, y dejar que se fría todo junto 6 min.

Coger las cebollas y cortarlas por la parte superior. Con la ayuda de una cuchara, vaciarlas dejando solo 3 capas exteriores y rellanarlas con el sofrito.

En una cazuela aparte, poner la mantequilla y sofreír la cebolla pequeña picada muy finamente, hasta que esté transparente, añadir la harina y luego, un poco de leche. Remover hasta que se haga una bechamel clarita. Rectificar de sal y cubrir con esta salsa las cebollas rellenas.

Asar en horno, previamente calentado unos 5 ó 10 min, a 160 °C durante 40 min.

Chirigol

Ingredientes

250 g de pimientos rojos • 250 g de berenjenas (optativo) • 250 g de cebollas • 250 g de calabacines • 250 g de tomates (optativo) • 200 g de patatas • 3 cs de aceite de oliva y sal

Elaboración

Limpiar y trocear las hortalizas y comenzar a freír escalonadamente en una sartén, después de sazonar.

En primer lugar se echa el pimiento; tras 5 min, la berenjena cortada a tiras y escurrida; unos minutos después se añadirá la cebolla y, por último, el calabacín y el tomate.

Las hortalizas no deben quedar muy hechas, para que mantengan su textura.

Por ultimo, añadir las patatas cortadas en rodajas finas y poner al fuego todo el conjunto en una sartén tapada durante unos minutos más.

Nota

Los puristas no admiten en este plato ni el tomate, ni las berenjenas, pero yo os lo dejo a vuestra elección. ¡Cómo son los radicales, señor!

Col a la catalana

Ingredientes

1 col • 2 kg de patatas • 100 g de salchichas • 100 g de tocino • ½ kg de tomates maduros • Sal • Azúcar y aceite

Elaboración

Hervir la col y las patatas en agua con sal durante por lo menos 20 min. Escurrir y pasar por el pasapurés. Freír en un poco de aceite las salchichas a rodajas y el tocino a trozos, añadir la mezcla de la col y patatas, y freír todo junto.

Aparte, hacer una salsa con los tomates con un poco de sal y azúcar, y verterla por encima de la col.

Se puede adornar con trozos de huevo duro.

Col estofada con butifarra

Ingredientes

1 col • 1 cebolla • 2 dientes de ajo • 1 pimiento rojo grande • 2 tomates • 150 g de tocino • 100 g de manteca de cerdo • 150 g de butifarra • 100 ml de vino blanco • Aceite y sal

Elaboración

Lavar y cortar la col en tiras finas, pelar y cortar los tomates a tacos y el pimiento en daditos. Picar la cebolla y el ajo.

Cortar el tocino a tacos y freír ligeramente en una cazuela con la manteca.

Incorporar el ajo y la cebolla, rehogarlo unos minutos y añadir el pimiento y los tomates. Cocer 5 min.

Añadir la col con el vino y salar. Tapar la cazuela y dejar cocer a fuego suave durante 15 min.

Cortar las butifarras en rodajas e incorporar a la cazuela. Dejar cocer otros 5 min más.

Coliflor

Ingredientes

1 coliflor grande en trozos • 1 diente de ajo • 1 ramita de perejil • 60 g de aceite • 3 dientes de ajo picados • 1 cc de pimentón dulce • 1 cs de vinagre • Sal y pimienta

Elaboración

Hervir agua con sal a borbotones, echar la coliflor y cocer a fuego vivo hasta que esté a punto, es decir, dependiendo del tamaño de los trozos de la coliflor, entre 5 y 15 min. Cortar el hervor con agua fría y poner a escurrir en una bandeja en el horno a fuego muy suave.

Machacar 1 diente de ajo en el mortero con una ramita de perejil y luego desleír con ½ taza del caldo de cocer la coliflor.
Entretanto, dorar en el aceite los ajos picados. Retirar la sartén del fuego, mezclar el pimentón, el vinagre y el majado del mortero, rociar sobre la coliflor y servir al momento.

Coliflor al queso de Treviso

Ingredientes

1 coliflor de 1 ½ kg • 40 g de mantequilla • ½ cebolla • 1 manzana reineta • 1 cs de harina • ½ l de leche • 150 g de queso picón de Treviso • Sal y pimienta

Elaboración

Quitar las hojas de la coliflor, cortar algo el tallo y cocerla entera durante 20 min en agua hirviendo con sal, a la que se habrá añadido 1 cs de harina para que la coliflor resulte mucho más blanca. Esto se puede hacer sin harina y queda igual. Más importante para la blancura es que la coliflor esté recién sacada de la huerta.
Una vez cocida, escurrirla bien. Fundir la mantequilla en una sartén, con cuidado de que no se queme, y rehogar la cebolla picada muy fina y la manzana rallada. Antes de que tomen color, rehogar encima la harina y verter la leche caliente para hacer una bechamel que se deja cocer durante 5 min aprox.
Añadir el queso en trocitos, mover sobre el fuego para que se deshaga por completo y salpimentar. Colocar la coliflor en una fuente de horno engrasada, verter por encima la salsa y gratinar en el horno a 230 °C sin que la superficie llegue a dorarse en exceso.

Coliflor con aguacates

Ingredientes

1 coliflor • 1 aguacate • Salsa bechamel • Queso rallado • 1 tomate • 1 diente de ajo • Aceite y sal

Elaboración

Cortar y limpiar la coliflor en ramilletes y cocer en abundante agua con sal durante 5 ó 10 min hasta que esté al dente. Escurrir y reservar en una fuente de horno.

Poner el aguacate troceado en la fuente y cubrirlo todo con bechamel. Añadir el queso rallado.

Seguidamente, gratinar en el horno durante 10 min.

Dorar en una sartén, con un poco de aceite, un ajo fileteado. Añadir el tomate, que habremos picado previamente, y sofreír todo junto 15 min a fuego suave.

Servir la coliflor gratinada y acompañada con la salsa de tomate.

Coliflor con jamón

Ingredientes

1 coliflor pequeña • 150 g de jamón serrano • 2 huevos • Harina • Salsa de tomate • 100 ml de leche • Aceite y sal

Elaboración

Partir y limpiar la coliflor en pequeños ramilletes. Ponerla a cocer en una cazuela con agua, leche y sal. Cuando esté al dente, escurrir.

Cortar por la mitad los ramilletes y, entre mitad y mitad, poner una loncha de jamón y pinchar con un palillo para que no se separe.

Después rebozar todo en harina y huevo. Poner a calentar aceite en una sartén y, cuando el aceite esté bien caliente, freír la coliflor rebozada.

Por último, en el fondo de la fuente donde vamos a colocar la coliflor frita, poner la salsa de tomate, y encima de esta, los ramilletes de coliflor. Terminar con algunas lonchas de jamón por encima.

Coliflor rebozada

Ingredientes

1 coliflor pequeña • 4 huevos duros • 3 huevos • 250 ml de caldo de pollo • Sal • Harina • Perejil picado y aceite

Elaboración

Limpiar y cortar la coliflor en ramilletes pequeños.
Cocer la coliflor con agua hirviendo con sal durante 10 min. Escurrir y reservar.
Rebozar los ramilletes de uno en uno con harina y huevo, y freírlos en aceite bien caliente.
En otra cazuela, con el caldo de gallina bastante caliente, poner la coliflor rebozada y rectificar de sal. Cocer durante 10 min.
Añadir los huevos cocidos picados y, antes de servir, espolvorear con perejil picado.

Endivias gratinadas

Ingredientes

8 endivias • 50 g de jamón serrano • 50 g de tocino • 4 cs de queso rallado • 1 cebolleta picada • 1 diente de ajo picado • 30 g de leche • ½ limón • 2 tomates pelados y picados • Perejil picado • 2 cs de aceite de oliva • 15 g de pan rallado y sal

Elaboración

Cocer las endivias en agua, sal y medio limón durante 8 min aprox. Escurrir y reservar.

En un bol, mezclar el jamón, el tocino, el queso rallado, la cebolleta, el tomate y un diente de ajo, todo ello bien picado. Agregar la leche y mezclar bien espolvoreando con el perejil picado.

Salsear en el fondo de la fuente parte de esta mezcla. Abrir las endibias por la mitad y colocarlas encima. Cubrir con el resto de la salsa, un chorrito de aceite y el pan rallado espolvoreado sobre las endivias. Gratinar en horno caliente durante 5 min.

Escalivada

Ingredientes

½ kg de berenjenas • ½ kg de pimientos rojos • ½ kg de cebollas • ½ kg de tomates • 100 g de aceite de oliva virgen extra • 4 dientes de ajo • 2 cs de perejil picado • Un pellizco de sal • Pimienta negra recién molida y vinagre

Elaboración

Calentar el horno a 175 °C. Colocar en una fuente de asar, junto con la mitad del aceite, las berenjenas, los pimientos, los tomates, las cebollas y 2 dientes de ajo. Asar durante 20 min. Pelar en caliente todas las verduras, cortarlas en tiras y añadir sus jugos, que son tan importantes como las propias verduras.

En un mortero, machacar el ajo asado, el perejil, la sal y la pimienta. Añadir a la mezcla el aceite restante y un chorrito de vinagre. Cuando esto forme una salsa, echarla por encima de las verduras. Picar en cuadritos pequeños los otros 2 dientes de ajo y repartirlos por encima.

Servir fría o caliente. Se puede acompañar de unas anchoas.

Espárragos a la andaluza

Ingredientes

100 g de aceite de oliva • 60 g de corteza de pan • 3 dientes de ajo • 3 manojos de espárragos verdes frescos • 4 pimientos rojos picados • Pimienta negra recién molida • Sal y comino

Elaboración

Calentar el aceite en una sartén, y freír el ajo y la corteza de pan hasta que se doren. Reservar.

Limpiar los espárragos y saltearlos ligeramente con los pimientos en el mismo aceite.

Colocar en una fuente de barro y añadir agua hasta cubrirlos. Salpimentar.

Machacar en un mortero el ajo, el pan y el comino hasta que formen una pasta uniforme.

Añadir la pasta a la fuente de barro y remover cuidando de que quede bien mezclado.

Cocer a fuego suave hasta que los espárragos estén tiernos. Por lo menos 15 min.

Espinacas a la catalana

Ingredientes

400 g de espinacas congeladas • 100 g de tocino magro picado • 80 g de piñones • 100 g de pasas remojadas • 2 dientes de ajo picados • Un poco de aceite y sal

Elaboración (para microondas)

Poner las espinacas en un recipiente apto para microondas y taparlas.

Meterlas al microondas 8 min a una potencia de 650 W.

Pasado este tiempo, separar con un tenedor los bloques de espinacas y conectar el microondas 5 min más.

En otro recipiente, poner el resto de los ingredientes: el aceite, los ajos, el tocino, los piñones y las pasas. Conectar 4 min más a la misma potencia.

Mezclar con las espinacas para que estas se impregnen del sofrito, sazonar y cocer todo 2 min más a una potencia de 650 W.

Si lo hacemos con espinacas frescas, se puede hacer igual pero bajando los tiempos de cocción a menos de la mitad.

Espinacas gratinadas

Ingredientes

400 g de espinacas • 100 g de queso rallado • 5 cs de salsa besamel espesa • 100 g de mantequilla • 1 cs de pan rallado • Sal y pimienta molida

Elaboración

Cocer las espinacas en agua hirviendo con sal 2 min.

Escurrir y ponerlas en una fuente de barro junto con la mitad de la mantequilla, sazonar y ponerlas a fuego vivo para que se sequen ligeramente.

Añadir la bechamel y parte del queso rallado, y remover. Cubrir con el resto del queso y pan rallado, rociar con la otra mitad de la mantequilla y gratinar en horno, previamente calentado unos 5 ó 10 min, con el grill al máximo.

Servir bien caliente en la misma fuente de barro.

Hongos salteados con tiras de cecina

Ingredientes

50 g de aceite • 2 dientes de ajo • 1 kg de hongos o setas o champiñones • 50 g de cecina y 4 yemas de huevo

Elaboración

Calentar el aceite y freír un diente de ajo fileteado. Añadir los hongos cortados en filetitos muy finos. Mezclarlos con tiras de cecina también muy finas. Saltear ligeramente y retirar del fuego. Añadir una yema de huevo en el centro de la cazuela y servir inmediatamente.

Judías verdes a la riojana

Ingredientes

1 kg de judías verdes • 2 pimientos rojos grandes • 3 pimientos verdes • 1 cebolla • 2 dientes de ajo • 1 tomate maduro • Aceite • Sal • 1 pastilla de caldo de carne • 150 ml de vino blanco y 150 ml de tomate frito

Elaboración

Limpiar las judías verdes y quitar las hebras y puntas.

Picar la cebolla, los ajos y el tomate, y ponerlos a freír en el aceite a fuego lento.

Cuando el sofrito esté un poco blandito, añadir los pimientos rojos y verdes, cortados en tiras no muy largas, y poner un poco de sal.

Una vez que el sofrito esté bien ligado, poner en la olla exprés junto con las judías verdes, la pastilla de caldo, el vino blanco, el tomate frito y la sal. Cubrir de agua y cerrar la olla. Cocer durante 10 min.

Judías verdes con espárragos

Ingredientes

1 kg de judías verdes • 8 espárragos gruesos (cocidos) • 2 dientes de ajo • Agua • Sal y aceite

Elaboración

Limpiar las judías verdes y quitar las hebras y puntas. Cocer al dente en abundante agua y sal (apenas 5 min). Una vez cocidas, reservar manteniéndolas calientes. Seguidamente, cortar los espárragos cocidos por la mitad y dorarlos en una plancha o sartén con un poco de aceite, con cuidado para que no se rompan, y colocarlos en una fuente.

Rehogar 2 min las judías verdes con el ajo en una sartén con aceite y poner por encima de los espárragos.

Servir caliente.

Judías verdes gratinadas

Ingredientes

1 kg de judías verdes • 100 g de queso rallado • 15 g de mantequilla • 250 g de mayonesa y sal

Elaboración

Lavar las judías verdes, quitando las hebras, y partirlas por la mitad.

Cocer en agua con sal durante 20 min. Escurrir.

Colocar las judías verdes en una bandeja de horno. Poner una capa gruesa de mayonesa y espolvorear con el queso.

Poner unos dados de mantequilla por encima y gratinar al horno durante 5 min. Servir.

Lombarda a la madrileña

Ingredientes

1 lombarda de 2 kg • 2 cebollas • 6 cs de aceite de oliva • 6 manzanas de reineta • 200 g de tocino entreverado • 1 vaso de agua • 1 cs de azúcar • 1 vaso de vinagre • Sal y pimienta

Elaboración

Lavar muy bien la lombarda con agua fría y, a continuación, cortarla en rodajas finas. Después, pelar y picar las cebollas en rodajitas muy finas también. Pelar, retirar las pepitas y cortar en cubos las manzanas. Cortar el tocino en dados que no sean muy gruesos.

Poner en el fondo de una cazuela engrasada una capa de lombarda, otra de cebolla y de manzana, y otra de tocino. Para terminar, espolvorear todo con azúcar, sal y pimienta. Repetir las capas hasta terminar.

Regar con agua caliente, tapar y dejar que se haga a fuego lento durante 1 hora aprox. Unos 20 min antes de finalizar la cocción, agregar el vinagre y rectificar el punto de sal.

También se puede hacer tapada en el horno durante un par de horas. Destapar, mover y, si fuera necesario, volver a tapar hasta que la lombarda se termine de cocer.

Menestra riojana

Ingredientes

½ kg de habas desgranadas • 200 g de guisantes también desgranados • 6 alcachofas cortadas en trozos • 50 g de tocino • 50 g de jamón magro • 2 huevos duros • 1 cebolla • 1 diente de ajo • 2 tomates grandes • 2 hojas de laurel • 1 vaso de vino clarete de La Rioja • Azafrán • Aceite o manteca • Sal y pimienta en grano

Elaboración

Hervir las habas, los guisantes y las alcachofas. Las primeras, si son muy tiernas, pueden freírse, apenas 2 min. Cocer en agua con sal los guisantes 2 min y las alcachofas cortadas en octavos (sin limón por favor) durante 5 min. Apartar hasta el momento de utilizarlas.

Rehogar en una cacerola con aceite la cebolla cortada menuda, el tocino y el jamón cortado en trozos. Añadir las hojas de laurel y dar a todo ello unas vueltas.
Echar a continuación el vino y, cuando se haya reducido bastante, añadir los tomates, previamente picados y sin semillas, removiendo bien con una cuchara de palo.
Incorporar entonces las habas, los guisantes y las alcachofas que teníamos ya cocidas, procurando que todo quede bien mezclado.
Majar en el mortero el ajo con unas hebras de azafrán y pimienta, diluir bien con un poco de agua y echarlo sobre el guiso. Debe cocer hasta que las verduras estén tiernas pero sin pasarse, para que no queden pastosas.
Servir en una fuente, adornándola con los huevos duros en rodajas.

Pencas de acelgas con gambas

Ingredientes

400 g de pencas de acelgas • 300 g de gambas • 2 dientes de ajo • 150 ml de vino blanco • Harina • Sal • Pimienta • Aceite • Agua y perejil picado

Elaboración

Pelar las gambas y hacer un caldo concentrado con las cáscaras y las cabezas. Rehogar las cabezas con un diente de ajo y algo de aceite, y agregar un poco de vino blanco. Dejar que reduzca y cubrir con 1 l de agua. Volver a reducir durante 30 min.
Después, limpiar las pencas de acelgas de pieles e hilos, y cocer en abundante agua con sal. Escurrir y reservar.
En una sartén, poner un poco de aceite y dorar los dientes de ajo fileteados previamente. Añadir un poquito de harina y rehogar bien. Echar el vino

blanco, las pencas, el caldo de las gambas, las gambas, el perejil picado y la pimienta molida.
Cocer 3 ó 4 min y servir.

Pimientos asados I

Ingredientes

6 pimientos rojos morrones grandes • Aceite de oliva • Agua • Azúcar y sal

Elaboración

En una placa de horno, colocar los pimientos untados con aceite y espolvorearlos con sal. Añadir un chorrito pequeño de agua. Hornear a 200 °C durante 20 min aprox. por cada lado. Pelar los pimientos en templado, retirando también las pepitas.
Y luego, lo mejor, hacer tres tiras de cada pimiento y dorarlas levemente con aceite en una sartén antiadherente con una pizca de sal y azúcar. Esto último es muy importante.

Pimientos asados II

Ingredientes

4 pimientos morrones rojos • 8 cs de aceite de oliva virgen • Una pizca de azúcar y sal en escamas

Elaboración

Lavar los pimientos y secarlos con un trapo. Colocarlos en una bandeja de horno y asarlos al horno a 200 °C, dándoles vueltas de vez en cuando para que no se quemen. Cuando estén asados, sacarlos (no te cortes, cuando los veas bien negros por fuera; recuerda que la piel los protege, por dentro estarán rojitos. Tampoco los tengas 3 h, simplemente cuando veas que después de darles vueltas se han quedado negros por toda la superficie) y dejarlos enfriar.

Ya fríos, pelarlos, desmenuzarlos en tiras y dejarlos en una fuente.

Sazonar y añadir una pizca de azúcar. Verter sobre ellos el aceite y servir.

Pimientos del piquillo con gambas al ajillo

Ingredientes

250 g de pimientos del piquillo en tiras • 200 g de gambas peladas • 2 dientes de ajo en láminas • 1 guindilla cayena • 6 cs de aceite de oliva y sal

Elaboración

En una sartén o cazuela de barro con aceite, cocer los pimientos a fuego lento durante 10 min aprox. Darles la vuelta de vez en cuando.

En otra sartén, freír los ajos en el aceite. Añadir las gambas y la guindilla, y saltear el conjunto a fuego fuerte.

Mezclar ambas elaboraciones y cocerlo a fuego suave durante 4 min meneándolo muy suavemente. Dar el punto de sal y servirlo en la cazuela de barro.

Pimientos del piquillo rellenos de atún

Ingredientes

16 pimientos del piquillo • 2 cebolletas • 1 pimiento verde • 2 dientes de ajo • 1 tomate • 340 g de atún en aceite • 2 pimientos morrones asados • 450 g de bechamel • 5 cs de aceite de oliva • 2 cs de leche • 1 cs de nata • Sal y pimienta

Elaboración

Picar de manera muy fina la cebolla, el pimiento verde, el ajo y el tomate.

Saltear el conjunto en una cazuela con aceite. Picar el atún de la misma manera, incorporarlo a la cazuela y rehogar durante unos minutos. Verter 200 g de bechamel, cocer durante 2 min. Si estuviese muy espeso añadir la leche. Salpimentar y dejar enfriar. Rellenar los pimientos del piquillo con esta mezcla.

Por otro lado, asar los pimientos morrones. Una vez asados, pelarlos y trocearlos. Mezclar estos con el resto de bechamel, pasar por la túrmix y colarlo.

Cubrir los pimientos con esta salsa y añadir un poco de nata si estuviese espesa. Cocerlos al horno, previamente calentado unos 5 ó 10 min, a 170 °C durante 10 min.

Probar de sal y servir.

Pimientos del piquillo rellenos de marisco

Ingredientes

16 pimientos del piquillo • 200 g de merluza (limpia de pieles y espinas) • 150 g de gambas peladas • 150 g de mejillones • 1 cebolla • 20 g de mantequilla • 1 cc de maicena • 100 g de leche • Sal • Pimienta • Harina • Huevo y aceite de oliva

Elaboración

Pelar y picar fina la cebolla. Rehogarla en aceite y mantequilla hasta que adquiera cierta coloración. Incorporar la harina y rehogarla junto con la cebolla. Agregar las gambas, los mejillones y la merluza previamente picada y desmenuzada, y mezclar bien. Añadir la leche y cocer el conjunto.

Una vez abiertos, retirar las cáscaras de los mejillones, picar su carne y agregarla a la mezcla. Salpimentar y verterlo sobre una fuente. Dejar enfriar.

Con la ayuda de una manga pastelera o una cuchara, rellenar los pimientos.

Rebozarlos pasándolos por harina y huevo. Freír en aceite.

Acompañarlo si se quiere con una salsa de tomate casera.

Nota

¡Ojo con la sal! Al abrirse los mejillones sueltan caldo salado.

Pimientos del piquillo rellenos de pescado

Ingredientes

16 pimientos del piquillo • 6 pimientos para la salsa • 250 g de merluza • 1 cebolleta • 1 zanahoria • 1 puerro pequeño • 200 g de gambas peladas • 40 g de harina • 50 g de mantequilla • 500 g de leche • 1 cebolla • 60 g de vino blanco • Harina • Huevo • Aceite y 50 g de nata líquida

Elaboración

Pochar la cebolla cortada muy fina con la mantequilla y el aceite. Dejar pochar hasta que vaya adquiriendo color.

Cocer la merluza en agua con un poco de sal junto con la zanahoria, el puerro y la cebolleta. Ya cocida, reservar el agua de cocción y desmenuzar la merluza. Cortar las gambas en trozos pequeños.

Una vez pochada la cebolla, saltear la merluza y las gambas a fuego vivo, agregar el vino blanco y dejar reducir. Añadir la harina y rehogar bien. Verter la leche y mezclar bien con cuidado de que no queden grumos. Si quedase muy espesa, añadir un poco de caldo de pescado. Dar un buen hervor y sazonar. Dejar enfriar en una fuente.

Rellenar los pimientos, y pasarlos por harina y huevo batido. Freírlos en aceite. Reservar.

Hacer la salsa triturando el resto de los pimientos con el caldo de pescado. Sazonar, agregar la nata y hervir el conjunto.

Colocar los pimientos rellenos acompañados de la salsa en una cazuela. Hervir a fuego medio durante 5 min y servir.

Pimientos rellenos de rabo

Ingredientes

2 rabos de ternera • 1 tomate maduro • 2 zanahorias • 1 puerro • 1 lata de pimientos del piquillo • 2 dientes de ajo • 2 cebolletas • 1 pimiento verde • 1 cs de harina • Aceite • Agua y sal

Elaboración

Limpiar bien los rabos y cortarlos en trozos. Cocerlos cubiertos de agua con las verduras (tomate, zanahoria y puerro) y un poco de sal durante 3 h, ó 30 min en olla a presión (me chiva la parienta).

Una vez esté cocido, retirar la carne de los huesos y mezclarla con las verduras de la cocción previamente picadas. Reservar el caldo de cocción del rabo.

Rellenar los pimientos con la carne y la verdura, y reservarlos.

Picar muy fino un diente de ajo, las cebolletas y el pimiento verde, y rehogar bien en aceite. Añadir la harina y, después, el caldo de la cocción del rabo.

Colocar los pimientos y cubrirlos ligeramente con esta salsa. Cocer el conjunto durante 10 min.

Sazonar y servir.

Pimientos rojos rellenos de carne

Ingredientes

12 pimientos del piquillo en aceite • 2 dientes de ajo • 1 cebolla • 1 pimiento verde • 4 cs de aceite de oliva • 400 g de carne picada de cerdo • 3 huevos • 1 cs de pan rallado • Sal y pimienta

Elaboración

Cortar fino los ajos, los pimientos verdes y la cebolla. Pocharlos bien en aceite en una sartén. Cuando ya estén, añadir la carne picada, salpimentar y rehogar durante 3 ó 4 min.

Batir los huevos y añadirlos al rehogado junto con el pan rallado, ya fuera del fuego. Mezclar todo para crear la farsa de relleno de los pimientos.
Rellenar los pimientos, untarlos con aceite y colocarlos en una fuente de horno.
Cocerlos durante 5 min al horno, previamente calentado unos 5 ó 10 min, a 180 °C y presentarlos acompañados de una salsa de tomate.

Pimientos verdes rellenos de arroz y jamón

Ingredientes
4 pimientos verdes vacíos y limpios • 1 cebolla picada fina • 50 g de jamón en dados • 1 diente de ajo picado • 3 cs de salsa de tomate • 6 cs de aceite de oliva • 90 g de arroz • 400 g de caldo de carne • Sal y pimienta

Elaboración
En una cazuela con aceite, pochar la cebolla junto con el ajo y el jamón. Una vez esté bien pochado el conjunto, incorporar la salsa de tomate y sofreírlo todo junto.
Añadir el arroz, rehogarlo, echar el caldo y cocer durante 14 min aprox. Dejar reposar 5 min (ha de estar jugoso). Salpimentar
Asar ligeramente los pimientos durante 6 min a 190 °C.
Rellenar los pimientos e introducirlos de nuevo al horno durante 2 ó 3 min.
Servirlos, si se quiere, acompañados por una salsa de tomate.

Pisto

Ingredientes
5 cs de aceite • 3 dientes de ajo • 3 hojas de albahaca • 1 apio • 1 cebolla • 3 patatas • Una pizca de pimienta negra molida • 1 pimiento rojo • 1 puerro • 200 g de tomates maduros • 1 ramito de tomillo y 3 zanahorias

Elaboración

Calentar 1 cs de aceite de oliva en una cazuela y echar la cebolla, el puerro y el tomillo. Sofreír hasta que la cebolla empiece a tomar color. Añadir el apio cortado en rodajas, las patatas cortadas en dados, los tomates pelados y cortados, y las zanahorias y el pimiento. Dejar cocer a fuego muy lento hasta que las verduras estén tiernas.

Condimentar con pimienta negra y albahaca, y corregir de sal.

Hay quien le echa 1 l de agua para cocer el conjunto. Esto es un poco crimen, de verdad.

Pisto manchego

Ingredientes

4 tomates pelados • 2 cebolletas • 2 calabacines • 2 dientes de ajo • Aceite • Sal y perejil picado

Elaboración

Lavar, pelar y trocear los tomates. Después, trocear las dos cebolletas frescas. Picar finamente los dos dientes de ajo. Cortar los calabacines en cuadrados pequeños.

Seguidamente, poner estas verduras en una cazuela al fuego con un chorro de aceite y sazonar. Cocer todo a fuego lento durante 25 min; agregar un chorrito de agua en caso necesario.

Espolvorear perejil picado y añadir un chorrito de aceite de oliva por encima. Servir bien caliente.

Puerros con bechamel

Ingredientes

6 pimientos verdes medianos • 16 puerros • 1 cs de queso rallado • ½ l de bechamel • Sal y aceite

Elaboración

Limpiar bien los puerros y ponerlos a cocer en agua hirviendo con sal durante 15 min. Cuando estén cocidos, escurrirlos y reservarlos.

Limpiar y cortar en aros los pimientos verdes. Seguidamente, echar un chorro de aceite en la sartén y, cuando esté caliente, freír los pimientos. A continuación, escurrirlos y colocarlos en una fuente resistente al calor.

Por último, poner encima los puerros y cubrirlos con la bechamel.

Espolvorear con queso rallado y poner a gratinar en el horno durante 5 min.

Repollo a la vasca

Ingredientes

1 repollo blanco tierno • ½ l de leche • 2 pastillas de caldo de carne • 3 cs de aceite de oliva • ¼ kg de cebollas picadas gruesas • 250 g de tomate • 50 g de aceitunas negras • 50 g de aceitunas verdes y sal

Elaboración

Separar las hojas del repollo, lavarlo, secarlo y cortarlo en juliana. Ponerlo en una cacerola grande con leche y hervir. Añadir las pastillas de caldo y cocinar a fuego lento hasta que esté al dente. Escurrirlo y mantenerlo en calor.

Rehogar en el aceite las cebollas, agregar los tomates picados y cocinar 5 min; luego, incorporar las aceitunas y el repollo escurrido.

Sazonar con sal, guisar todo junto 2 min y servir bien caliente.

Verduras a la plancha

Ingredientes

2 alcachofas • 1 berenjena mediana • 1 calabacín mediano • 1 pimiento rojo mediano • 8 espárragos trigueros • 150 g de champiñones • 150 g de setas • Aceite y sal gorda

Elaboración

Cortar en rodajas la berenjena, el calabacín y las alcachofas. Hacer tiras del pimiento rojo, y quitar el pie a los champiñones y las setas. Colocar todo en la plancha junto con los espárragos, sazonar y añadir un chorrito de aceite de oliva.

Remover las verduras una y otra vez cada poco tiempo hasta que estén doradas. Terminar con sal gorda por encima de las verduras. Servir inmediatamente.

Verduras rellenas de salmón

Ingredientes

200 g de salmón fresco • 4 cebollas pequeñas • 2 calabacines medianos • 4 hebras de azafrán • 1 cs de harina • ½ diente de ajo • 200 g de caldo de pescado • 8 cs de aceite de oliva • Sal y pimienta

Elaboración

Partir los calabacines en tres y vaciarlos, dejando una base. Pelar las cebollas, cortarlas por la mitad y vaciarlas.

Saltear las cebollas durante 2 min y luego añadir los calabacines 1 min más. Reservar.

Limpiar el salmón de piel y espinas, y cortarlo en tacos.

Pica rel ajo y la cebolla del vaciado y pocharla con aceite; a media cocción, agregar la carne del calabacín picada y el azafrán. Añadir la harina y el caldo de pescado. Hervir el conjunto hasta conseguir una masa espesa y fina.

Añadir el salmón y hervir los ingredientes durante dos minutos. Salpimentar. Con esta mezcla, rellenar los calabacines y las cebollas hasta el borde.

Meter en el horno, previamente calentado unos 5 ó 10 min, a 160 °C durante 30 min.

Presentar las verduras con una rica salsa de tomate.

SAL
SAS

Adobo para chuletillas

Ingredientes

1 kg de chuletillas de cordero • 12 cs o cc de aceite • 3 dientes de ajo • Sal y perejil

Elaboración

Mezclar en un vaso de batidora, el aceite, la sal, el perejil y los ajos. Triturar bien y untar las chuletitas de cordero o cerdo con este adobo.

Dejar macerar en frío durante 3 h.

Poner en el fuego una plancha y, cuando esté bien caliente, colocar las chuletillas un poco escurridas del adobo.

Este adobo se puede utilizar para todo tipo de carnes.

Alioli I

Ingredientes

4 dientes de ajo • 125 g de aceite de oliva • 2 cc de vinagre de vino blanco o limón y sal

Elaboración

Machacar en un mortero los ajos con la sal. Añadir el aceite en forma de hilo, muy despacio y sin dejar de remover, hasta formar una masa uniforme. Aderezar con el vinagre o, si se prefiere, añadir unas gotas de limón.

No desesperéis, al principio no es fácil. Es cuestión de un poco de maña.

Alioli II

Ingredientes

1 huevo • 1 diente de ajo • 120 g de aceite de oliva virgen extra y sal

Elaboración

En el vaso de una batidora introducir un huevo y el diente de ajo. Triturar a conciencia e ir añadiendo el aceite poco a poco. Triturar el conjunto durante ½ min. Sazonar.

Alioli III

Ingredientes

1 diente de ajo • 1 yema de huevo • 120 g de aceite de oliva y sal

Elaboración

Trocear el diente de ajo y majarlo en el mortero hasta que quede una pasta. Incorporar la yema de huevo y continuar majando hasta que quede totalmente uniforme.

Ir añadiendo poco a poco el aceite según va ligando.

En el último momento, sazonar y servir.

Bechamel I

Ingredientes

60 g de mantequilla • 4 cs de harina • 500 g de leche • Sal y pimienta

Elaboración

En una cazuela, fundir la mantequilla y añadir la harina. Rehogar bien e ir agregando la leche poco a poco, removiendo con una varilla con cuidado de no formar grumos. Cocer durante 10 min a fuego lento sin dejar de remover. Salpimentar.

Bechamel II

Ingredientes

100 g de harina • 100 g de mantequilla • 1 l de leche caliente • Sal y pimienta

Elaboración

Calentar en un cazo a fuego suave la mantequilla y, cuando esté derretida, añadir la harina. Mezclar bien para que no queden grumos. A continuación, incorporar poco a poco la leche caliente sin dejar de mover. Dejar cocer a fuego lento unos 15 min, teniendo cuidado de que no se pegue. Salpimentar.

Bechamel en el microondas

Ingredientes

250 g de leche • 2 cs de harina • 20 g de mantequilla • Un poquito de nuez moscada • Sal y pimienta

Elaboración

Mezclar bien un poco de leche y la harina. Incorporar el resto de la leche y la nuez moscada.

Poner en el microondas a cocer durante 2 ½ min aprox. Sacar del microondas y remover bien. Repetir el paso de la misma manera durante el mismo tiempo. Pasado este tiempo, si consideramos que la consistencia es buena, añadir la mantequilla mezclándolo en el conjunto.

Salpimentar.

Fumet de pescado

Ingredientes

1 kg de espinas y cabezas de pescado • 1 cebolla • 1 puerro • 1 rama de perejil • 2 l de agua y sal

Elaboración

Colocar las espinas y las cabezas en una cazuela con agua. Incorporar también a la cazuela la cebolla, el puerro y el perejil. Hervir y retirar las impurezas de la superficie del caldo. Dejar cocer 15 min. Colar y sazonar.

Macerar y marinar

Ingredientes de marinada para carne o caza

½ l de vino tinto • ½ cebolla • 1 zanahoria • Una pizca de tomillo • 4 cc de vinagre • 1 hoja de laurel • 5 granos de pimienta y sal

Ingredientes de marinada para pescados

Unas gotas de limón • Vinagre • Aceite de oliva y sal

Elaboración

La maceración se aplica especialmente a frutas (principalmente en licor); cuando se realiza con carnes o pescados, se habla de marinar.

Existen multitud de variantes de marinadas; estas son dos ejemplos para carnes y pescados.

Preparar la mezcla de los ingredientes en una fuente plana de tal forma que el líquido cubra el alimento. El tiempo de maceración dependerá del tipo de producto. Por ejemplo, un conejo se macera en unas 12 h, y un lomo de bonito, durante al menos 4 h, aunque también es verdad que estos tiempos pueden variar mucho. La maceración se mantiene en el frigorífico.

Mojo de cilantro y cominos

Ingredientes

1 cabeza de ajos • Pimienta verde • 3 cs de vinagre • 12 cs de aceite de oliva • 1 cs de cominos • 1 cs de cilantro y sal gorda

Elaboración

Hacer un majado con los ajos, la pimienta, los cominos, el cilantro y la sal gorda.

Finalmente, añadir el aceite y el vinagre lentamente.

Conservarlo en un lugar fresco o en la nevera.

Este mojo acompaña bien a los pescados, preparados de cualquier forma.

Mojo de perejil

Ingredientes

3 dientes de ajo • 2 cs de vinagre • 6 cs de aceite • 6 cs de agua • 1 cc de azúcar • 1 cs de comino • 3 cs de perejil y sal gorda

Elaboración

Hacer un majado con los ajos, el perejil, los cominos y la sal gorda.

Finalmente, añadir el vinagre, el aceite, el azúcar y el agua. Mezclarlo bien y conservarlo tapado en la nevera.

Mojo de queso fresco

Ingredientes

100 g de queso fresco • 30 g de cebolla • ½ tomate rojo maduro • 1 pimiento rojo • 3 dientes de ajo • Una pizca de pimienta molida • Una pizca de orégano • Tomillo • Laurel • Aceite y sal

Elaboración

Triturar todo, menos el aceite, hasta conseguir una pasta.

Añadir el aceite, poco a poco, como si fuera para una mayonesa, hasta conseguir que quede todo bien ligado y espeso.

Mojo de tomates asados

Ingredientes

8 dientes de ajo • 2 tomates • 100 g de aceite • 40 g de vinagre • 50 g de agua • 1 cc de azúcar • ½ cc de cominos y sal gorda

Elaboración

En un mortero, majar los ajos y los cominos con la sal.

Asar los tomates durante 1 h a 150 °C y limpiarlos de piel y pepitas. Añadirlos al majado junto con el aceite, el vinagre, el azúcar y el agua. Mezclarlo bien hasta que esté todo bien unido.

Conservar en la nevera.

Este mojo acompañará muy bien a los pescados y a las patatas arrugadas.

Mojo de vino

Ingredientes

1 cabeza de ajos • 1 pimienta de cayena • 60 g de vino blanco • 50 g de aceite • 10 g de vinagre • 50 g de miga de pan • 1 cc de orégano y sal gorda

Elaboración

En un mortero, majar los ajos, el orégano y la pimienta de cayena. Emborrachar la miga de pan con el vino y añadirlo al majado.

Mezclar a conciencia y agregar el aceite, el vinagre y la sal. Remover hasta que todo esté bien unido.

Este mojo lo utilizaremos cuando guisemos pescado, incorporándolo antes de terminar su hervor.

Nota

Este mojo se utiliza con pescados grasos: atún, salmón…

Mojo picón I

Ingredientes

8 cs de aceite de oliva • 1 cabeza de ajo machacado • 4 cayenas o guindillas • ½ cc de cilantro en grano un poco verde y majado • 1 cs de cominos molidos • 50 g de agua • 2 cc de pimentón • 6 cs de vinagre y una pizca de sal

Elaboración

Majar bien los ajos con las guindillas, el pimentón y los cominos. Añadir el resto de los ingredientes hasta formar una pasta espesa. Si vemos que nos queda un poco ligera, agregar un poco de miga de pan para que quede ligada. Ideal para acompañar las papas arrugadas canarias.

Mojo picón II

Ingredientes

1 cs de cominos • 4 dientes de ajo • 1 guindilla seca o pimienta colorada • 1 cs de pimentón • 2 cs de aceite de oliva • 2 cs de vinagre • Sal y agua

Elaboración

Majar en un mortero los cominos, los dientes de ajo, la guindilla y la sal.

Una vez bien majado, añadir el pimentón (picante si se quiere más picón). Mezclar a conciencia y agregar el aceite sin dejar de revolver.

Cuando todo esté bien unido, agregar el vinagre y un poco de agua (según lo fuerte que se quiera).

Continuar revolviendo hasta obtener una consistencia uniforme.

Mojo picón canario

Ingredientes

1 cabeza de ajos • 20 cs de aceite de oliva • 3 cs de vinagre • 3 pimientas de cayena • 1 cs de pimentón picante • 1 cc de cominos y sal gorda

Elaboración

En un mortero, hacer un majado con los ajos, los cominos, las pimientas limpias de pepitas y la sal.

Añadir el pimentón y, por último, el aceite y el vinagre.

Formar una pasta ligera o espesa, al gusto.

Conservar en frío.

Este mojo acompaña muy bien los asados de carne.

Mojo rojo

Ingredientes

2 pimientos choriceros • 2 dientes de ajo • Un trozo de pan frito • Pimienta en grano • Agua • Aceite • Sal y vinagre

Elaboración

Poner los pimientos y la pimienta en remojo. Después, machacarlos bien junto con el ajo y la sal. Añadir el pan frito, el aceite y el vinagre.

Mojo verde I

Ingredientes

1 cs de cilantro • 1 cc de pimienta verde • 3 dientes de ajo • 100 g de agua • 100 g de aceite • 2 cs de vinagre y sal

Elaboración

Machacar el cilantro con la pimienta verde, los ajos y la sal.

A continuación, añadir el agua, el aceite y el vinagre al gusto.

Mojo verde II

Ingredientes

1 cc de cominos • 4 dientes de ajo • Cilantro • 1 cs de puré de espinacas • 3 cs de aceite de oliva. • 3 cs de vinagre • Sal y agua

Elaboración

Majar en un mortero los cominos, los dientes de ajo, el cilantro y la sal. Cuando esté bien majado, agregar las espinacas. Mezclar todo muy bien y echar el aceite sin dejar de revolver.

Añadir el vinagre y un poco de agua (según lo fuerte que se quiera).

Continuar revolviendo hasta obtener una consistencia uniforme.

Piperrada

Ingredientes

2 tomates maduros • 2 pimientos verdes • 1 pimiento morrón • 1 pimiento choricero • 1 cebolla • 2 dientes de ajo • 1 cc de azúcar • 3 cs de aceite de oliva • Sal y pimienta negra

Elaboración

En una cazuela con aceite, poner el ajo y la cebolla picada, y dejar que se dore. Agregar los pimientos, previamente asados en horno a 190 °C durante 30 min, retirada la piel y cortados en tiras. Dejar pochar.

Agregar el tomate en trozos sin piel y el pimiento choricero, previamente escaldado en agua y pelado.

Por último, dejar cocer el conjunto durante 20 min a fuego suave. Salpimentar y agregar el azúcar.

Utilizar para acompañar cualquier guiso, o carne o pescado a la plancha.

Pipirrana

Ingredientes

2 tomates maduros grandes • 1 pepino mediano • 1 pimiento verde mediano • 1 cebolla pequeña (40 g) • 6 cs de aceite de oliva • Vinagre • Pimienta molida y sal

Elaboración

Cortar los tomates y el pimiento, pelar la cebolla y el pepino, y picar las 4 hortalizas a conciencia. Aliñar con el vinagre, la sal, la pimienta y el aceite. Dejar macerar ½ h más o menos en sitio fresco y servir.

No se debe preparar con mucha anticipación, pues el tomate suelta mucha agua.

Se suele utilizar para cubrir el pescado o el marisco. Para acompañar la carne, se sirve en un bol de cristal aparte. También se puede simplemente comer con cuchara, tipo ensalada picada

En algunos sitios se dedican a untar pan en esta salsa... genial idea.

Salsa base

Ingredientes

100 g de harina • 100 g de mantequilla • 1 l de caldo de ave, carne, pescado o verduras • Sal y pimienta

Elaboración

Para prepararla, proceder de la misma manera que un salsa bechamel. Simplemente hay que sustituir la leche por caldo.

Si se deja reducir lo suficiente, es buena incluso para hacer croquetas.

Salsa brava

Ingredientes

10 granos de pimienta • 1 cs de pimentón picante • 60 g de vinagre • 6 dientes de ajo • 100 g de aceite de oliva • 150 g de salsa de tomate frito • 2 cc de comino molido • 1 cs de salsa de tabasco • 1 cc de orégano • 2 pimientas de cayena picantes • Sal y pimienta

Elaboración

Freír en una sartén con aceite de oliva los ajos cortados en filetes, y verter sobre el refrito el resto de los ingredientes. Calentar y triturar el conjunto hasta conseguir una salsa lo mas homogénea posible.
Salpimentar.

Salsa chimichurri

Ingredientes

½ pimiento rojo • 70 g de vino • 1 cs de vinagre de jerez • 1 cebolleta • 1 diente de ajo picado • 1 cc de pimentón dulce • 1 cc de pimentón picante • ½ hoja de laurel • Pizca de orégano • 100 g de aceite de oliva • Sal y pimienta

Elaboración

Cortar la cebolla y el pimiento muy finos, y rehogarlos en aceite junto con el ajo. Agregar el resto de los ingredientes y saltear bien el conjunto. Salpimentar y dejar reposar.
Servir fría. Es idónea para acompañar carnes asadas.

Salsa de cabrales

Ingredientes

100 g de queso de cabrales • 125 g de sidra • 150 g de nata • Sal y pimienta negra

Elaboración

Machacar el cabrales, ponerlo a calentar levemente al fuego en una sartén y añadirle un chorrito de sidra. Remover con unas varillas hasta que el queso esté disuelto. Agregar un buen chorro de nata, mezclar y dejar reducir hasta que la salsa tenga la consistencia deseada. Salpimentar al gusto y servir.

Se pueden triturar todos los ingredientes en frío simplemente; el resultado es parecido.

Salsa de vino de jerez y champiñones

Ingredientes

125 g de champiñones • 3 cs de aceite de oliva • 60 g de mantequilla • 1 cs de harina • 50 g de vino de jerez • 1 cs de perejil picado • 200 g de caldo de ave • Sal y pimienta

Elaboración

Limpiar los champiñones y cortarlos en cuartos. Rehogarlos con la mitad del aceite a fuego lento durante 12 min. Salpimentar y reservar.

En una sartén, poner a calentar el resto del aceite y la mantequilla. Agregar la harina y dorar el conjunto ligeramente. Verter el vino de jerez y el caldo sin dejar de mover. Dejar cocer durante 8 min a fuego medio. Añadir los champiñones con todo su jugo y hervir el conjunto. Probar de sal, espolvorear con perejil y servir.

Salsa de tomate clásica

Ingredientes

1 kg de tomates maduros • 3 cs de aceite de oliva • 1 cc de azúcar • 2 cebollas pequeñas • Sal y pimienta

Elaboración

Picar las cebollas y rehogarlas en una cazuela con aceite. Cuando estén cocidas y adquieran color, incorporar los tomates troceados y rehogar bien. Cocer durante 10 min, sazonar y añadir el azúcar. Pasar por un pasapurés. Volver a hervir la salsa y salpimentarla.

Lo dicho: un clásico, que si se hace como Dios manda, es un auténtico comodín.

Salsa de tomate I

Ingredientes

1 cebolla • 1 pimiento verde • 2 dientes de ajo • 5 tomates maduros • 5 cs de aceite de oliva • Sal • Azúcar

Elaboración

En una sartén con aceite, rehogar bien la cebolla, los ajos y el pimiento. Cuando estén cocidos y ligeramente colorados, incorporar los tomates troceados. Sazonar ligeramente.

Dejar el conjunto a fuego medio durante 25 min. Pasar por un pasapurés, rectificar de sal y dar el punto de azúcar si fuese necesario.

Salsa de tomate II

Ingredientes

2 kg de tomates maduros • 2 dientes de ajo • 3 cebollas • 5 cs de aceite de oliva • Sal • Pimienta y azúcar

Elaboración

Limpiar y picar las cebollas y los ajos. Pochar en una sartén con el aceite. Cuando estén ligeramente dorados, añadir los tomates troceados, salpimentar y dar un toque de azúcar.

Dejar cocer a fuego lento unos 40 min y pasar por el pasapurés.

Salsa de vino blanco

Ingredientes

1 cebolla • 1 cs de harina • 3 cs de aceite • 2 tomates • 100 g de vino blanco • 250 g de caldo de carne • Sal y pimienta

Elaboración

Picar la cebolla y rehogarla en aceite. Cuando adquiera color, añadir la harina y remover bien. Agregar los tomates troceados, pelados y sin semillas. Incorporar el vino y reducirlo a la mitad. Verter el caldo y dejar cocer 10 min. Pasar por un pasapurés o, en su defecto, por una túrmix. Colar y salpimentar.

Salsa de vino tinto

Ingredientes

½ l de vino tinto • 100 g de caldo de ave • 2 cs de aceite de oliva • 1 cebolleta • 1 cs de fécula de patata • 2 cs de salsa de tomate • Sal y pimienta

Elaboración

Poner en un cazo el vino y reducirlo a la mitad a fuego lento.

Picar la cebolleta fina y rehogarla en una sartén con aceite. Incorporar la salsa de tomate y sofreír. Añadir el caldo y, a continuación, el vino reducido. Hervir a fuego lento durante 5 min. Dar textura a la salsa diluyendo la fécula en agua. Si se quiere, se puede colar la salsa pasándola por un chino. Salpimentar y servir.

Salsa española

Ingredientes

1 l de caldo de carne • 1 cebolla grande • 50 g de coñac • 30 g de harina • 1 hueso de jamón • 1 hoja de laurel • 40 g de manteca de cerdo

• 1 cc de perejil picado • ½ cc de pimienta en grano • Sal • 2 tomates maduros • ½ cc de tomillo • 150 g de vino blanco seco y 2 zanahorias

Elaboración

Calentar la manteca y rehogar en ella la harina.

Condimentar con el tomillo, la hoja de laurel, el perejil, la sal y los granos de pimienta.

Cuando la manteca comience a dorarse, agregar la cebolla, las zanahorias y los tomates, todo pelado y cortadito. Por último, incorporar el jamón, el vino, el coñac y el caldo.

Cocinar a fuego suave durante casi 2 h, retirando de vez en cuando la espuma que se forme en la superficie.

Finalmente, colar y servir.

Salsa holandesa

Ingredientes

3 yemas de huevo • ½ limón • 250 g de mantequilla y sal

Elaboración

Fundir la mantequilla en un cazo y esperar a que se temple. Reservar.

Batir las yemas de huevo en otro recipiente sobre fuego muy moderado. Cuando estén bien batidas, agregar poco a poco la mantequilla fundida y templada, mezclando con cuidado, todo al abrigo del calor y sin dejar de remover hasta que emulsione.

Por último, agregar un chorro de zumo de limón y poner el punto de sal.

Salsa mayonesa clásica

Ingredientes

2 yemas • ½ l de aceite de girasol u oliva • 2 cs de vinagre o zumo de limón y sal

Elaboración

Con la ayuda de una batidora o, en su defecto, una varilla, ir mezclado las yemas, ligeramente sazonadas, con el aceite; añadirlo en forma de hilo según lo vayan absorbiendo las yemas. Dar el punto de sal y vinagre.

Salsa mayonesa I

Ingredientes

¼ l de aceite de oliva • ¼ l de aceite de girasol • 2 cs de zumo de limón o vinagre • 2 huevos y una pizca de sal

Elaboración

Echar los huevos, añadir el vinagre, la sal y el aceite de oliva en abundancia. Batir con la batidora, poniéndola en el fondo del recipiente, e ir subiendo poco a poco. En apenas un par de movimientos la salsa habrá ligado completamente.

Para mí, la mejor versión es la que lleva zumo de limón.

Salsa mayonesa II

Ingredientes

200 g de aceite de girasol • 1 huevo • El zumo de ¼ de limón y una pizca de sal

Elaboración

Poner en el vaso de la batidora todos los ingredientes a temperatura ambiente por este orden: primero los huevos, después la sal, a continuación el vinagre o limón y, por último, el aceite. Meter el brazo de la batidora en el fondo e ir subiendo y bajando despacio hasta que espese.

Esta operación dura apenas unos segundos.

Salsa romesco

Ingredientes

2 dientes de ajo • 2 pimientos choriceros • 1 tomate bien maduro • 30 g de miga de pan • 2 cs de aceite de oliva • 1 cs de vinagre • 1 trocito de guindilla • Sal • Pimienta molida y agua

Elaboración

Dejar los pimientos en remojo en agua fresca la víspera por la noche.

Al ir a hacer la salsa, poner la miga de pan en una taza con un poco de agua templada para remojarla.

Aparte, en un mortero, machacar los dientes de ajo con un poco de sal para que no se escurran. Abrir los pimientos y quitarles la simiente con una cuchara. Raspar la carne y añadirla al mortero, así como el trocito de guindilla.

Machacar el conjunto y agregar el tomate, pelado, cortado en trozos y sin simientes. Incorporar la miga de pan, escurrida de su agua (apretándola levemente con la mano), e ir vertiendo poco a poco el aceite y el vinagre hasta lograr una crema.

Pasar por el pasapurés. Dar el punto de sal y pimienta molida, y dejar macerar en sitio fresco unas 3 h.

Salsa salmorreta alicantina

Ingredientes

1 tomate maduro • 2 dientes de ajo • 100 g de cebolla • 1 cs de perejil picado • 2 cs de vinagre • 60 g de aceite • Un trocito de guindilla • Una pizca de pimienta y sal

Elaboración

Asar el tomate a la plancha, pelarlo y quitarle las semillas. Pelar la cebolla y los ajos, y picar ambos muy finos. Hacer una majada en el mortero con un trocito de guindilla, el perejil y los ajos. Añadir el tomate y seguir majando.
Agregar el aceite en hililllo fino, removiendo sin parar hasta que se absorba. Incorporar a continuación el vinagre y la pizca de pimienta y, por último, la sal.
Ideal para añadir en el último momento a una preparación de arroz.

Salsa tártara

Ingredientes

200 g de mayonesa • 2 yemas de huevo duro picadas • 1 cs de mostaza • 2 pepinillos en vinagre picados • 2 cs de alcaparras en vinagre picadas • Perifollo • Estragón muy picado y perejil picado

Elaboración

Mezclar todos los ingredientes hasta obtener una masa homogénea (con tropiezos), y fina.
Esta salsa es ideal para acompañar carnes y pescados al horno o a la parrilla. También va muy bien con algún entrante elaborado a base de marisco, o con verduras a la plancha.

Salsa verde

Ingredientes

Perejil picado • 2 dientes de ajo • 1 cs de aceite de oliva • 1 cc de harina • 150 g de agua y sal

Elaboración

Para preparar la salsa verde, dorar en una cazuela con un poco de aceite el ajo en láminas. Sazonar y, una vez pochado, añadir la harina y rehogar. A

continuación, agregar el agua poco a poco y abundante perejil picado. Mezclarlo todo bien hasta que la salsa engorde (poner más o menos agua para conseguir la textura deseada). Dejar que reduzca 2 min.
Si se añade algún recorte de pescado, mejora el sabor. Si son almejas, ni te cuento. Incluso, algo de vino blanco: lo deja distinto, pero no mal.
Una vez hecha, disponer encima el pescado o marisco.

Salsa vinagreta I

Ingredientes

5 cs de aceite de oliva • 1 cs de vinagre y sal

Elaboración

Mezclar en un recipiente el aceite, el vinagre y la sal hasta obtener una mezcla homogénea. Las cantidades indicadas se pueden aumentar, pero manteniendo más o menos la misma proporción.
Una vez realizada esta vinagreta básica, se pueden añadir otros ingredientes, siempre finamente picados, como por ejemplo, clara de huevo cocida, alcaparras, mostaza en grano, coriandro, etc.
La vinagreta admite otros muchos ingredientes que dependen del gusto y la imaginación de cada uno.

Salsa vinagreta II

Ingredientes

6 cs de aceite de oliva • 2 cs de tomate pelado y picado fino • 2 cs de vinagre • 1 pellizco de sal • 1 cs de cebolla picada fina

Elaboración

Batir enérgicamente el aceite con el vinagre e incorporar después el resto de los ingredientes. Preparar en el momento de servirla.
Servir muy fría.

Salsa vinagreta base

Ingredientes

1 tomate maduro • 1 cebolleta • ½ pimiento verde • 2 pepinillos en vinagre • 1 huevo cocido • 10 cs de aceite de oliva • 5 cs de vinagre • Perejil y sal

Elaboración

Picar muy fino el tomate, la cebolleta, el pimiento verde, los pepinillos y el huevo.

Mezclar todo ello en un bol. Añadir el aceite y el vinagre. Dar el punto de sal y espolvorear con perejil picado.

Ideal para pescados y mariscos.

Salsa vinagreta de cogollos

Ingredientes

1 cogollo de Tudela • 1 pimiento verde • 1 cebolleta • 100 g de aceite de oliva • Pimienta recién molida • Sal y 2 cs de vinagre de sidra

Elaboración

Cortar los cogollos, el pimiento y la cebolleta. Mezclar con el aceite, la sal, la pimienta y el vinagre, y triturar todo junto con la batidora. A continuación, pasarla por el chino.

Se utiliza para aliñar ensaladas o para acompañar un pescado.

Salsa vizcaína

Ingredientes

100 g de tocino de jamón • 100 g de jamón curado • 100 g de aceite de oliva • 5 pimientos choriceros • 1 cebolla • Salsa de tomate (optativa) • Pimienta de cayena • Mantequilla • 2 galletas marías • Aceite • Ajos • Perejil • Sal y caldo

Elaboración

Poner aceite en una cazuela de barro, junto con las cebollas muy picadas, el jamón y el tocino de jamón picados, la rama de perejil, el ajo y las galletas. Dejar cocer a fuego lento durante ½ h, sin que deje de hervir.

Poner los pimientos bien limpios y sin semillas a remojar en agua fría durante ½ h. Después, lavarlos bien y cocerlos con agua a fuego lento hasta que comiencen a hervir. Cambiarlos 2 veces de agua, sustituyendo la caliente por fría. Majarlos en el mortero. Pasar por el chino el sofrito de cebolla y los pimientos. Repetir esto 2 veces para que la salsa quede fina. Añadir un poco de salsa de tomate, un poquito de mantequilla, pimienta blanca, pimienta de cayena y sal. En caso de que esté demasiado espesa, agregar caldo y poner a hervir a fuego lento durante ¼ h.

Nota

Un buen taliban vizcaíno nunca utilizaría salsa de tomate en una salsa vizcaína.

Tomatada

Ingredientes

1 kg de tomates frescos • Aceite • 50 g de jamón • 50 g de chorizo • 100 g de ternera • 2 pimientos

Elaboración

Poner aceite en la sartén sobre el fuego y echar los tomates sin pelar y cortados, así como daditos de jamón, chorizo y carne de ternera. Asar los pimientos. Quitar la piel y cortar en tiras. Juntar todo y hervir 5 min a fuego suave.

HUE
VOS

Huevos a la bilbaína

Ingredientes

4 huevos • 800 g de guisantes cocidos • ½ ñora previamente remojada (o pimiento rojo seco) • 2 dientes de ajo picados • 1 cs de perejil picado • 24 puntas de espárragos • 3 cs de aceite y sal

Elaboración

Dorar el ajo y el pimiento en 3 cs de aceite. Majar en el mortero el perejil con 2 ó 3 cs de agua hasta reducirlo a una pasta. Mezclar con los guisantes, salar y cocer durante 5 min a fuego muy suave.

A continuación, repartir la mezcla en 4 cazuelitas individuales de barro y cascar en cada una 1 huevo cuidando de no romper las yemas. Adornar con las puntas de espárragos y cocerlos hasta que cuajen las claras.

Huevos a la española

Ingredientes

4 huevos • 1 cebolla • 3 pimientos verdes • ½ kg de tomates maduros • Aceite y sal

Elaboración

Poner aceite en una cazuela y rehogar la cebolla picada. Cuando empiece a tomar color, añadir los pimientos, sin semillas y picados, y los tomates rallados. Sazonar con sal y tapar dejando que cueza lentamente durante 15 min. Aparte, freír los huevos con aceite muy caliente hasta que los bordes de las claras queden dorados.

Servir en una fuente encima del sofrito. Puede adornarse con rebanadas de pan tostado o frito.

Huevos a la flamenca 🍴🍴

Ingredientes
8 huevos • 1 cebolla • 2 dientes de ajo • 2 tomates • 1 pimiento rojo • 100 g de jamón serrano • 200 g de chorizo • 150 g de guisantes • 150 g de judías verdes • Pimienta negra • Pimienta blanca • Aceite y sal

Elaboración
Pelar y picar la cebolla y los ajos.
Trocear el tomate, cortar el pimiento y el jamón en tiras, y el chorizo, en rodajas.
En una cazuela con aceite, freír ligeramente la cebolla y los ajos. Añadir el tomate, el pimiento, los guisantes y las judías verdes. Salpimentar, mezclar y rehogar durante 15 min.
Repartir el sofrito anterior con el jamón en 4 cazuelas de barro, cascar los huevos en el centro y colocar alrededor las rodajas de chorizo.
Poner las cazuelas en el horno, previamente calentado unos 5 ó 10 min, a 180 °C y hornear unos 3 min.

Huevos a la florentina 🍴🍴🍴

Ingredientes
4 huevos • 750 g de espinacas congeladas • 150 ml de leche • 1 cs de harina • 1 limón • Mantequilla • Pan rallado • Nuez moscada • Sal y pimienta

Elaboración
Cocer las espinacas en el agua con un poco de sal unos 2 min. Escurrirlas bien y rehogarlas en una sartén con 1 cs de mantequilla. Extenderlas en una fuente de horno y reservarlas calientes.
Derretir otra cc de mantequilla en una sartén, desleír la harina y añadir la leche. Revolver hasta obtener una bechamel y sazonar con sal, pimienta y un poco de nuez moscada. Añadir sobre las espinacas.

Calentar 1 l de agua con el zumo de ½ limón. Cuando comience a hervir, escalfar los huevos, echándolos de uno en uno con una taza y dejarlos que se cuajen durante 3 min a fuego lento, luego sacarlos con una espumadera.
Hacer 4 huecos en la bechamel y colocar dentro los huevos. Barnizar todo por encima con mantequilla derretida, espolvorear con pan rallado y metemos en el horno muy caliente durante 3 min.

Huevos a la gaditana

Ingredientes

8 huevos • 12 gambas • 16 chirlas • ½ kg de tomates maduros • 1 diente de ajo • Hinojo • Orégano • Laurel • Aceite • Perejil y sal

Elaboración

Escaldar los tomates, pelar y trocear. Picar el ajo. Poner al fuego las chirlas con un poco de agua para que se abran, y mientras, freír las gambas con un poco de aceite y retirar. En el mismo aceite de freír las gambas, sofreír el ajo hasta que esté dorado, añadir el tomate, las hierbas aromáticas y la sal. Dejar cocer unos 15 min aplastando el tomate. Sobre una plancha, colocar los platos de los huevos con la salsa de tomate, partir los huevos encima y cocer a fuego medio hasta que las claras queden cuajadas.
Decorar los platos con las colas de las gambas y las chirlas. Terminar la cocción horneando 1 min con el gratinador en la parte superior del horno, teniendo cuidado de que las yemas no queden demasiado cocidas. Espolvorear con perejil picado.

Huevos a la goyesca

Ingredientes

100 g de atún en aceite • 50 g de mantequilla • 2 cs de salsa de tomate • 2 cs de aceite • 1 cc de mostaza • 1 limón • 5 huevos • Sal y pimienta en polvo

Elaboración

Hervir 4 huevos hasta que estén duros, pasar por agua fría y quitar la cáscara. Cortar cada huevo en 4 discos, más o menos de 1 cm de espesor.
Machacar en el mortero el atún, y mezclar la mantequilla hasta conseguir una pasta fina, sazonar con pimienta y sal y poner en una manga provista con boquilla rizada. Formar sobre cada disco de huevo un dibujo con dicha pasta y después colocarlos en una fuente.
Preparar en un recipiente una salsa con la yema del otro huevo, el tomate, la pimienta, la sal, un poco de mostaza y una cucharadita de zumo de limón. Mezclar con un batidor, añadiendo poco a poco el aceite y removiéndolo hasta obtener un punto más bien espeso.
Cubrir con esta salsa los huevos y espolvorear con la clara de huevo duro finamente picada.

Huevos al nido

Ingredientes

2 patatas grandes • 350 g de higaditos de pollo • ½ kg de gambas • 1 cebolla mediana • 3 tomates maduros • 75 ml de jerez • 4 huevos • Aceite de oliva • Sal y pimienta

Elaboración

Pelar y rallar la cebolla. Escaldar los tomates, pelarlos y eliminar las pepitas de su interior. Reservar únicamente la pulpa. Sofreír la cebolla en una cazuela con aceite bien caliente y, cuando comience a dorarse, incorporar la pulpa de los tomates. Dejar confitar a fuego muy suave.
En una sartén aparte, dorar brevemente los higaditos y las gambas, y reservarlos. Cortar en trocitos muy pequeños los higaditos y a dados las gambas, una vez peladas. Desengrasar el jugo de la sartén con el jerez y añadir a la cazuela del sofrito, juntamente con las gambas y los higaditos. Pasar las cabezas de

las gambas por un chino sobre la cazuela aplastándolas levemente. Remover todo y poner a fuego mínimo.
Aparte, cortar y rallar las patatas; depositarlas en un molde de huevos al nido especial para fritura (se vende en ferreterías) y freír los nidos en aceite muy caliente hasta dorarlos.
Extraerlos del molde, colocarlos en los platos de servicio y, sobre los mismos, distribuir los huevos, previamente escalfados en agua con unas gotas de vinagre y sal. Cubrir cada nido con la salsa, procurando depositar en cada uno higaditos y gambas por igual.
Servir muy calientes.

Huevos al plato

Ingredientes

8 huevos • Aceite y sal

Elaboración

Poner un poco de aceite en cada cazuela de barro individual, cascar dos huevos en cada una y poner a cocer encima de una plancha bien caliente hasta que las claras queden bien cuajadas.
Se pueden añadir todo tipo de embutidos alrededor de los huevos.

Huevos al plato a la catalana

Ingredientes

4 huevos • 80 g de tomate frito • 200 g de butifarra blanca • Queso rallado • 1 diente de ajo • Perejil y sal

Elaboración

Colocar en cada cazuela de barro individual una capa de tomate frito cubriendo la base, espolvoreado con ajo muy fino y perejil trinchado. Cascar los huevos en cada una, ladornar con rodajas de butifarra y espolvorear con queso rallado.

Poner las cazuelas al horno hasta que las claras queden cuajadas y el queso, gratinado.

Huevos al plato a la flamenca

Ingredientes

4 huevos • 2 rodajas de chorizo • 1 cebolla pequeña • 100 g de jamón serrano en una loncha • ¼ kg de patatas • Salsa de tomate • 50 g de judías verdes congeladas • 50 g de guisantes congelados • 1 pimiento morrón • 5 espárragos frescos • Caldo de carne • Aceite de oliva • Perejil • Pimienta y sal

Elaboración

En una sartén con aceite, sofreír la cebolla picada fina, y una vez comience a dorarse, añadir el jamón cortado a daditos y las patatas, también cortadas a dados, y freír.

Cuando las patatas estén bien doradas, añadir la salsa de tomate, las judías, los guisantes, el pimiento morrón a trozos, los espárragos partidos a trocitos y el caldo. Salpimentar y continuar la cocción durante 5 min.

Distribuir esta salsa en cazuelas individuales para horno, poner un huevo estrellado en el centro de cada cazuela, rodear con trocitos de chorizo, espolvorear con sal y perejil picado, y gratinar al horno, previamente calentado unos 5 ó 10 min, durante 2 min.

Huevos al plato a la madrileña

Elaboración

8 huevos • 100 g de chorizo • 100 g de jamón serrano • 50 g de pimiento morrón • 80 g de guisantes • 1 cs de aceite • 1 cs de mantequilla y una pizca de sal

Elaboración

Cortar el chorizo, el jamón y el pimiento morrón en trocitos. Distribuir la mantequilla y el aceite, a partes iguales, en las cazuelitas.

Rehogar los guisantes, el pimiento, el chorizo y el jamón unos minutos. Cascar dos huevos por cazuelita y dejar al fuego hasta que la clara empiece a cuajarse.

Servir inmediatamente condimentados con sal al gusto.

Huevos al plato con puerros

Ingredientes

8 huevos • 4 puerros medianos • Nata líquida • Mantequilla • Una pizca de nuez moscada en polvo • Una pizca de clavo en polvo • Aceite y sal

Elaboración

Poner en una sartén grande la mantequilla y un chorrito de aceite. Lavar bien los puerros y cortarlos en rodajitas. Añadirlos a la sartén y sofreír lentamente a fuego muy suave durante unos 20 min, removiéndolos de vez en cuando. Una vez sofritos, incorporar la nata líquida, la nuez moscada, el clavo y la sal.

Dejar que dé un hervor y, cuando veamos que la salsa empieza a reducir y espesarse, añadir los huevos a la sartén.

Dejar que se cuajen las claras y servir inmediatamente.

Huevos con jamón y salsa holandesa

Ingredientes

8 huevos • 8 costrones de pan frito • 8 lonchas de jamón ibérico • Perejil • Agua y vinagre

Para la salsa holandesa:

1 yema de huevo • 250 g de mantequilla • ½ limón y sal

Elaboración

Para la salsa holandesa: fundir la mantequilla en un cazo al fuego. Batir bien la yema de huevo y agregar poco a poco la mantequilla fundida y templada, mezclando con cuidado. Por último, agregar un chorro de zumo de limón y poner al punto de sal.

Terminada la salsa, escalfar los huevos, con sal y un buen chorro de vinagre. En unos 3 min los huevos están listos.

Colocar sobre los costrones las lonchas de jamón y, sobre estas, los huevos escalfados.

Bañar con la salsa, espolvorear con perejil y gratinar 1 min a máxima potencia en el horno.

Huevos con miel

Ingredientes

4 huevos • 2 cs de miel y aceite

Elaboración

En una sartén, calentar un poco de aceite y echar 2 cs de miel. Dejar que cueza bien. Añadir 3 ó 4 huevos y remover para que quede como los huevos revueltos.

Huevos con tomate gratinados al estilo de El Escorial

Ingredientes

8 huevos • Vinagre • Salsa de tomate • Sal • Pimienta en polvo y queso rallado

Elaboración

Escalfar los huevos uno a uno sobre agua hirviendo con un chorro de vinagre (se deben escalfar lo justo para que no se haga la yema), escurrirlos y colocarlos en una fuente de horno.

Cubrirlos con una capa de salsa de tomate y sazonar con sal y pimienta. Espolvorear con queso rallado y meterlos a dorar al grill del horno precalentado. Retirar en cuanto el conjunto esté un poco dorado.

Huevos con *txapela*

Ingredientes

4 rodajas de pan de molde • 4 huevos • 1 chorizo • 1 ó 2 dientes de ajo • 150 g de jamón de york • Queso rallado • Aceite y sal

Para la bechamel de champiñones:

70 g de mantequilla • 2 cs de harina • 100 ml de leche • 4 champiñones • Perejil picado y sal

Elaboración

Coger los panes de molde, quitarles el centro con un vaso y freírlos en una sartén con 5 ó 6 cs de aceite. En otra sartén con 1 ó 2 cs de aceite, saltear el ajo picadito, el chorizo troceado y el jamón cocido, también picadito.

Colocar los panes de molde en una fuente y rellenar el centro con este sofrito. Freír los huevos y ponerlos encima, añadir la bechamel sobre los huevos y espolvorear un poquito de queso rallado.

Meter al horno a gratinar durante 1 min y poner encima el centro del pan de molde (la txapela). Servir inmediatamente.

Para la bechamel de champiñones: en una cazuela, poner la mantequilla, añadir el champiñón picadito, la harina y un pellizco de sal. Rehogar la harina y añadir poco a poco la leche, sin dejar de remover para que no se formen grumos. Terminar con un poco de perejil picado.

Huevos escalfados

Ingredientes

4 huevos frescos • Un chorro de vinagre • Agua y sal

Elaboración

Llenar un cazo con agua y llevarlo a ebullición. Cuando el agua hierva, añadir el vinagre. Cascar y echar los huevos, manteniendo ligeros borbotones en la ebullición. Una vez la clara envuelva la yema, cocer durante 2 ó 3 min, dependiendo del tamaño del huevo. Escurrir y servir.

Huevos escalfados con jamón gratinados

Ingredientes

4 huevos • 8 lonchas de jamón serrano • 200 g de pasta cocida (cintas) • 2 dientes de ajo • Aceite • Vinagre • Agua y sal

Para la salsa bechamel:

150 ml de leche • 50 g de mantequilla • 4 cs de harina • 2 lonchas de jamón serrano • Perejil picado • Aceite • Nuez moscada y sal

Elaboración

En una cazuela, poner agua y un chorro de vinagre, y cuando empiece a hervir, echar los huevos uno a uno y escalfarlos 3 min.

Rehogar dos dientes de ajo y saltear la pasta en una sartén con un poco de aceite. Poner la pasta en una fuente y los huevos encima, cubiertos con unas lonchas de jamón serrano. Añadir la bechamel por encima y meter en el horno a gratinar 2 min a potencia máxima.

Para la salsa bechamel: en una cazuela, echar 4 cs de aceite y 2 lonchas de jamón picadito. Cuando esté todo dorado, añadir las 4 cs de harina y remover hasta que se dore un poco. Incorporar la leche poco a poco y remover constantemente. Añadir la sal, el perejil picado y la nuez moscada, y seguir removiendo hasta que espese.

Huevos fritos en nidos

Ingredientes

8 rebanadas de pan de molde • 4 huevos • 4 lonchas de queso • 150 g de chorizo • Salsa de tomate • Sal y aceite

Elaboración

En primer lugar, hacer un hueco con un vaso en el centro de 4 de las rebanadas de pan que tenemos. Freír en aceite todo el pan. Escurrir y reservar.

Freír los huevos en abundante aceite, escurrir bien y colocar cada huevo encima de las rebanadas de pan frito enteras. Seguidamente, poner encima las rebanadas con agujero, y tapar este con el chorizo salteado y una loncha de queso.

A continuación, meter los nidos en el horno a gratinar ligeramente 2 min y sacarlos a una fuente.

Servir inmediatamente con salsa de tomate aparte.

Huevos moldeados

Ingredientes

6 huevos • 150 g de jamón de york • 40 g de mantequilla y sal

Para la salsa:

40 g de mantequilla • 30 g de harina • ½ l de leche • Sal • Pimienta • Nuez moscada y 4 cs de salsa de tomate

Elaboración

Untar con mantequilla unos moldes de flan individuales y forrarlos con una loncha de jamón de york en el fondo y unas tiras alrededor. Cascar en cada molde un huevo y salar. Cocerlos al baño María en el horno, previamente calentado unos 5 ó 10 min, la 180 °C hasta que cuajen.

Dejarlos enfriar y desmoldarlos en una fuente de hornear.
Para la salsa: en una cazuela, fundir la mantequilla con la harina e ir agregando la leche hasta formar una salsa levemente espesa. Sazonarla con sal, pimienta y nuez moscada, e incorporarle la salsa de tomate.
Dejar hervir a fuego suave durante 5 min. Verterla sobre los huevos y meter unos minutos al horno con el gratinador encendido a temperatura fuerte.
Servir calientes.

Huevos rellenos

Ingredientes

8 huevos • Una pizca de cebolla • ¼ kg de bonito • 250 g de tomate • Mayonesa y sal

Elaboración

Cocer los huevos hasta que estén duros (10 min aprox) y dejar enfriar. En una sartén con un poquito de aceite freír lla cebolla y, lcuando esté dorada, sacarla y mezclarla con el bonito desmenuzado y el tomate que se ha frito previamente echándole sal.
Cortar los huevos por la mitad y retirar las yemas. Rellenar con la mezcla y colocar en una fuente. Cubrirlos con mayonesa y espolvorear con las yemas desmenuzadas.

Huevos rellenos con gambas

Ingredientes

8 huevos • ½ kg de gambas cocidas • 1 lechuga • Aceitunas negras • Sal • Aceite y salsa mayonesa

Elaboración

Poner a cocer los huevos aprox. 10 min, hasta que estén duros. Reservar y enfriar. Mientras tanto, pelar y picar las gambas, y reservarlas en un plato. Dejar 8 gambas sin pelar para adornar.

Cortar en juliana la lechuga una vez lavada. Pelar los huevos y cortarlos por la mitad. Quitar las yemas y reservarlas.

En el plato donde teníamos las gambas, desmenuzar 4 yemas de huevo y mezclar todo con salsa mayonesa. Rellenar los huevos con esta mezcla.

En una bandeja grande, poner las ¾ partes de la lechuga cubriendo el fondo. Colocar sobre ella los huevos rellenos y adornar con el resto de la lechuga.

Colocar adornando las otras 4 yemas, las aceitunas negras y las gambas que se reservaron sin pelar.

Revuelto a la manchega

Ingredientes

6 huevos • 1 cebolla • 2 pimientos verdes • 2 tomates • 1 calabacín • 100 g de jamón • Perejil picado • Aceite de oliva y sal

Elaboración

Pelar y picar la cebolla muy fina; después cortar los pimientos verdes en tiras. A continuación, trocear el tomate en cuadritos y, por último, cortar el calabacín también en tiras.

Seguidamente, rehogar todas las verduras en aceite, salar al gusto y, cuando estén tiernas, agregar el jamón. Dejar el guiso unos minutos al fuego y añadir los huevos ligeramente batidos con el perejil picado.

Poner de nuevo el punto de sal y servir.

Revuelto de ajetes tiernos

Ingredientes

6 huevos • 300 g de ajos tiernos • Aceite • Sal y pimienta

Elaboración

Pelar y trocear los ajetes tiernos. Rehogarlos durante 10 min en una sartén con aceite.

Añadir los huevos batidos, salpimentar y remover hasta que cuajen.

Revuelto de espárragos trigueros, setas y *Gula del Norte*

Ingredientes

50 g de setas de cardo • 200 g de espárragos trigueros • 50 g de *Gula del Norte* • 6 huevos • 1 diente de ajo • 2 cs de aceite de oliva y sal

Elaboración

Limpiar bien las setas con un trapo y desmenuzarlas con la mano. Limpiar los espárragos trigueros y batir los huevos.

Poner el aceite en una sartén a fuego lento. Echar el ajo picado y las setas. Rehogarlas durante 1 min y añadir los espárragos. Dejarlos rehogar 10 min e incorporar la *Gula del Norte*.

Dar unas vueltas y añadir los huevos. Remover continuamente y cuajar el huevo dejándolo jugoso.

Revuelto de guisantes y habas

Ingredientes

6 huevos • 200 g de habas • 200 g de guisantes • ½ kg de tomates • 2 cs de aceite de oliva • Sal y pimienta

Elaboración

Cocer los guisantes y las habas durante 1 min en una olla con agua.

En una sartén con el aceite de oliva, rehogar las habas, los guisantes y el tomate pelado cortado en cuadraditos.

Batir los huevos muy poco y añadir al revuelto de verduras. Salpimentar y dejar cuajar los huevos al gusto.

Revuelto de pimientos del piquillo con gambas

Ingredientes

8 huevos • 300 g de gambas peladas • 200 g de pimientos del piquillo • 1 diente de ajo • 1 cebolleta • Perejil • Sal y aceite

Elaboración

Saltear los pimientos y el ajo finamente picados en una sartén con aceite a fuego suave durante 20 min. Agregar la cebolleta y continuar rehogando hasta que esté dorada. Añadir las gambas y rehogar 5 min más. Echar los huevos batidos y el perejil y cuajar dejando jugoso el revuelto.

Revuelto de salmón ahumado

Ingredientes

8 huevos • 300 g de salmón ahumado • 50 ml de leche • Cebollinos • Aceite de oliva virgen • Sal y pimienta

Elaboración

Batir los huevos con la leche. Echar el salmón cortado en dados, sal y un poco de pimienta. Añadir el cebollino.

Cuajar en una sartén grande con el aceite muy caliente.

Nota

Cuidado con la sal, ya que la que tiene el salmón ahumado puede ser suficiente.

Revuelto de salmón y ajos frescos

Ingredientes

300 g de lomo de salmón • 5 ajetes • 6 huevos • Aceite • 1 cs de nata líquida • Perejil • Sal y pimienta blanca

Elaboración

Limpiar y trocear el salmón en daditos. Limpiar y picar los ajetes.

Seguidamente, en una sartén con un chorrito de aceite de oliva, dorar los ajetes picados.

A continuación, añadir el salmón y saltearlo durante unos 2 min.

Aparte, batir los huevos con sal, perejil y pimienta. Cuando estén batidos, añadir la nata líquida y mezclar. Una vez hecho esto, incorporar a la sartén con los ajetes y el salmón.

Cuajar en la sartén con el aceite muy caliente pero sin dejar de remover y cuidando que quede jugoso.

Nota

Cuidado con la sal, ya que la que tiene el salmón ahumado puede ser suficiente.

Tortilla francesa con salmón y caviar

Ingredientes

3 huevos • 50 g de salmón ahumado • 70 g de queso cremoso • 100 g de caviar de mújol • 1 cc de perejil picado • Aceite y sal

Elaboración

En una sartén con aceite, hacer una tortilla fina con los huevos bien batidos, una pizca de sal y perejil picado.

Una vez esté la tortilla bien extendida, untar sobre ella el queso y, encima, las rodajas de salmón.

Cortar en cuadrados y colocar encima de cada uno de ellos una pequeña cenefa de caviar. Servir.

Nota

Cuidado con la sal, ya que la que tiene el salmón ahumado puede ser suficiente.

Tortilla de patatas

Ingredientes

6 huevos • ½ kg de patatas • Aceite de oliva y sal

Elaboración

Pelar las patatas y cortarlas en rodajas finas de ½ cm. En abundante aceite caliente, pochar las patatas hasta que estén bien tiernas. Hay gente que prefiere que queden machacadas y hay quien las prefiere enteras. En función de las preferencias, remover con cuidado de no romperlas o rompiéndolas para que queden como una pasta.

Cuando estén tiernas, escurrir el aceite sobrante y mezclar con los huevos batidos. Poner el punto de sal.

En una sartén con 1 cs de aceite bien caliente, poner la mezcla de huevo y patata. Una vez dorada por un lado, y con ayuda de una tapa de cazuela o plato, darle la vuelta, poniendo en la sartén otra cc de aceite para que no se pegue.

M A

R I S

C O S

Almejas a la malagueña

Ingredientes

1 kg de almejas • 2 cebollas medianas • 3 dientes de ajo • Perejil • 1 cc de harina • ½ cc de pimentón • Sal • Pimienta y 3 cs de aceite de oliva

Elaboración

Lavar las almejas en un bol bajo un chorro fino de agua fría. Picar fino las cebollas, los ajos y el perejil.

En una cazuela de barro, rehogar ligeramente la cebolla y el ajo junto con 1 cs de aceite. Echar la harina y, a continuación, las almejas, el pimentón y el perejil. Salpimentar. Añadir el resto del aceite y tapar.

Cocer a fuego medio hasta que se abran. Si no sueltan suficiente jugo, se les puede agregar un poco de agua. Servir calientes en la misma cazuela de barro.

Almejas a la marinera I

Ingredientes

1 kg de almejas • 150 g de cebollas picadas • 3 cs de aceite de oliva • 1 diente de ajo picado • 100 ml de vino blanco seco • 1 cs de perejil fresco picado • ½ hoja de laurel • Sal y pimienta recién molida

Elaboración

Lavar a fondo las almejas varias veces. Colocarlas en una sartén con un poco de agua fría y calentarlas hasta que hiervan. Una vez que estén abiertas, sacarlas del agua y reservar el líquido.

Calentar el aceite en una sartén, y dorar las cebollas y el ajo. Añadir el líquido de las almejas, el vino y el laurel. Salpimentar. Hervir durante 10 min hasta que quede todo bien mezclado.

Colocar las almejas en una cazuela de barro y añadir la salsa sobre ellas. Dejar cocer todo junto durante 5 min a fuego suave. Retirar y servir inmediatamente con perejil finamente picado por encima.

Almejas a la marinera II

Ingredientes

1 kg de almejas • 1 cebolla picada • 3 cs de aceite de oliva • 1 diente de ajo picado • 5 g de miga de pan • 2 cs de zumo de limón • 60 g de vino blanco seco • 1 cs de perejil fresco picado • ½ hoja de laurel • Sal y pimienta

Elaboración

Lavar las almejas y colocarlas en una sartén con un poco de agua. Calentar el conjunto hasta que hierva. Una vez abiertas, retirarlas del agua, colarlas y reservar el líquido.

Retirar las cáscaras vacías y poner las almejas en una cazuela de barro. Calentar el aceite en una sartén, y rehogar las cebollas y el ajo hasta que empiecen a dorarse. Incorporar la miga de pan y verter el líquido de las almejas y el vino. Añadir el zumo de limón y el laurel. Salpimentar.

Dejar cocer el conjunto durante 5 min a fuego medio. Espolvorear el perejil y probar de sal.

Almejas con espinacas

Ingredientes

420 g de almejas • 125 g de espinacas cocidas • 80 g de nata • 50 g de brandy • 1 vaso de caldo de pescado • 1 diente de ajo picado • 2 cs de aceite de oliva • 1 huevo y sal

Elaboración

Cocer ligeramente las espinacas y picarlas.

Dorar en una sartén el ajo con el aceite e incorporar las espinacas. Rehogar ligeramente, añadir el brandy y flamear. Verter el caldo de pescado, la nata y las almejas, y dejar cocer durante 6 min hasta que se abran todas.

Por último, ligar la salsa, y añadir el huevo que habremos batido.

Rectificar de sal y servir.

Almejas en salsa verde

Ingredientes

1 kg de almejas • 3 dientes de ajo picado • 40 g de vino blanco (opcional) • 2 cc de harina • 100 ml de agua • 3 cs de aceite de oliva • Sal • Perejil picado y ½ guindilla cayena (opcional)

Elaboración

En una cazuela de barro, poner el aceite y, cuando esté ligeramente caliente, añadir el ajo. Dejar dorar ligeramente. Si se quiere añadir la guindilla, es el momento.

Echar la harina y diluirla en este aceite; cocer ligeramente y verter el vino blanco. Transcurridos unos instantes, echar el agua mientras seguimos removiendo hasta que la salsa obtenga la consistencia deseada. Espolvorear con el perejil. Probar y rectificar de sal si es necesario.

Cuando la salsa esté hirviendo, añadir las almejas. Esperar a que se abran con un pequeño hervor y servir directamente a la mesa.

Almejas salteadas

Ingredientes

1 kg de almejas • 2 cs de aceite de oliva • El zumo de un limón • 1 cs de perejil picado y sal

Elaboración

Calentar mucho una sartén con aceite. Incorporar las almejas y saltearlas a fuego fuerte. Cuando se abran, rociarlas con el limón.

Espolvorear el conjunto con perejil picado. Sazonar.

Calamares a la mallorquina

Ingredientes

4 calamares medianos • 1 cebolla mediana picada • 100 g de pasas sin semillas • 50 g de piñones • 2 cs de pan rallado • 2 huevos batidos • 1 vaso de vino blanco • 7 cs de aceite de oliva • Sal y pimienta

Elaboración

Limpiar los calamares y pasarlos por agua hirviendo durante 1 min. Reservar los tentáculos, escurrirlos y dejarlos enfriar.

Cortar los tentáculos en trocitos y sofreírlos 1 min en 3 cs de aceite junto con la cebolla y las pasas. Dejarlos templar y añadir los piñones, el pan rallado y los huevos. Salpimentar y mezclar bien.

Rellenar con esta pasta los cuerpos de los calamares, coserlos después con hilo o sujetarlo con un palillo para evitar que se salga el contenido durante la cocción. Cocer en una cazuela de barro con el resto del aceite, moviéndolos para que no se peguen al fondo.

A mitad de la cocción, salpimentar y regar con el vino. Tapar la cazuela y continuar la cocción hasta que el vino se haya evaporado y la salsa tenga una textura densa.

Calamares al estilo balear

Ingredientes

1 kg de calamares • 50 g de pasas • 50 g de piñones • 4 patatas pequeñas (guarnición) • 1 copa de vino blanco • 1 dl de aceite de oliva • Perejil y sal

Elaboración

Limpiar los calamares, quitarles los tentáculos y trocearlos muy picaditos. Saltearlos en una sartén con aceite. Agregar los piñones pelados y las pasas sin pepitas. Rellenar con todo ello los calamares y sofreírlos con el mismo aceite.

Añadir el vino blanco y dejar los calamares unos 10 min a fuego lento hasta que se cuezan. Colocarlos luego en una fuente con la salsa por encima y sazonar.

Acompañar de 4 patatas pequeñas cocidas y espolvoreadas con perejil picado.

Calamares con arroz

Ingredientes

500 g de calamares • 250 g de coliflor en trozos pequeños • 300 g de arroz • 750 g de agua o caldo de verduras • Pimientos del piquillo • 1 cebolla • 2 tomates medianos • Aceite • Sal • Perejil • Ajos y 2 bolsas de tinta de calamar

Elaboración

Sofreír la cebolla, los ajos y el tomate en aceite, añadir los calamares troceados y el perejil picado.

Dejar hacer durante 10 min.

Incorporar el arroz, la coliflor, el agua y la tinta, y cocer 20 min con la cacerola destapada a fuego suave.

Cuando falten 5 min para retirar del fuego, sazonar y agregar los pimientos cortados en tiras.

Servir caliente.

Calamares con guisantes

Ingredientes

500 g de calamares troceados • 300 g de guisantes • 200 g de tomates maduros • 2 huevos • 1 cebolla • 2 dientes de ajos • 100 g de vino blanco • Aceite de oliva • 3 cs de alioli • Sal y pimienta

Elaboración

Sofreír en una cazuela a fuego muy lento la cebolla y los ajos una vez picados. Cuando estén dorados, añadir los calamares y mantenerlos al fuego hasta que tomen color.

Incorporar el vino blanco y dejar reducir. Agregar el tomate triturado y sin pepitas, la sal y la pimienta. Dejar cocer un poco y añadir un vaso de agua. Cuando empiece a hervir, echar los guisantes y mantener al fuego durante 20 min. Rectificar de sal y cubrir los calamares con alioli.

Aparte, poner a cocer los huevos durante 15 min, hasta que estén duros. Pelarlos y partirlos por la mitad.

Poner los guisantes con los calamares en una fuente y adornar con los huevos duros.

Calamares en su tinta I

Ingredientes

½ kg de calamares frescos • 1 bolsita de tinta de calamar • 2 cebollas • 3 dientes de ajo • 1 tomate maduro • 100 g de vino tinto • Agua • 5 cs de aceite de oliva y sal

Elaboración

Limpiar bien los calamares debajo del grifo de agua fría. Quitar la parte dura, retirar las patas y aletas, y reservarlas. Dar la vuelta, quitarles la piel y partirlos en rodajas.

Retirar la bolsa de tinta que tienen en el estómago, junto a las patas, y reservarla.
Picar finamente el ajo, las cebollas y el tomate.
En una sartén, poner el aceite, y sofreír los ajos y la cebolla. Cuando estén blandos, añadir el tomate y la sal.
Una vez hecho el sofrito, añadir los calamares y darles unas vueltas en la sartén.
Incorporar el vino y la sal.
Diluir la tinta de los calamares en un poco de agua fría. Añadir si fuera necesario la bolsa de tinta de calamar. Cuando esté bien disuelta, echarla sobre los calamares y poner a cocer durante ½ h a fuego suave.
Se puede servir con arroz blanco como guarnición.

Calamares en su tinta II

Ingredientes

2 cs de aceite de oliva • 1 diente de ajo • 1 kg de calamares en aros • 2 cebollas • 1 cs de harina de maíz o fécula de patata • 1 hoja de laurel • Una pizca de sal • 200 g de agua • 2 bolsitas de tinta de calamar • 50 g de tomate frito y 100 g de vino blanco seco

Elaboración

Limpiar y trocear los aros de calamar.
Rehogar en el aceite la cebolla cortada en láminas finas, el ajo cortadito y el laurel.
Cocer con una pizca de sal hasta que empiece a tomar color.
Incorporar entonces los calamares y la tinta disuelta en el tomate y el vino, y dejar cocer con el agua hasta que el calamar esté tierno (unos 20 min).
Si la salsa está muy clara, espesar con un poquito de harina de maíz o fécula de patata.

Acompañar con un arroz blanco.
Para el arroz blanco: hervir un vaso de arroz en dos vasos y medio de agua, con un poco de sal y un chorrito de aceite durante 20 min. Una vez hecho, lo lavaremos en abundante agua fría sobre un colador.

Calamares estofados

Ingredientes

800 g de calamares medianos • 2 cebollas medianas • 500 g de tomates • 3 dientes de ajo • 1 cs de perejil picado • 2 cs de pan rallado • 1 hoja de laurel • Aceite • Vinagre • Sal y pimienta

Elaboración

Limpiar bien los calamares y cortarlos en trozos medianos. Pelar las cebollas y cortarlas en rodajas finas. Picar los ajos y cortar los tomates también en rodajas.
Poner en una cacerola una capa de calamares, encima, otra de rodajas de cebolla y ajo picado y, sobre esta, otra capa de tomates en rodajas. Salpimentar y repetir la operación hasta acabar con los ingredientes. Rociar todo con 2 cs de vinagre y 4 cs de aceite, y añadir el laurel.
Cocer sobre fuego suave hasta que los calamares estén tiernos, sin necesidad de añadir otro líquido. Cuando la salsa comience a cocer, espolvorearlos con el pan rallado y el perejil picado.

Calamares fritos

Ingredientes para 6 personas

1 ½ kg de calamar fresco • 250 g de harina • 1 limón • 250 g de aceite de oliva y sal

Elaboración

Limpiar el calamar, sazonar y cortarlo en anillos. Pasar por la harina, sacudiendo un poco esta para quitar el exceso.
Freír a 200 °C, y una vez que estén algo doraditos, retirar y servir con un trocito de limón.

Calamares guisados

Ingredientes

500 g de calamares • 1 cebolla • 200 g de guisantes • 1 tomate • 100 g de vino blanco • 100 g de caldo de pescado o agua • Perejil • Sal y pimienta

Elaboración

Picar la cebolla y ponerla en una cazuela con un poco de aceite. Dejar que se ablande, incorporar el caldo y dejar cocer durante 5 min.
A continuación, echar los calamares, los guisantes, el vino blanco y el tomate en dados pequeños. Salpimentar y añadir perejil picado.
Dejar cocer a fuego suave hasta que los calamares estén tiernos.
Se sirve acompañado de arroz blanco y unas rebanadas de pan frito.

Calamares rellenos

Ingredientes

1 kg de calamares medianos • 6 cebollas • 2 dientes de ajos • 1 pimiento verde • 100 g de vino blanco • 200 g de agua • Aceite de oliva • Perejil • Harina • Pimienta blanca • 3 hebras de azafrán • Laurel y sal

Elaboración

Lavar bien los calamares, separar las patas y las alas, y reservar, Picar muy bien la cebolla, el pimiento, los ajos y el perejil. Trocear asimismo las patas y las

alas de los calamares. Mezclarlo todo, sazonar y saltear durante 10 min en un poco de aceite.
Dejar enfriar.
Rellenar con esta mezcla los calamares, untar las puntas con harina y cerrarlos con un palillo. A continuación, saltearlos en un poco de aceite durante 1 min.
Reservar.
Guardar un poco del relleno para hacer una salsa; ponerlo en el fondo de una cazuela, junto con el aceite, el vino, el azafrán, un poquito de pimienta y el laurel. Dejar reducir y agregar el agua. Colocar los calamares encima y dejar cocer destapado, moviéndolos de vez en cuando, unos 30 min.
La salsa nos quedará espesita. Comprobar que los calamares estén tiernos.
Dejar reposar unos minutos y servir.
De un día para otro, aún mejor.

Calamares rellenos a la ibicenca

Ingredientes

4 calamares medianos • 50 g de jamón serrano picado • 100 g de miga de pan • ½ taza de leche • 1 huevo cocido • 1 huevo batido • 1 cebolla pequeña picada • 1 taza de tomate triturado • 1 copa de vino blanco seco • Pimienta negra molida y sal

Elaboración

Limpiar bien los calamares y picar menudo sus patas y alas.
Aparte, poner a remojar el pan en la leche y agregarle las patas, las alas y el huevo batido.
Salpimentar e incorporar también el jamón y el huevo cocido picado. Mezclar bien y rellenar con esto los calamares; cerrarlos con un palillo para evitar que el relleno se salga durante la cocción.

Colocarlos en una cazuela con aceite bien caliente y pincharlos con una aguja para que no se rompan mientras se hacen. Cuando estén ligeramente dorados, añadirles el vino y el tomate, y dejarlos cocer muy suavemente hasta que estén bien blanditos.

Cangrejos de río a la madrileña

Ingredientes

30 cangrejos de río vivos • 1 cebolla grande • 3 tomates maduros • 1 guindilla picante • Hierbas aromáticas • Aceite • Sal • Laurel • Coñac y 1 vasito de vino blanco

Elaboración

Golpear fuertemente los cangrejos, lavar al chorro de agua fría y sacarles el intestino por la cola. Cocerlos un poco en agua fría con sal, laurel y hierbas aromáticas; secarlos y flamear con coñac.

En una sartén o cacerola, y con el aceite caliente, echar en primer lugar la cebolla picada, luego tres tomates maduros pelados y triturados, sal, pimienta y una guindilla seca picada. Cocer todo hasta que quede espeso.

En una cacerola al fuego, poner los cangrejos y el vino blanco, cocer a fuego vivo y, cuando se ha evaporado, añadir la salsa de tomate picante. Dejar cocer nuevamente a luego muy lento hasta que la salsa espese bastante.

Servir muy caliente.

Cangrejos en salsa

Ingredientes

1 kg de cangrejos de río vivos • 200 g de jamón serrano • 3 dientes de ajo • 1 pastilla de caldo de pescado • 2 guindillas secas picantes • 4 hojas de

laurel • Perejil picado • 1 cs de harina • 100 ml de vino blanco • 200 ml de tomate frito • Sal • Aceite y agua

Elaboración

Lavar bien los cangrejos.

Freír los ajos y echar la guindilla y el jamón; cuando empiecen a tomar color, y con el aceite muy caliente, añadir los cangrejos, dejar que se frían y tomen color rojo fuerte. Cuando estén rojos, añadir en una esquina la harina y remover hasta que espese un poco la salsa.

Incorporar el tomate frito, la pastilla de caldo de pescado, las hojas de laurel, perejil y el vaso de vino blanco, sazonar y cubrir de agua.

Cocer durante ½ h a fuego suave.

Cigalas y langostinos con ensaladilla

Ingredientes

800 g de cigalas • 500 g de langostinos • 1 hoja de laurel • 300 g de ensaladilla rusa y sal

Elaboración

Cocer el marisco en agua con sal acompañado de una hoja de laurel. Una vez rompa a hervir el agua, cocer durante 3 min. Transcurrido el tiempo, enfriar rápido en agua con hielos.

Colocar el marisco en una fuente y presentarlo acompañado de la ensaladilla.

Crêpes de langostinos

Ingredientes

800 g de langostinos • 300 g de pescadilla limpia de espinas • 1 zanahoria • 1 cebolla grande • 100 g de champiñones • 30 crêpes • 50 g de vino blanco

seco • 1 cs de harina • 1 diente de ajo • Perejil picado • Aceite • Sal
Para la salsa:
250 g de nata • 1 cs de harina • Mantequilla • Sal • Pimienta • Nuez moscada
Para la guarnición:
100 g de guisantes • 100 g de puntas de espárragos • 1 loncha de beicon ahumado • 1 diente de ajo • 100 g de vino blanco seco • Sal y 1 cc de azúcar

Elaboración

Sofreír los langostinos en una cazuela con un poco de aceite de oliva donde previamente hemos dorado el ajo picado. Sazonar y espolvorear con perejil. Reservar.

En el mismo aceite, rehogar la cebolla y la zanahoria cortadas muy finas. Añadir los champiñones laminados y la pescadilla. Antes de terminar la cocción, agregar 1 cs de harina y el vino blanco seco.

Desmenuzar la merluza en trocitos. Pelar los langostinos y dejar las cabezas. Cortarlos en trocitos y mezclarlos con el preparado anterior. Rellenar los *crêpes* con esta mezcla, enrollarlos y ponerlos sobre una fuente refractaria. Reservar.

Para la salsa: triturar las cabezas y las cáscaras de los langostinos, y pasarlas por el chino para obtener el jugo. En una sartén, fundir una nuez de mantequilla, añadir una cc rasa de harina, el jugo de los langostinos y la nata líquida. Salpimentar y agregar la nuez moscada. Dejar que espese un poco.

Verter la salsa por encima de los *crêpes*, espolvorear con un poco de queso rallado, poner unas nueces de mantequilla y gratinar en el horno hasta que estén doraditas.

Para la guarnición: sofreír el beicon en tiras y un diente de ajo picado, rehogar y añadir los espárragos y los guisantes. Sazonar y cubrir con el vino blanco seco. Agregar el azúcar. Dejar cocer hasta que las verduras estén levemente hechas.

Gambas a la andaluza

Ingredientes
200 g de gambas peladas • 4 tomates • 200 g de aceite de oliva • 4 dientes de ajo en láminas • 2 cs de harina • Sal y pimienta

Elaboración
Sazonar las gambas y enharinarlas. Freír en aceite caliente. Escurrir
Sobre el mismo aceite de fritura, sofreír los tomates pelados y troceados en cuartos. Salpimentar.
Presentar el sofrito de tomate como base y esparcir encima los ajos fritos en aceite y después, las gambas fritas. Servir.

Gambas al ajillo

Ingredientes
6 cs de aceite de oliva • 4 dientes de ajo picados • 450 g de gambas peladas crudas • 4 guindillas de cayena en láminas finas y sal

Elaboración
En una cazuela de barro, calentar el aceite. Añadir los ajos y las guindillas, y rehogar hasta que el ajo tome un ligero color.
Incorporar las gambas y hacer durante 2 min removiéndolas. Sazonar.
Servir bien calientes en la misma cazuela de barro.

Gambas al ajillo en microondas

Ingredientes
220 g de gambas. • 2 dientes de ajo picados • 4 cs de aceite de oliva. • Una pizca de guindilla picante y sal

Elaboración

Limpiar y pelar las gambas.

En una cazuela de barro, calentar el aceite en el microondas a la máxima potencia durante 2 min.

Incorporar el ajo picado y la guindilla, y volver a calentar hasta que se fría el ajo, otros 2 min.

Añadir las gambas y taparlo con un papel film (transparente) pinchado.

Calentar 2 min más hasta cocer las gambas y sazonar al servir.

Gambas al curry

Ingredientes

300 g gambas peladas • 1 cebolla • 1 manzana • 20 g de mantequilla • 100 g de caldo de ave • 150 g de leche • 3 cs de curry en polvo • Zumo de un limón y sal

Elaboración

Fundir la mantequilla y rehogar en ella la cebolla picada finamente. A media cocción, incorporar la manzana pelada y en dados. Sazonar.

Aparte, mezclar el caldo, la leche, el curry y una pizca de sal. Agregar la mezcla de cebolla y mantequilla.

Cocer las gambas en agua con sal. Escurrir, mezclarlas con el resto de los ingredientes y añadir el zumo de limón. Cocer el conjunto ligeramente durante un instante. Probar de sal.

Gambas en gabardina

Ingredientes

½ kg de gambas • 3 huevos • 230 g de harina • 1 sobre de levadura • ¼ l de cerveza • ½ l de aceite de oliva y sal

Elaboración

Pelar las gambas quitándoles la cabeza y dejando sin pelar la parte final de la cola. Sazonarlas ligeramente y guardar las cabezas para otros usos.
Separar las yemas de las claras. Montar las claras sin llegar a punto de nieve e ir mezclando el resto de los ingredientes poco a poco cuidando de que no bajen las claras. Sazonar ligeramente.
Introducir las gambas en esta masa una a una cogiéndolas por la cola y freír en abundante aceite caliente.
Servir caliente.

Gratinado de centollo

Ingredientes

600 g de carne de centollo cocida, desmigada y con sus interiores • 4 huevos • 100 g de mantequilla • 3 cs de harina • 250 g de leche • 1 cc de mostaza • 1 cebolla • 1 pimiento verde • 1 manojo de perejil • Sal • Pimienta y queso parmesano rallado

Elaboración

Poner al fuego una cazuela con agua y echar los huevos. Cuando empiece a hervir, dejar que cuezan durante 10 min. Enfriar, pelar y picarlos.
En una sartén, derretir la mantequilla y añadir la harina, dar vuelta con una cuchara de madera y agregar poco a poco la leche fría, sin dejar de remover para que no se formen grumos. Cuando se haya vertido toda la leche, añadir los huevos picados, la mostaza, la cebolla, el pimiento verde (ambos troceados muy finos) y el perejil.
Dar un hervor con todos los ingredientes durante 5 a 8 min a fuego medio, removiendo continuamente (si se quiere que la bechamel quede más espesa, se debería dejar cocer un ratito más).

Retirar la bechamel del fuego, agregar la carne de centollo, y salpimentar. Con esta crema, rellenar los seis moldes de flan pequeños, espolvorear con queso parmesano rallado y meter al horno previamente calentado unos 5 ó 10 min, a 200 °C durante 20 min.

Langostinos a la plancha con ensalada

Ingredientes

800 g de langostinos • 200 g de judías verdes cocidas • 1 lechuga • 1 manojo de berros • 1 zanahoria rallada • 8 cs de aceite de oliva • Zumo de medio limón y sal gorda

Elaboración

Con 2 cs de aceite, y sobre una plancha caliente, dorar los langostinos sazonándolos con sal gorda.
Acompañar los langostinos con la ensalada que habremos preparado y aliñado con los ingredientes restantes.

Langostinos al cava

Ingredientes

1 kg de langostinos • 200 ml de cava • 50 g de mantequilla • 1 cebolla • 1 zanahoria • 1 apio • 200 g de champiñones • 2 yemas de huevo • 50 ml de nata líquida • Aceite • Sal y pimienta

Elaboración

Poner en una sartén a fuego vivo el aceite con la zanahoria y la cebolla en rodajas. Agregar el apio picado y salpimentar. Lavar los champiñones y añadirlos.

Echar el cava y dejar cocer 5 min. Incorporar las 2 yemas de huevo, la mantequilla y la nata. Remover y añadir los langostinos. Dejar cocer 5 min a fuego suave removiendo.

Langostinos al jerez

Ingredientes

800 g de langostinos • 2 chalotas • 80 g de jerez • 300 g de nata líquida • 30 g de mantequilla • 3 cs de aceite de oliva • Sal y pimienta

Elaboración

Pelar los langostinos, quitarles la cabeza y guardarlas para otros usos. Retirar la cáscara dejando la última punta de la cola sin pelar.

En una sartén con la mantequilla y el aceite, rehogar las chalotas cortadas muy finas. Añadir los langostinos salpimentados, rehogarlos con las chalotas y agregar el jerez. Dejar cocer hasta que los langostinos estén casi hechos. Retirarlos de la sartén y reservar.

Agregar la nata a la salsa y hervir hasta que esta coja cuerpo. Rectificar de sal y pimienta. Dar un buen hervor y servir sobre los langostinos.

Langostinos al ron

Ingredientes

800 g de langostinos crudos • 1 cebolla • ½ kg de tomates • 40 g de ron • 50 g de caldo de pescado • Aceite • Sal y pimienta

Elaboración

Pelar los langostinos.

Calentar el aceite en una cazuela y rehogar en ella la cebolla picada fina.

Añadir el tomate pelado, despepitado y cortado en dados, y los langostinos.

Salpimentar y dejar cocer a fuego vivo.
Verter el ron y flamearlo. Incorporar el caldo. Dejar cocer a fuego fuerte hasta reducir. Probar de sal y servir.

Langostinos con muselina de ajo

Ingredientes

800 g de langostinos crudos • 1 cabeza de ajos • 3 yemas de huevos • ¼ l de aceite y sal

Elaboración

Coger una cabeza de ajos y asarla entera al horno a 180 °C durante 40 min. Extraer la carne de ajo en forma de puré, y mezclarlo con las yemas y el aceite. Emulsionar bien y sazonar.
Cocer los langostinos en agua con sal durante 2 ó 3 min. Escurrir y refrescarlos en agua fría. Pelarlos dejando solo las colas con su colita sin pelar.
Colocar las colas de langostinos en una fuente de horno. Cubrirlas con la muselina de ajos. Gratinar durante unos minutos y servir.

Mariscos con patatas nuevas

Ingredientes

1 bogavante cocido cortado en escalopes • 8 langostinos • 16 almejas • 300 g de gambas • 6 patatas nuevas • 1 cebolla • 3 dientes de ajo • 2 cc de perejil picado • El zumo de un limón • 4 cs de aceite de oliva y sal

Elaboración

Pelar las gambas y langostinos. Saltear las cabezas y las pieles y verter ½ l de agua al conjunto. Dejar hervir 10 min y filtrar el caldo de marisco.
Pelar y cortar las patatas en cuadrados. Cocer en agua con sal y colocarlas en cuencos individuales.

Saltear en una sartén las almejas con un poco de aceite. Ya abiertas, colocarlas en los cuencos. En el mismo aceite, rehogar la cebolla y los ajos picados muy finos. Añadir el resto del marisco a la cebolla y el caldo de marisco. Rehogar bien.
Dar un toque de limón y mantequilla. Mezclar y sazonar. Racionar sobre los cuencos. Espolvorear con perejil y servir.

Mariscos en salsa

Ingredientes

400 g de langostinos • 200 g de gambas peladas • 1 bogavante (cocido) • 80 g de vino blanco • 3 yemas de huevo • ½ zanahoria • 2 cs de aceite de oliva virgen • ½ hoja de laurel • 5 granos de pimienta • Sal y pimienta

Elaboración

En una cazuela con agua y sal, poner una zanahoria cortada en rodajas, el laurel y la pimienta en grano. Cocer en ella las gambas y los langostinos durante 2 min. Escurrir y pelar el marisco, y cortar el bogavante en trozos. Colocarlo en una fuente, salvo 8 ó 10 gambas.
Majar en un mortero las gambas que hemos reservado, junto con las yemas de huevo. Salpimentar e incorporar el aceite. Agregar el vino poco a poco emulsionando bien la salsa.
Probar de sal y salsear sobre los mariscos.

Mejillones a la pimienta verde

Ingredientes

1 ½ kg de mejillones • 80 g de vino blanco • 1 cebolla • 1 puerro • 1 cs de pimienta verde en grano • Una pizca de pimienta verde molida • ½ l de nata • 4 cs de aceite de oliva y sal

Elaboración

Limpiar los mejillones de sus barbas e impurezas, y abrirlos en una cazuela con tapa con el vino blanco. Guardar los jugos y retirar las conchas utilizando solamente la carne.

Picar la cebolla y el puerro muy fino. Rehogar en una sartén con un poco de aceite. Con la cebolla y el puerro bien rehogado, agregar el jugo de cocción de los mejillones, los granos de pimienta y la nata.

Dejar reducir hasta que el conjunto adquiera consistencia.

Incorporar los mejillones y guisarlos junto con la salsa durante 2 min. Sazonar si fuese necesario y dar el punto de pimienta. Servir.

Mejillones al ajo y perejil

Ingredientes

1 kg de mejillones • 4 cs de aceite de oliva • 6 dientes de ajo en filetes • 60 g de vino blanco • 2 cc de perejil picado y el zumo de 1 limón

Elaboración

Limpiar los mejillones en agua fría y eliminar barbas e impurezas.

Colocarlos en una cazuela con el vino blanco al fuego, tapar la cazuela y cocerlos hasta que se abran. Cuando estén todos abiertos, retirar los mejillones, colar el jugo, eliminar las conchas y guardar la carne.

Freír los ajos en aceite, y agregar el perejil y los mejillones. Sofreír el conjunto 2 min e incorporar el jugo. Dejar cocer 4 ó 5 min. Añadir el zumo de limón en el último momento, mezclar bien y servir.

Mejillones rellenos I (tigres)

Ingredientes

1 kg de mejillones • ½ cebolla cortada fina • ½ pimiento verde cortado fino • 2 dientes de ajo picado • 1 guindilla picante • 6 cs de aceite de oliva • 500 g de leche • 50 g de harina • Aceite para freír • Sal y pimienta

Para empanar:
Harina • Huevo y pan rallado

Elaboración

Abrir los mejillones y olerlos bien para saber si están buenos o no. Quitar la carne y picarlos. Guardar las conchas.

Sofreír en una sartén la cebolla, el pimiento y el ajo; cuando estén dorados, añadir los mejillones y la guindilla cortada en aros. Sofreír el conjunto durante 3 ó 4 min. Incorporar la harina y mezclar bien cociéndolo 5 min. Agregar la leche poco a poco hasta lograr una fina bechamel. Salpimentar. Extender sobre una fuente y dejar enfriar.

Con la masa fría, rellenar las conchas y pasarlas por harina, huevo y pan rallado.

Freír en aceite caliente.

Mejillones rellenos II

Ingredientes

1,2 kg de mejillones • 50 g de vino blanco • 225 g de tomates • 150 g de queso rallado • 1 cebolla cortada fina • 4 cs de aceite de oliva • 2 cs de pan rallado y sal

Elaboración

Limpiar los mejillones y raspar la concha con un cuchillo, colocarlos en una cazuela con la mitad del vino, taparla y cocerlos hasta que se abran. Separar la carne de la concha y guardar el jugo. Dejarlos enfriar.

En una sartén, rehogar la cebolla en aceite. Una vez esté ligeramente dorada, incorporar los tomates pelados y sin pepita. Sofreír el conjunto durante 10 min. Agregar los mejillones, el resto del vino y el jugo de los mejillones. Dar un buen hervor al conjunto durante 5 min. Añadir el pan rallado, remover y dejar reposar.

Rellenar las cáscaras de los mejillones con el preparado y espolvorearlo con el queso.
Gratinar al horno.

Ostras al vermut

Ingredientes

12 ostras • 12 cs de vermut blanco • 80 g de mantequilla • 5 cs de pan rallado • 100 g de queso rallado • 2 cs de perejil picado • Sal y pimienta

Elaboración

Abrir las ostras con cuidado y olerlas una a una para comprobar que están en buen estado.
Disponer 1 cs de vermut y 1 nuez de mantequilla sobre cada ostra.
Aparte, mezclar bien el queso, el perejil y el pan rallado.
Colocar las ostras en una fuente y salpimentarlas. Verter sobre ellas el preparado de queso, perejil y pan.
Gratinarlas en un horno caliente hasta que se cree una costra en superficie.

Pulpo «a feira»

Ingredientes

1 pulpo de 800 g • 5 cs de aceite de oliva virgen • 2 cc de pimentón picante y sal gorda

Elaboración

Limpiar bien el pulpo. Poner abundante agua a hervir en una cazuela y sazonar. Una vez comience a hervir, sumergir y sacar el pulpo tres veces y finalmente dejarlo totalmente sumergido para que cueza hasta que esté blando. Esto es asustar al pulpo y consiste en interrumpirle la cocción varias veces para conseguir que quede más tierno (lo mismo se hace con judías y lentejas).

Ya cocido, escurrirlo, cortarlo en rodajas y colocarlas en platos de madera. Espolvorear con el pimentón picante y la sal gorda. Aliñar con aceite de oliva virgen por encima.

Vieiras al estilo gallego

Ingredientes

4 vieiras • 1 cebolla • 1 diente de ajo • 40 g de jamón en tacos • 8 cs de aceite de oliva • 2 tomates • 70 ml de vino blanco • 2 cs de pan rallado • ½ hoja de laurel • Sal y pimienta

Elaboración

Limpiar bien las vieiras y guardar su concha. Picar menudos la cebolla y el ajo. Rehogarlos en aceite junto con el jamón. Añadir el tomate, sin piel ni pepitas, y el laurel; dejar cocer durante 5 min. Agregar el vino blanco y reducir ligeramente. Salpimentar.

Colocar las vieiras limpias en su concha y disponer sobre ella el preparado. Cubrir estas con el pan rallado.

Hornear el conjunto durante 12 min a 190 °C. Servir caliente.

Vieiras con mantequilla

Ingredientes

16 vieiras con sus corales • 200 g de mantequilla. • 4 chalotas picadas finas • 200 g de vino blanco seco • 150 g de vinagre de vino blanco • 100 g de caldo de pescado • Sal y pimienta

Elaboración

Abrir las vieiras y retirar la bolsa marrón que llevan dentro. Limpiar, escurrir y cortarlas en dos rodajas. Salpimentar.

En un cazo, disponer las chalotas con el vino, el vinagre y el caldo. Salpimentar y dejar reducir a fuego suave hasta que el líquido casi se evapore.
Añadir la mantequilla trozo a trozo al cazo y batir a fuego lento. Cuando presente un aspecto ligero y espumoso, estará en su punto.
Dorar las vieiras en una sartén con un poco de mantequilla.
Servirlas en un plato acompañas de su salsa.

Vieiras y salmón crudo marinados

Ingredientes

8 vieiras limpias • 100 g de salmón fresco • Zumo de un limón • 4 cs de aceite de oliva • Una pizca de coriandro • 8 tostadas de pan • Sal y pimienta

Elaboración

Limpiar las vieiras y separar la parte de su coral. Cortar las vieiras y el salmón en trozos pequeños y finos.
En un bol, mezclar el zumo de limón, el aceite, el coriandro, la sal y la pimienta. Mezclar todo bien. Introducir los trozos de vieiras y de salmón, y dejar marinar en el frigorífico durante 2 horas.
Servir frío sobre pan tostado.

PES
CA
DOS

Ajoarriero a la tudelana

Ingredientes

800 g de bacalao desalado • 125 g de salsa de tomate muy líquida • 4 dientes de ajo • 2 cs de aceite de oliva virgen y una pizca de sal

Elaboración

Secar el bacalao después de haberlo desalado, retirar las pieles y espinas, y deshilacharlo.

Cortar los dientes de ajo en láminas.

En una cazuela con aceite, dorar los ajos, y añadir la salsa de tomate y el bacalao.

Al primer hervor, bajar el fuego y cocer hasta que se espese.

Rectificar de sal y servir.

Ajoarriero navarro

Ingredientes

800 g de bacalao desalado desmenuzado • 6 patatas medianas • 10 cs de aceite • ½ kg de cebollas picadas • 4 dientes de ajo picados • 1 pimiento rojo grande cortado en dados • 10 cs de tomate frito • 1 cc de perejil picado • Sal y pimienta

Elaboración

Cocer las patatas con su piel hasta que estén a punto. Retirarlas del agua y dejarlas enfriar antes de pelarlas y cortarlas en dados.

Calentar en una sartén más bien grande 4 cs de aceite y freír en ella la cebolla, 2 de los ajos, las patatas y el pimiento en dados. Rehogar 1 min y añadir el tomate.

En una cazuela, poner aceite, los otros 2 ajos y el bacalao, sobre fuego suave. Volcar encima el contenido de la sartén, añadir el perejil picado, salpimentar, mezclar bien y servir bien caliente en cazuelitas individuales.

All cremat ΨΨ

Ingredientes

1 escórpora (cabracho) de 1,300 kg (pescado de roca) • 300 g de patatas • 4 dientes de ajo • 4 tomates maduros • 4 cs de aceite de oliva virgen extra • 400 g de agua aprox. • Sal y pimienta

Elaboración

En una cazuela de barro, poner el aceite a fuego vivo. Mientras se calienta, ir machacando los ajos. Después, dorarlos en el aceite hasta que estén bien tostados y retirarlos. Añadir entonces el tomate partido y dejar cocer, removiéndolo hasta que tome un color marrón oscuro.

Cuando esté a punto, añadir las patatas cortadas en trozos y cubrirlas de agua. Salpimentar. Dejar hervir a fuego suave destapado. Transcurridos 10 min, añadir la escórpora (o cualquier otro pescado de roca), para que se acabe de cocer todo junto.

El tiempo de cocción depende de la consistencia y del peso del pescado, pero son 10 min más aprox.

Angulas a la cazuela ΨΨΨ

Ingredientes

500 g de angulas • 1 diente de ajo en láminas • 1 guindilla y aceite de oliva virgen

Elaboración

Poner a fuego vivo en una cazuela de barro el aceite de oliva virgen, el diente de ajo y un pequeño trozo de guindilla. Cuando el aceite esté bien caliente, añadir las angulas, revolviendo continuamente con un tenedor de madera, y retirar del fuego de inmediato.

Servir en la misma cazuela.

Se pueden elaborar la *Gula del Norte* exactamente por el mismo procedimiento.

Atún «pamplonica»

Ingredientes

1 trozo de atún de ¾ de kg de la cola • 2 cebollas pequeñas • 1 huevo cocido • 3 pepinillos en vinagre • 1 cc de perejil picado • 1 rama de perejil • 3 cs de vinagre • 8 g de pimienta negra • Salsa mayonesa y 2 cc de sal

Elaboración

Cortar el atún en 4 rodajas y poner en agua fría con vinagre, sal, la pimienta, la cebolla y parte de la rama de perejil. Llevar a hervor 5 min sobre un fuego muy suave. Retirar del fuego y dejar enfriar en el agua.

Cuando se haya enfriado, sacar las rodajas de atún, quitar la piel y dejar escurrir bien. Mientras, picar muy fino el huevo cocido, los pepinillos, las cebollas y el perejil, y colocar este picadillo sobre las rodajas de atún en una fuente.

Servir frío acompañado de la salsa mayonesa

Bacalao a la cántabra

Ingredientes

400 g de bacalao previamente remojado • 250 g de cebollas • 1 diente gordo de ajo • 2 dl de aceite • 1 copa de vino blanco • 1 cs de harina • 1 hoja de laurel • 1 limón y perejil

Elaboración

Poner el bacalao al fuego en una cacerola, cubierto de agua y con la hoja de laurel. Cuando se inicia la ebullición, retirar del fuego y tapar el recipiente.
En otra cazuela de barro, con el aceite, rehogar la cebolla bien picada y el jamón también picado, hasta que adquiera un color rubio ligero; entonces añadir el vino blanco.
Una vez reducido el vino a la mitad, agregar la harina y rehogar un poco, mojar con caldo del bacalao (en cantidad suficiente para cubrir justamente el bacalao cuando esté en este último recipiente) y añadir un poco de perejil picado.
Cuando empiece a cocer, incorporar el bacalao, bien escurrido, y dejar hervir todo junto, con mucha lentitud 15 min. Al retirarlo del fuego, rociar con el zumo del limón.
Servir bien caliente.

Bacalao a la gallega

Ingredientes

600 kg de lomos de bacalao (desalados) • 750 kg de patatas • 300 g de coliflor • 1 cebolla • 5 dientes de ajos • 50 g de pimentón y 40 g de aceite de oliva

Elaboración

Pelar las patatas y cortarlas en rodajas. En una cazuela con agua, poner a cocer las patatas, junto con la cebolla cortada fina y la coliflor en trozos. Una vez rompa a hervir, colocar los lomos de bacalao. Cocer hasta que estén hechas las patatas.
Pelar los ajos y cortarlos en filetes. Freír estos en el aceite y, ya fritos, retirarlos. Quitar la sartén del fuego, y añadir pimentón y un cazo de agua de la cocción del bacalao.
Servir con esta salsa por encima y los ajos fritos.

Bacalao a la manchega

Ingredientes

450 g de bacalao seco • 1 cebolla • 3 cs de harina • 1 cc de pimentón dulce • 70 g de aceite de oliva • 1 cs de perejil picado • 1 huevo • Pizca de orégano • Zumo de ½ limón • 1 cc de vinagre de vino y sal

Elaboración

Poner el bacalao a remojo durante 48 h y cambiar el agua varias veces.

Escurrir el bacalao y secar ligeramente. Eliminar las pieles y las espinas, y cortarlo en trozos más o menos del mismo tamaño. Colocar el bacalao en un cuenco y agregarle zumo de limón, orégano, pimentón y 1 cs de aceite. Mezclar bien el conjunto y dejar reposar.

Pelar la cebolla fina. Cocer el huevo, pelarlo y picarlo.

Mezclar en un cuenco la cebolla, el perejil y el huevo duro picado. Aliñar con 2 cs de aceite, vinagre y sal. Reservar.

Escurrir el bacalao del preparado y enharinar. Freír en aceite caliente hasta que esté dorado. Escurrirlo de aceite y poner en una fuente.

Colocar la ensalada por encima y servir inmediatamente.

Bacalao a la riojana

Ingredientes

¾ kg de bacalao • ½ kg de cebolla en rodajas • ½ kg de pimientos morrones • 1 cc de pimentón dulce • 2 dientes de ajo picados • Aceite y sal

Elaboración

Previamente, poner el bacalao en remojo durante 48 h, cambiándole el agua 3 ó 4 veces. Luego, poner en una cacerola con agua fría y, antes de que llegue a hervir, retirar, escurrir bien sobre un paño, y quitar las espinas y la piel.

A continuación, rehogar la cebolla con el ajo en aceite hasta que esté transparente, pero sin dorarse. Después, en una cazuela poner capas alternas de bacalao primero y cebolla rehogada con su aceite sobre él; salar, espolvorear con el pimentón y colocar encima tiras de pimiento previamente asado y pelado.
Poner a fuego muy suave hasta que comience a hervir, retirar y terminar al horno a 180 °C, con la cazuela tapada, hasta que esté a punto.

Bacalao a la vizcaína

Ingredientes

1 kg de bacalao desalado y troceado • 1 dl de aceite • 4 dientes de ajo y salsa vizcaína

Elaboración

Escurrir el bacalao, limpiarlo de escamas y espinas.
Poner al fuego una cazuela de barro con abundante aceite y los ajos. Cuando estén dorados, retirarlos y poner el bacalao con la piel hacia arriba. Después de 15 min, el bacalao estará hecho.
Retirar el aceite y cubrir el bacalao con la salsa vizcaína (ver pág. 248). Añadir 2 cs del aceite donde se hizo el bacalao y dejar cocer a fuego muy lento 5 min, sin que hierva. Servir caliente.

Bacalao al jerez

Ingredientes

4 lomos de bacalao con piel y desalado (200 g/unid.) • 4 dientes de ajo • 1 guindilla roja • 80 g de vino de jerez • 3 dl de aceite de oliva virgen extra • 1 cs de harina de trigo • 1 cs de perejil picado • Sal y pimienta negra

Elaboración

En una cazuela con el aceite de oliva y el vino de jerez, dar un hervor a fuego suave durante 5 min a los ajos sin pelar y a la guindilla despepitada.
Salpimentar y enharinar los lomos de bacalao. Cocer en el aceite a fuego muy suave durante 8 min, moviendo constantemente la cazuela para que ligue bien la salsa. Espolvorear con perejil y servir en la cazuela.

Bacalao al pilpil I

Ingredientes

4 trozos de bacalao sin espinas • 4 dientes de ajo • Aceite de oliva virgen y 4 guindillas secas picantes

Elaboración

Echar en remojo el bacalao durante 48 h, cambiando el agua al menos 3 veces.
Poner al fuego una cazuela de barro con los trozos de bacalao y un vaso de agua. Cuando aparezca una espuma blanca al romper a hervir, retirar del fuego y reservar el agua. Sacar el bacalao, escurrir bien y disponer los trozos sobre un paño o servilleta.
Sobre otra cazuela de barro de base amplia, puesta a fuego moderado, echar abundante aceite de oliva virgen de buena calidad y los dientes de ajo picados con parte de la guindilla cortada en trozos. Cuando los ajos estén dorados, reservarlos.
Poner los trozos de bacalao sobre la cazuela, cuidando de que se dispongan con la piel hacia abajo y estén suficientemente separados.
A medida que se vaya haciendo, a fuego suave, ir dando vueltas a la cazuela en círculos, añadiendo poco a poco 1 ó 2 cs del agua reservada. Se verá que al cabo de un rato empieza a ligar el aceite hasta engordar ligeramente y espesarse.
Cuando la salsa esté ligada y el bacalao hecho, retirar del fuego y servir caliente.

Bacalao al pilpil II

Ingredientes

800 g de bacalao especial para el pilpil • 300 g de aceite de oliva • 5 dientes de ajo cortados en láminas y 2 guindillas picantes

Elaboración

Poner el bacalao a remojo durante 48 h y cambiar el agua varias veces.
En una cazuela de barro calentar el aceite, echar los ajos y la guindilla. Freír hasta que tomen color, retirarlos y reservarlos.
Retirar la cazuela y dejar enfriar el aceite un poco, poner los trozos de bacalao en el aceite con la piel hacia abajo.
Ir moviendo suave para que se vaya formando la salsa al tiempo que el bacalao suelta la gelatina. Mantener constante la temperatura del aceite, que debe ser templada.
Montar la salsa dando movimientos rotatorios a la cazuela y espesando gracias a la gelatina que va soltando.
Servir con el ajo frito y la guindilla en su superficie.

Bacalao asturiano

Ingredientes

4 rodajas gruesas de bacalao salado • 6 dientes de ajo • 150 g de aceite de oliva • 100 g de sidra y perejil fresco picado

Elaboración

Secar los lomos de bacalao y quitarles las espinas.
En una sartén, freír los ajos fileteados. Cuando comiencen a dorarse, apagar el fuego, retirar los ajos, echar el aceite en una cazuela de barro y dejar que se enfríe.

Disponer el bacalao en la cazuela con la piel hacia abajo, poner la cazuela al fuego y moverla en suave vaivén. A los 5 min, dar la vuelta al bacalao y añadir la sidra en un goteo sin dejar de menear el recipiente. Calentar a fuego muy suave.
Al cabo de 10 min, espolvorear con perejil, remover 5 min más, añadir los ajos y servir.

Bacalao cántabro

Ingredientes
4 trozos de bacalao ya desalados • 2 cebollas • 2 dientes de ajo • Zumo de un limón • 50 g de vino blanco • 70 g de agua • 3 cc de perejil picado • 1 cs de harina • 3 cs de aceite de oliva y sal

Elaboración
Picar las cebollas y rehogarlas en una cazuela de barro con aceite. Incorporar la harina, el vino y el agua, y dejar cocer poco a poco.
Espolvorear con perejil, los ajos machacados en el mortero y el zumo de limón. Mover la cazuela e incorporar el bacalao. Cocer el conjunto durante 12 min. Rectificar de sal.

Bacalao con ajos

Ingredientes
400 g de lomos de bacalao desalado, limpio de espinas (200 g/unid.) • 80 g de aceite de oliva • 1 cabeza de ajos y 50 g de perejil

Elaboración
En una cazuela, poner el aceite y el bacalao. Cocerlo por ambas partes sin hacerlo demasiado.

En un mortero, machacar los ajos con el perejil previamente deshojado. Terminar de cocinar el bacalao agregando los ajos machacados, Mover la cazuela sin revolver su contenido. Dejar que se haga con la cacerola tapada. Retirar la tapa y mover la cazuela con cuidado y ligando su salsa.

Bacalao con crema de leche

Ingredientes

4 lomos de bacalao de 200 g desalados • 1 kg de patatas • 2 cebollas grandes • 3 hebras de azafrán • 250 ml de leche • 100 ml de nata líquida • 1 vaso de agua • 1 cs de harina • 1 huevo para rebozar • 1 cs de perejil picado • Aceite de oliva • Sal y pimienta

Elaboración

Pelar y cortar las patatas en rodajas. Freírlas por tandas en aceite caliente, hasta que se doren por ambas partes, y colocarlas en una cazuela ancha.

Quitar un poco de aceite de la sartén que hemos empleado para freír las patatas, pasar el bacalao (seco previamente con papel de cocina) por harina y huevo batido (escurriendo bien el huevo), y freír por ambas caras. Colocar sobre las patatas.

Picar la cebolla en dados pequeños y freír a fuego suave en el aceite en donde se frió el bacalao. Cuando esté ligeramente dorada, agregar a la sartén la leche, el azafrán, la nata y el agua.

Dejar que hierva durante 5 min y añadir a la cazuela donde está el bacalao con las patatas. Tapar y hervir a fuego suave hasta que las patatas estén hechas, remover la cazuela para conseguir que la salsa vaya ligándose.

A media cocción, salpimentar. Es recomendable probar antes el bacalao para ver su punto de sal.

Presentar en la propia cazuela con el perejil picado por encima.

Nota

La nata se puede sustituir por más leche.

Bacalao con migas

Ingredientes

800 g de bacalao desmigado y desalado • 75 g de migas de pan duras • 6 dientes de ajo picados • 2 tomates pelados y despepitados • 4 cs de aceite de oliva • ¼ de guindilla y 2 cs de perejil picado

Elaboración

Sobre una sartén con un chorro de aceite, dorar los ajos y la guindilla picada.

Añadir las migas de pan y remover bien con cuidado de que no se agarren.

Ya doradas, incorporar el bacalao desmigado, rehogar un poco y agregar el perejil y un poco de agua. Dejar al fuego hasta que el agua se evapore.

Picar el tomate y acompañar en el plato con el bacalao con migas.

Bacalao con *samfaina*

Ingredientes

800 g de lomos de bacalao • 150 g de tacos de jamón • 2 dientes de ajo • 1 dl de caldo de pescado • 1 cebolla grande • 6 tomates maduros pelados y sin pepitas • 1 vaso de vino blanco • 2 berenjenas • 1 calabacín • 8 pimientos • 2 hojas de laurel • Aceite de oliva • Sal y pimienta

Elaboración

Desalar el lomo de bacalao durante 48 horas, cambiándole el agua varias veces. Luego cortarlo en 8 trozos y dorarlo con aceite en una cazuela.

Cuando estén dorados, añadir el jamón, el ajo y la cebolla cortada en tiras finas. Seguir rehogando hasta que la cebolla esté dorada. Entonces incorpo-

rar el tomate troceado y sin piel y dejar que se fría. A continuación, echar el vino.
En una sartén aparte, se fríen con aceite los calabacines y berenjenas pelados y cortados a lo largo, y los pimientos cortados de la misma forma. Cuando estén dorados, se agregan a la cazuela del bacalao junto con las hojas de laurel.
Por último, añadir un cucharón de caldo. Salpimentar. Terminar de cocer tapado y en cocción lenta 15 min aprox.

Bacalao con tomate

Ingredientes

800 g de lomos de bacalao • 300 g de cebollas • 6 pimientos rojos • 2 kg de tomates maduros • 4 dientes de ajo • 10 cs de aceite de oliva • Harina • Pimienta • Azúcar y sal

Elaboración

Poner el bacalao a remojo con agua fría durante 48 h. Se debe cambiar el agua cada 8 h para que el bacalao esté completamente desalado.
Una vez transcurrido este tiempo, cortar el pescado en trozos regulares, pero que no sean demasiado gruesos. A continuación, pasarlos por la harina y freírlos en una cazuela de barro puesta al fuego con el aceite. Reservar.
En el aceite sobrante, freír la cebolla en rodajas y los ajos en láminas finas; antes de que se doren, añadir los pimientos cortados en tiras y pelados, y el tomate pelado y sin pepitas.
Dejar que se haga a cocción suave hasta conseguir una salsa espesa. Salpimentar y añadir una pizca de azúcar para quitarle acidez al tomate.
Por último, añadir los trozos de bacalao, hervir 3 min y servir inmediatamente.

Bacalao fresco asado con tomillo

Ingredientes

1 bacalao fresco de unos 2 kg • 1 cebolla • 1 vaso de brandy • Harina • Tomillo • 2 cs de jugo de carne • Patatas • Zanahorias • Pimienta • Perejil • Aceite y sal

Elaboración

Limpiar el bacalao y cortar los lomos en raciones, salpimentar y pasar por la harina. En una sartén con aceite, dorar los trozos de bacalao, añadir la cebolla cortada en juliana y el tomillo. Cuando esté dorado, quitar el aceite y flamear con el brandy.

Añadir unas cucharaditas de jugo de carne e introducir en el horno, previamente calentado unos 5 ó 10 min, a 150 °C durante 5 min.

Servir los lomos de bacalao junto con el jugo obtenido. Espolvorear con un poco de perejil. Acompañar con unas patatas y unas zanahorias hervidas como guarnición.

Bacalao fresco con salsa de chacolí

Ingredientes

800 g de bacalao fresco limpio y en lomos • 100 g de chacolí • 3 cs de aceite de oliva • 200 g de caldo de pescado • 250 g de almejas • 100 g de gambas • 3 yemas de huevo • 50 g de mantequilla • 1 diente de ajo picado y sal

Elaboración

Poner una cazuela al fuego con el aceite y el diente de ajo, y antes de que empiecen a dorarse, añadir las almejas, las gambas y, seguidamente, los lomos de bacalao previamente sazonados. Mojarlos con el chacolí, el caldo de pescado y añadir la mantequilla. Mantener la cocción durante unos 4 ó 5 min moviendo la cazuela para que ligue la salsa.

Recuperar la salsa de la cazuela sin que se rompan los lomos, y añadir las yemas. Mezclar bien la salsa con las yemas hasta que esté bien ligada y agregar un poco de agua. Verterla sobre el bacalao de modo que este quede cubierto.

Bacalao rebozado

Ingredientes

700 g de bacalao desalado • 1 cc de orégano • 1 cc de perejil picado • 3 dientes de ajo • 2 cs de vinagre • 200 g de agua • 250 g de harina • 2 cs de aceite • 1 cerveza y sal

Elaboración

Limpiar de piel y espinas el bacalao y cortarlo en tiras gruesas.

Machacar en el mortero el orégano junto con el perejil y el ajo. Añadir al majado el vinagre y el agua.

Untar con el majado el bacalao y deja reposar durante 1 h. Escurrir bien.

Mezclar bien la harina junto con el aceite y la cerveza. Sazonar.

Rebozar en esta mezcla cada tira de bacalao y freír en abundante aceite muy caliente.

Cuando estén doradas, retirar y escurrir bien de aceite. Servir caliente

Bacalao y patata en frío

Ingredientes para 6 personas

½ kg de bacalao • ½ kg de patatas • 100 g de pan rallado • 2 huevos cocidos • 1 yema de huevo • 2 dientes de ajo frito • 50 g de aceite de oliva virgen extra y perejil

Elaboración

Poner el bacalao a desalar durante 48 h, cambiándole el agua varias veces.

Cocer el bacalao, las patatas y el huevo. Pelar las patatas y hacer un puré claro con estas y el caldo de la cocción.
Quitar las espinas del bacalao y partir muy fino, al igual que los huevos duros y el perejil, que se cortarán muy menuditos.
Machacar en el mortero los dientes de ajo y la yema de huevo, y batirlo con una espátula de madera; agregar después el pan rallado y el puré de patatas. Ponerlo en una cazuela de barro y dejar reposar durante 10 min.
A continuación, echar el aceite poco a poco batiéndolo. Agregar después el bacalao, el perejil y los huevos picados.
Servir frío. Ideal para empezar una comida.

Besugo a la donostiarra

Ingredientes

1 besugo de algo más de 1 kg • 6 dientes de ajos grandes • 1 limón • 1 cs de perejil picado • 3 dl de aceite • 8 guindillas y sal

Elaboración

Abrir el besugo de arriba abajo y quitarle la espina central (pueden hacerlo en la pescadería). Limpiar y secar con un paño. Espolvorear con sal y rociar con zumo de limón y unas gotas de aceite. Dejar macerar en sitio fresco 15 min.
Poner el besugo en una parrilla o plancha que esté muy caliente y previamente pintada con aceite de oliva.
Mientras se asa el pescado, pelar los ajos y cortarlos en láminas finas. Freírlos junto con las guindillas en un poco de aceite. Sazonar ligeramente con sal y agregar 2 cs de zumo de limón. Mezclar.
Cuando el besugo esté a punto, rociar con la salsa y servir inmediatamente con perejil finamente picado.

Besugo a la espalda

Ingredientes

1 besugo • Zumo de limón • 1 vaso de vino blanco o sidra • 3 dientes de ajo • 2 dientes de ajo fileteados • Perejil picado • 8 cs de aceite de oliva y sal

Elaboración

Es conveniente advertirle al pescadero que prepare el besugo para cocinarlo a la espalda, ya que así lo abre separándole la espina de la forma adecuada.
Después de escamarlo bien, limpiarlo, lavarlo con agua y secarlo con un trapo, se unta con ajo, perejil y sal, previamente machacado todo junto en un mortero.
También es muy conveniente rociarlo con un chorro de sidra o de limón antes de dejarlo reposar durante al menos ½ h. A continuación, poner abierto con la piel para abajo en una parrilla con un fondo de aceite y rociarlo con sidra o vino blanco.
A media cocción, agregar por encima un refrito con los ajos fileteados y el aceite.

Besugo al estilo Orio

Ingredientes

2 besugos de 800 g cada uno • 3 dientes de ajo • Unos aros de guindilla • 8 cs de aceite de oliva • 4 cs de vinagre de vino y sal

Elaboración

Limpiar bien los besugos de escamas, y retirar las aletas y algo de la cola.
Abrirlos con unas tijeras por la parte del vientre, vaciarlos por dentro. Lavar y secar bien.
Sazonar por dentro y por fuera, y dejarlos en reposo una ½ h para que tomen bien la sal. Aceitarlos con una brocha de cocina y colocarlos en la asadora de

alambre (besuguera), para asarlos a la parrilla. De no ser así, introducirlos en el horno a 200 °C. Darles la vuelta a los 10 min.

Cortar los dientes de ajo en láminas finas y freírlos en el aceite; cuando empiecen a tomar color, añadir la guindilla y retirar del fuego antes de que se quemen.

Sacar los besugos de las besugueras, abrir por el medio recogiendo todo el jugo que suelten, suprimir la espina central y regar con el aceite en el que se han frito las láminas de ajo y los aros de guindilla, y el jugo que han soltado.

Calentar el vinagre en la misma sartén y rociarlos.

Besugo al horno I

Ingredientes

1 besugo de 1,300 kg • 1 diente de ajo • 1 cebolla • 100 g de champiñones • 1 puerro • 4 tomates maduros • 2 zanahorias • 2 cs de aceite • 50 g de vino blanco • Una hoja de laurel • Sal y pimienta

Elaboración

Limpiar el pescado.

Hervir los tomates en agua, enfriarlos rápidamente y pelarlos. Cortar en cuartos y quitarles las semillas. Reservar.

Pelar la cebolla y el ajo, y picarlos fino. Limpiar los champiñones y cortarlos en rodajas. Hacer lo mismo con el puerro y las zanahorias.

Calentar el aceite y echar la cebolla, el ajo, la zanahoria y el puerro. Incorporar más tarde los champiñones y rehogar bien el conjunto. Añadir el laurel, después, los tomates y el vino. Cocer durante 5 min a fuego medio.

Colocar encima el besugo ya sazonado, y asar en el horno a 180 °C durante 30 min.

Besugo al horno II

Ingredientes

1 besugo de 1 ¼ kg • 2 ajos • 1 hoja de laurel • 40 g de vino blanco • 1 guindilla cayena • ¼ de limón en rodajas • 2 patatas • 2 cs de aceite de oliva • 8 cs de caldo de pescado y sal

Elaboración

Limpiar el besugo de tripas y escamas. Dar dos cortes por ambas partes y colocar dentro unas rodajas de limón.

Pelar las patatas y cortarlas en rodajas finas. Ponerlas en una bandeja de horno, haciendo una cama. Sazonar. Colocar encima el besugo sazonado y añadir un chorrito de aceite. Meter al horno durante 15 min.

Preparar el sofrito con la guindilla, los ajos cortados en láminas y la hoja de laurel.

Verter por encima del besugo junto con el vino blanco.

Añadir el caldo de pescado sobre el besugo e introducir al horno durante 10 min a 180 °C.

Besugo aragonés

Ingredientes

1 besugo de ½ kg aprox. • 3 dientes de ajo • 1 limón • 1 copa de coñac • 1 vaso de caldo de pescado • 1 cs de harina • Pimentón dulce • Aceite de oliva y sal

Elaboración

Vaciar y limpiar el besugo. Abrirlo por la mitad con cuidado, y retirar las espinas y la piel. Cortar el limón en rodajas y partirlas por la mitad. Rellenar el pescado con los trozos de limón, doblarlo, dejándolo entero, y pasarlo por harina.

En una fuente refractaria con aceite, colocar el besugo; introducir en el horno y dejar que se dore un poco. Rociar el pescado con el coñac y mantenerlo de nuevo en el horno durante 10 min a 190 °C.
Mientras, en una sartén con aceite caliente, sofreír los dientes de ajo pelados. Dejar enfriar el aceite y espolvorear con un poco de pimentón, ½ cs de harina y sal. Verter en el sofrito un vaso de caldo de pescado; mezclar bien, pasar por el colador y rociar sobre el pescado, ya hecho, un instante antes de servirlo.
Servir caliente en la misma fuente en que se ha cocinado.

Besugo de Bermeo

Ingredientes
1 ½ kg de besugo • 4 cs de vinagre de vino • 200 g de aceite de oliva • 8 dientes de ajo cortados en láminas • 1 guindilla cayena • 1 cs de pan rallado • 1 cc de perejil picado y sal

Elaboración
Limpiar bien el besugo de escamas y tripas. Abrirlo a lo largo por un lateral. Sazonar y rociar con el vinagre. Colocar en una fuente de horno con la piel hacia abajo.
Freír en aceite el ajo y la guindilla en rodajas finas. Verter sobre el besugo, espolvorear con pan rallado y perejil.
Hornear unos 18 min hasta que se dore a 190 °C.

Besugo de San Vicente

Ingredientes
1 besugo de 1 kg • 50 g de aceite de oliva • 70 g de miga de pan duro • 1 cs de perejil picado • 2 dientes de ajos fileteados • ½ kg de patatas • 1 cebolla • 3 pimientos verdes • 1 limón • 40 g de vino blanco y sal

Elaboración

Limpiar el besugo y realizar unos cortes en el lomo. Sazonar y poner unas rodajas de limón y los ajos en los cortes.

Majar la miga de pan con el perejil picado y un poco de aceite, y untar el besugo con esta mezcla.

Preparar un fondo en la placa de horno con las patatas cortadas en láminas finas, y los pimientos y la cebolla en juliana. Poner encima el besugo, un chorrito de aceite, el vino blanco y un poco de agua. Hornear a fuego fuerte, 180 °C, unos 30 min, rociándolo con la salsa.

Servir abierto por el centro, sin cabeza.

Bocaditos de mejillones

Ingredientes

2 kg de mejillones (preferiblemente de roca) • 150 g de leche evaporada • 50 g de vino blanco • 50 g de mantequilla • 2 cs de harina • 1 huevo • 30 g de pan rallado • Aceite para freír • Sal y pimienta blanca

Elaboración

Colocar los mejillones en un cazo al fuego con el vino y dejar que se abran. Retirar la concha y colar el caldo. Reservar.

Cocer la mantequilla junto con la harina durante 2 min hasta que se coloree ligeramente. Añadir la leche y ½ vaso del caldo de los mejillones. Salpimentar y cocer durante 20 min removiendo continuamente. Dejar enfriar.

Bañar los mejillones en esta bechamel y dejarlos enfriar.

Pasarlos por huevo batido y pan rallado, y freírlos en abundante aceite muy caliente.

Bocartes al ajillo

Ingredientes

24 bocartes (boquerones o anchoas) • 2 dientes de ajo • ½ vasito de vino blanco seco • 3 cc de vinagre • Perejil picado y aceite de oliva

Elaboración

Lavar, abrir y espinar los bocartes. Poner aceite en una sartén honda y freír los ajos picados, sin dejar que se doren. Sofreír a continuación los bocartes con la piel para abajo moviendo la sartén y regándolos con aceite por arriba con la ayuda de la espumadera.

Añadir el vino blanco y un chorrito de vinagre, y dejar unos minutos al fuego.

Colocarlos en una fuente, con los lomos hacia abajo, sobre el jugo resultante, espolvoreados de perejil picado.

Servir tibios.

Bonito a la riojana

Ingredientes

1 rodaja de bonito de 600 g • 2 cs de harina • 6 dientes de ajo • 500 g de puré de tomate • 2 pimientos rojos asados • 4 cs de aceite • 1 guindilla y sal

Elaboración

Quitar la piel al bonito, cortar en trozos, salar y pasarlo por harina. Pelar los pimientos y cortarlos en trozos medianos. Picar finamente la guindilla.

Rehogar los pimientos en 2 cs de aceite hasta que estén tiernos, y añadir la guindilla y el tomate. Dorar los ajos en una cazuela de barro con el resto del aceite, hasta que hayan tomado buen color y luego retirar y reservarlos.

En el mismo aceite, dorar por ambos lados el bonito y después cubrirlo con el puré de tomate y pimientos. Machacar los ajos en el mortero y diluirlos con 3 cs de agua, hasta que quede una pasta. Añadir a la cazuela.
Dar un corto hervor a todo junto durante 2 min y servir en la misma cazuela.

Bonito con tomate

Ingredientes

2 rodajas de bonito (1300 g) • 2 cebollas • 4 tomates maduros • 6 cs de aceite de oliva • 1 cs de harina • 40 g de vino blanco • 1 ramita de tomillo y sal

Elaboración

En una cazuela grande, poner el aceite y las cebollas picadas muy finas a rehogar. Cuando coloree ligeramente, añadir la harina y remover bien.
Incorporar los tomates pelados, cortados y sin pepitas. Machacar con el canto de la espumadera y rehogar bien el conjunto. Mojar con el vino blanco, sazonar e incorporar el tomillo.
Dejar cocer esta salsa durante 15 min. Después, añadir el pescado y dejar cocer 15 min más, a fuego lento. Cubrir la sartén con una tapadera.
Servir en una fuente acompañado de su salsa.

Boquerones en vinagre

Ingredientes

½ kg de boquerones • 3 dientes de ajo picados • 1 cs de perejil picado • 50 g de vinagre de vino • 40 g de sal gorda y 4 cs de aceite de oliva

Elaboración

Limpiar bien los boquerones quitándoles la cabeza, tripas y espina central.
Lavar y dejarlos en abundante agua fría durante ½ h.

Escurrir bien y colocarlos en una fuente honda de cristal, con el vinagre y la sal gorda.
Dejar unas 10 h hasta que estén blancos. Escurrir y colocarlos en una fuente.
Aderezar con ajos, perejil y aceite de oliva.

Brandada de bacalao

Ingredientes
250 g de bacalao desalado en trozos • 100 ml de leche evaporada • 8 cs de aceite de oliva • 2 dientes de ajo • Rebanadas de pan frito • Perejil picado • Sal y pimienta

Elaboración
Poner el bacalao en una cazuela al fuego con un poco de agua con sal. Llevar a ebullición y retirar dejando reposar 15 min con la cazuela tapada. Escurrir, retirar pieles y espinas, y desmenuzarlo.
En otra cazuela, echar un poco de aceite, freír ligeramente el ajo y retirarlo a continuación. Añadir el bacalao y cocerlo a fuego suave removiendo sin parar hasta obtener una pasta fina. Ir echando el resto del aceite poco a poco. Agregar la leche caliente y proseguir montando el conjunto hasta que haya absorbido completamente el aceite y la leche, y parezca un puré. Salpimentar.
Terminar con perejil picado y acompañar con rebanadas de pan frito.

Brochetas de merluza

Ingredientes
400 g de lomos de merluza • 600 g de langostinos • 300 g de mejillones • 8 lonchas muy finas de beicon • 200 g de champiñones grandes • Para la

maceración: • Aceite • 1 cs de zumo de limón • 2 cs de vino blanco • 1 cc de mostaza en grano • Sal y pimienta blanca

Elaboración

Trocear los lomos de merluza en medallones pequeños. Pelar los langostinos. Limpiar los mejillones y cocer al vapor tapados en una sartén. Cortar los champiñones de tamaño parecido al de la merluza.

Insertar los ingredientes en la brocheta de la siguiente forma:

Lomo de merluza, champiñón, un langostino envuelto en media loncha de beicon y un mejillón. Repetir la operación hasta completar la brocheta. Macerar en la mezcla de aceite, vino, mostaza, zumo de limón, sal y pimienta durante 2 h.

Escurrir un poco y colocar las brochetas sobre una sartén antiadherente con un poco de aceite hasta que estén bien doradas por ambos lados.

Brochetas tropicales

Ingredientes

250 g de lomo de rape • 800 g de langostinos • 1 lata de piña en conserva • 1 limón • ½ cs de mostaza • 3 cs de aceite • Sal y pimienta

Elaboración

Cortar el rape en dados gruesos y dejar macerar 1 h con el zumo de limón, la mostaza y el aceite. Escurrir, reservar el jugo y sazonar el rape. Pelar los langostinos y reservar.

Ensartar el rape en una brocheta, después, un langostino, un trozo de piña y un dado de rape. Asar a la parrilla o, en su defecto, a la plancha, dejando que se coloreen bien, y servir con la salsa resultante de la maceración. Salpimentar.

Buñuelos de bacalao

Ingredientes

¼ kg de bacalao • 80 g de harina • 2 huevos • 50 g de nata líquida • 1 diente de ajo • 1 cs de perejil picado • 2 cc de levadura en polvo y 70 g de agua fría

Elaboración

Tener el bacalao remojado durante 12 h y después hervirlo unos 10 min con agua limpia (no la del remojo).

Quitarle las espinas y desmenuzarlo bien. En un bol, poner la harina, los huevos batidos, la nata, el ajo muy picado, el agua, el perejil, el bacalao desmenuzado y la levadura. Mezclar todo bien y formar los buñuelos con ayuda de una cuchara.

Freírlos con el aceite muy caliente hasta que estén bien doraditos.

Caldeirada gallega

Ingredientes

1 kg de patatas en trozos medianos • ½ kg de pescado fresco (puede ser cualquiera: merluza, lubina, dorada, mero, rape... También se pueden poner dos diferentes) • 8 cs de aceite de oliva • 4 dientes de ajo picados muy finos • 1 cc de pimentón • 1 cc de vinagre de uva y sal

Elaboración

Hervir las patatas en agua salada hasta que estén tiernas. En ese momento, añadir el pescado y cocer durante 5 ó 6 min. aprox. a fuego medio hasta que esté en su punto, (depende del tamaño, pero nunca mucho tiempo). Escurrir los dos ingredientes y reservar.

Para la salsa gallega: mientras se cuecen las patatas, calentar el aceite y sofreír el ajo a fuego suave hasta que esté dorado. Retirar del fuego y añadir el pimentón y el vinagre removiendo para que quede bien mezclado.
Presentar en una fuente el pescado con las patatas, cubierto por la salsa gallega.

Cazón con tocineta

Ingredientes

1 kg de cazón en rodajas • 100 g de tocineta fresca • 100 g de vino blanco • 1 pimiento verde • 2 tomates maduros • 100 g de agua • 1 cebolla • 2 dientes de ajo • 1 cs de harina • Aceite de oliva y sal
Pimienta y perejil

Elaboración

Poner en una cazuela un chorro de aceite de oliva y, cuando esté caliente, rehogar el ajo, la cebolla y el pimiento, todo bien picadito.
Añadir el tomate pelado y picado, y la tocineta cortada en tacos. Incorporar la harina, disuelta en agua fría para que no se formen grumos. Agregar el vino blanco y el agua.
Aparte, salpimentar las rodajas de cazón, ponerlo en la cazuela y dejar cocer 5 min.
Espolvorear con perejil picado y servir.

Cola de merluza con queso y nata

Ingredientes

1 cola de merluza de unos 600 g • Zumo de medio limón • 250 g de queso cremoso • 6 cs de nata líquida • 1 cs de pan rallado • Sal y pimienta

Elaboración

Cortar la cola de merluza en 4 filetes y salpimentar. Rociarlos con el zumo del limón y dejar que lo absorban durante 10 min.

Mezclar bien el queso con la nata y untar con esta mezcla los filetes, sobre todo una de sus caras. Colocar en una fuente de horno y cubrir todo el pescado con el resto de la mezcla.

Espolvorear ligeramente con el pan rallado e introducir en el horno, previamente calentado unos 5 ó 10 min, a 180 °C, durante 15 min aprox.

Servir en la misma fuente del horno.

Cola de salmón del Narcea al horno

Ingredientes

1 cola de salmón fresco de 1 kg • 2 cebollas • 1 limón • 3 cs de aceite de oliva • 40 g de vino blanco • Sal • Pimienta y eneldo fresco

Elaboración

Limpiar la cebolla y cortarla fina. Rehogarla con el aceite a fuego medio, salpimentar y reservar.

Colocar en una fuente de horno el salmón y una ramita de eneldo sobre él. Salpimentar y rociar la cola con limón. Introducir la fuente en el horno, a 195 °C durante 20 min. A media cocción, verter el vino blanco.

Presentar sobre una bandeja, con la cebolla como base espolvoreada con eneldo y, sobre este lecho, la cola de salmón.

Congrio a la cerveza

Ingredientes

1 kg de congrio en 4 rodajas • 1 cebolla • 2 dientes de ajo • 2 cs de harina • 1 cerveza • 12 langostinos pelados • 5 cs de aceite de oliva • 1 cc de perejil picado • 1 cc de pimentón dulce • Sal y pimienta

Elaboración

Limpiar y salpimentar el congrio.

Picar la cebolla y los ajos, y rehogarlos en una cazuela. A continuación, incorporar el pimentón y la harina. Mezclar bien y añadir la cerveza.

Poner en la cazuela el congrio y dejar cocer durante 15 min, girar el pescado a mitad de cocción.

Aparte, en una sartén, poner aceite, saltear los langostinos y añadirlos a la cazuela en el último momento de cocción.

Espolvorear el conjunto con perejil y probar de sal.

Congrio al aroma de jerez ѰѰѰ

Ingredientes

1 cebolla • 1 diente de ajo picado • 800 g de congrio • 6 granos de pimienta • 1 hoja de laurel • 30 g de vinagre de jerez • 3 yemas de huevo • 1 cc de perejil picado • Sal y agua

Elaboración

Limpiar, cortar y rehogar la cebolla junto con el ajo en una cazuela con aceite. Añadir después la pimienta y la hoja de laurel. Cuando la cebolla esté ligeramente dorada, incorporar las tajadas de congrio previamente sazonadas. Rehogar durante 2 min, y agregar el vinagre y el agua sin cubrir el pescado. Dejar cocer durante 10 a 15 min.

Cuando el congrio esté hecho, sacarlo a una fuente. Añadir las yemas batidasy el perejil a la cazuela, y moverla bien para que se mezcle.

Servir cubriendo las tajadas de congrio con su salsa.

Congrio con almejas ѰѰ

Ingredientes

1 kg de congrio • ½ kg de patatas • 350 g de almejas • 4 dientes de ajo picado • 2 cc de perejil picado • 3 cs de aceite de oliva • 1 guindilla y sal

Elaboración

Pelar y cortar las patatas en rodajas, y rehogarlas en una cazuela con aceite y el ajo. Dejar hacer durante 18 a 20 min hasta que se cuezan las patatas.
Aparte, colocar al fuego un cazo con agua y las almejas para abrirlas. Guardar el caldo para verterlo a las patatas.
Cortar el congrio en rodajas y sazonarlo. Freir las rodajas en una sartén con aceite a fuego vivo. Cuando esté dorado el pescado, incorporarlo a la cazuela junto con las patatas. Añadir las almejas ya cocidas previamente sin cáscara, además de la guindilla troceada. Dejar cocer 5 min aprox.
Espolvorear con perejil y servir.

Congrio con guisantes

Ingredientes

1 congrio de un 1 kg • 1 cebolla • 1 tomate maduro grande • ½ kg de guisantes • 2 dientes de ajo • 2 cc de perejil picado • Una pizca de romero • 4 cs de aceite de oliva y sal

Elaboración

Cortar el congrio en rodajas y guardar cabeza y cola para elaborar un caldo corto de pescado.
Pelar el tomate, despepitarlo y cortarlo en dados pequeños.
Picar la cebolla y los ajos finamente y rehogarlos en una cazuela con un poco de aceite a fuego moderado. Cuando adquieran cierto color, añadir el tomate y, por último, el perejil y el romero.
Incorporar al rehogado los guisantes y el caldo del pescado, dejar cocer unos min y poner las rodajas de congrio. Cocer durante 10 min con la cazuela tapada. Probar de sal y servir sin que cueza en exceso.

Desalar bacalao

Ingredientes

Una bacalada (en salazón) y agua

Elaboración

Pasar primero el trozo por el chorro de agua fría con el fin de eliminar la costra de sal gruesa que posee.

Poner el bacalao en remojo en abundante agua fría durante 48 h, cambiar de agua cada 12 h. Mantener el bacalao al frío durante el desalado

Dependiendo del grosor del bacalao, este tiempo podrá ser mayor o menor.

Dorada a la espalda

Ingredientes

6 dientes de ajo cortados en láminas • 5 patatas medianas • 2 cebollas • 2 doradas (700 g/unid.) • 40 g de whisky • 1 ramita de perejil • ¼ l de aceite de oliva y sal

Elaboración

Cortar la cebolla fina, rehogarla en aceite hasta dorarla un poco y extender como base de la dorada en una fuente.

Colocar las doradas abiertas con la piel hacia abajo y las ramas de perejil encima. Sazonar.

Freír los ajos hasta dorarlos ligeramente y verterlos sobre las doradas.

Pelar las patatas y cortarlas en rodajas finas. Freírlas sin llegar a cocerlas del todo y repartirlas por encima de los pescados.

Con el horno caliente, sobre los 220 °C, colocar la fuente y dejar aprox. 18 min. A los 10 min del horneado, añadir el whisky y dejar terminar la cocción. Servir bien caliente.

Escalopes de mero al tomillo

Ingredientes

8 rodajas de mero • 2 tomates maduros • Una pizca de tomillo • 2 dientes de ajo • 1 cebolla • 100 ml de vino blanco • Aceite • Sal • Pimienta y perejil picado

Elaboración

Escaldar los tomates y pelarlos.

Filetear los ajos y rehogarlos en una sartén con un poco de aceite. Añadir la cebolla picada, el tomillo y el tomate picado. Agregar el vino blanco y cocer durante 10 min.

En otra sartén, freír vuelta y vuelta los escalopes de mero salpimentados. Pasarlos a la sartén con la salsa durante 3 min.

Para servir, poner la salsa en el plato y colocar las rodajas de mero a los lados. Por último, espolvorear con un poco de perejil picado.

Escalopes de salmón con puerros y soja

Ingredientes

800 g de salmón fresco en filetes • 1 puerro grande • 20 g de mantequilla • 4 cs de harina de trigo • 2 cs de salsa de soja • 200 ml de caldo de pescado • Sal • Pimienta blanca y 1 cc de granos de sésamo

Elaboración

En una sartén con la mantequilla, saltear el puerro cortado muy fino a fuego suave durante 3 min. Añadir el caldo de pescado y dejarlo hervir durante 2 min más, agregar entonces la salsa de soja y remover todo bien.

Salpimentar los filetes de salmón, enharinarlos e introducirlos en la salsa, dejándolos que se hagan durante 2 ó 3 min.

Pasado este tiempo, colocarlos en un plato y servirlos cubiertos con la salsa y los granos de sésamo espolvoreados por encima.

Filetes de gallo al vino blanco

Ingredientes

2 gallos grandes • 1 cs de aceite • 100 g de caldo de pescado • 60 g de vino blanco • Zumo de un limón • 1 cc de harina • 2 cs de nata líquida • 100 cl de agua • 12 mejillones • Sal y pimienta

Elaboración

Limpiar, filetear y salpimentar los gallos. Colocarlos en una placa de horno y rociar con el caldo. Meter al horno a 180 °C durante 8 min. Reservar.

Abrir los mejillones en una cazuela tapada al fuego. Separar la carne de la concha y reservar el caldo.

En una cazuela verter agua y parte del caldo de los mejillones, y dejar reducir al fuego. Mezclar en un bol el vino y la harina, y añadirlo al caldo reducido. Agregar los mejillones y el zumo de limón. Dejar cocer el conjunto durante 1 min. Incorporar la nata, remover y cocer 5 min más.

Añadir los filetes de gallo y dejar hacer el conjunto durante 3 min a fuego medio.

Servir los filetes salseados.

Filetes de lenguado con salsa gratinada

Ingredientes

4 lenguados de ración • 1 nuez de mantequilla • 250 g de leche • 50 g de queso azul • 1 cc de harina • 1 cc de perejil picado • Una pizca de nuez moscada • 5 cs de aceite de oliva y sal

Elaboración

Limpiar, filetear y sazonar los lenguados. Enharinarlos y freírlos ligeramente en una sartén con poco aceite.
Para hacer la salsa, derretir en primer lugar la mantequilla, y añadir el queso troceado y la harina. Rehogar bien todo y verter la leche sin dejar de remover. Sazonar y dar un toque de nuez moscada. Incorporar en el último momento el perejil picado y dejar cocer unos minutos.
Salsear los filetes de lenguado y gratinarlos ligeramente en el horno caliente o en un gratinador.

Filetes de merluza rellenos de espinacas

Ingredientes

400 g de filetes de merluza • 300 g de espinacas • 1 diente de ajo picado frito • ¼ l de nata • 50 g de mantequilla • Aceite de oliva • Sal • Pimienta y perejil

Elaboración

Cocer las espinacas en agua hirviendo con sal. Escurrir bien y picarlas.
En un recipiente, mezclar las espinacas, el ajo, la nata y la mantequilla. Salpimentar.
Poner 1 cs de este preparado sobre cada filete de merluza, enrollar y cerrar con un palillo. Salpimentar.
Saltear el preparado de espinacas restante en una sartén.
Colocar en una fuente de horno los rollitos, poner sobre cada uno una nuez de mantequilla y meter en el horno a 185 °C durante 10 min.
Presentar el plato colocando en la base el preparado de espinacas salteadas y, encima, el enrollado de pescado. Espolvorear el perejil picado y rociar con un hilo de aceite sobre cada uno.
Servir caliente.

Filetes de pescadilla rellenos

Ingredientes

250 g de langostinos• 4 colas de pescadilla • 200 g de caldo de pescado • 100 g de champiñones • 1 cs de harina • 25 g de vino blanco • 1 yema de huevo • 4 cs de nata • 20 g de mantequilla y sal

Elaboración

Filetear las colas de pescado y quitarles la piel. Sazonar.

Pelar los langostinos y guardar sus cabezas para otros usos. Reservar.

Sazonar 4 colas de langostinos y envolver estas con los filetes de pescadilla, sujetando con un palillo si fuese necesario.

Derretir la mantequilla en un cazo y espolvorear la harina. Rehogar bien al calor y, sin parar de remover, añadir el caldo de pescado. Dar un hervor y dejar cocer a fuego lento con cuidado de que no se adhiera. Incorporar los champiñones limpios y fileteados, las colas de langostinos troceadas en tres y el vino blanco. Dejar cocer 4 min y probar de sal.

Batir la yema de huevo con la nata y añadir a la salsa. Dejar enfriar y salsear 1 cs de salsa en el centro del langostino envuelto con el filete. Repetir el mismo paso con el resto.

Meter en el horno, previamente calentado unos 5 ó 10 min, a 180 °C durante 12 min.

Presentar acompañando con la salsa.

Fritura andaluza

Ingredientes

4 pijotas (pescadillas) pequeñas (400 g en total) • 4 salmonetes pequeños (400 g en total) • 150 g de puntillas (pulpitos) • 100 g de cazón en adobo (bienmesabe) • 4 u 8 acedías de Sanlúcar, según tamaño • 200 g de pescado

de roca • 150 g de chanquetes • 150 g de boquerones • Harina gorda especial para freír pescado • Aceite de oliva • 2 limones y sal

Elaboración

Salar y enharinar enteros los pescaditos y el pescado de roca troceado. Freír en abundante aceite bien caliente.

Servir recién fritos, dejándolos escurrir previamente, y acompañarlos de limón cortado en cuartos.

Nota

Es posible añadir otras variedades de pescado.

Gallo al vino tinto

Ingredientes

1 gallo de 3 kg de peso cortado en 12 trozos • 2 l de vino tinto • 3 zanahorias • 4 cebollas • 3 puerros • ½ cabeza de ajos • Un poco de tomillo y laurel • ½ cc de pimienta negra en grano • 5 clavos • ¼ l de aceite de oliva • Sal y pimienta

Elaboración

Macerar el gallo, las verduras cortadas en juliana y las especias con el vino tinto durante 72 h en un lugar fresco. Escurrir el gallo, guardar las verduras y retirar las especias. Verter un poco de aceite en una sartén y dorar el gallo.

En una cazuela, rehogar las verduras hasta que coloreen ligeramente. Añadir el gallo y rehogar bien.

Hervir el vino, eliminar las impurezas y verterlo a la cazuela, junto con un poco de agua. Salpimentar y dejar cocer durante 50 min a fuego lento.

Cuando el gallo esté cocido, separar de la salsa y pasar esta por un pasapurés. Hervir y volver a añadirla al gallo.

Se puede acompañar con una guarnición de cebollitas glaseadas, beicon y champiñones.

Gallos a la molinera

Ingredientes

4 gallos de ración • 80 g de mantequilla • 2 limones • Zumo de medio limón • 10 cs de aceite de oliva • 4 cs de leche • 2 cs de harina • 1 cs de perejil picado • Sal y pimienta

Elaboración

Quitar cabezas y pieles a los gallos y salpimentarlos. Untarlos bien en leche y enharinarlos.

Freírlos en una sartén con el aceite y la mitad de la mantequilla dorándolos bien por ambos lados. Reservarlos en una fuente.

En otra sartén, fundir el resto de la mantequilla. Agregar el perejil picado y verter la mezcla, bien emulsionada con el zumo de limón, por encima de los gallos.

Adornar con los 2 limones.

Greixonera de sepia

Ingredientes

1 kg de sepia • 1 cebolla grande • 2 tomates maduros • 2 dientes de ajo • 200 g de guisantes • 800 g de patatas • 3 alcachofas • 200 g de coliflor • 100 ml de aceite • 100 ml de vino blanco • 1 limón • Perejil • Laurel y sal

Elaboración

Limpiar la sepia y cortarla a dados. Cortar también la coliflor en cogollos pequeños. Limpiar las alcachofas y frotarlas con limón.

Sofreír por separado en aceite las alcachofas y la coliflor. Reservar al calor. Pelar las patatas y cortarlas a dados pequeños.

Poner al fuego una cazuela de barro con aceite. Sofreír la sepia durante unos minutos. Añadir la cebolla, cortada muy fina, y una hoja de laurel. Agregar las

patatas. Incorporar el tomate picado y dejar rehogar lentamente. Casi al final de la cocción, incorporar la coliflor, los guisantes y las alcachofas. Sazonar. Preparar un majado con 2 dientes de ajo y perejil, agregar el vino e incorporar a la cazuela en el último momento. Retirar del fuego y dejar reposar.
Servir en la misma cazuela de barro.

Katuarraina a la vasca

Ingredientes

• 1 ½ kg de *katuarraina* (pintaroja) en filetes • 2 pimientos morrones rojos y verdes • 2 cebollas grandes • 4 patatas grandes • 4 dientes de ajo • 100 g de vino blanco seco • Perejil picado • 4 cs de aceite de oliva • 6 cs de puré de tomate • ½ cc de pimentón dulce • Pimienta y sal

Elaboración

Hervir las patatas cortadas en cuadrados durante 15 min. Reservar.
Limpiar bien el pescado, cortarlo en trozos alargados. Reservar.
Cortar en cuadrados medianos los morrones y las cebollas. Rehogar junto con los ajos en una cacerola grande con aceite bien caliente.
Agregar el vino, el pimentón y el puré de tomate, y salpimentar. Dejar reducir 10 min e incorporar los trozos de pescado a la cacerola. Cocer 10 min más, apagar el fuego y añadir un puñado de perejil.
Servir las patatas en el fondo del plato, encima, los trozos de pescado, y rociar con la salsa.

Kokotxas

Ingredientes

300 g de *kokotxas* • 1 diente de ajo picado • 120 g de aceite de oliva y 5 g de perejil

Elaboración

Poner un poco de aceite de oliva en una cazuela de barro y, cuando se temple, añadir los ajos muy picaditos, las *kokotxas* y el perejil bien picado.
Dejar hacer durante 2 min a fuego suave. Retirar la mayor parte del aceite y comenzar a mover la cazuela a la vez que vamos añadiendo un hilo del aceite retirado, hasta que la salsa empiece a ligar. Esta operación se debe hacer casi en frío.
Calentar moviendo continuamente, con cuidado de que no hierva en exceso, y servir.

Kokotxas y almejas en salsa verde

Ingredientes

750 g de *kokotxas* de merluza • 12 almejas • 4 dientes de ajo • Perejil picado • Guindilla y 8 cs de aceite

Elaboración

En una cazuela de barro, poner el aceite al fuego y, cuando esté caliente, echar los ajos picados y la guindilla. A continuación, añadir las *kokotxas* y las almejas, y revolver con cuidado durante 2 min.
Retirar la cazuela del fuego y agregar 8 cs de agua poco a poco moviendo la cazuela para que las *kokotxas* suelten la gelatina. Volver a colocar la cazuela al fuego, tapar y cocer durante 15 min.
Servir inmediatamente con perejil finamente picado por encima.

Lenguado al cava

Ingredientes

4 lenguados de ración • 200 g de caldo de pescado • 80 g de cava • El zumo de ½ limón • 2 chalotas picadas finas • 4 champiñones en filetes • 20 g de

mantequilla • 8 cs de aceite de oliva • 120 g de nata líquida • Sal y pimienta blanca

Elaboración

Limpiar, filetear y salpimentar los lenguados. Reservar.

Pochar las chalotas en aceite y mantequilla. Cuando estén semipochadas, incorporar los champiñones y saltear el conjunto. Añadir el zumo del limón y rehogar durante un instante.

Agregar el cava y el caldo de pescado. Salpimentar y dejar reducir a la mitad. A continuación, añadir la nata e introducir los filetes de lenguado en la salsa. Dejar que se hagan durante unos 4 min.

Para servir, disponer los filetes con cuidado en los platos y cubrir con la salsa.

Lenguado al horno

Ingredientes

2 lenguados grandes • El zumo de un limón • 2 dientes de ajo fileteados • 1 guindilla fileteada • 2 cc de perejil picado • 200 g de aceite de oliva y sal

Elaboración

Limpiar los lenguados de escamas y tripas. Sazonar. Colocarlos en una fuente de horno rociados con la mitad del aceite. Hornear unos 20 min a 190 °C, dependiendo del tamaño.

Freír en aceite el ajo y la guindilla, echar sobre los lenguados y espolvorear perejil. Agregar también el zumo de limón. Recuperar todos sus aceites, jugos y demás, emulsionar bien y verterlo de nuevo sobre el pescado.

Se puede acompañar con una patatitas al vapor.

Lenguado con almendras

Ingredientes
4 lenguados de ración • 5 cs de almendra molida • 60 g de vino blanco • 50 g de caldo de pollo • 20 g de mantequilla • 1 cs de perejil picado • Sal y pimienta

Elaboración
En un cazo, calentar la mantequilla e incorporar las almendras y el perejil picado.

Rehogar bien a fuego medio. Agregar el vino blanco y el caldo, y hervir hasta reducir la salsa. Salpimentar.

Limpiar los lenguados de escamas y tripas. Sazonarlos y pasarlos por la plancha con aceite hasta que queden coloreados por ambos lados.

Presentar los lenguados acompañados de la salsa de almendras.

Lenguado con cigalas

Ingredientes
2 lenguados • 600 g de cigalas • 1 cebolla • 200 g de sidra • 80 g de mantequilla • 1 cs de perejil picado • Sal y pimienta

Elaboración
Limpiar los lenguados y filetearlos. Por otro lado, pelar las cigalas y guardar sus cabezas para otros usos, como, sopas, cremas, etc. Sazonar ambos ingredientes y reservarlos.

Picar la cebolla fina y pocharla en una cazuela con la mantequilla. Añadir las cigalas y los filetes de lenguado. Mojar con la sidra y dejar cocer durante 10 min. Emulsionar bien y espolvorear con perejil. Rectificar de sal y servir.

Lenguados con salmón ahumado

Ingredientes

4 lenguados fileteados • 90 g de salmón ahumado • 80 g de mantequilla • Zumo de un limón • 1 cebolla • 1 chalota • 1 cs de perejil • 60 g de jerez seco • Sal y pimienta

Elaboración

Sazonar los filetes de lenguado y formar rollitos con el salmón, guardando este en el centro. Sujetar con un palillo y rociarlos con el zumo de limón.

Por otro lado, calentar la mantequilla, picar muy finas la cebolla y la chalota, y pocharlas en ella. Cuando estén bien pochadas, agregar el jerez. Reducir e incorporar el perejil picado. Salpimentar y reservar.

Colocar los rollitos en una placa de horno y poner encima de cada uno de ellos un trocito de mantequilla. Cocer al horno a 185 °C durante 10 min.

Retirar los palillos y servir los rollitos acompañados de su salsa.

Locha al vapor con verduras

Ingredientes

400 g de locha limpia • 1 puerro • 1 pimiento morrón • 1 diente de ajo • Agua • Sal y pimienta en grano

Para la guarnición:

30 g de espinacas • 30 g de vainas • 30 g de acelgas y 2 cs de aceite de oliva virgen extra

Elaboración

Cortar la locha en rodajas.

A continuación, poner en la parte inferior de la vaporera un vaso de agua, el pimiento morrón cortado en aros, unos granos de pimienta, un diente de ajo y un puerro.

Sazonar el pescado, colocarlo en la parte superior de la vaporera y poner a cocer durante 10 min. Sacar el pescado y reservar.
En una sartén, saltear con el aceite la verdura cortada en cuadraditos durante apenas 2 min a fuego fuerte.
Transcurrido este tiempo, poner en el fondo del plato las verduritas y, sobre estas, el pescado.

Lomos de merluza a la crema

Ingredientes

500 g de lomos de merluza • 2 huevos • 1 cc de mostaza • 1 limón • 2 yogures naturales • 1 lata de espárragos • 10 g de mantequilla • 40 g de aceite de oliva • Sal y pimienta

Elaboración

Colocar en una bandeja de horno los lomos con la piel hacia abajo. Rociar con limón y salpimentar. Incorporar la mantequilla. Hornear durante 10 min.
Preparar la mayonesa con las yemas de huevos, el aceite, el zumo de limón y la sal; añadirle la mostaza, los yogures y, finalmente, las claras de huevo a punto de nieve.
Disponer los espárragos alrededor de los centros de merluza y cubrir toda la superficie con la salsa preparada.
Gratinar durante unos minutos hasta dorar. Servir muy caliente.

Lomos de merluza al horno

Ingredientes

400 g de lomos de merluza • 2 patatas cocidas • 3 dientes de ajo en láminas • 6 cs de aceite de oliva • 2 cs de vinagre y sal

Elaboración

Limpiar la merluza y cortar 4 raciones. Sazonar y colocar sobre una fuente de horno aceitada. Meter la fuente al horno, previamente calentado unos 5 ó 10 min, a 195 °C durante 8 min.

Sacarla y verter sobre los lomos en primer lugar el vinagre y, en segundo lugar, el refrito hecho con el ajo laminado y el aceite.

Presentar en el plato los lomos de merluza salseada con su refrito y espolvoreada con el perejil. Acompañar con las patatas cocidas.

Lomos de merluza al mediterráneo

Ingredientes

400 g de lomos de merluza • 50 g de guisantes cocidos • 50 g de habas cocidas • 1 patata cocida • 1 cebolla • 2 dientes de ajo • 130 g de aceite de oliva • 2 tomates • ¼ l de vino blanco • 100 g de almendras tostadas • 1 ½ l de caldo de pescado • 2 cs de harina • Sal y pimienta

Elaboración

Rehogar la cebolla bien picada en aceite, añadir la harina y mezclar bien. Verter parte del caldo de pescado y dejar cocer.

En un mortero, majar los ajos dorados, las almendras y los tomates con un poco de aceite. Incorporar este majado al caldo con cebolla. Dejar cocer el conjunto durante 15 min a fuego lento sin dejar de remover. Salpimentar

Hornear la merluza, con el resto del caldo y el vino, a 185 °C durante 10 min.

En una sartén con aceite y ajo fileteado, saltear los guisantes, las habas y la patata cortada en dados. Salpimentar.

Presentar los lomos acompañados de su salsa y la guarnición de verduras.

Lomos de merluza con pimientos

Ingredientes

500 g de lomos de merluza • 1 cebolla • 1 pimiento rojo • 1 pimiento verde • 3 dientes de ajo • ½ kg de tomates maduros • ½ cs de azúcar • ¼ l de aceite de oliva • Sal y pimienta blanca

Elaboración

Cortar la merluza en raciones. Sazonar y enharinar. Freír en una sartén con aceite caliente, hasta dorar ligeramente. Reservar.

En una cazuela, sofreír los dientes de ajo, y agregar los pimientos y la cebolla cortados en tiras. Dejar sofreír y agregar los tomates pelados y triturados con el azúcar. Rehogar el conjunto durante 15 min. Salpimentar.

Poner la merluza sobre el sofrito y calentar el conjunto.

Lomos de merluza en papillote

Ingredientes

400 g de lomos de merluza • 1 puerro • 2 zanahorias • 2 chalotas • 1 diente de ajo • 100 g de champiñón fileteado • 25 g de mantequilla • Sal y pimienta

Elaboración

Limpiar y picar las zanahorias, el ajo, los chalotas y el puerro en juliana fina. Saltear las verduras en una sartén con mantequilla. Añadir el champiñón y rehogar durante 5 min. Salpimentar.

Cortar papel de aluminio, disponer los lomos sazonados, uno por papel, y sobre ellos, el rehogado de verduras. Cerrar formando paquetes individuales. Introducir en el horno a 200 °C durante 8 min.

Servir presentándolo con o sin papel, al gusto.

Lomos de merluza en salsa riojana

Ingredientes

400 g de lomos de merluza • 2 cebollas pequeñas • 1 pimiento rojo • 1 diente de ajo • ½ hoja de laurel • 1 cc de pimentón dulce • 70 g de vino blanco • 10 cs de aceite de oliva y sal

Elaboración

Picar la cebolla, el pimiento rojo y el ajo en juliana. Rehogar bien el conjunto con aceite y laurel; añadir el pimentón y el vino blanco, y sazonar ligeramente.

Cortar la merluza en raciones y sazonarla. Colocar los lomos sobre unas cazuelas individuales de barro y agregar el sofrito preparado cubriendo los lomos.

Meter al horno a 200 °C durante 15 min.

Servir en las mismas cazuelas.

Lomos de salmón en papillote con judías verdes

Ingredientes

4 lomos de salmón • 150 g de judías verdes • ½ puerro • 5 cs de aceite de oliva virgen • Sal y pimienta

Elaboración

Salpimentar los lomos y colocarlos sobre una hoja de papel de aluminio previamente untada con aceite (1 hoja por lomo).

Limpiar el puerro y las judías, y cortar en tiras finas. Poner las verduras en agua y hervirlas con sal durante un instante. Escurrir bien y colocarlas sobre los lomos de salmón.

Cerrar los envoltorios e introducir en el horno durante 10 min a 200 °C. Retirar el papel de aluminio, añadir un hilo de aceite de oliva virgen a cada lomo y servir.

Lubina a la cebolla

Ingredientes

400 g de lomos de lubina • 5 cs de aceite de oliva • 3 cebollas • 1 cs de perejil picado • Sal y pimienta

Elaboración

Pelar y cortar las cebollas en juliana fina. Pocharlas en aceite sin que coloreen en exceso. Salpimentar y poner en una fuente de horno.

Cortar la lubina en raciones, sazonarla y colocarla sobre la cebolla.

Hornear a 190 °C durante 10 min.

Quitar la piel a la lubina y emplatarla colocando como cama la cebolla pochada. Espolvorear con perejil picado y verter por encima los jugos de la fuente de cocción de la lubina.

Lubina al horno I

Ingredientes

1 lubina de 1,200 kg • 10 cs de aceite de oliva • Zumo de medio limón • 60 g de jerez seco • 100 g de caldo de pescado • 2 cc de perejil picado y sal

Elaboración

Limpiar bien la lubina de tripas y escamas. Sazonar.

Colocar la lubina aceitada en una bandeja de horno junto con el tomate picado, el limón y el jerez. Meter en el horno a 185 °C durante 20 min. Salsear el conjunto con su jugo durante el tiempo de cocción.

Retirar la lubina de la bandeja y pasar el resto de los ingredientes por un colador chino.

Agregar el perejil a la salsa y verterla sobre la lubina. Terminar la cocción durante 5 min más si fuese necesario.

Lubina al horno II

Ingredientes

1 lubina de 1,200 kg • 1 cebolla • 2 dientes de ajo picado • 70 g de jerez seco • Zumo de medio limón • 2 tomates frescos • 6 cs de aceite de oliva • 1 cs de perejil picado y sal

Elaboración

Limpiar la lubina y sazonarla. Colocarla sobre una fuente de horno acompañada por las cebollas cortadas en juliana muy fina.

Rociar la lubina con aceite, ajo, jerez, limón, y los tomates pelados y triturados. Meter en el horno, y cocer la lubina durante 20 min a 195 °C rociándola con sus mismos jugos.

Espolvorear con perejil y presentar.

Lubina con patatas

Ingredientes

1 lubina de 1 ½ kg • 3 patatas • 1 cebolla • 2 tomates • 1 limón • 120 g de vino blanco • 40 g de mantequilla • 5 cs de aceite de oliva y sal

Elaboración

Limpiar la lubina, sazonarla y colocarla en una fuente de horno.

Rociarla con el limón y cubrirla con la cebolla picada en juliana y las patatas peladas cortadas en rodajas finas. Alrededor de la lubina, poner los tomates pelados y troceados. Sazonar el conjunto con aceite y vino blanco.

Colocar la mantequilla sobre el conjunto y hornear, a 185 °C durante 20 min.
Servir caliente en la misma fuente.

Lubina, merluza o salmón cocidos

Ingredientes

2 kg de lubina, merluza o salmón • 1 cebolla mediana • 1 dl de vinagre • 1 rama de perejil • 1 hoja de laurel • 1 clavo • 6 granos de pimienta • 12 patatitas cocidas para la guarnición y sal

Elaboración

Limpiar el pescado y colocarlo entero en una cazuela.
Cubrir la pieza con agua fría, añadir 15 g de sal por l de agua, la pimienta, el laurel, el perejil, el clavo unos trozos de cebolla y el vinagre (este se puede reemplazar por zumo de limón, que blanquea más el pescado).
Es indispensable poner siempre el pescado en agua fría y dejarlo a fuego lento. Cuando rompa a hervir, se deja 1 min y se aparta del fuego. Estará aún crudo por dentro; dejándolo en su caldo más tiempo, como máximo ½ h, se hará más.
Colocar el pescado entero en una fuente alargada, con las patatitas cocidas alrededor.
Servir de acompañamiento salsa mayonesa, tártara o vinagreta.

Merluza a la asturiana

Ingredientes

400 g de lomos de merluza • 10 cs de aceite de oliva • 200 g de almejas • 1 cebolla • 1 cs de harina • 1 cc de pimentón dulce • 2 rebanadas de pan en picatostes • 150 g de sidra y sal

Elaboración

Limpiar los lomos y sazonarlos.

Poner en una cazuela de barro la cebolla cortada fina y rehogarla con el aceite. Antes de que empiece a dorarse, añadir el pimentón y la harina, y desleírla bien. Echar a continuación las almejas y, seguidamente, los lomos de merluza con la piel hacia arriba. Mojar con la sidra y un poco de agua. Dejar cocer durante 3 min por cada lado.

Servir la merluza acompañada de unos picatostes fritos.

Merluza a la sidra

Ingredientes

6 rodajas del centro de la merluza cortadas gruesas • 12 almejas grandes • 4 patatas medianas • 1 cebolla mediana • 500 g de tomates maduros • 2 dientes de ajo • 1 cc de pimentón dulce • 150 g de sidra • Aceite • Sal y perejil

Elaboración

Pelar las patatas y cortarlas en rodajas no muy gruesas, añadir sal y freír lentamente, hasta que estén tiernas pero sin que lleguen a dorarse; después colocarlas como lecho en una cazuela de barro.

Salar la merluza por ambas caras, pasar por harina, freír por los dos lados y colocar sobre las patatas.

Retirar casi todo el aceite de la sartén, y sofreír la cebolla, picada fina, con los ajos picados. Cuando esté tierna la cebolla, agregar el tomate, el pimentón, la sal y la sidra, y remover todo hasta mezclarlo bien. Dar un hervor y pasarlo por un pasapurés. Si queda espesa, agregar un poco de agua o sidra.

Cubrir con esta salsa la merluza y las patatas. Poner las almejas y hervir durante 5 min para que no se haga demasiado la merluza.

Añadir por encima el perejil picado y servir.

Merluza al azafrán con chirlas

Ingredientes

400 g de lomos de merluza • 250 g de chirlas • 1 cebolla picada fina • 1 pimiento verde picado fino • 2 dientes de ajo picado • 1 tomate • 1 cs de harina • 90 g de caldo de pescado • 40 g de vino blanco • 8 hebras de azafrán • 6 cs de aceite de oliva • 2 cc de perejil picado • Sal y pimienta

Elaboración

En una cazuela con aceite de oliva, pochar la cebolla picada fina, los ajos y el pimiento picado. Agregar el tomate troceado, pelado y sin pepitas, y rehogar todo bien. Añadir la harina y remover. Incorporar el vino y el caldo.

Salpimentar los lomos de merluza y disponerlos en la cazuela. Agregar las chirlas y el azafrán, y dejar cocer a fuego lento durante 12 min.

Espolvorear el perejil y servir.

Merluza al brandy con cogollos

Ingredientes

400 g de lomos de merluza • 4 cs de aceite de oliva • 6 dientes de ajo en filetes • 1 cs de pimentón dulce • 60 g de brandy • 2 cogollos de Tudela • Sal gorda y pimienta

Elaboración

Sazonar los lomos de merluza y colocarlos sobre una vaporera. Cocerla durante 5 min y reservar.

Sofreír en una sartén los ajos con el aceite. A media cocción, incorporar el pimentón. Cuando los ajos estén dorados, añadir el brandy y dejar hacer 2 min.

Colocar en una fuente la merluza y los cogollos limpios y cortados en dos.

Salsear con el sofrito el conjunto. Añadir un pizca de sal gorda y pimienta sobre los cogollos, y servir.

Merluza al horno

Ingredientes

4 rodajas de merluza (110 g /unid.) • 2 dientes de ajo • 100 g de aceite de oliva • 1 cs de perejil picado • 1 limón y sal

Elaboración

Sazonar las rodajas de merluza y pasarlas por una sartén muy caliente con un poco de aceite, vuelta y vuelta. Colocar el pescado sobre una fuente de horno y rociar la merluza con aceite y vino. Meter en el horno a 190 °C durante 5 min.

Espolvorear con perejil picado y añadir un hilo de aceite sobre la merluza. Servir acompañada de un cuarto de limón.

Merluza con alcachofas

Ingredientes

400 g de lomos de merluza (4 unid.) • 8 alcachofas cocidas • 2 cebollas • 3 tomates • 2 dientes de ajo picados • 6 cs de aceite de oliva • 50 g de vino blanco • 1 cs de perejil picado y sal

Elaboración

Sazonar los lomos, pasarlos ligeramente por la plancha con un poco de aceite y reservar.

Rehogar las cebollas y los ajos picados finos en una cazuela con aceite. Cuando la cebolla esté transparente, añadir los tomates troceados sin piel ni pepitas, y el vino blanco. Cocer durante 15 min a fuego medio.

Incorporar los lomos y las alcachofas cocidas y cuarteadas, y cocer el conjunto durante 8 min. Espolvorear con perejil y rectificar de sal.
Servir en la misma cazuela.

Merluza con almejas en salsa verde

Ingredientes

4 lomos de merluza (200 g/unid.) • 250 g de almejas • 4 dientes de ajo • 2 cs de perejil picado • 12 cs de aceite de oliva • Una pizca de harina (opcional) • ½ vaso de agua fría y sal

Elaboración

Limpiar los lomos y sazonarlos. Poner en una cazuela de barro (amplia para que quepan los lomos con holgura) a fuego lento el aceite, los ajos muy picaditos y la mitad del perejil picado. Antes de que empiecen a dorarse los ajos, se puede añadir una pizca de harina, en tal caso, desleírla bien.
Añadir a continuación las almejas y, seguidamente, los lomos de merluza con la piel hacia arriba. Después, mojarlos con el agua y mantener la cocción durante unos 3 min (depende del grosor de los lomos), moviendo la cazuela para que ligue la salsa.
Seguidamente, dar la vuelta a los lomos y proseguir la cocción durante otros 3 min, en el transcurso de los cuales las almejas se abrirán. Cubrir entonces la cazuela con una tapadera.
Espolvorear con el perejil y servir con la salsa bien ligada.

Merluza con gambas, ajetes y trigueros

Ingredientes

400 g de lomos de merluza • 180 g de gambas peladas • 1 manojo de espárragos trigueros • 1 manojo de ajos frescos • 1 cs de harina • 1 cs de perejil picado • Aceite • Sal y pimienta

Elaboración

Limpiar bien los ajos y los espárragos, y cortar ambos ingredientes en trozos de 3 ó 4 cm. Salpimentar la merluza y dorar con un poco de aceite, vuelta y vuelta, en una cazuela caliente.

Agregar los ajos, los espárragos y las gambas, y sofreír. Añadir la harina, remover bien en el conjunto y mojar con poco de agua. Dejar cocer 5 min.

Ligar bien la salsa, añadir el perejil y servir.

Merluza con patatas a la malagueña

Ingredientes

1 merluza de 2 kg • 500 g de patatas • 2 cebollas • 1 diente de ajo • 10 almendras tostadas • Tomillo • Laurel • Pimienta en grano • Azafrán • Clavo • Nuez moscada • Aceite de oliva y sal

Elaboración

Hacer un caldo con la cabeza y la cola de la merluza, la cebolla cortada en lonchas, el tomillo y el laurel, y dejar cocer todo junto durante 1 h.

Quitar las espinas de la merluza y cortarla en filetes.

Preparar un majado con el ajo, 2 hebras de azafrán, las almendras, una pizca de clavo, la pimienta en grano, la nuez moscada y aceite. Una vez todo bien machacado, añadir un poco de caldo.

Cuando le falten 15 min al caldo para terminar de cocer, incorporar las patatas cortadas en rodajas.

En una cazuela aparte, disponer los filetes de merluza, un poco de caldo (el suficiente para que cubra el pescado), las patatas ya cocidas y el majado. Sazonar.

Poner la cazuela al fuego y dejar cocer todo junto por espacio de 10 min. Servir bien caliente en la misma cazuela.

Merluza con salsa de piquillo y mayonesa gratinada

Ingredientes

500 g de lomos de merluza • 1 diente de ajo • ½ cebolla • 5 tomates • 1 cc de azúcar • 6 pimientos del piquillo • 10 cs de mayonesa • 4 cs de aceite de oliva • Sal y pimienta

Elaboración

Cortar los lomos en raciones y sazonarlos.

Picar la cebolla y el ajo en juliana y rehogarlos en una cazuela con aceite. Añadir el tomate pelado y dejar cocer a fuego suave. Salpimentar y poner el punto de azúcar. Agregar los pimientos al preparado y triturar el conjunto.

Verter la salsa preparada sobre la fuente del horno y colocar en ella los lomos de merluza. Untar la superficie de los lomos con la mayonesa. Meter en el horno a 220 °C durante 12 min.

Servir de inmediato.

Merluza dorada

Ingredientes

500 g de merluza sin espinas • 20 g de mantequilla • 1 cs de harina • 200 g de caldo de pescado • 2 cc de perejil picado • Zumo de ½ limón • Sal y pimienta

Elaboración

Cortar el pescado en raciones, sazonarlo y colocarlo en una fuente de horno. Reservar.

Fundir en un cazo la mantequilla al fuego, añadir la harina y rehogar. Agregar el caldo y remover para que no se formen grumos, mezclar el zumo de limón y salpimentar. Dejar cocer durante 10 min sin dejar de remover.

Verter la mezcla sobre el pescado reservado en la fuente e introducirla en el horno a 185 °C durante 10 min.
Espolvorear con el perejil y servir.

Merluza en salsa con oricios

Ingredientes

500 g de lomos de merluza • 100 g de gambas peladas • 180 g de oricios ya limpios • 100 g de almejas • 2 dientes de ajo laminados • 1 guindilla cayena cortada en aros • 1 cc de pimentón dulce • 2 ½ cs de harina • 90 g de vino blanco seco • 40 g de nata líquida • 1 cs de perejil picado • 200 g de aceite de oliva y sal

Elaboración

Cortar la merluza en raciones, sazonarla, enharinarla ligeramente y freírla en aceite sin terminar de cocerla. Reservar.
En una sartén, dorar los ajos junto con la guindilla. Incorporar el pimentón y añadir rápidamente ½ cs de harina. Rehogar bien y agregar el vino junto con la nata. Dar un hervor e incorporar finalmente las gambas, las almejas y los oricios. Hervir durante 2 min y probar de sal.
Colocar en el último momento la merluza en esta salsa. Espolvorear perejil picado y dejar cocer 4 min.
Emplatar y servir.

Merluza en salsa de tomate

Ingredientes

400 g de lomos de merluza • 1 cebolla picada fina • 125 g de vino blanco • 2 dientes de ajo picados • 6 tomates maduros • 6 cs de aceite de oliva • 4 hojas de albahaca • Sal y pimienta

Elaboración

En una sartén, sofreír en aceite la cebolla y el ajo hasta que se doren. Añadir el vino blanco y dar un hervor. Agregar los tomates pelados y troceados. Rehogar el conjunto y dejar cocer durante 10 min. Pasar la salsa por un chino y salpimentar.

Extender la salsa sobre una fuente de horno y disponer encima los lomos de merluza sazonados. Meter en el horno, previamente calentado unos 5 ó 10 min, a 185 °C durante 8 a 10 min.

Antes de servir, espolvorear con albahaca picada en juliana fina.

Merluza frita con pimientos rojos

Ingredientes

500 g de lomos de merluza • 4 dientes de ajo picados • 1 cs de harina • 2 huevos • 220 g de aceite de oliva • 3 pimientos rojos en aceite y sal

Elaboración

Sazonar la merluza y enharinarla. Pasar los lomos por el huevo batido y freír ligeramente en aceite caliente. Reservar.

En una cazuela con aceite, dorar los ajos y rehogarlos junto con los pimientos cortados en tiras. Incorporar la merluza y cocer el conjunto ligeramente. Rectificar de sal.

Merluza y langostinos en papillote

Ingredientes

400 g de lomos de merluza (4 unid.) • 12 langostinos pelados • 1 cebolla • 1 zanahoria • 1 puerro • 1 pimiento rojo • 1 tomate • 1 cs de pimentón dulce • 100 g de aceite de oliva • Sal y pimienta

Elaboración

Limpiar y picar la zanahoria, la cebolla, el puerro y el pimiento en juliana fina. Rehogar las verduras en una sartén con aceite. Añadir el tomate pelado y sin pepitas cortado en juliana. Rehogar el conjunto ligeramente, añadir el pimentón y salpimentar. Incorporar los langostinos pelados y dejar cocer durante 2 min.

Cortar papel de aluminio, disponer los lomos sazonados, uno por papel y, sobre ellos, el rehogado de verduras y los langostinos, tres por lomo. Cerrar formando paquetes individuales.

Introducir en el horno a 200 °C durante 7 min.

Servir con o sin papel, al gusto.

Merluza y rape al horno

Ingredientes

300 g de lomos de merluza • 300 g de lomos de rape • 8 cebollitas • 200 g de champiñones limpios • 100 ml de vino blanco • 200 ml de caldo de pescado • 2 cebollas • 1 zanahoria • 4 cs de tomate triturado • 50 g de brandy • 2 cc de perejil picado • 4 cs de aceite de oliva • Sal y pimienta

Elaboración

Limpiar bien el pescado y salpimentarlo.

Colocar en una fuente de horno las cebollitas peladas (si son grandes, partidas en dos) y los champiñones limpios y enteros. Rociar con el vino y el caldo e introducir la fuente en el horno, a 160 °C durante 20 min.

Pelar las cebollas y la zanahoria, picarlas en juliana y rehogarlas en una sartén con aceite. Añadir el tomate y cocer a fuego medio durante 3 min. Verter el brandy y flamear. Pasar el conjunto por un chino y darle un hervor a la salsa.

Cortar el pescado en raciones y colocarlo sobre las cebolletas y los champiñones. Verter la salsa sobre el conjunto y cocerlo al horno durante 10 min a 190 °C.
Espolvorear con el perejil y servir acompañado de su salsa.

Mero a la naranja

Ingredientes

1 ½ kg de mero en filetes • 3 naranjas • 6 dientes de ajo • Unas ramitas de perejil • 1 limón • 2 dl de aceite de oliva • Sal • Unas hebras de azafrán y 1 cc de harina de maíz

Elaboración

Limpiar el mero y salarlo. Colocar una sartén al fuego con aceite y, cuando esté caliente, saltear los filetes de mero, dejarlos dorar y colocarlos en una cazuela.
Pelar y picar finamente los dientes de ajo, freírlos en el mismo aceite, junto con unas ramitas de perejil picado, y verterlo en la cazuela donde está el mero. Exprimir el zumo de las naranjas y el del limón, y añadirlo también a la cazuela.
Poner esta en el fuego y dejar cocer unos 2 min. Incorporar el azafrán, ligeramente tostado, mezclarlo con la harina de maíz, diluirlo todo en un poco de agua y añadirlo a la cazuela. Dejar cocer unos 10 min.

Mero al chacolí

Ingredientes

450 g de mero (4 unid.) • ½ l de nata líquida • 200 g de chacolí • 1 cebolla grande • 1 chalota • Aceite de oliva • Sal y pimienta

Elaboración

Sazonar el mero y cocinarlo a la plancha con aceite. Hornearlo un poco si los lomos fuesen grandes. Reservar.

Pelar y picar la cebolla muy fina, y rehogarla junto con la chalota en aceite a fuego medio. Cuando estén bien rehogadas, añadir el chacolí y dejarlo que reduzca un poco. Agregar la nata, hervir hasta reducir ligeramente, y dar el punto de sal y pimienta.

Presentar el mero sobre el plato salseado.

Mero con almejas

Ingredientes

4 rodajas de mero • 5 cs de aceite de oliva • 200 g de almejas • 2 huevos duros • 100 g de vino blanco • 2 cs de harina • Zumo de un limón • 1 cebolla • 2 dientes de ajo • 1 cc de pimentón dulce y sal

Elaboración

Sazonar el mero, rociarlo con zumo de limón y dejar reposar durante 20 min.

En una cazuela al fuego con aceite y un diente de ajo picado, agregar las almejas. Verter el vino y tapar la cazuela. Cuando estén abiertas, retirar las conchas y colar el caldo.

Enharinar el pescado y pasarlo, vuelta y vuelta, por una cazuela con aceite dorándolo por ambos lados. Retirar y reservar.

En la misma cazuela, rehogar la cebolla y el ajo picados muy finos. Cuando empiecen a tomar color, incorporar el pimentón y la harina. Rehogar el pescado, las almejas y el jugo. Si fuese necesario, agregar algo más de agua. Dejar cocer durante 10 min. Rectificar de sal y servir junto con los huevos duros cortados en cuartos.

Mero en salsa

Ingredientes

500 g de lomo de mero • 100 g de gambas peladas • 80 g de piñones • ½ cebolla • 2 hojas de laurel • 80 g de tomate frito • 60 g de vino blanco • 180 g de caldo de pescado • Harina • 8 cs de aceite de oliva • Sal y pimienta

Elaboración

Picar la cebolla fina y rehogarla en aceite. Sazonar y enharinar el mero. Dorarlo en una sartén con un poco de aceite. Agregar las gambas, el laurel, el tomate frito, el vino, el caldo y los piñones majados.

Dejar cocer el conjunto durante 10 min y salpimentar.

Servir caliente.

Mojarra en adobo

Ingredientes

5 cs de aceite de oliva • 1 kg de mojarra en filetes • 3 dientes de ajo • 1 hoja de laurel • Pimienta negra en grano • Una pizca de orégano • 3 cs de vinagre • Sal • Harina • Aceite para freír y perejil

Elaboración

Cubrir los filetes de mojarra con el aceite, el vinagre, el laurel, la pimienta en grano, el orégano y la sal.

Dejar en este adobo unas 4 ó 5 h y, pasado este tiempo, sacar la mojarra y enharinarla.

En una sartén con aceite, freír dos dientes de ajo y después, los filetes de mojarra. Al freírlos, debemos hacerlo primero por la parte sin piel y luego por la que tiene piel, para que de este modo, el filete no quede encogido.

Por último, freír una rama de perejil, ponerla encima de los filetes de mojarra y salsearlos antes de servir con un poco del adobo.

Mojete

Ingredientes

1 lata de 1 kg de tomate natural • 1 cebolla • 100 g de bacalao sin desalar, en tiras finas • 60 g de aceitunas sin hueso • 6 cs de aceite de oliva virgen y sal

Elaboración

Picar finamente la cebolla. Poner en un bol los tomates sin pepitas y trabajarlo con un tenedor junto con la cebolla, machacando el conjunto.

Añadir el bacalao y las aceitunas troceadas. Agregar el aceite, probar y sazonar con sal si hiciera falta.

Pescado escabechado

Ingredientes

750 g de pescado azul (sardina, jurel, atún, bonito, etc.) • 200 g de aceite de oliva • 2 cabezas de ajo • 4 hojas de laurel • 10 granos de pimienta negra • 300 g de vinagre • 400 g de agua • Harina y sal

Elaboración

Lavar y limpiar bien de espinas el pescado. Cortarlo en trozos grandes y sazonar.

En una cazuela, calentar el aceite y añadir el pescado ligeramente enharinado. Freírlo y reservarlo fuera del aceite.

En el mismo aceite, freír los ajos y el laurel hasta dorarlos. Incorporar el pescado a la cazuela, agregar el vinagre, la pimienta y el agua. Dejar cocer durante 40 min.

Este pescado queda riquísimo si se cocina y se guarda de 8 a 10 días; puede durar al frío 10 ó 12 días.

Rajas de salmón al horno

Ingredientes

4 rajas de salmón • 200 g de nata líquida • 60 g de queso rallado • 200 g de aceite de oliva • 2 cs de harina y sal

Elaboración

Sazonar el salmón, enharinarlo y freírlo en aceite caliente por ambos lados.
En una fuente de horno, untar el fondo con un poco de mantequilla y colocar las rajas de salmón.
Montar la nata con la ayuda de una varilla o batidora, y repartir por encima del salmón. Espolvorear con queso rallado y meterlo al horno hasta que el queso esté dorado.
Servir recién sacado del horno.

Rape a la americana

Ingredientes

600 g de rape limpio • 2 cebollas • 3 dientes de ajo • 3 tomates maduros • 8 langostinos • 150 g de gambas • 80 g de brandy • 400 g de caldo de pescado • 6 cs de aceite de oliva • Sal y pimienta

Elaboración

Picar fino la cebolla y los ajos, y rehogarlos en aceite en una cazuela. A media cocción, incorporar los tomates troceados y sofreírlos bien.
Trocear las gambas y los langostinos (sin pelar) e incorporarlos. Rehogar bien el conjunto. Flamear con el brandy y dejar que se evapore el alcohol. Mezclar bien, verter el caldo y dejar cocer durante 30 min.

Triturar la salsa con la ayuda de una túrmix y pasarla por el chino o colador, al gusto.
Salpimentar el rape y dorarlo en una sartén caliente con aceite. Añadir la salsa y cocer el conjunto durante 5 min. Servir.

Rape a la cántabra

Ingredientes
800 g de rape (limpio) • 150 g de gambas • 250 g de almejas • 3 dientes de ajo • 1 lata de espárragos • 3 huevos • Perejil • 60 g de harina • 3 dl de aceite • Sal y pimienta

Elaboración
Cortar el rape en rodajas y salpimentar. En un mortero, picar los dientes de ajo y el perejil. Esparcir sobre las rodajas de rape y dejar macerar durante 30 min. Pasado este tiempo, enharinar el rape y pasarlo por el huevo batido. Calentar aceite en una sartén y freír el pescado; escurrirlo y reservar.
Abrir la lata de espárragos, escurrir y reservar el agua. En una cazuela de barro con un poco de aceite de freír el rape, echar 1 cs de harina, remover bien y añadir el agua de los espárragos.
Incorporar el rape en la cazuela, añadir las almejas y las gambas. Comprobar el punto de sal. Mover la cazuela con regularidad hasta que haya espesado la salsa y se vayan abriendo las almejas (debe cocer unos 8 min). Cuando todo el conjunto esté en su punto, añadir los espárragos ya troceados.

Rape a la gallega

Ingredientes
4 lomos limpios de rape de 120 g • 4 patatas • 4 dientes de ajos en láminas • 2 cc de pimentón dulce • 100 g de vino blanco • 40 g de vinagre • 12 cs de aceite de oliva • 1 hoja de laurel y sal

Elaboración

Pelar las patatas y cortarlas en rodajas. En una cazuela, cocerlas con agua, sal, laurel, vino blanco y 4 cs de aceite de oliva.

Con las patatas a punto de cocer, incorporar los lomos de rape, previamente sazonados, dejarlos cocer durante 5 min y reservarlos fuera de la cazuela.

En una sartén, sofreír los ajos con el resto del aceite hasta que se doren. Añadir el pimentón fuera del fuego y sofreír el conjunto sin que se queme. Agregar un poco de agua de la cocción de las patatas y el vinagre. Mezclar bien.

Poner las patatas y los lomos de rape en la cazuela, y añadir la salsa preparada.

Dejar cocer durante 2 min y servir. Rectificar de sal si fuese necesario.

Rape alangostado

Ingredientes

½ kg de lomos de rape (4 unid.) • 10 g de pimentón dulce • 6 cs de aceite de oliva • 2 cs de vinagre de jerez • ½ huevo cocido picado • 1 cc de perejil picado • Sal y pimienta

Elaboración

Limpiar bien el rape de pieles y espinas, sazonarlo e impregnar los lomos en pimentón. Envolverlos en celofán o papel film apretando bien, y cocerlos en agua con sal durante 8 min.

Retirar el papel y cortarlo en gruesos escalopes.

Servirlos acompañados con la vinagreta elaborada con aceite, vinagre, huevo, perejil, sal y pimienta.

Rape con almejas y gambas

Ingredientes

400 g de lomos de rape (4 lomos) • 150 g de gambas peladas • 100 g de guisantes frescos limpios • 150 g de almejas • 1 cebolla • 1 diente de ajo picado • 50 g de vino blanco • 200 cl de caldo • 1 cs de harina • 1 cs de perejil picado • Aceite y sal

Elaboración

Sazonar los lomos de rape, pasarlos por harina y dorarlos ligeramente en aceite.

En la misma cazuela, dorar la cebolla y el ajo picados. A continuación, añadir las almejas y las gambas peladas, rehogar el conjunto, y agregar el vino y el caldo. Una vez hierva, incorporar los guisantes. Dejar cocer el conjunto a fuego lento durante 6 min. Espolvorear el perejil y probar de sal.

Rape con patatas

Ingredientes

4 patatas • 600 g de rape en rodajas • 2 pimientos morrones en conserva • 1 huevo • 2 dientes de ajo picados • 2 cs de harina • 200 g de salsa de tomate • 70 g de vino blanco • 150 g de aceite de oliva • Agua y sal

Elaboración

Lavar el pescado y sazonarlo. Pasarlo por harina y huevo batido, y freírlo en aceite caliente. Reservar.

Pelar las patatas y cortarlas en rodajas.

Freír el ajo en aceite, y añadir las patatas y los pimientos cortados en tiras. Rehogar el conjunto e incorporar la salsa de tomate. Mezclar bien.

Agregar el vino y el agua hasta cubrir ligeramente las patatas. Dejar cocer a fuego medio durante 12 min. Sazonar. Una vez estén las patatas cocidas, agregar las rodajas de rape. Dar un buen hervor y servir.

Rape negro y rojo

Ingredientes

600 g de rape negro • ¼ l de leche • 1 cs de harina • 1 diente de ajo • ½ cebolla • Perejil • 1 cc de azafrán • 4 cs de aceite de oliva y 1 cc de sal gorda

Elaboración

Mezclar en una batidora el ajo, la cebolla, el perejil, el azafrán y la sal. Añadir lentamente la harina e incorporar el aceite de oliva mediante un chorro continuo y lento hasta obtener la consistencia de una mayonesa. Cuando la salsa haya obtenido este punto, añadir la leche y mezclar muy bien.

Limpiar el rape y colocarlo en una fuente de barro. Echar la salsa por encima del pescado y ponerlo a fuego fuerte hasta que arranque el hervor.

Bajar el fuego, taparlo y dejar cocer lentamente 12 min. Servir en la misma fuente. Acompañarlo, si se quiere, con patatas hervidas con un poco de mantequilla y perejil.

Raya a la sidra

Ingredientes

4 trozos de raya (110 g/unid.) • 250 g de sidra • 1 cebolla picada • ½ vaso de aceite de oliva • 2 patatas • 200 g de agua • 1 cs de perejil picado y sal

Elaboración

Calentar en una cazuela el aceite. Cuando esté caliente, agregar la cebolla, rehogarla y mojar con sidra. Dejar reducir y agregar las patatas cortadas finas

y las rayas previamente sazonadas. Cubrir ligeramente con agua y cocer durante 12 min. Seguidamente, espolvorear con perejil picado.
Probar de sal y servir en la misma cazuela.

Rodajas de rape al horno

Ingredientes

4 rodajas de rape limpias (600 g) • 2 cebolletas • 250 g de champiñones limpios y fileteados • 80 g de vino blanco • 1 cs de perejil picado • 5 cs de aceite de oliva y sal

Elaboración

Picar las cebolletas en juliana y poner la mitad sobre una fuente de horno con 100 g de champiñones.
Sazonar el pescado y colocarlo sobre la placa de horno junto con los ingredientes anteriores. Cubrir el pescado con el resto de las cebolletas y los champiñones. Agregar el vino y el aceite, y espolvorear el perejil. Meter en el horno caliente a 180 °C durante 18 min.
Servir el rape acompañado por las verduras y los jugos de la cocción.

Rollitos de pescado con crema de marisco

Ingredientes

8 filetes de lenguado o gallo • 180 g de salmón ahumado • 300 g de crema de marisco • 70 g de nata líquida • 8 cs de aceite de oliva • Sal y pimienta

Elaboración

Salpimentar los filetes de pescado y extenderlos bien. Sobre cada filete, extender una lámina de salmón. Enrollar formando rollitos.

Echar aceite en una placa de horno y colocar sobre ella los rollitos. Añadir un poco de aceite sobre ellos y meterlos en el horno a 190 °C durante 8 min.
Calentar la crema junto con la nata. Salpimentar.
Presentar los rollitos sobre un plato acompañados de la salsa.

Rosada con salsa de salsa de jerez

Ingredientes

600 g de rosada en rodajas • 1 cs de harina • 50 g de mantequilla • ½ cs de salsa de tomate • 200 g de caldo de pescado • 100 g de vino de jerez • 2 manzanas reineta • 100 g de espinacas • 4 cs de aceite de oliva • Sal y pimienta

Elaboración

Limpiar bien las rosadas, cortarlas en rodajas y salpimentar.
Fundir la mantequilla, añadir la harina y dorar esta a fuego medio. Agregar la salsa de tomate y el caldo. Batir bien para evitar grumos, incorporar el vino y dejarlo cocer 30 min. Probar de sal y pimienta. Reservar.
Untar una fuente de horno con aceite y colocar el pescado junto con las manzanas, previamente peladas, cuarteadas y sin semillas. Hornear a 175 °C durante 20 min.
Cocer las espinacas en agua hirviendo con sal durante 5 min, escurrir bien y saltearlas con un poco de aceite.
Presentar las rosadas y las manzanas en una plato o fuente, acompañadas de las espinacas y la salsa de jerez.

Salmón al cava

Ingredientes

8 rodajas de salmón • 250 g de caldo de pescado • 500 g de cava • 250 g de champiñón • 1 cebolla • 50 g de mantequilla • Sal y pimienta

Elaboración

Salpimentar el salmón y cocerlo al vapor en una cazuela bien tapada con la mitad del caldo de pescado y la mitad del cava durante 8 min. Reservarlo caliente.

Filetear y hervir los champiñones con agua y sal durante un instante.

Pochar la cebolla picada fina en la mantequilla. Cuando esté transparente, añadir el resto del cava y del caldo de cocción del salmón, y los champiñones. Dejar reducir ¾ partes. Servir las rodajas de salmón acompañadas de la salsa.

Salmón al caviar

Ingredientes

600 g de salmón en rodajas • 125 g de nata líquida • 90 g de caviar (elegir variedad según lo que nos queramos gastar) • 10 g de mantequilla • 60 g de vino blanco • 1 cc de perejil picado • Sal y pimienta

Elaboración

Untar con la mantequilla una bandeja de horno. Salpimentar las rodajas de salmón y disponerlas sobre la bandeja. Rociar con vino el pescado y cocerlo al horno, precalentado unos 5 ó 10 min, a 180 °C durante 5 min. Retirar la bandeja del horno y agregar la nata y el caviar. Cocer durante 3 min más. Espolvorear con el perejil picado y servir.

Salmón al horno

Ingredientes

1 cola de salmón de 800 g aprox. • 4 patatas • ½ pimiento rojo • 1 cebolla • ½ limón • 200 g de agua • 1 cs de perejil picado • Aceite de oliva • Sal y pimienta

Elaboración

Pelar y cortar las patatas en rodajas finas. Por otro lado, cortar en juliana fina el pimiento rojo y la cebolla.

En el fondo de una placa de horno aceitada, colocar las verduras y patatas. Sazonar y añadir el limón cortado en lonchas finas. Añadir el agua y meterlo en el horno a 180 °C durante 10 min.

Salpimentar la cola de salmón y colocarla en la placa posándola sobre las patatas y verduras. Hornear durante 10 min cuidando de que el salmón no quede muy seco. Espolvorear con perejil picado y verter un hilo de aceite de oliva al sacar la placa del horno.

Retirar las espinas y pieles, y servir en una fuente. Acompañar de sus verduras y patatas.

Salmón con salsa al mújol

Ingredientes

4 rodajas de salmón (600 g) • 100 g de caviar de mújol • El zumo de un limón • 2 cc de mostaza • 100 g de aceite de oliva • 1 cs de perejil troceado • 30 g de cebolla picada fina • Sal y pimienta

Elaboración

Poner en un bol el zumo de limón, la mostaza, el perejil y la cebolla. Mezclar bien, agregar el caviar y salpimentar.

Salpimentar asimismo las rodajas de salmón y hacerlas a la plancha con un poco de aceite. Dejar el pescado jugoso.

Presentar el salmón salseado por la mezcla preparada en el bol.

Salmón en escabeche

Ingredientes

1 lomo de salmón de 1 a 1 ¼ kg • 1 cabeza de ajos • 2 zanahorias • 4 hojas de laurel • 2 cebollas • 250 g de vino blanco • 250 g de aceite de oliva

• 400 g de vinagre de vino blanco • 15 g de pimienta en grano • 1 rama de perejil y sal

Elaboración

Limpiar el salmón eliminando pieles y espinas. Cortarlo en dados y colocarlo en una fuente. Reservar.

Calentar en una cazuela el aceite. Cuando esté caliente, incorporar las zanahorias y las cebollas cortadas en juliana, la cabeza de ajos partida por la mitad, el laurel, el perejil, los granos de pimienta y la sal. Cocer a fuego muy lento. Un vez esté hecho, incorporar el vinagre y el vino.

En una sartén aparte, saltear los tacos de salmón y agregarlos al escabeche. Cocer el conjunto alrededor de 5 min. Dejar enfriar y consumir a partir de 24 h. Servir frío.

Salmón en salsa verde

Ingredientes

4 rodajas de salmón • 2 dientes de ajo • ½ cebolla • 2 cebolletas • 2 cc de harina • 220 g de caldo de pescado • 1 cs de perejil picado • 6 cs de aceite de oliva • Sal y pimienta

Elaboración

Limpiar las rodajas de salmón y salpimentarlas.

Poner una cazuela a fuego lento con el aceite, los ajos, la cebolla y las cebolletas muy picaditas. Antes de que empiecen a dorarse, añadir, si se quiere, una pizca de harina; en tal caso, desleírla bien. Agregar, a continuación, el salmón, y después, el caldo de pescado. Espolvorear con el perejil picado y dejar cocer durante 5 min a fuego lento. Ligar bien la salsa con ligeros movimientos y servir.

Salmonetes al azafrán

Ingredientes

800 g de salmonetes (200 g /unid.) • ¼ l de agua • 2 tomates • 6 hebras de azafrán • 8 cs de aceite de oliva y sal

Elaboración

Limpiar los salmonetes, filetearlos y reservar las espinas y cabezas, con las que haremos un caldo. Para ello, sofreír las cabezas y las espinas con un poco de aceite, cubrir de agua y dejar hervir hasta que se reduzca a la mitad.

En otra sartén, calentar aceite y sofreír el tomate troceado sin piel ni pepitas. Añadir el azafrán y cocer durante 8 min a fuego medio. Agregar el caldo de pescado y dejar cocer durante 10 min más. Sazonar

Sazonar los filetes de salmonete y hacerlos a la plancha en una sartén.

Servirlos acompañados de la salsa.

Sancocho canario

Ingredientes

1 kg de lubina • 400 g de patatas • 3 dientes de ajo • ½ guindilla • ½ cc de cominos • 1 cs de pimentón dulce • 70 g de aceite de oliva • 1 cs de vinagre y sal

Elaboración

Pelar las patatas y cortarlas en rodajas. Cocerlas en una cacerola con agua y sal.

A los 5 min de ebullición, añadir el pescado y dejarlo cocer todo otros 5 min.

Mientras tanto, preparar el mojo o la salsa. Para ello, majar en el mortero los ajos pelados, la guindilla y el comino. Añadir un pellizco de sal. Cuando esté bien picado, agregar el pimentón y el vinagre, e ir incorporando el aceite poco a poco, como si estuviéramos preparando una mayonesa.

Al final, añadir un poco de caldo de pescado y las patatas.

El pescado se sirve, bien escurrido, junto con las patatas, y la salsa se echa por encima.

Sardinas guisadas

Ingredientes

24 sardinas • 1 tomate • 2 pimientos verdes • 1 cebolla • 1 diente de ajo • 100 g de aceite de oliva • 1 cs de perejil picado y sal

Elaboración

Limpiar bien las sardinas y retirar las escamas, tripas, espinas y cabezas. Dejarlas abiertas en forma de libro. Sazonar y reservar.

Picar de manera muy fina la cebolla, el ajo, los pimientos y el tomate, y rehogar bien en una cazuela con aceite.

Sobre una fuente de horno, colocar una fina capa de las verduras rehogadas y disponer sobre ellas las sardinas. Repetir el mismo paso y terminar cubriendo con las sardinas con la piel hacia arriba.

Añadir un hilo de aceite y cocerlas durante 8 min a 175 °C en el horno. Espolvorear con perejil picado y servir.

Sepia con guisantes

Ingredientes

1 kg de sepia • 300 g de guisantes cocidos • 4 tomates maduros • 1 cebolla • 2 dientes de ajo • 1 cs de perejil picado • 150 g de caldo de cocción de los guisantes • Sal y pimienta

Elaboración

Limpiar bien la sepia y guardar su tinta para otros usos. Cortarla en cuadrados menudos. Sazonar.

Picar la cebolla y el ajo finos, y rehogar en una cazuela con aceite. Cuando la cebolla esté transparente, incorporar la sepia y rehogarla a fuego fuerte durante 8 min.

Pelar y cortar los tomates, y añadirlos a la cazuela junto con los guisantes.

Agregar el caldo y dejar cocer durante 25 min. Salpimentar.

Servir en la misma cazuela.

Suquet de peix

Ingredientes

¼ kg de rape • ¼ kg de gallineta (pescado de roca) • ¼ kg de lubina • ¼ kg de patatas • 2 ajos • ¼ kg de tomate triturado • Un ramito de perejil • 1 cc de pimentón dulce • 2 cs de aceite de oliva y sal

Elaboración

Limpiar el pescado. Pelar y trocear las patatas.

Con las raspas y las cabezas, hacer un caldo de pescado, y cocer en él las patatas (no debe cocer más de 20 min). Colar y reservar.

En una cazuela de barro, hacer un sofrito con el pimentón, los ajos picados, el tomate y el perejil. Es importante que esté muy doradito, casi confitado.

Añadir a la cazuela de barro los pescados, el caldo y las patatas, y dejar cocer durante 8 a 10 min según el tamaño del pescado. Rectificar de sal, servir caliente y con su caldo.

Tiznao

Ingredientes

2 kg de patatas • 500 g de lomo de bacalao desalado (125 g/4 unid.) • 10 pimientos rojos secos • 1 cabeza de ajos • 2 cs de pimentón dulce • 10 cebollas tiernas • 150 g de agua • Aceite y sal

Elaboración

Asar en horno solo con el grill, los ajos, las cebollas y el bacalao. Retirar el bacalao a los 10 min y dejar que se hagan las verduras durante 10 min más, con cuidado de que no se coloreen en exceso. Reservar.

Pelar las patatas, cortarlas en trozos y cocerlas en agua hirviendo con sal. Cuando estén cocidas, escurrirlas con la espumadera.

En una cazuela de barro, a fuego suave, echar aceite y los pimientos, sin pepitas ni rabo y cortados en trozos.

Añadir, a continuación, las patatas. Disponer encima del bacalao, las cebolletas asadas, los dientes de ajo, el pimentón y un poco de sal. Rociar con el agua y dejar la cazuela a fuego suave unos 20 min.

Servir caliente en la misma cazuela.

Truchas a la navarra

Ingredientes

1 trucha por persona • 4 lonchas de jamón • ½ kg de patatas pequeñas cocidas al vapor • 1 cebolla grande • ½ l de vino tinto • 1 diente de ajo fileteado • Perejil • Tomillo • Romero • Laurel • Hierbabuena • Pimienta blanca molida • Aceite y sal

Elaboración

Limpiar las truchas y colocarlas en una cazuela de barro. Cubrir con la cebolla muy picada, un poco de hierbabuena, tomillo, romero, una hoja de laurel, sal y pimienta. Regar con vino tinto hasta que queden cubiertas. Dejar macerar durante 1 ½ h.

Poner al fuego una sartén con aceite y dorar el ajo. Dar vueltas a las lonchas de jamón, sacar y reservar. En el mismo aceite, freír lentamente las truchas, 4 min por cada lado. Una vez hechas, colocar en una fuente.

Para la salsa: poner a hervir el líquido de la maceración a fuego muy vivo, hasta que se reduzca. Batir con la batidora y colar el caldo.

Sobre cada trucha, colocar una loncha de jamón, y espolvorear el ajo y el perejil picado y machacado. Poner alrededor las patatas al vapor y regar con la salsa de vino.

Truchas al horno

Ingredientes

4 truchas • 5 cs de aceite de oliva • 1 cs de pan rallado • 2 ajos picados • 1 cc de perejil picado • ½ limón • Sal y pimienta

Elaboración

Limpiar bien las truchas en agua y secarlas bien, salpimentar.

Colocarlas en una placa de horno y verter sobre ellas un chorro de aceite. Después, cubrirlas con la mezcla de pan rallado, perejil y ajo, e introducirlas al horno, precalentado unos 5 ó 10 min, a 185 °C, durante 10 min.

Cuando las truchas estén bien asadas, servirlas en una fuente acompañadas de unas rodajas de limón.

Truchas al limón

Ingredientes

4 truchas (225 g/unid.) • 4 lonchas de jamón • 2 dientes de ajo en filetes • Zumo de 1 limón • 1 hoja de laurel • 2 cs de harina • 150 g de aceite de oliva • 10 g de mantequilla • Sal y perejil picado

Elaboración

Limpiar bien las truchas y sazonarlas.

Enharinarlas y freírlas en abundante aceite con 1 ajo y 1 hoja de laurel.

Cuando estén doradas por ambos lados, sacarlas y reservarlas en una fuente.

Picar el jamón y saltearlo con el otro diente de ajo en el aceite. Verter el zumo de limón a la sartén y darle un hervor. Incorporar el perejil picado y ligar bien el conjunto con la mantequilla.

Presentar las truchas salseándolas en el último instante.

Truchas con manzanas

Ingredientes

2 truchas grandes • 2 manzanas verdes • El zumo de ½ limón • 3 cs de almendras laminadas • 2 cs de harina • 100 g de aceite de oliva • Sal y pimienta

Elaboración

Limpiar las truchas, quitar sus espinas y dejarlas en lomos. Salpimentar.

Enharinar los lomos y freírlos en aceite caliente. Reservar.

Pelar las manzanas, quitarles el corazón y cortarlas en rodajas. Freírlas en el mismo aceite de fritura de las truchas. Cuando estén blandas, rociar con el zumo de limón y añadir las almendras. Cocinar durante unos minutos.

Disponer los filetes de trucha acompañados de las manzanas y las almendras. Salsear con el jugo soltado por el conjunto.

Truchas con sofrito de jamón

Ingredientes

4 truchas (300 g/unid.) • 100 g de jamón serrano • 100 g de aceite de oliva • Zumo de medio limón • 2 cc de perejil picado • 75 g de vino blanco • Harina y sal

Elaboración

Lavar bien las truchas y sazonarlas. Enharinarlas y freírlas en aceite. Reservar.
En una sartén, freír el jamón serrano cortado a tiras, agregar el zumo de limón, el perejil y el vino blanco. Dejar reducir a la mitad.
Colocar las truchas en una fuente y salsear el preparado sobre ellas. Espolvorear con perejil picado y servir.

Urta a la roteña

Ingredientes

1 urta de 1 ½ kg (también se puede utilizar pargo o dorada) • 300 g de patatas • 3 dientes de ajo • 1 cebolla • 1 pimiento rojo • 1 pimiento verde • 3 tomates • 4 cs de vino fino de jerez • ½ l de caldo de pescado • 2 hojas de laurel • Pan rallado • Harina • 100 ml de aceite de oliva • Sal y pimienta

Elaboración

Pelar las patatas, cortar en rodajas muy finas y rehogar en un poco de aceite bien caliente.
Limpiar la urta, abrirla por la mitad y quitar la espina central. Salpimentar y pasar por harina. Freírla en un poco de aceite y reservar en una fuente cubierta con las patatas rehogadas.
En el mismo aceite de freír el pescado, preparar un sofrito con todos los vegetales: ajo, cebolla, tomate y pimientos cortados en tiras muy delgadas, hasta que estén bien dorados.
Incorporar el vino de jerez, el caldo y la hoja de laurel, y llevarlo hasta el primer hervor. Regar la urta con el sofrito, espolvorear con el pan rallado e introducir en el horno, previamente calentado unos 5 ó 10 min, a 180 °C durante 15 min.

Ventresca de merluza con gambas

Ingredientes

Ventrescas de 4 merluzas • 200 g de gambas peladas • 1 cebolla • 100 g de vino blanco • 100 g de champiñones laminados • 2 cs de nata • 5 cs de aceite de oliva • 1 cs de perejil picado • Sal y pimienta

Elaboración

Limpiar bien las ventrescas y sazonarlas.

En una cazuela con aceite, añadir la cebolla picada fina, pocharla bien, agregar las ventrescas y el vino. Dejar cocer durante 8 min. Incorporar los champiñones y las gambas. Salpimentar, verter la nata y dejar cocer durante 7 min. Espolvorear con perejil picado y servir.

CRE

ANS

Albóndigas a la andaluza

Ingredientes

300 g de carne de ternera picada • 1 diente de ajo • 3 huevos • 1 cs de pan rallado • 50 g de harina • 200 ml de aceite de oliva • 1 carcasa de pollo para hacer caldo • 300 g de pechuga de pollo picada • 1 punta fresca de jamón • Una pizca de azafrán • 1 limón • 1 ramito de perejil y sal

Elaboración

Poner la carne y el pollo picados en un cuenco con el ajo picado, el perejil, un poco de sal, 2 huevos y 1 cs de aceite. Añadir pan rallado, sin que quede muy seca la masa.

Formar bolitas, pasarlas por harina y freír en aceite bien caliente.

Poner 1 l de agua y hervir la carcasa del pollo, junto con la punta de jamón fresca y 2 cs de aceite de freír las albóndigas. Dejar hervir ½ h.

Quitar el pollo y el jamón, poner las albóndigas y dejarlas cocer a fuego lento durante 1 h.

Batir una yema con un chorro de limón y el azafrán, y añadir a la salsa en el momento de apagar el fuego. Trocear el jamón y añadir.

Albóndigas a la bilbaína

Ingredientes

250 g de carne de cerdo picada • 250 g de carne de ternera picada • 100 g de miga de pan embebida en leche y escurrida • 2 huevos batidos • 2 dientes de ajo picados • ½ cc de perejil picado • 1 cebolla picada • 1 zanahoria mediana picada • 2 cs de harina • 1 vaso de vino blanco seco • 1 taza de caldo • 1 cs de puré de tomate • Aceite • Sal y pimienta

Elaboración

Calentar el aceite y añadir la cebolla y la zanahoria. Cuando comiencen a tomar color, agregar ½ cs de harina y, poco a poco, y sin dejar de remover, el caldo, el vino y el tomate. Bajar el fuego al mínimo y dejar cocer para que reduzca lentamente.

Mientras, preparar las albóndigas, mezclando el pan con las carnes, el perejil y los ajos, los huevos, sal y pimienta. Trabajar esta mezcla hasta conseguir una masa muy homogénea, moldear las albóndigas, pasarlas por harina y freír en abundante aceite no demasiado caliente hasta que estén doradas.

Poner las albóndigas en una cazuela de barro, pasar la salsa por un chino y bañarlas con ella. Cocer a fuego muy suave durante 45 min más y servir en la misma cazuela de barro.

Albóndigas caseras

Ingredientes

500 g de carne de ternera picada • 20 g de miga de pan • 3 cebollas • 250 ml de leche • 2 cs de harina • 3 dientes de ajo • 1 huevo • 250 ml de caldo de carne • 100 ml de vino blanco • Aceite • Pimienta negra molida • Sal y perejil picado

Elaboración

Mezclar la miga de pan con leche y dejar reposar. Batir el huevo, el perejil y los ajos previamente picados con la miga de pan. Condimentar la carne con sal y pimienta negra, y añadir a lo anterior.

Con la masa resultante, hacer las albóndigas. Pasarlas por harina, freírlas en aceite y reservar.

Picar las cebollas y pochar en el mismo aceite donde hemos frito las albóndigas. Añadir 2 cs de harina y mezclar bien. Echar el caldo de carne y el vino blanco, y dejar que se haga durante 10 min. Pasar la salsa por el pasapurés.

Poner las albóndigas en otra cazuela y añadir la salsa por encima. Dejar a fuego lento durante 10 min.

Albóndigas con champiñones

Ingredientes

300 g de carne de cerdo picada • 300 g de carne de ternera picada • 1 loncha de tocino salado • 1 loncha de jamón serrano • 2 huevos • 15 g de miga de pan remojada en leche • 250 ml de salsa de tomate • 100 ml de vino blanco • 1 cebolla • 500 g de champiñones • Harina • Aceite • Pimienta y sal

Elaboración

Mezclar la carne con los huevos, la sal, la pimienta, el jamón y el tocino a trocitos pequeños, y la miga de pan. Hacer las albóndigas, pasarlas por harina y freírlas.

Mientras tanto, en otra cazuela con aceite, freír la cebolla picada y después añadir la salsa de tomate. Rehogar y agregar las albóndigas fritas.

Añadir el vino blanco y los champiñones limpios y troceados. Poner la sal necesaria y dejarlo cocer a fuego suave durante 30 min. Añadir agua si fuera necesario.

Albóndigas de la abuela de Chamberí

Ingredientes

600 g de carne picada de ternera • 100 g de jamón • 1 diente de ajo • Miga de pan • 150 ml de vino tinto • Leche • 3 huevos • Perejil • 1 cebolla pequeña • 1 puerro • 1 zanahoria • 1 tomate maduro • 1 huevo duro • Guisantes hervidos • 2 patatas medianas • Caldo de carne • Harina • Aceite y sal

Elaboración

Hacer una mezcla con el diente de ajo machacado, y la miga de pan mojada en leche y escurrida. Añadir los huevos, la sal y el perejil, y amasar con la carne picada y el jamón cortado finamente para formar las albóndigas.
Pasar las albóndigas por harina y freír en una cazuela con aceite. En el mismo aceite poner las albóndigas, la zanahoria, el puerro, la cebolla y el tomate, todo pelado y picado.
Rehogar el conjunto y, pasados unos minutos, añadir un vaso de vino tinto. Dejar cocer 20 min a fuego lento. Agregar caldo de carne o agua hasta cubrir, y cocer hasta que esté en su punto, dejando reducir la salsa. Minutos antes, añadir los guisantes.
Servir el plato con las patatas fritas cortadas en dados y un huevo duro rallado.
Si se hacen en otros barrios de Madrid quedan parecidas pero no iguales.

Albóndigas en salsa

Ingredientes

600 g de carne de ternera picada • 2 pimientos verdes • 1 cebolla • 1 tomate maduro • 5 dientes de ajo • 100 ml de vino blanco • 50 ml de leche • Harina • Sal • Aceite • 1 huevo y perejil picado

Elaboración

Batir el huevo en un bol. Picar 3 dientes de ajo muy finos y un poquito de perejil, y juntar con el huevo.
Añadir la carne picada. Sazonar y echar un chorrito de leche. Mezclar todo bien y agregar harina para que la masa espese.
Una vez que tenga la consistencia deseada, hacer las albóndigas, pasarlas por harina y freírlas. Reservar en una cazuela.

Hacer el sofrito con la cebolla, los 2 dientes de ajo restantes, el tomate y los pimientos.

Una vez hecho, pasarlo por la batidora y, si se quiere, por el chino, y añadir a las albóndigas, junto con el vaso de vino blanco.

Sazonar y cubrir de agua. Cocer durante 25 min con la cazuela destapada para que vaya espesando la salsa.

Albóndigas en salsa castellana

Ingredientes

Paras las albóndigas:

300 g de carne de ternera picada • 100 g de jamón serrano picado • 2 huevos batidos • 100 g de pan rallado • 50 g de harina • Aceite para freír y sal

Para la salsa:

1 cebolla picada • 1 copa de jerez seco • 1 taza de caldo de carne • Aceite y sal

Elaboración

Para la salsa: freír la cebolla picada en 3 ó 4 cs de aceite hasta que esté dorada. Añadir 2 cs de harina y mezclar bien. Añadir el vino y el caldo poco a poco, mezclando continuamente.

Dejar cocer a fuego suave 5 min y luego colar sobre las albóndigas.

Para las albóndigas: mezclar la carne picada con el jamón y sazonar con sal. Añadir los huevos batidos y 1 cs de pan rallado, y mezclar muy bien.

Mezclar los restos de pan rallado y la harina, hacer las albóndigas y rebozarlas en la mezcla anterior. Freír en aceite muy caliente hasta que estén doradas.

Poner las albóndigas en una cazuela con la salsa y cocer a fuego muy suave 15 min.

Albóndigas guisadas

Ingredientes

Para las albóndigas: • 3 huevos • 2 dientes de ajo • 1 ramita de perejil • 600 g de carne picada • Sal • Aceite y pan rallado

Para la salsa:

3 cs de harina • 200 ml de vino blanco. • 1 cebolla • 2 dientes de ajo • 1 ramita de perejil • Una pizca de nuez moscada • 3 almendras • Aceite y sal

Elaboración

Para las albóndigas: batir los huevos, machacar los ajos y el perejil en el mortero, y añadir a los huevos batidos. Agregar la carne y mezclar bien con todo. Finalmente, incorporar el pan rallado que necesite la carne para que se pueda hacer masa. Echar la sal, dar forma a las albóndigas y freír en aceite bien caliente. Escurrir y reservar.

Poner la sartén con un poco de aceite y freír la cebolla; una vez dorada, echar la harina y, cuando esta ha cogido color, añadir el vino blanco y colocar todo en una cazuela con la nuez moscada, la sal y con el ajo, el perejil y las almendras, previamente machacados en el mortero. Dejar cocer todo 15 min. Añadir las albóndigas y cocer 10 min más.

Albóndigas rellenas

Ingredientes

300 g de carne de ternera picada • 300 g de carne de cerdo picada • 100 g de aceitunas rellenas de anchoas • 1 cebolla • 2 huevos • 3 dl de aceite de oliva • 1 cs de 4 especias mezcladas • 1 cs de pan rallado • 1 cs de perejil picado • 100 g de harina • Sal y pimienta

Elaboración

Pelar y picar bien la cebolla, y pochar en aceite caliente sin dejar que coja color.

Mezclar en un recipiente los dos tipos de carne picada, la cebolla rehogada, 1 huevo, el pan rallado, las 4 especias, el perejil picado, la sal y la pimienta recién molida. Una vez mezclado, tapar con papel transparente y dejar reposar en el frigorífico durante 1 h como mínimo.

Hacer las bolas de las albóndigas con la preparación anterior. Escurrir muy bien las aceitunas del agua e introducir una en cada albóndiga. Pasar las albóndigas por harina. Sacudir para quitar la harina sobrante y pasarlas por el huevo batido.

Calentar el aceite y freír las albóndigas en él hasta que estén doradas. Retirar y poner en papel de cocina para que absorba la grasa.

Servir recién hechas.

Alitas de pollo al horno

Ingredientes

1 kg de alitas de pollo • 4 dientes de ajo • 100 ml de vino blanco • Sal y aceite

Elaboración

Limpiar las alitas de pollo.

Poner un poco de aceite en una bandeja de horno y extender.

Sazonar las alitas y distribuirlas sobre la bandeja.

Meter las alitas en el horno precalentado a 190 °C unos 20 min. Darles la vuelta y hornear durante otros 20 min.

Picar los ajos en trozos grandes y añadir a la bandeja junto con el vino blanco.

Volver a meter al horno con el grill al máximo durante 5 min por cada lado.

Alitas de pollo al vino

Ingredientes

1 kg de alitas de pollo bien limpias de plumas • Orégano • 2 dientes de ajo • 70 ml de vino blanco aromático • 4 tomates maduros • Aceite y sal

Elaboración

En una sartén, dorar los ajos en aceite. Retirarlos y dorar las alitas, previamente saladas, en este aceite. En la misma sartén, añadir los tomates, pelados y troceados, para hacer una salsa espesa.

A los 5 min, agregar el vino y 1 cc de orégano. Colocar en la salsa las alitas y dejar hervir 15 min.

Alparagate

Ingredientes

750 g de carne de ternera • 150 g de jamón serrano • 4 huevos • 50 g de pan rallado • 2 dientes de ajo • 2 cebollas • 200 g de caldo de carne • 100 g de vino blanco • 2 hojas de laurel • 100 g de aceite de oliva • Sal • Perejil • 1 cs de harina y canela en polvo

Elaboración

Cascar los huevos en un cuenco y separar las claras de las yemas. Pelar y prensar los ajos. Picar el jamón serrano. Lavar la carne, secar con papel absorbente y picarla muy finamente. Colocarla en un cuenco y añadir el jamón serrano, el ajo, el perejil, el pan rallado y las yemas de huevo. Sazonar ligeramente.

Trabajar con las manos hasta obtener una mezcla homogénea. Colocarla sobre una superficie enharinada, amasar y formar una bola.

Calentar media taza de aceite en una sartén. Cuando esté bastante caliente, incorporar la bola de carne y freír hasta que esté ligeramente dorada por todas partes.

Retirar la bola de la sartén y aplanarla. Rebozarla con las claras batidas y volver a freírla en la misma sartén hasta que esté dorada por ambos lados.
Pasar el aceite a una cazuela y freír la cebolla. Incorporar la carne, agregar el caldo, el vino blanco, las hojas de laurel y un poco de canela. Comprobar el punto de sazón y dejar cocer hasta que esté hecho por dentro.

Ancas de rana a la leonesa

Ingredientes

24 ancas de rana • 1 cebolla • 3 tomates • 2 pimientos verdes • Perejil • Ajo majado • Pimienta • Clavo • 2 cc de harina • 100 ml de agua • 2 cs de pimentón dulce y sal

Elaboración

En una cazuela de barro, rehogar la cebolla picada y, cuando empiece a tomar color, añadir los tomates y los pimientos picados. Seguir rehogando y añadir, la harina, el ajo y el perejil, previamente majados, con un poco de pimienta y un clavo.
Agregar el agua y el pimentón, y dejar hervir 10 min hasta que la salsa espese un poco. Añadir las ancas de rana y guisar todo durante otros 10 min a fuego suave. Poner a punto de sal.
Servir en la misma cazuela de barro.

Bocaditos de lomo al microondas

Ingredientes

6 lonchas de cinta de lomo adobada • 12 rebanadas de pan delgado • 2 cs de aceite de oliva • 1 cc de perejil picado y 1 tomate picado sin piel ni pepitas

Elaboración

Calentar la bandeja de gratinar del microondas previamente engrasada con aceite.

Cortar por la mitad los filetes y, con la bandeja caliente, meter al microondas y cocinarlos 1 minuto por cada lado.

Disponer en una fuente 12 rebanadas de pan extendidas por toda la superficie y, cuando esté listo el lomo, colocar un trozo encima de cada rebanada.

Añadir sobre ellas el perejil y el tomate picados.

Boliche de ternera braseado

Ingredientes

1 kg de redondo de ternera • 8 cs de aceite • ½ l de caldo algo concentrado • 2 cebollas • 1 diente de ajo • 2 zanahorias • 1 puerro • 1 rama de eneldo • 1 vaso de sidra • Sal y pimienta

Elaboración

Salpimentar el redondo y dorar con aceite. Reservar la carne. En la grasa sobrante, estofar la cebolla picada, el ajo, el puerro y la zanahoria. Sazonar con sal, pimienta y una rama de eneldo.

Cubrir con esto la carne y meter en el horno a 200 °C. Pasados 15 min, añadir el caldo y asar durante 1 h.

Añadir la sidra cuando se vaya consumiendo el jugo de las verduras. Sacar del horno.

Separar el redondo y servir la carne cortada en lonchas finas, envuelta con su salsa y acompañada de manzanas asadas o en compota, de puré de castañas o de patatas.

Brochetas de ternasco

Ingredientes

16 chuletas muy finas de pierna de ternasco • 240 g de queso gruyer • 8 cs de brandy • 80 g de mantequilla • Pimienta blanca recién molida y sal

Elaboración

Aplastar bien las chuletas y salpimentar. Cortar el queso en 16 tiras finas y colocar una sobre cada chuleta. Enrollar y ensartar en las brochetas.

Calentar la mantequilla en una sartén y freír las brochetas, dorándolas uniformemente. Reducir el calor y seguir sofriéndolas 3 min más a fuego lento.

Flamear con el brandy y servir muy caliente, con lechuga y cebolla frita como guarnición si se desea. Puede acompañarse con un poco de mostaza suave.

Brochetas de ternera

Ingredientes

200 g de carne de ternera en trozos • 1 cebolla • 1 pimiento verde • 1 pimiento rojo • Aceite y sal

Elaboración

Cortar los pimientos y la cebolla en tacos. Montar en cada pincho un trozo de cebolla, un trozo de carne, otro de pimiento rojo, otro de carne y finalmente, de pimiento verde.

En una plancha con un poco de aceite, asar las brochetas, espolvorear con un poco de sal y dejar que se hagan bien por todos los lados.

Servir calientes.

Buey al vino rancio

Ingredientes

½ kg de buey tierno para estofar • 2 cebollas grandes • 6 tomates maduros • 1 cabeza de ajos • 100 ml de vino rancio • 50 ml de aguardiente • 1 trocito de canela • 3 clavos • Manteca de cerdo • Sal y pimienta

Elaboración

Atar la carne con un cordel fino a fin de darle la forma que mantendrá durante la cocción, salpimentarla y ponerla en una cazuela.

Aparte, fundir la manteca y echarla encima de la carne, cubrir con las cebollas y la pulpa de los tomates, todo ello troceado.

Incorporar los ajos, el vino rancio, el aguardiente, la canela, los clavos y un poco de agua. Tapar la cazuela y dejar cocer a fuego suave hasta que la carne esté blanda.

Retirar el cordel y trocearla. Rectificar el punto de sal de la salsa, y verterla sobre la carne.

Cabrito asado

Ingredientes

¼ de cabrito entero • 4 dientes de ajo • 1 ramita de perejil • 1 chorrito de aceite y sal

Elaboración

Salar el cabrito y disponer sobre una placa de horno.

Hacer una picada con los ajos, el perejil, una pizca de sal y un chorrito de aceite. Con ayuda de una brocha, pintar el cabrito con esta picada.

Hornear, con el horno previamente calentado unos 5 ó 10 min, a 180 °C durante 1 h , voltear y asar otros 45 min más (con la piel hacia arriba).

Cabrito en salsa

Ingredientes

1 cabrito • 2 kg de patatas • 2 cebollas medianas • 1 pimiento grande • 3 tomates medianos • 1 cabeza de ajos • 250 ml de vino blanco seco • Pimentón • Laurel • Tomillo • Orégano • Aceite y sal

Elaboración

El día anterior, trocear el cabrito en trozos medianos y poner en adobo con los ajos picados, el perejil, el aceite, el laurel, el tomillo, el pimentón, el orégano y el vino.

Al día siguiente, escurrirlo y reservar el adobo.

Sofreír los trozos de cabrito hasta que estén dorados y reservar.

Hacer un sofrito con la cebolla, el pimiento y el tomate pelado. Añadir el cabrito y el adobo reservado, y cubrir con agua. Poner las patatas y hervir a fuego lento 60 min.

Cachuela de Logroño

Ingredientes

100 g de lomo de cerdo • 500 g de hígado de cerdo • 40 g de manteca de cerdo • 30 g de aceite de oliva virgen • 2 dientes de ajo • 4 clavos de olor • Pimienta negra • Nuez moscada • Canela • Comino • 200 g de sangre de cerdo y sal

Elaboración

Derretir la manteca con el aceite en una cazuela; una vez caliente, echar el hígado de cerdo y el lomo picados muy menudos, y los ajos machacados con la sal necesaria. Cuando esté rehogado, añadir las especias (clavo, pimienta negra, unas raspaduras de nuez moscada, canela y comino, todo ello bien molido), y un poco de agua. Dejar que cueza durante unos momentos.

Incorporar entonces sangre líquida de cerdo y poner nuevamente al fuego con el fin de que la sangre cuaje. Tener unos momentos y servir rápidamente.

Caldereta de cordero

Ingredientes

1 ½ kg de cordero • 1 hígado de cordero • 2 cebollas grandes • 1 pimiento morrón • 4 dientes de ajo • 1 rebanada de pan • 1 cc de pimentón picante o dulce • ½ l de caldo de carne • 200 ml de vino blanco seco • Tomillo • Orégano picado • 5 cs de aceite de oliva • Sal y pimienta

Elaboración

Trocear y rehogar los trozos de cordero con el hígado en una cazuela. Sofreír aparte, en una sartén, los ajos pelados, la cebolla picada, el pan y el pimiento rojo troceado. Al cabo de 10 min, cuando esté todo dorado, agregar a la cazuela.

Majar en un mortero el hígado, ya rehogado, 2 de los ajos, una pizca de tomillo y orégano, el vino blanco, el pimentón y un poco de agua. Incorporar a la cazuela, y agregar el caldo de carne para que el cordero quede cubierto.

Estofar la caldereta a fuego lento durante 1 h , hasta que se vaya consumiendo el líquido. Salpimentar casi al final de la cocción.

Caldereta extremeña

Ingredientes

600 g de carne de cabrito lechal • 200 g de hígado • 1 cebolla pequeña • 6 dientes de ajo • 1 cc de pimentón dulce o picante • Tomillo • 1 hoja de laurel • ½ guindilla • 100 ml de vino pitarra • 250 ml de caldo de carne • Unos granos de pimienta • 2 pimientos morrones • 1 dl de aceite de oliva • 2 cs de manteca de cerdo • 1 cc de vinagre • Sal y pimienta

Elaboración

Lavar y secar la carne, trocearla en ocho trozos y salpimentar. Cortar la cebolla en tiras finas. Coger dos dientes de ajo sin pelar y freírlos con aceite en una cazuela. Reservar.

Mezclar la manteca de cerdo, la cebolla, el cabrito, el hígado, el laurel, el tomillo, el pimentón y la guindilla, y dorar. A continuación, añadir el vino. En cuanto rompa el hervor, añadir el caldo y rectificar de sal.

Mientras se reducen los líquidos del recipiente, asar al fuego los cuatro dientes de ajo restantes, y juntar con los otros ajos fritos anteriormente, el hígado, los granos de pimienta y los pimientos morrones. Añadir al mortero el vinagre y majar de forma que quede una pasta bien uniforme.

Incorporar esta pasta a la cazuela con el cabrito y guisar hasta que la carne esté tierna durante aprox. 1 h más a fuego suave.

Calderete ribereño

Ingredientes

1 kg de conejo • 1 kg de caracoles limpios • 1 hígado de conejo • 120 g de aceite de oliva • 1 cebolla • 5 dientes de ajo • ½ pimiento rojo morrón • 1 pimiento verde • 1 tomate • 120 g de chorizo • 150 g de tocino de jamón • ½ kg de patatas • ¼ l de vino blanco • 1 pimiento choricero • 1 guindilla • Caldo de carne • Harina • 1 cc de orégano y sal

Elaboración

En una cazuela, freír la cebolla, la guindilla y tres ajos picados en un poco de aceite. Sazonar el conejo cortado a trozos y rehogar en la cazuela, removiendo con una cuchara de madera; retirar y reservar la carne.

En la misma cazuela, añadir los pimientos troceados, el pimiento choricero, previamente puesto en remojo durante 1 h en agua tibia, rascada la pulpa y desechada la piel. Añadir una pizca de harina y remover hasta que todo esté dorado.

Agregar el conejo y las patatas peladas cascadas, es decir hundiendo el cuchillo un poco y tirando hacia arriba de forma que se arranque el trozo. Sofreír durante 6 ó 7 min.

En una sartén aparte, preparar un sofrito con el hígado de conejo y un par de dientes de ajo. Escurrir el aceite, triturar el majado con la batidora y añadir el vino blanco. Incorporar este majado a la cazuela anterior y elevar el fuego durante 2 min.

Agregar los caracoles, cocidos previamente en agua aparte durante por lo menos 30 min, el tomate pelado y troceado, el chorizo en trocitos, y el tocino de jamón.

Cubrir con el caldo, sazonar el guiso, tapar y dejar cocer durante 20 min o hasta que las patatas estén tiernas. Añadir 1 c.c de orégano y dejar reposar antes de servir.

Callos a la madrileña

Ingredientes

800 g de callos • 500 g de morro de ternera • 1 kg de mano de ternera • 100 g de punta de jamón • 2 cabezas de ajo • 1 hoja de laurel • 2 cebollas • 150 g de jamón • 1 chorizo • 2 pimientos choriceros • 2 guindillas picantes • Una pizca de pimentón • 6 granos de pimienta en grano • 50 g de vinagre • 80 g de aceite y sal

Elaboración

Poner en un barreño con agua fría, sal y vinagre, los callos, la mano de ternera partida por la mitad, y el morro, previamente troceado, durante 1 hora.

Aclarar con varias aguas. Cuando estén bien limpios, ponerlos en una olla con agua fría y acercar al fuego hasta que rompa a hervir. Desechar el agua. Repetir la operación del cambio de agua dos veces más.

Quitar el agua y poner a cocer incorporando la punta de jamón, la cabeza de ajos, el laurel, la cebolla, la pimienta, la sal y los pimientos choriceros. Cocer lentamente, mínimo 2 h, hasta que todo esté tierno.
Aparte, rehogar en otra cazuela con aceite la otra cabeza de ajos y cebolla picada. Cuando estén dorados, añadir el jamón cortado en taquitos, el chorizo en rodajas y 1 cc de pimentón. Saltear y retirar del fuego.
En una cazuela de barro, colocar los callos, las manos deshuesadas y cortadas en trozos pequeños, y los morros.
Machacar los pimientos choriceros y pasarlos por el chino. Agregar los pimientos y el sofrito preparado a la cazuela donde están los callos, y completar con el caldo donde se han cocido estos.
Poner al fuego y dejar cocer lentamente durante 30 min hasta que la salsa quede espesa; rectificar de sal y guindilla.
Servir en la misma cazuela de barro donde se han guisado.

Callos al estilo canario

Ingredientes

1 kg de callos • ½ kg de garbanzos • 100 g de chorizo en trozos pequeños • 50 g de panceta ahumada • 100 g de vino blanco canario • 6 dientes de ajo picados • 2 cebollas medianas picadas • 2 tomates pelados y picados • 2 pimientos verdes picados • 1 cs de pimentón (picante) • 2 hojas de laurel • 1 rama de tomillo y un poco de sal

Elaboración

Dejar los garbanzos en remojo la noche anterior.
Primeramente, lavar los callos con agua fría, frotarlos con medio limón, sal gorda y pimentón, y guisarlos en un caldero con agua hasta que estén blandos (por lo menos 2 h). Escurrir el agua y trocearlos en tacos.

Guisar los garbanzos cubiertos de agua durante otras 2 h como mínimo. Mezclar estos dos ingredientes y ponerlos en un recipiente de barro, donde tendremos preparada una fritura con los demás ingredientes y especias. Añadir el vino blanco.
Dejar hervir durante 20 min a fuego lento.

Capón con manzanas asadas

Ingredientes

1 capón de unos 2 kg • 250 g de carne picada de ternera • 150 g de tocino de jamón • 50 g de miga de pan mojada • 100 g de castañas peladas • 1 copa de vino de jerez • 1 cebolla • 1 zanahoria • 1 vaso de vino blanco • 1 diente de ajo • 6 manzanas reinetas • 1 cs de fécula de patata • 8 cs de aceite • Sal • Pimienta y perejil picado

Elaboración

Sazonar el capón con sal y pimienta. Rellenarlo con la ternera, el tocino cortado a daditos, la miga de pan y las castañas, mezclado todo el relleno con el vino de jerez. Atar y coser el capón, poner en una fuente a ser posible de barro, la cebolla y la zanahoria cortadas a rodajas, el ajo y el perejil; colocar encima el capón y cubrir con aceite. Asar durante 1 h a horno suave (160 °C), añadiendo de vez en cuando un poco de vino y agua. Tenerlo durante 20 min más, retirar el capón y mantenerlo caliente.
Quitar la grasa a la salsa, pasar esta por un colador y añadirle la fécula de patata. Hervir unos minutos.
Para preparar las manzanas asadas de adorno, quitar el corazón a las manzanas, colocar en una placa de horno, regar con un vaso de vino blanco y asarlas a 180 °C durante 20 minutos aprox., hasta que al pincharlas estén blandas.

Presentación

Poner el capón en una fuente, adornar con cucuruchos de papel de aluminio los extremos de las patas y acompañar con manzanas asadas, castañas hervidas en leche y ciruelas pasas.

Capón con setas y castañas

Ingredientes

1 capón cortado en octavos • ½ kg de setas • ½ kg de castañas cocidas • 200 ml de vino rancio • 100 ml de coñac • 2 cubitos de caldo concentrado • 4 tomates • 6 dientes de ajo • 2 rebanadas de pan • Perejil • Hierbas aromáticas • Harina • Aceite • Manteca de cerdo • Sal y pimienta

Elaboración

Sazonar los trozos de capón con sal y pimienta, pasar por harina y dorar en una cazuela con una mezcla de aceite y manteca de cerdo. Reservar.

Lavar las setas, cortarlas en trozos grandes, sazonar con sal y rehogar en aceite con dos dientes de ajo y unas ramitas de perejil picadas. Flamear con el coñac y reservar.

En una sartén con un poco de aceite, freír 4 dientes de ajo, retirarlos, y en la misma grasa, freír también las rebanadas de pan y el hígado del capón. Machacar todo en el mortero hasta obtener una pasta fina.

Rehogar la pulpa de los tomates en la cazuela donde se ha dorado el capón, añadir la picada, el vino rancio, los cubitos de caldo disueltos en ½ l de agua caliente y las hierbas aromáticas, y cocer durante 5 min.

Salpimentar, incorporar el capón y cocer a fuego suave durante 45 min aprox. Agregar las setas (con el jugo de cocción) y las castañas, y cocer 10 min más.

Capón de Villalba

Ingredientes

1 capón • ½ kg de cebollas pequeñas y tiernas • 1 vaso de caldo de pollo • 1 diente de ajo • 100 g de jamón serrano • Aceite • Sal y pimienta

Elaboración

Retirar la grasa del capón, y salpimentarlo por dentro y por fuera. Cortar en rodajas finas las cebollas, picar el diente de ajo y cortar en dados el jamón. Mezclar todo y rellenarlo. Coser bien las aberturas para que no se escape el relleno.

Derretir la grasa y mezclarla con el caldo de pollo. Colocar la mitad en el fondo de una fuente de horno, y encima, sobre una rejilla, poner el capón y pintarlo con aceite.

Introducir en el horno y dejar que se haga a fuego lento (150 °C) durante 1 ½ ó 2 h , según el tamaño del capón. Pintarlo cada 10 min con la grasa sobrante mezclada con el caldo y añadir algo de agua al fondo de la fuente para que el jugo que suelta no se queme.

Servirlo con castañas, manzanas asadas y patatas fritas cortadas gruesas.

Capón relleno

Ingredientes

1 capón de 3 kg • 1 diente de ajo • 1 ½ cebollas • 12 cs de aceite • ½ kg de carne picada de cerdo y de ternera • 100 g de jamón serrano picado • 200 g de castañas cocidas • 1 pastilla de caldo • 100 ml de coñac • 100 ml de jerez • Sal y pimienta

Elaboración

Limpiar el capón, chamuscarlo y lavarlo. Secarlo y salpimentarlo por dentro. Freír ½ cebolla picada en 4 cs de aceite, y rehogar la carne picada y el jamón durante 5 min. Sazonar, añadir las castañas y mezclar con la carne. Introducir el relleno en el capón. Coser las aberturas y atarlo. Salpimentarlo por fuera. Pintarlo con aceite y colocarlo en una fuente del tamaño adecuado para que no se requeme la grasa que suelta. Asarlo en el horno a 175 °C, con el resto del aceite, el diente de ajo y la cebolla en cascos, durante 1 ½ h pintándolo cada 15 min con su jugo. Cuando la cebolla se dore, regar con el coñac y el jerez.

Deshacer la pastilla de caldo en 1 taza de agua hirviendo e ir añadiendo algo del caldo, para que no se pegue la sustancia que va soltando, hasta que esté tierno. Sacar el capón y colar la salsa con el chino.

Capón relleno con frutos secos

Ingredientes

1 capón • 50 g de mantequilla • Vino rancio • Tomillo y laurel • 2 kg de castañas cocidas • ½ kg de patatas • 100 g de beicon • 400 ml de tomate tamizado • 200 g de jamón curado (poco salado) • 200 g de miga de pan • 100 ml de ron • 50 g de pasas de Corinto • 3 higadillos de pollo • 3 huevos • 1 ramita de perejil • Sal y pimienta

Elaboración

Poner a remojar las pasas en el ron durante 30 min. Limpiar el capón y vaciarlo. Freír el hígado junto con los higadillos de pollo y el beicon, en un poco de mantequilla. Trinchar el jamón, el pan, el perejil y los higadillos; añadir las pasas escurridas (reservar el ron) y los huevos batidos, salpimentar. Mezclar bien.

Rellenar el capón con esta mezcla, coser y atar bien, y untar con el resto de la mantequilla.

Colocar el capón en una bandeja de horno con una hoja de laurel trinchada y un poco de tomillo, repartir las patatas alrededor, rociar con el vino y asar en el horno a 180 °C durante 2 horas, rociando muy a menudo con el jugo de cocción. Agregar las castañas.
Una vez asado, flamear con el ron de macerar las pasas y poner en una fuente de servir caliente. Desgrasar el jugo de cocción con 2 ó 3 cs de agua caliente y servir aparte. Servir también aparte las patatas y las castañas.

Carne con fideos

Ingredientes

1 ¼ kg de carne de vaca • 1 cebolla mediana • 500 g de salsa de tomate • 1 cc de pimentón dulce • 2 hebras de azafrán • 400 g de fideos • Aceite de oliva • 250 g de pimientos rojos asados • 3 dientes de ajo • 1 ramita de perejil • ¼ l de agua y sal

Elaboración

Limpiar y trocear y sazonar la carne.
Pelar y picar la cebolla, los ajos y el perejil. Mezclar el ajo con el perejil.
Freír los pedazos de carne y echar en una cazuela de barro.
Sofreír las cebollas hasta que empiecen a dorarse; entonces añadir la salsa de tomate, el pimentón y el azafrán, y dejar cocer durante 5 min. Pasarlo a una cazuela, remover y probar; si el tomate resultara un poco ácido, añadir 1 cc de azúcar.
Agregar el perejil con el ajo y el agua hasta cubrir la carne. Añadir más agua si fuera necesario hasta que la carne esté tierna.
Apagar el fuego, poner los fideos y los pimientos en la cazuela y hervir 5 min.
Servir inmediatamente.

Carne con patatas

Ingredientes

¾ kg de carne para guisar (morcillo) • ½ kg de patatas • 2 cebollas grandes • 2 dientes de ajo • 1 hoja de laurel • 1 pastilla de caldo de carne • 250 ml de vino blanco • ¼ kg de guisantes • 5 zanahorias • Aceite y sal

Elaboración

Poner aceite en la olla a presión, cuando esté muy caliente, añadir la carne cortada en trozos y sazonada. Pelar y picar finamente los ajos y las cebollas. Cuando la carne esté casi hecha, agregar las cebollas y los ajos picados. En cuanto la cebolla empiece a coger color, poner 1 hoja de laurel, 1 pastilla de caldo, el vino blanco y un poquito de agua, y cerrar la olla. Cocer durante 20 min.

Pelar las patatas y cortarlas desgarrándolas. Abrir el recipiente e incorporar las patatas, los guisantes y las zanahorias en rodajitas. Cerrar y cocer durante 5 min más.

Abrir la olla y dejar reducir la salsa dejando que cueza durante otros 10 min.

Carne en salsa

Ingredientes

1 kg de carne de ternera en trozos • 1 cebolla • 3 dientes de ajo • 4 zanahorias • 250 ml de vino blanco • Aceite y sal

Elaboración

Sazonar la carne y freírla en abundante aceite bien caliente. Cuando esté dorada, sacarla y meterla en la olla a presión.

En el mismo aceite de freír la carne, hacer un sofrito con la cebolla y el ajo. Añadir a la olla con el vino blanco, las zanahorias peladas y la sal, y cubrirlo de agua. Cocer durante 15 min.

Separar la carne, cortar las zanahorias en rodajas y reservar una de ellas.
Coger la cebolla, los ajos y la zanahoria que habíamos reservado, y triturar todo junto con el caldo. Incorporar a la carne y cocer durante 10 min más para que espese un poco la salsa.

Carrilleras estofadas

Ingredientes

2 carrilleras de ternera • 1 dl de aceite de oliva • 2 cebollas • 2 puerros • 2 chalotas • 2 zanahorias • 1 copa de brandy • ¼ l de oporto • ½ l de vino tinto • ½ rama de vainilla • 1 hoja de salvia • ¾ l de caldo de ave • Agua y sal

Elaboración

Limpiar las verduras y cortarlas en juliana. Pocharlas a fuego lento con la mitad del aceite. Sazonar las carrilleras y dorarlas a fuego vivo en una cazuela con el resto del aceite. Una vez doradas, retirar el aceite y flamear con el brandy. Agregar a continuación el oporto y el vino tinto. Dejar reducir y añadir la pulpa de la rama de vainilla y la salvia.
Seguidamente, incorporar la verdura pochada y rehogar bien. Después, agregar la mitad del caldo y otro tanto de agua hasta cubrir la carrillera. Dejar cocer a fuego lento hasta que la carne esté blanda (2 h mínimo).
Sacarla fuera del caldo de cocción y, una vez fría, seccionarla en escalopes gruesos. A continuación, retirar la vainilla y la salvia, hervir el caldo con las verduras y triturarlas. Colar y sazonar. Dejar los escalopes de carrillera dentro de esta salsa y calentarlos en el momento de servir.

Cazuela de gallina

Ingredientes

1 gallina de corral • 500 g de garbanzos • 3 tomates • 1 cebolla • 2 cs de aceite de oliva • 250 g de patatas nuevas • Unas hebras de azafrán • Pimienta y sal

Elaboración

Poner la gallina limpia a cocer en una olla con abundante agua, junto con los garbanzos colocados en una redecilla.

Dejar que cueza todo a fuego suave durante 2 ½ h aproximadamente. Sazonar con sal y pimienta al final de la cocción.

Picar la cebolla en trocitos pequeños y rehogarla en el aceite de oliva, añadir el tomate cortado en trozos y dejar que se fría despacio hasta formar una salsa espesa que se añadirá a la olla.

Cuando la gallina y los garbanzos estén completamente cocidos, agregar las patatas pequeñas enteras y unas hebras de azafrán. Una vez cocidas las patatas, apartar del fuego la olla y pasar todo su contenido a una fuente.

Servir colocando la gallina en el centro de la fuente con los garbanzos, y las patatas como guarnición.

Chuletas con salsa de tuétano

Ingredientes

4 chuletas de cerdo • 2 patatas • 1 pimiento verde • 1 cebolleta • Sal y aceite

Para la salsa de tuétano:

60 g de mantequilla • 300 ml de vino blanco • 1 diente de ajo • 50 g de tuétano de vaca limpio • 250 ml de agua • 1 cebolleta • Zumo de medio limón • Laurel y perejil

Elaboración

Para la salsa de tuétano: en una cazuela con la mantequilla y un poco de aceite, rehogar el ajo y la cebolleta picados junto con el laurel. Añadir vino, agua y el zumo de limón. Dejar reducir a fuego fuerte 20 min.

Cocer aparte el tuétano con agua y sal durante 15 min, y añadirlo a la cazuela con un poco de perejil picado.

En una sartén dorar las chuletas. En otra sartén saltear las patatas peladas y troceadas, el pimiento cortado en tiras y la cebolleta picada.

Hornear todo en la cazuela durante 10 min a 200 °C.

Para servir, poner en el fondo del plato la salsa, encima las chuletas y el resto como guarnición.

Chuletas de cerdo con manzanas

Ingredientes

8 chuletas de cerdo • 1 cebolla • 1 diente de ajo • 100 ml de jerez • 3 manzanas • 1 cs de harina • 2 ramitas de romero • 30 g de mantequilla • Aceite • Sal y pimienta

Elaboración

En una cazuela, calentar un poco de aceite con la mitad de la mantequilla. Salpimentar y dorar las chuletas. Reservar.

Picar el ajo y la cebolla. Sofreírlos hasta que la cebolla esté dorada. Desleír la harina y sofreír 5 minutos más. Añadir el romero y el jerez, y cocer a fuego fuerte 5 min. Incorporar las chuletas.

Quitar el corazón a las manzanas y cortarlas en rodajas. Echarlas a la cazuela con las chuletas y la salsa, y dejar cocer durante 15 min más.

Chuletas de cerdo con naranja

Ingredientes

4 chuletas de ración • 2 naranjas • Puré de patatas • Aceite • Sal y pimienta

Elaboración

Salpimentar y freír bien las chuletas en una sartén con un chorro de aceite, y reservar al calor.

Pelar una de las naranjas, cortarla en rodajas no muy finas, y con la otra hacer un zumo.

En la misma sartén en que hemos frito las chuletas, freír las rodajas de naranja hasta que se doren un poco. Dejar que escurran bien y colocarlas encima de las chuletas.

Por último, acompañar este plato con puré de patatas y regarlo con el zumo de la otra naranja.

Chuletillas de cordero asadas y con su salsa

Ingredientes

16 chuletas • 3 patatas medianas • 100 ml de caldo de carne • Aceite • Sal • 3 cs de pan rallado • 1 diente de ajo • Perejil picado • 1 cs de aceite de oliva y 1 cc de vinagre

Elaboración

Pelar y cortar las patatas en rodajas que no sean muy gruesas. Rehogarlas con aceite en una sartén. Después, colocarlas en una placa de horno y añadir el caldo sin llegar a cubrirlas.

Salar las chuletillas y ponerlas sobre las patatas. Mezclar los ingredientes de la salsa y añadir por encima. Meter al horno precalentado a 200 °C durante 20 min.

Para servir, colocar en los platos las patatas y las chuletillas. Ligar el jugo de la placa removiendo y rascando con un tenedor, y verter sobre las chuletillas.

Cochifrito

Ingredientes

1 kg de cordero lechal • 300 ml de vino blanco • 3 ajos • 1 cc de pimentón • 1 cc de comino • 1 cc de orégano • Aceite y sal

Elaboración

Cortar el cordero en trozos pequeños y dejar macerar en vino blanco, sal y ajo picado toda la noche.

Secar y freír hasta que este torradito y crujientito ¡uhmmmm! Espolvorear, optativamente, con pimentón, comino y orégano.

Cochifrito al estilo de Cuenca

Ingredientes

1 kg de cordero lechal • 150 ml de vino blanco • 100 g de jamón • 150 g de tomates • 75 g de almendras crudas • 2 huevos • 100 ml de aceite de oliva • Perejil • Pimentón • Cominos • Orégano • Pimienta negra • Nuez moscada • Clavo y sal

Elaboración

Cortar la carne de cordero en trozos más bien pequeños y ponerlos en una cazuela de barro, sazonarlos y dejar toda la noche en la nevera.

Al día siguiente, añadir el vino blanco y el jamón cortado a trozos.

Preparar aparte un majado con las almendras peladas, el perejil, la pimienta, los cominos, el orégano, el clavo, la nuez moscada y el pimentón.

Cuando esté bien majado, añadir el tomate y el aceite de oliva y verter todo sobre la carne. Cocer a fuego suave durante 1 ½ h y rectificar de sal.

En el momento de servirlo, añadir los huevos, previamente cocidos y picados.

Cochifrito de cordero

Ingredientes

1 ½ kg de cordero • 1 cebolla blanca • 1 cebolla roja • 1 pimiento verde • 2 dientes de ajo • 2 cc de pimentón • 1 cs de harina • Sal • Agua • Aceite • Pimienta y perejil

Elaboración

En una cazuela, echar un chorrito de aceite, la cebolla y el pimiento picado. Salar para que sude la verdura y dejar sofreír a fuego suave.

Salpimentar el cordero y añadirlo a la cazuela. Rehogarlo e incorporar el pimentón y la harina. Sofreír durante unos minutos más. Cubrirlo con agua y dejar cocer durante 40 min a fuego suave.

En un mortero, majar dos dientes de ajo con perejil y agregar un poco de agua. Añadir a la cazuela y dejar hacer 5 min más antes de servir.

Cochinillo asado I

Ingredientes

1 cochinillo • 50 g de manteca • 2 dientes de ajo • Laurel • Sal y pimienta

Elaboración

Lavar y secar el cochinillo. Untarlo por dentro y por fuera con los ajos machacados mezclados con la manteca de cerdo, y sazonarlo con sal y pimienta.

Poner en la fuente de horno unas ramas de laurel (sin hojas) y colocar encima el cochinillo con la parte interior hacia arriba. Asar en el horno, previamente calentado unos 5 ó 10 min, a 190 °C durante 60 min, regándolo a menudo con la grasa que desprende.

Darle la vuelta, pinchar varias veces con el tenedor, untar con manteca y asar otros 60 min. Debe quedar dorado y crujiente.

Cochinillo asado II

Ingredientes

1 cochinillo • ½ l de agua • Manteca de cerdo • Ajo • Sal gorda y laurel

Elaboración

Poner el cochinillo en una cazuela de barro encima de unas ramas de laurel y salar con sal gorda. Echar el agua y meter en el horno, previamente calentado unos 5 ó 10 min, a 200 °C durante 1 ½ h.

Transcurrido este tiempo, sacar el cochinillo del horno, voltear y untar con la manteca de cerdo y el ajo. Tapar las orejas y el rabo con papel de aluminio para evitar que se quemen, y pincharlo con un tenedor para que no se le hagan bolsas. Meter en el horno 1 h más.

Cochinillo asado III

Ingredientes

300 ml de agua • 4 kg de cochinillo blanco entero • 2 hojas de laurel • 100 g de manteca de cerdo • 1 pellizco de sal y 3 cc de vinagre

Elaboración

Salar el cochinillo. Calentar el horno a 200 °C, y ponerlo en una cazuela de barro, boca arriba y sobre unos palitos de laurel. Añadir agua y asar durante 1 h aprox.

Transcurrido este tiempo, sacar, darle la vuelta y pinchar con un tenedor para que suelte el agua que haya podido absorber. Barnizar con un poco de manteca de cerdo para que quede crujiente.

Proteger las orejas y el rabo con un poco de papel de aluminio para que no se quemen, e introducir de nuevo en el horno 1 h o más. En el último momento, rociar con el vinagre.
Debe quedar con la corteza dorada y crujiente.

Cochinillo frito

Ingredientes

10 cs de aceite de oliva • ¼ kg de cochinillo en trozos pequeños • 1 cebolla mediana picada • 1 diente de ajo machacado en el mortero • 1 cs de perejil picado • 1 cc de pimentón dulce • 1 cc de pimentón picante • 150 ml de agua • El zumo de un limón y sal

Elaboración

Freír en el aceite los trozos de cochinillo, que queden bastante dorados. Salar, añadir el resto de los ingredientes junto al agua y cocer a fuego suave 15 min hasta que el cochinillo esté bien tierno.

Codillo de cerdo al estilo alemán de Mallorca

Ingredientes

1 codillo en salmuera • Unos granos de pimienta negra y 2 hojas de laurel

Elaboración

Poner en la olla superrápida todos los ingredientes: el codillo, el agua, unos granos de pimienta negra y 2 hojas de laurel. Dejar cocer durante 2 h.
Se puede acompañar de puré de patatas y chucrut.

Codornices con salsa de membrillo

Ingredientes

8 codornices • 4 lonchas de beicon ahumado • 100 g de manteca de cerdo • 100 g de brandy • 100 g de dulce de membrillo • 50 cc de nata líquida • 150 g de agua o caldo • Limón • Sal y pimienta

Elaboración

Limpiar las codornices. Poner en el interior de cada una media loncha de beicon a trocitos.

Con un poco de hilo, atar las patas taponando el interior para que conserven la forma y no se esparza el relleno. Salpimentarlas, ponerlas en una bandeja, y rociarlas con el limón y el brandy. Dejar macerar durante 3 h.

Freírlas en una sartén con mantequilla. Retirar y reservar. Añadir después el jugo de la maceración, y dejarlo que reduzca 5 min.

Transcurrido este tiempo, agregar el dulce de membrillo y el caldo, y dejar que siga cociendo a fuego lento 10 min más.

Incorporar las codornices y dejar que cueza todo junto otros 30 min. Incorporar en el último momento la nata y dejar hervir por lo menos 10 min a fuego muy suave.

Codornices con uvas

Ingredientes

8 codornices • 8 lonchas de panceta • ½ cs de harina • 100 g de vino blanco • 60 uvas blancas peladas • Aceite • Sal • Pimienta y perejil picado

Elaboración

Limpiar las codornices y salpimentarlas. Enrollar cada una con una loncha de panceta y atarlas con un poco de cuerda.

En una cazuela con un chorro de aceite, dorar las codornices. Agregar el vino blanco y Meter al horno precalentado 5 ó 10 min, a 180 ºC durante 25 min.
Sacar del horno y retirar las codornices. Echar en la cazuela la harina y remover. Cuando espese la salsa, incorporar las uvas peladas y dejar al fuego 5 min.
Para servirlas, disponer las codornices en el fondo del plato y acompañar con las uvas calientes. A continuación, regar todo con la salsa, añadir el perejil picado y servir.

Codornices en escabeche I

Ingredientes

6 codornices • 3 cs de aceite de oliva • 6 dientes de ajo • 100 g de vino blanco seco • 100 ml de agua • 100 g de vinagre de vino blanco • 1 hoja de laurel • 1 ramita de tomillo • 1 ramita de orégano • 20 granos de pimienta negra • 1 cc de comino y sal

Elaboración

En una cacerola, echar el aceite de oliva, rehogar en él las codornices previamente saladas y los dientes de ajo sin pelar. Una vez que las codornices estén bien doradas, agregar el vino blanco y 2 vasos de agua. Añadir todas las plantas aromáticas incluyendo la pimienta negra y dejar que cueza a fuego muy suave durante 45 min. Agregar el vinagre y dejar cocer 5 min más.
Cuando estén bien tiernas, colocar en una fuente de barro y dejarlas cubiertas con el caldo de la cocción y el vinagre. Dejar que se enfríen.

Codornices en escabeche II

Ingredientes

5 cs de aceite de oliva • 1 cabeza de ajo • Una pizca de azafrán • 1 cebolla grande • 2 clavos de olor • 8 codornices bien limpias • 2 hojas de laurel • 12 granos de pimienta negra en grano y 90 g de vinagre

Elaboración

Dorar las codornices en una sartén con el aceite y reservar.

En una cacerola aparte, poner la cebolla, los ajos picados, el laurel, los granos de pimienta y los clavos, y colocar las codornices más unas hebras de azafrán.

Añadir el vinagre y dejar cocer hasta que estén tiernas, por lo menos 40 min.

Dejar enfriar y comer a temperatura ambiente.

Codornices en escabeche III

Ingredientes

4 codornices • 1 cebolla • 4 dientes de ajo • 2 dl de aceite • 1 cc de pimentón dulce • Laurel • Tomillo • Orégano • 6 granos de pimienta • 2 clavos de especia • 120 g de vino blanco • 100 g de agua • 120 g de vinagre y sal

Elaboración

Limpiar y salpimentar las codornices, y freírlas en aceite hasta dorarlas por todas partes. Una vez fritas, ponerlas en una cazuela de barro.

En el mismo aceite, añadir la cebolla cortada a láminas, junto con los ajos cortados, el laurel, el tomillo y el orégano. Cuando la cebolla esté bien dorada, echar sobre las codornices. Añadir el pimentón por encima.

Mezclar, el vino, el vinagre y el agua, y cubrir con ello las codornices; agregar los clavos, la pimienta y un poco de sal. Dejar cocer durante 45 min a fuego suave. Degustar a temperatura ambiente.

Codornices Sacramenia

Ingredientes

8 codornices • 1 cebolla • 1 tomate • 2 pimientos verdes • 2 hojas de laurel • 3 dientes de ajo • Perejil picado • 5 cs de vinagre • 5 cs de aceite de oliva • Pimienta negra molida y en grano • 100 g de agua y sal

Para acompañar

2 patatas • 1 cebolla • Pimiento verde • Aceite y sal

Elaboración

En una cacerola, echar 5 cs de aceite y 2 hojas de laurel pequeñas, y poner las codornices salpimentadas a freír. Una vez bien doradas, añadir la cebolla, los pimientos verdes y el tomate, todo picadito. Sofreír y agregar la pimienta negra. Verter el agua y dejar cocer de 35 a 40 min.

En el mortero, hacer un majado con los dientes de ajo y el perejil, y machacar a conciencia. Añadir el vinagre y reservar.

Cuando estén listas las codornices, retirar del fuego y pasar la salsa por el pasapurés. Agregar el majado y remover hasta que quede bien ligada la salsa.

Para acompañar, freír en una sartén las patatas, cortadas finas, con la cebolla y el pimiento verde cortado en juliana, y sazonar.

Conejo a la castellana

Ingredientes

1 conejo • 50 g de jamón en tacos • 1 cs de harina • 50 ml de agua • 150 g de pan • 50 g de vino blanco • 7 cs de aceite de oliva y sal

Elaboración

Trocear el conejo y sazonar. Freír en aceite hasta que quede ligeramente coloreado.

Una vez frito, disponerlo en una cacerola. Sofreír el jamón en una sartén y añadir la harina. Rehogar hasta dorarla ligeramente y verter el agua. Dejar cocer 5 min a fuego medio.

Verter salsa sobre el conejo y dejar cocer 15 min. Cuando esté casi cocido, añadir el vino y cocer 15 min más. Corregir el punto de sal.

Antes de servir, freír unos picatostes e incorporarlos al conejo en el último instante.

Conejo a la navarra

Ingredientes

1 conejo • ½ kg de patatas • ¼ kg de tomates • 1 copa de vino blanco • 2 dientes de ajo • 16 cebollitas • 1 ramito compuesto por 1 hoja de laurel, perejil y romero • El zumo de 1 limón • 6 cs de aceite de oliva • Sal y pimienta

Elaboración

Cortar el conejo en trozos y rociarlos con el zumo de limón. Calentar la mitad del aceite en una cazuela y dorar en ella los trozos de conejo hasta que tomen color.

Añadir las cebollitas, rehogar y, a los 5 min, añadir los dientes de ajo picados y el vino blanco. Salpimentar y agregar los tomates, hervidos y pasados por tamiz, y el ramito de hierbas. Tapar la cazuela y cocer durante 45 min a fuego muy suave.

Cubrir con las patatas cortadas en rodajas gruesas, rociar con el resto del aceite y meter en el horno precalentado a 180 °C hasta que estas estén doradas y tiernas.

Conejo al ajillo I

Ingredientes

1 conejo • 6 dientes de ajo • El zumo de 3 limones • 8 cs de aceite de oliva • Pizca de tomillo • Romero • Sal y pimienta

Elaboración

Trocear el conejo y salpimentar. Freír en aceite hasta que quede ligeramente coloreado. Reservar.

Freír dos ajos cortados en láminas y, ya dorados, retirar del fuego.

Majar 4 dientes de ajo en un mortero, y añadir el romero y el tomillo. Agregar el zumo y terminar de majar el conjunto.

Colocar en una cazuela al fuego los ajos y añadir el contenido del mortero. Dar un hervor y verter sobre el conejo frito. Meter en el horno, precalentado unos 5 ó 10 min, a 180 °C durante 20 min.

Conejo al ajillo II

Ingredientes

1 conejo • 50 g de aceite de oliva • 1 cabeza de ajos • 2 guindillas picantes • 1 hoja de laurel • 1 vaso de vino blanco seco • Sal y pimienta

Elaboración

Trocear el conejo en 12 trozos. Salpimentar.

Pelar y cortar en láminas los ajos y freírlos en aceite. A media fritura de los ajos, incorporar las guindillas cortadas en aros. Una vez fritos, retirar los ajos y las guindillas del aceite y reservar.

Freír en el mismo aceite el conejo hasta dorarlo. Añadir el laurel y el vino, y poner a cocer hasta que el conejo esté tierno y la salsa se reduzca. En el último momento, incorporar los ajos y las guindillas fritas. Probar de sal y servir.

Conejo asado

Ingredientes

1 conejo • ½ l de vino tinto • ½ cebolla • 1 zanahoria • 1 puerro • 4 cs de vinagre • 1 hoja de laurel • Una pizca de tomillo • 5 g de pimienta en grano • Sal y pimienta

Elaboración

Trocear el conejo y salpimentarlo.

Limpiar la cebolla, el puerro y la zanahoria, y picarla fina. Juntar el resto de los ingredientes en un bol grande para preparar el macerado. Introducir el conejo troceado y dejar macerar en la nevera 12 h.

Transcurrido el tiempo, colocar todo en una placa de horno, y asarlo a 180 °C durante 90 min. Añadir agua o algo de caldo de ave si fuese preciso.

Pasar la salsa por el pasapuré y ligar con un poco de fécula si fuese necesario. Dar el punto de sal y servir.

Conejo con aceitunas

Ingredientes

1 conejo • 3 zanahorias • 1 cebolla • 2 dientes de ajo • 1 pimiento verde • 50 g de vino blanco seco • 12 aceitunas verdes • 70 g de salsa de tomate • ½ cc de perejil picado • ½ cc de albahaca • ½ cc de tomillo • 3 cs de harina • 120 g de aceite de oliva • Sal y pimienta

Elaboración

Limpiar y trocear el conejo. Salpimentar. Enharinarlo y dorar con aceite caliente.

Aparte, poner a rehogar la verdura cortada en juliana (cebolla, zanahoria, pimiento y ajo). Sazonar y condimentar con el tomillo, la albahaca y el perejil picado.

En una cazuela, juntar el conejo y las verduras, y rehogarlo en conjunto. Agregar el vino y dejar reducir. Incorporar la salsa de tomate y el agua. Dejar cocer 30 min. Incorporar las aceitunas deshuesadas 5 min antes de acabar la cocción. Probar de sal y servir acompañado de unas patatas cocidas.

Conejo con ciruelas pasas

Ingredientes

1 conejo • 200 g de ciruelas pasas • 1 zanahoria • 1 cebolla • 1 diente de ajo • 1 rama de perejil • 1 rama de tomillo • 1 hoja de laurel • 1 l de vino blanco • 40 g de vinagre • 5 g de pimienta negra en grano • 10 cs de aceite de oliva • Sal y pimienta

Elaboración

Limpiar y cortar la cebolla, la zanahoria y el ajo en juliana. Aparte, poner a hidratar las ciruelas en agua templada.

Trocear el conejo y salpimentarlo.

En un bol, mezclar la cebolla, la zanahoria, el ajo, el perejil, el laurel, el tomillo, el vino blanco, el vinagre y los granos de pimienta. Introducir el conejo troceado y dejarlo macerar durante 12 h.

Dorar los trozos de conejo bien escurridos en una cazuela con aceite. A continuación, verter el líquido del macerado, tapar y dejar cocer a fuego lento durante 1 h y 5 min. Antes de finalizar la cocción, incorporar las ciruelas. Dar el punto de espesor a la salsa con fécula de maíz si fuese necesario.

Probar de sal y servir.

Conejo con pimentón

Ingredientes

1 conejo troceado • El hígado del conejo • 1 cebolla • 1 puerro • 4 dientes de ajo • 1 pimiento verde • 80 g de champiñones • 1 cs de pimentón dulce

• 1 hoja de laurel • 1 rama de perejil • 10 cs de aceite de oliva • Sal y pimienta

Elaboración

Limpiar y cortar la verdura en juliana (cebolla, pimiento, puerro y ajo). En una cacerola con aceite, rehogar el conjunto, sazonar y añadir el laurel. Saltear un poco y agregar el conejo troceado y salpimentado. Mezclarlo bien con la verdura. Incorporar los champiñones en cuartos y seguir rehogando todo. Añadir el pimentón dando unas vueltas. Cubrir de agua y hervir durante 15 min.

En el último momento, trocear el hígado y sazonarlo. Saltearlo en una sartén con un poco de aceite y agregarlo al mortero junto con un diente de ajo pelado y perejil. Majarlo todo bien, añadirlo al guiso y dejarlo cocer durante 25 min a fuego lento.

Probar de sal y servir.

Conejo con pisto

Ingredientes

1 conejo troceado • 1 cebolla • 2 tomates • 1 calabacín • 50 g de vino blanco • 2 pimientos verdes • 100 g de aceite de oliva • 1 cc de perejil picado • Agua • Sal y pimienta

Elaboración

Salpimentar el conejo y freírlo en una cazuela con aceite hasta que coloree ligeramente. Retirarlo de la cazuela y reservarlo.

En el mismo aceite, rehogar la cebolla y los pimientos picados en juliana. Cuando adquieran cierta coloración, incorporar el conejo y el vino. Dejar cocer 5 min, cubrir con agua y cocer durante 20 min.

En una sartén con aceite, saltear el calabacín y el tomate cortados en dados; salpimentar y añadirlos a la cazuela. Cocer el conjunto durante 5 min.
Probar de sal, espolvorear el perejil y servir.

Conejo en adobo

Ingredientes

1 conejo • 250 g de aceite de oliva • 60 g de vinagre de vino • 1 hoja de laurel • 5 dientes de ajo • 1 cebolla • Sal • Pimienta negra y orégano

Elaboración

Limpiar y trocear el conejo. Salpimentar y colocarlo en una cazuela con aceite de oliva y vinagre. Añadir la cebolla picada, el orégano, los ajos y la hoja de laurel.
Mezclar todo y hervirlo a fuego lento bien tapado durante unos 40 min. Dejar enfriar. Servir frío.

Conejo en escabeche

Ingredientes

1 conejo • 6 dientes de ajo • 3 hojas de laurel • Unos granos de pimienta negra • Unos clavos • 1 ramita de tomillo • 75 g de vinagre de vino • 70 g de vino blanco • 1 l de caldo de ave • ½ l de aceite de oliva • Sal y pimienta blanca molida

Elaboración

Trocear el conejo y salpimentar. Freírlo con abundante aceite e ir colocándolo en una cacerola.
Añadir los ajos, el laurel, el clavo, la pimienta negra y el tomillo. Dorar todo y verterlo sobre el conejo.

Agregar el vinagre, el vino blanco y el caldo. Cocer el conjunto durante 1 ½ h. Dejar reposar durante 3 días.

Conejo en salsa

Ingredientes

1 conejo • 5 dientes de ajo • 3 pimientos verdes • 2 cc de pimentón dulce • 2 cc de orégano • 50 g de vino blanco • 100 g de agua • 100 g de aceite de oliva • Laurel • Tomillo y sal

Elaboración

Trocear el conejo y freírlo hasta dorarlo ligeramente.

Colar el aceite y volverlo a utilizar para rehogar los pimientos y los ajos, picados previamente. Añadir el orégano, el laurel, el tomillo, el pimentón dulce y el vino, y dejar reducir a la mitad.

Verter la salsa sobre el conejo, agregar un poco de agua y dejar hervir a fuego lento durante 40 min aproximadamente. Probar de sal.

Conejo en salsa de vino parreño

Ingredientes

1 conejo troceado • 2 panes duros • 1 vaso de vino parreño • 1 cabeza de ajos • Tomillo • Orégano • Laurel • Pimentón rojo molido • Aceite y sal

Elaboración

Dorar el conejo en una sartén con un poco de aceite y reservar. Poner el pan en remojo con agua.

En una cazuela, preparar una salsa con los ajos machacados, junto con el pimentón, el pan remojado, el vino, el tomillo, el orégano y el laurel. Añadir agua para que quede una salsa homogénea y algo ligera.

Agregar a la cazuela los trozos de conejo y cocer a fuego suave hasta que esté bien hecho.

Conejo encebollado

Ingredientes

1 conejo • 3 cebollas • 3 dientes de ajo • 1 hoja de laurel • 1 tomate • 1 vaso de vino blanco • 1 copa de coñac • 400 g de caldo de carne • Pizca de tomillo • 8 cs de aceite de oliva • 1 cs de harina y sal

Elaboración

Cortar el conejo en trozos no muy grandes. Sazonar y dorarlo ligeramente en el aceite.

Picar la cebolla y los ajos en juliana, y ponerlos en una cazuela junto con el conejo. Rehogar el conjunto durante 5 min, y añadir el coñac y la hoja de laurel.

Incorporar el tomate picado en trozos y agregar el tomillo. Meter la cazuela al horno precalentado a 180 °C durante 15 min.

Espolvorear un poco de harina, y verter el vino blanco y el caldo de carne. Probar de sal y volver a introducirlo en el horno 12 min más.

Conejo escabechado

Ingredientes

1 conejo troceado • 4 dientes de ajo • 1 cebolla • 60 g de vinagre • 40 g de agua • 1 cc de perejil picado • Aceite de oliva • Sal y pimienta blanca molida.

Elaboración

Salpimentar los trozos de conejo y freírlos en una sartén con aceite a fuego medio. Colocarlos en la olla exprés.

En el mismo recipiente donde se ha frito el conejo, poner la cebolla cortada en juliana, los dientes de ajo pelados y un poco de perejil.
Cuando la cebolla esté blanda, añadir el vinagre y el agua, y dar un hervor.
Verter esta salsa sobre el conejo en la olla, agregar un poco más de agua y sazonar. Cocer durante 10 ó 15 min.
Servir frío.

Cordero a la burgalesa

Ingredientes

750 g de cordero en trozos (pierna, espalda o costillar) • ½ kg de patatas en dados grandes • ½ kg de nabos en dados grandes • 2 cs de aceite • 50 g de manteca de cerdo • 1 cs de harina • ½ l de caldo • 1 clavo • 1 hoja de laurel • 1 cs de perejil picado • Sal y pimienta

Elaboración

Freír la carne en el aceite bien caliente y retirarla cuando haya tomado buen color. En la misma grasa, dorar las patatas y nabos, y añadir el caldo. Cuando comience a hervir, salpimentar y bajar el fuego de forma que se conserve caliente pero sin que llegue a hervir.
Poner la manteca de cerdo en una sartén, desleír la harina y rebozar los trozos de cordero. Agregarlos al caldo.
Incorporar el perejil, el clavo y el laurel, subir el fuego y dejar cocer. Retirar los nabos y patatas cuando estén cocidos.
Una vez que la carne esté a punto y el caldo haya espesado, poner en una fuente, rociar con la salsa y poner a su alrededor los nabos y las patatas.
Servir bien caliente.

Cordero a la caldereta

Ingredientes

2 kg de pierna de cordero • 1 tomate maduro • 1 cebolla • 1 cabeza de ajos • 3 hojas de laurel • 50 g de pan rallado • 250 ml de vino blanco • 2 guindillas secas picantes • Aceite de oliva • Sal y pimienta

Elaboración

Limpiar y cortar el cordero en trozos.

En una sartén con aceite, rehogar la cebolla, los ajos, el laurel, las guindillas y el tomate, pelado y troceado.

Agregar la carne y estofarla durante 10 min, ponerle el vino blanco y sazonar con sal y pimienta. Cubrir la carne de agua, taparla y cocerla durante 1 h .

Añadir el pan rallado para que el caldo coja consistencia y dejar hervir durante 10 min.

Rectificar de sal y servir.

Cordero al chilindrón

Ingredientes

750 g de carne de cordero • 4 pimientos rojos • 4 tomates medianos • 4 dientes de ajo • 6 cs de aceite de oliva • 1 cebolla • 1 vaso de vino blanco • Sal y pimienta

Elaboración

Cortar la carne de cordero en trozos pequeños, salpimentar y dorar en 2 cs de aceite. Reservar.

Asar los pimientos sobre la llama, pelarlos y cortarlos en tiras. En una cazuela, freírlos en 4 cs de aceite junto con los ajos y la cebolla picados, y los tomates pelados y troceados. Después de 5 min, agregar el vino y cocer otros 5 min. Poner los trozos de cordero y su grasa en la cazuela. Cocer a fuego muy suave hasta que la carne esté tierna, aproximadamente durante 60 min.

Cordero asado

Ingredientes

2 kg de paletilla o pierna lechal • 250 ml de vino blanco • 4 dientes de ajo • 2 cs de manteca de cerdo • 30 g de perejil • 3 cc de sal gorda y 1 cc de vinagre

Elaboración

En un mortero machacar los ajos, el perejil, la sal gorda y la manteca de cerdo. Con esa pasta, untar la carne por todos los lados, añadir el vino y meter al horno a 190 °C durante 1 h. Voltear, regar con su jugo y hornear otra hora. En los últimos minutos, añadir el vinagre.

Cordero asado a la riojana

Ingredientes

800 g de cordero en un trozo • 40 g de manteca de cerdo • 3 dientes de ajo • 1 cebolla • 1 copita de vino blanco • 1 vasito de vinagre • Pimienta en grano • Perejil picado • 1 guindilla • Laurel y sal

Elaboración

La noche anterior, poner el cordero en una cazuela cubierto de agua.

Disponer en el fondo de una cazuela de barro la cebolla cortada en ruedas, el laurel en trocitos y unos granos de pimienta. Escurrir el cordero y colocarlo en la cazuela, espolvoreado con sal y untado con manteca de cerdo. Asarlo en el horno a 190 °C durante 1 h por cada lado, rociarlo con el vino blanco cada 15 min. Terminada la cocción, quitarle la grasa al cordero, cortarla a trocitos y ponerla al fuego en una sartén. Cuando empiece a derretirse, echar 1 cc de perejil picado, la guindilla y los ajos también picados. Añadir el vinagre antes de que estos tomen color.

Dar un hervor e incorporar el jugo del asado. Alargarlo con un poco de agua o caldo, dejar reducir, colarlo y rociar con este jugo el cordero, que se habrá guardado en lugar caliente.

Cordero asado al estilo Cuenca

Ingredientes

1 cordero lechal • 3 tomates maduros • 4 dientes de ajo • 1 vaso de vino blanco • Sal • Agua y manteca de cerdo

Elaboración

Abrir el cordero por la mitad y sazonarlo por los dos lados.

Partir los tomates en rodajas y ponerlos haciendo una cama en el fondo de la bandeja. Agregar los ajos cortados en láminas.

Fundir la manteca de cerdo y untar con ella el cordero.

Poner el cordero encima de los tomates. Verter por encima el vino blanco y 1 vaso de agua.

Meter al horno precalentado a 190 °C durante 1 h. Dar la vuelta y dejar que se dore durante 1 h más.

Cordero con guisantes y patatas

Ingredientes

1 kg de cordero para guisar • 1 kg de patatas • 1 cebolla • 2 tomates • 200 g de guisantes • 1 cs de harina • 100 g de almendras • 1 rebanada de pan tostado • 1 ramita de perejil • 1 diente de ajo • Una pizca de tomillo • Una pizca de orégano • Clavo en polvo • Aceite • Sal y pimienta

Elaboración

Pelar y picar la cebolla y los tomates. En una cazuela con aceite, poner el cordero con la cebolla, el tomillo y el orégano. Sofreír 10 min.

Agregar los tomates y el clavo, y salpimentar. Añadir la harina, mezclarlo todo bien y freír 5 min más.

Poner agua hasta que cubra la carne y cocer ½ h removiendo de vez en cuando.

Pelar y cortar las patatas en trozos, y picar en un mortero el ajo con las almendras, el pan y el perejil.

Incorporar los guisantes, las patatas y la picada del mortero. Volver a poner agua hasta cubrir las patatas, rectificar de sal y dejar cocer durante 30 min.

Cordero guisado

Ingredientes

1 ½ kg de cordero en trozos (paletilla, falda, costillar o cuello) • 1 cs de vinagre • 6 cs de aceite • Una cabeza de ajos entera sin pelar • 1 cebolla grande pelada y en dos trozos • 1 hoja de laurel • 1 cc de pimentón y sal

Elaboración

En una cazuela, poner el cordero con todos los ingredientes. Taparla muy bien y cocer a fuego lento durante 2 h (hasta que la carne esté tierna).

Durante este tiempo, remover todo de vez en cuando para que no se pegue la carne en el fondo. Si hace falta, se puede añadir un poco de agua caliente a media cocción para que el guiso no quede seco.

Costillas de cerdo agridulces

Ingredientes

1 ¼ kg de costillas de cerdo • 60 ml de agua • 60 ml de mostaza • 2 cs de azúcar moreno oscuro • 1 cs de miel • 1 cc de romero y ½ cc de chile desmenuzado

Elaboración

Batir todos los ingredientes menos las costillas, de modo que resulte una salsa homogénea.

La noche anterior, poner a macerar en un recipiente las costillas embadurnadas con esta salsa y guardar en la nevera.

Disponer en la bandeja de horno las costillas, con los restos de la salsa por encima, y hornear con el horno precalentado a 200 °C durante 30 min. Bajar el horno a 160 °C y hornear durante 1 ½ h más. Voltear la carne cada 30 min.

Emberzados

Ingredientes

6 hojas de berza • 1 cebolla picada • 1 puerro picado • 1 ajo • 100 g de grasa de cerdo (o aceite de oliva) • 250 g de sangre de cerdo • 50 g de harina de maíz • Sal • 2 l de agua • 1 cebolla • 1 puerro y orégano picado

Elaboración

Sofreír la verdura, puerro, cebolla y ajo con la grasa elegida, y agregar la sangre de cerdo. Hacer unos rollos con la mezcla de todos los ingredientes, envolverlos en hojas de berza y taparlos bien. Disponerlos sobre una tela, atar bien los extremos y cocerlos en agua caliente con el resto de la verdura y sal.

Ya cocidos, dejar enfriar en la misma agua y, cuando estén bien fríos, utilizarlos, bien para guarnición de un cocido, bien para comerlos fritos.

Algo potente pero sabroso; sería injusto perder la receta.

Nota

Una versión más suave de un clásico asturiano.

Entrecot de buey al vapor

Ingredientes

4 filetes de buey • 4 zanahorias • ½ cebolla • 3 puerros • 2 tomates • 4 cs de vinagre • 1 hoja de laurel • Harina de maíz • Perejil • Agua • Sal • Pimienta y aceite de oliva

Elaboración

En el fondo de la vaporera, poner 2 l de agua, 1 hoja de laurel, 1 puerro, ½ cebolla, 4 granos de pimienta negra y una zanahoria. Cocer ½ h .

En la rejilla (parte superior de la vaporera) poner 2 tomates, el blanco de los puerros y 3 zanahorias, estos dos últimos ingredientes cortados en juliana. Cocer al vapor durante 8 min.

Salpimentar los filetes y colocarlos en la rejilla sobre las verduras. Dejar cocer al vapor entre 5 y 10 min.

En una sartén, poner un chorrito de vinagre y un poco de caldo de la vaporera, ligarlo con harina de maíz y espolvorear con perejil picado. Servir la carne con las verduras y la salsa.

Escaldón de gofio

Ingredientes

100 g de gofio • 1 l de caldo de pescado • 50 g de lomo de cerdo • 50 g de tocino • 2 patatas pequeñas cocidas • Aceite • 2 dientes de ajo • 1 pimienta de cayena y 1 cc de pimentón picante

Elaboración

El escaldón es gofio escaldado en caldo convertido en una crema espesa y acompañado de tropezones.

Poner el gofio en el recipiente donde se vaya a mezclar con el caldo.

En una sartén, con un chorrito de aceite, dorar los ajos muy picados, la pimienta cayena, el lomo de cerdo, las patatas y el tocino. Añadir el pimentón picante, quitar rápidamente la sartén del fuego y echar su contenido al gofio. Agregar el caldo hirviendo y remover todo, hasta conseguir una masa levemente espesa.

Escalopes de pollo

Ingredientes
4 filetes de pechuga de pollo • 2 huevos • 4 cs de harina • 100 g de pan rallado • Una pizca de pimienta • Aceite y sal

Elaboración
Salpimentar los filetes de pollo, rebozarlos muy ligeramente en harina y golpearlos un poco para eliminar el sobrante.
Rebozar con el huevo y el pan rallado, y freír en una sartén con abundante aceite bien caliente.

Escalopes de ternera al limón

Ingredientes
4 escalopes de ternera de 120 g cada uno • 100 ml de vino blanco seco • 250 ml de agua • 100 ml de aceite • 50 g de harina • 250 g de champiñones de lata • 1 limón entero • ½ limón en zumo • 20 g de mantequilla • 1 yema de huevo • 2 dientes de ajo • 1 cs de perejil picado • 1 loncha de jamón gruesa (100 g) • Sal y pimienta

Elaboración
Cortar el limón en rodajas y meterlas en agua hirviendo 8 min, escurrirlas y reservarlas. Pasar los escalopes por harina y freír en aceite caliente. Ponerlos en una fuente de barro resistente al fuego y reservar al calor.

Retirar el aceite hasta no dejar más que un poco que cubra el fondo y echar la harina, cc a cc y sin dejar de remover. Añadir a continuación los ajos, el jamón y el perejil, todo picado muy fino. Incorporar el vino blanco y dejar que se reduzca a un tercio, añadir el agua, los champiñones con su jugo y las rodajas de limón. Salpimentar. Cocer 5 min y verter esta salsa sobre los escalopes. Tapar y dejar cocer muy suavemente durante 20 min.

Antes de servir, ligar la salsa añadiéndole la yema de huevo y la mantequilla, sin parar de remover con ayuda de las varillas.

Escalopes de ternera con salsa de almendras

Ingredientes

4 filetes de ternera de 100 g cada uno • 1 tomate • 1 cebolla • 100 ml de vino blanco • 100 g de almendras tostadas • 2 dientes de ajo • Huevo • Pan rallado • Harina • Pimienta • Sal • Aceite y perejil picado

Elaboración

Salar y rebozar los filetes en harina, huevo y pan rallado.

Freír en una sartén con aceite bien caliente. Escurrir y reservar al calor para que no se enfríen.

En un poco del aceite sobrante, sofreír la cebolla, el ajo y el tomate, todo finamente picado. Salpimentar.

Añadir las almendras previamente trituradas, un poco de perejil picado y el vino. Dejar cocer 10 min.

Servir los escalopes acompañados de esta salsa espesa.

Escalopines al moscatel

Ingredientes

8 escalopines de vaca muy finos • 1 cebolla • 4 cs de aceite de oliva • 100 ml de agua • 20 ml de vino de uva moscatel • Sal y pimienta

Elaboración

En una cazuela, poner el aceite a calentar y freír ligeramente los filetes. Reservar en un plato. En el mismo aceite, freír a fuego suave las cebollas, cortadas en rodajas muy finas y, cuando estén transparentes, colocar encima los filetes. Salpimentar y rociar con el vino de moscatel.

Cocer hasta que se hayan evaporado la mitad del vino, añadir el agua y cocer durante 8 a 10 min a fuego vivo hasta que la salsa espese un poco.

Escalopines al oporto

Ingredientes

750 g de filetes de ternera muy finos • Harina para rebozar • Aceite de oliva • 100 ml de oporto • 250 g de champiñones • 100 ml de agua • Sal y pimienta

Elaboración

Limpiar los champiñones, cortarlos en láminas finas y saltear en una sartén con aceite de oliva bien caliente. Añadir el oporto y dejar hervir hasta que se haya evaporado casi todo. Agregar el agua y remover hasta que haya ligado la salsa. Sazonar y reservar.

Salpimentar y enharinar los filetes. Dorarlos en una sartén con el aceite muy caliente.

Incorporar los filetes a la salsa y hervir 5 min a fuego suave.

Escalopines con salsa de cerveza

Ingredientes

8 escalopines de carne de vaca muy finos • 50 ml de aceite • 1 cebolla grande • 25 cl de cerveza • 100 ml de agua • 1 pellizco de hierbas aromáticas • Sal y pimienta

Elaboración

En una cazuela, poner el aceite a calentar y freír ligeramente los filetes. Reservar en un plato. En el mismo aceite, freír a fuego suave la cebolla, cortada en rodajas muy finas y, cuando esté transparente, colocar encima los filetes y salpimentar.

Añadir el pellizco de hierbas aromáticas, rociar con la cerveza y cocer hasta que se hayan evaporado dos tercios de la cerveza. Incorporar el agua y cocer durante 8 a 10 min a fuego vivo hasta que la salsa haya espesado un poco.

Estofado de costillas con patatas

Ingredientes

1 kg de costillas de cerdo • 1 kg de patatas • 2 zanahorias • 1 cebolla • 2 pimientos verdes • 2 dientes de ajo • 1 hoja de laurel • 1 cc de pimentón • Aceite • Sal y agua

Elaboración

Poner las costillas troceadas en la olla a presión con agua y sal, echar las zanahorias peladas y el laurel, y cocer durante 10 min.

En una cazuela con aceite, pochar la cebolla, el ajo, los pimientos verdes, un poco de sal y el pimentón. Rehogar todo bien y añadir las patatas troceadas (al trocearlas, las romperemos para que ligue más la salsa). Rehogar todo de nuevo y añadir las costillas con el caldo, retirando previamente la zanahoria. Dejar cocer 20 min a fuego medio.

Farcellets de pavo

Ingredientes

600 g de pavo • 1 cebolla picada • 60 g de migas de pan mojadas en leche • 2 huevos • 12 hojas de col • 30 g de mantequilla • ½ limón • 1 yogur • Sal • Pimienta • Harina y cominos

Elaboración

Escaldar las hojas de col en agua hirviendo durante 1 min, escurrir y reservarlas aparte.

Triturar la carne de pavo y mezclarla con la miga de pan, la cebolla picada y los huevos. Mezclar bien y salpimentar.

Colocar una cantidad de este relleno en cada hoja. Enrollar bien y a continuación pasar por harina los rollitos y freír en la mantequilla.

Cuando estén dorados, añadir el zumo del limón, los cominos y el yogur, corregir de sal y pimienta, añadir el agua y dejar cocer a fuego lento durante 30 min.

Ternera al caramelo

Ingredientes

4 filetes de ternera • 2 cs de azúcar • 4 cs de agua • 100 g de caldo de carne • 100 g de vino de Oporto • Sal • Pimienta • Aceite • 4 patatas y harina de maíz

Elaboración

En una cazuela, hacer un caramelo con el azúcar y el agua. Cuando se dore un poco, agregar el vino y el caldo. Dejar al fuego hasta que reduzca a la mitad y ligar con harina de maíz. Probar de sal y reservar.

En una sartén, con un poco de aceite, freír los filetes salpimentados.

Para servir, poner los filetes en una fuente y salsear con el caramelo. Acompañar con las patatas fritas.

Filispas de cecina de vacuno

Ingredientes

200 g de cecina de vacuno • 100 g de queso de oveja seco • 50 g de aceite de ajo • Para el aceite de ajo: • 100 g de aceite de oliva • 1 diente de ajo • 1 cs de pimentón dulce y 1 cc de vinagre

Elaboración

Cortar la cecina en láminas finas y extenderla en el plato.

Para el aceite de ajo: triturar todos los ingredientes en frío, filtrar y reservar.

Rallar encima de la cecina el queso de oveja seco y aderezar con aceite de ajo.

Presentar a temperatura ambiente.

Flamenquines

Ingredientes

12 filetes de lomo de cerdo muy finos • 12 lonchas de queso • 12 tiras gruesas de jamón serrano • 2 huevos • Pan rallado para rebozar • Sal y aceite para freír

Elaboración

Aplastar bien los filetes previamente salados. Cubrir cada filete con una loncha de queso. Poner en el centro una tira de jamón. Enrollar y sujetar con un palillo. Pasar por huevo batido y pan rallado. Freír en una sartén con el aceite muy caliente. Escurrir sobre papel absorbente y servir bien caliente.

Fricandó de buey

Ingredientes

750 g de buey • 1 cebolla • 2 tomates medianos • 4 cs de aceite de oliva • 1 diente de ajo • ½ kg de guisantes congelados • Pimienta • Harina y sal

Elaboración

Cortar la carne en filetes delgados y de igual tamaño, pasarlos por la harina y freírlos por ambos lados en aceite bien caliente. Poner en una cacerola y salpimentarlos.

Picar la cebolla y freírla en el mismo aceite. Cuando comience a tomar color, agregarle el diente de ajo machacado en el mortero, y los tomates pelados y picados muy finamente.
Salpimentar y, mientras se cuece, aplastarla con un tenedor. Colar la salsa sobre la carne, agregar los guisantes y continuar la cocción a fuego muy suave durante 12 min más.

Fritada de conejo y caracoles

Ingredientes

1 conejo de 1 kg • 250 g de pimientos verdes • 250 g de cebollas • 300 g de caracoles • 1 kg de tomates • 1 dl de aceite y sal

Elaboración

Trocear el conejo en una sartén con el aceite, retirarlo cuando esté dorado y salarlo. En el mismo aceite, rehogar las cebollas y los pimientos, picados finamente. Añadir los caracoles (bien limpios, escaldados y hervidos en agua con sal durante 2 h).
Picar los tomates e incorporarlos a la fritada. Mezclar bien. Añadir el conejo a la sartén y dejar cocer lentamente 15 min.
Decorar la fuente con aros de pimiento verde y servir.

Gachas manchegas

Ingredientes

250 g de costillas de cerdo • 6 dientes de ajo • 100 g de guindillas en vinagre • 500 g de harina de almortas o titos • 1 cc de pimentón dulce • 1 cc de orégano • 200 ml de aceite de oliva • 200 g de tocino o panceta • 250 g de pan y sal

Elaboración

Freír en el aceite el tocino y las costillas hasta que estén bien tostaditos. Reservar en caliente. En el mismo aceite, dorar los ajos y sacarlos.

Retirar un poco de aceite y, en el resto, dorar la harina, agregar el orégano, el pimentón y el agua, poco a poco, hasta lograr una masa fina. Sazonar.

Servir las gachas en caliente en la misma sartén, acompañadas en plato aparte por las carnes, la guindilla y el pan para ir mojando en ellas.

¡¡¡¡Gallineeeeejas!!!!

Ingredientes

Tripas de ave de corral • Aceite y sal

Elaboración

Las tripas de la gallina deben estar muy limpias y cortadas en tiras alargadas y finas.

Freír en aceite muy caliente hasta que estén muy doraditas. Escurrir bien la grasa antes de servir inmediatamente y bien calientes.

El título de la receta... un homenaje a la manera como lo gritan en los puestos de la ferias de Madrid.

Hígado a la veneciana

Ingredientes

4 cebollas • 1 diente de ajo picado • 400 g de hígado de ternera • 10 cs de aceite de oliva • 75 g de vino blanco • Sal y pimienta

Elaboración

Limpiar las cebollas y cortarlas en juliana fina. En una sartén, pochar las cebollas y los ajos con aceite a fuego lento hasta que se doren ligeramente.

Cortar el hígado en trozos pequeños y salpimentarlo. Incorporarlo a las cebollas y aumentar la intensidad del fuego. Añadir el vino y dejar cocer unos 8 min.

Hígado de cordero con huevos

Ingredientes

300 g de hígado de cordero • 8 huevos • 2 cebollas • 2 dientes de ajo en láminas • 1 pimiento verde • 6 cs de salsa de tomate • 30 g de jerez • Aceite • Sal y pimienta

Elaboración

Pochar en una cazuela con aceite el ajo, el pimiento y la cebolla cortados en juliana.

Cuando todo esté pochado, sazonar.

Limpiar el hígado y salpimentarlo. Cortarlo en tiras y añadirlo a las verduras.

Rehogar el conjunto durante 8 min y agregar el jerez y el tomate. Dejar cocer durante 5 min.

Cascar los huevos, ponerlos encima y meterlos al horno fuerte hasta que cuajen.

Servir caliente.

Jamón guisado

Ingredientes

1 ½ kg de jamón cocido • 2 pies de ternera, partidos por la mitad • 2 cebollas • 2 dientes de ajo • 1 ramillete de hierbas aromáticas (laurel, tomillo, perejil y ajo) • 250 ml de vino blanco seco • 2 cs de coñac • 4 cs de perejil picado • 4 clavos • 6 granos de pimienta negra • Sal y pimienta molida

Elaboración

Cortar el jamón en dados. Pelar las cebollas y clavar en ellas los clavos. Atar el ramillete de hierbas.

Hervir bastante agua en una cacerola grande, introducir los 2 pies de ternera y dejarlos hervir durante 5 min. Sacarlos y pasarlos por agua fría.

Poner los trozos de jamón en una marmita, añadir las cebollas, las hierbas, los pies de ternera y los granos de pimienta. Agregar el vino, cubrir de agua y dejar hervir a fuego suave durante 1 ½ h. Mientras tanto, pelar los dientes de ajo y picarlos muy menudos.

Retirar la marmita del fuego y dejar entibiar su contenido. Sacar entonces los trozos de jamón y ponerlos en un molde adecuado a la cantidad. Incorporar el coñac, y el picado de ajo y perejil. Salpimentar y mezclar bien.

Sacar los pies de ternera de la marmita, y colar el caldo en el chino. Verter el caldo resultante en el molde del jamón hasta que lo cubra. Igualarlo y meterlo en la nevera durante 12 h.

Jamoncitos de pavo al limón

Ingredientes

4 jamoncitos de pavo • 150 ml de vino blanco • 30 cl de nata líquida • 2 escalonias picadas muy finas • 1 limón • Nuez moscada • Pimienta • Sal y aceite de oliva

Elaboración

En una cazuela, dorar los jamoncitos previamente salados en el aceite y, cuando empiezan a tomar color, añadir el vino blanco, el zumo de limón y la escalonia.

Cocer a fuego lento durante 45 min.

Después, incorporar la nata líquida, un poco de nuez moscada y ralladura de la piel del limón. Cocer durante 5 min más y servir tibio.

Lechazo al roble

Ingredientes

½ lechazo de unos 3 kg • Ajo • Perejil • Sal • Aceite de oliva • Laurel • 1 cebolla y 250 ml de vino blanco

Elaboración

Hacer un majado con el ajo, el perejil y 1 cs de aceite. Salar el lechazo y untarlo bien con el majado. Colocarlo en una cazuela de barro amplia, y añadir la cebolla, el laurel y el vino blanco.

Meter en el horno precalentado a 225 °C durante 15 min. Dar la vuelta. Asar durante otros 15 min. Volver a girarlo y terminar de asar a 180 °C durante otros 90 min.

El resultado es increíble si lo asamos en un horno de leña con madera de roble. Cuidado con estos hornos de leña que tienen mucha potencia de calor.

Lechazo asado

Ingredientes

1 pierna de cordero lechal • 100 g de manteca de cerdo • 1 cs de perejil picado • 2 dientes de ajo picados • ¼ de taza de vinagre • 1 pellizco de nuez moscada y sal

Elaboración

Untar el lechazo con sal y nuez moscada, y después, con la manteca de cerdo. Colocar con la piel hacia abajo en una fuente para horno, preferentemente de barro, con ½ taza de agua y asar en el horno a 220 °C. Darle la vuelta cuando se haya dorado por un lado. Una vez girado, bajar la temperatura a 180 °C.

Cuando ambos lados se hayan dorado, rociarlo con el vinagre mezclado con el perejil y el ajo, y dejarlo cocer durante 5 min más.

Lengua de ternera con salsa de berros

Ingredientes

8 filetes de lengua cocida • 2 huevos • 2 cs de harina • 1 dl de aceite de oliva • 300 g de nata líquida • 60 g de hojas de berros • ½ l de caldo de carne • Sal y pimienta

Elaboración

Sazonar ligeramente los filetes, rebozarlos pasándolos por harina y huevo batido. Freírlos y escurrir bien de aceite.

Mezclar en un cazo la nata, el caldo de carne y los berros muy picaditos. Dejar cocer a fuego lento hasta que la salsa adquiera cuerpo. Salpimentar.

Servir los filetes acompañados de la salsa de berros. Decorar el plato con unas hojas de la misma verdura.

Lengua de ternera estofada

Ingredientes

1 lengua de ternera de 1 kg • 3 cebollas • 2 zanahorias • 2 puerros • 1 tomate • 6 cs de aceite de oliva • 50 g de vino tinto • 200 g de caldo de carne • 1 hoja de laurel • Pizca de tomillo • Sal • Pimienta y 1 diente de ajo

Elaboración

Lavar la lengua con agua, salpimentarla y cocerla durante 15 min en una olla a presión con agua, una zanahoria, un puerro limpio y una cebolla cortada en dos.

Transcurrido este tiempo, sacarla del agua y quitarle la piel.

Introducir la lengua ya pelada en una cazuela con el tomillo, laurel y agua. Dejarla cocer hasta que esté tierna.

Poner el aceite en una cacerola y rehogar en ella las 2 cebollas, el ajo, las zanahorias, el puerro, todo bien picado. Rehogar hasta que tomen un poco de

color. Agregar el tomate picado y cocer el conjunto. Cuando todo esté bien rehogado, añadir el vino y más tarde el caldo. Dejar cocer durante 30 min, si fuese necesario añadir un poco de agua. Pasar la salsa por un pasapurés y salpimentar.
Cortar la lengua en tajadas, cocerla junto con la salsa durante 5 min y servir bien caliente.

Lengua mechada

Ingredientes

¼ kg de lengua de ternera • 150 g de tocino • ½ l de vino seco • 1 cebolla • 2 cabezas de ajos • 50 g de manteca de cerdo • 2 l de agua • Pimienta negra • Azafrán • Canela en rama • Clavos • Tomillo • Laurel • Perejil y sal

Elaboración

En una olla grande, introducir la lengua con los 2 l de agua y dejarla cocer durante 2 h. Pasado este tiempo, sacarla y quitarle toda la piel.
Mecharla en una cazuela con el tocino en tiras, los ajos, la pimienta negra, los clavos y la canela en rama. Una vez mechada, salarle y dorarla con la manteca.
Añadir la cebolla, el perejil, la pimienta, el azafrán machacado, el tomillo, el laurel, el vino seco y un poco de agua, y dejar cocer 30 min más.
Triturar la salsa y colar.
Cortar en rodajas la lengua y servir con la salsa.

Lomo de cerdo a la cerveza

Ingredientes

1 kg de cinta de chuletas • ½ kg de cebollitas • 30 ciruelas pasas • ½ l de cerveza • Sal • Pimienta y aceite

Elaboración

Salpimentar la carne y dorarla en una cazuela con un chorrito de aceite. Reservarla al calor. En la misma cazuela con el aceite que hemos utilizado, echar las cebollitas para dorar. Después, incorporar las ciruelas pasas y, por último, la carne y la cerveza.

Cocer todo con la cazuela tapada durante 1 h.

Sacar la carne y, cuando esté fría, cortarla en lonchas finas.

Reducir la salsa y añadirla caliente a la carne en el momento de servirla.

Lomo de cerdo y huevo hilado

Ingredientes

½ kg de lomo de cerdo • 4 tiras de tocino ahumado • ½ puerro cortado en tiras • ¼ de cebolla • Sal • Una pizca de pimienta blanca • Tomillo • 1 hoja de laurel • 100 g de jamón de York en filetes y 50 g de huevo hilado

Elaboración

Mechar el lomo con el tocino ahumado. Atarlo y colocarlo en un cazo con agua, puerro, cebolla, sal, pimienta, tomillo y laurel. Hervir todo durante 1 h.

Seguidamente, sacarlo, desatarlo, cortarlo en lonchas y distribuirlas a lo largo de una fuente. En uno de sus lados, y también a lo largo, disponer el jamón de York.

Como adorno final, esparcir alrededor el huevo hilado.

Lomo de cerdo a la sal

Ingredientes

500 g de lomo • 1 kg de sal gorda y 2 claras de huevo

Elaboración

Mezclar 1 kg de sal con dos claras de huevo y extender la mitad de la mezcla en una bandeja de horno, haciendo una especie de cama para el lomo.
Una vez colocada la carne encima, cubrir con el resto de la sal. Meter al horno a 180 °C durante 35 ó 40 min.
Sacar el lomo del horno, romper la costra de sal y cortarlo en lonchas.

Lomo de cerdo al ron

Ingredientes

1 kg de lomo de cerdo • 1 diente de ajo • 1 cebolleta • 2 pepinillos en vinagre • Una pizca de pimienta de cayena • 1 pastilla de caldo de carne • 75 ml de ron oscuro • Aceite de oliva • Perejil picado • Sal y pimienta

Elaboración

Picar la cebolleta y el ajo finamente, y rehogarlos en una cazuela con un chorro de aceite. Cuando estén dorados, agregar los pepinillos picados y el caldo de carne. Dejar cocer a fuego lento.
Aparte, cortar la carne en trozos de 1 cm, salpimentar y saltear en una sartén con un poco de aceite muy caliente. Agregar la cayena y el ron. Flamear con cuidado.
Añadir el lomo flameado a la salsa preparada en la cazuela y cocer a fuego lento. Esperar a que espese la salsa, probar de sal y espolvorear con perejil picado.

Lomo de cerdo con manzanas

Ingredientes

1 ½ kg de lomo de cerdo • 8 manzanas peladas y en rodajas • 2 cebollas • 1 naranja en zumo • 1 limón en zumo • 100 ml de vino blanco • 1 pastilla de concentrado de carne • Pimienta y sal

Elaboración

Cortar fina la cebolla y pochar hasta que esté transparente. Añadir la manzana en rodajas y rehogar 5 min más. Incorporar el lomo de cerdo cortado en filetes finos, echar el vino blanco y cocer hasta que se haya evaporado casi todo.

Agregar los zumos de naranja y limón, y la pastilla de caldo. Cocer 5 min más, salpimentar y servir.

Lomo de ciervo en salsa de setas y trufa

Ingredientes

12 filetes de lomo de ciervo de unos 75 g cada uno • 6 dientes de ajo • 200 g de cebollas pequeñas • 50 ml de nata líquida • 1 hoja de laurel • 1 cc de orégano • 1 cc de tomillo • 2 cc de pimentón dulce • Una pizca de sal • 200 g de setas cocidas • 1 trufa fresca • 100 ml de aceite de oliva y 50 g de coñac

Elaboración

En una fuente honda, poner el tomillo, el orégano, el ajo picado, el pimentón, el laurel y el aceite. Remover hasta que esté bien mezclado. Sazonar los filetes y untarlos con esta mezcla. Dejar reposar en frío durante un día.

Picar las cebollas y la trufa (reservar el aguardiente) y trocear las setas.

En una sartén con aceite, sofreír las cebollas hasta que estén tiernas. Agregar las setas picadas y cocidas previamente, rehogar 3 min, añadir la trufa y el coñac y flamear para que se evapore el alcohol.

A continuación, incorporar la nata líquida y cocer a fuego lento. Esperar 4 min hasta que se reduzca la salsa y sazonar al gusto.

Hacer los filetes en una plancha bien caliente y servirlos acompañados con esta salsa de setas.

Lomo en adobo

Ingredientes

1 kg de lomo chuletero en un trozo • 1 cabeza de ajos • 3 l de agua • 1 ramito de hinojo • 1 cc de pimienta negra molida • 2 limones y 2 cc de sal

Elaboración

Poner a cocer el agua con el hinojo y una pizca de sal.
En un mortero, machacar los ajos, introducir el lomo de cerdo entero en un recipiente grande donde luego quepa el agua.
Exprimir el zumo de los limones, trocear las cáscaras y añadir al lomo.
Salpimentar y reservar.
Cuando el agua con el hinojo haya cocido, dejar enfriar y añadirla al lomo.
A continuación, meter el recipiente en la nevera y dejar macerar unos 3 días.
Darle la vuelta al lomo, que tiene que estar cubierto siempre por el líquido.
Una vez macerado, ya está listo para cortar y freír. Se puede hacer lo mismo con las costillas de cerdo.

Madejas de cordero al vino blanco

Ingredientes

1 kg de tripas de cordero • 1 cebolla mediana • 2 dientes de ajo • 1 hoja de laurel • 1 vaso de vino blanco • 1 copa de coñac • Pimienta en grano • Perejil • Aceite y sal

Elaboración

Limpiar escrupulosamente las tripas de cordero. Pelar la cebolla y los dientes de ajo y triturarlos. Picar finamente el perejil.
En una cazuela honda con agua hirviendo, cocer las tripas de cordero con sal, los granos de pimienta, la cebolla y el ajo picados, una hoja de laurel, coñac

y vino blanco. Cuando ya estén en su punto, escurrirlas y dejarlas reposar durante 1 h aprox. Una vez se han enfriado las madejas, secarlas y trocearlas.
Poner mucho aceite en una sartén amplia y, cuando esté bien caliente, freír las madejas, procurando tapar la sartén para evitar que el aceite salte.
Servirlas recién hechas y espolvoreadas con un poco de perejil.

Magra de cerdo con tomate

Ingredientes

1 kg de magro de cerdo • 1 kg de tomates • 1 cebolla • 2 ajos • 1 pimiento • 1 vasito de vino blanco • Aceite de oliva • Sal y pimienta

Elaboración

Poner el aceite a calentar y rehogar el magro cortado en trozos. Cuando esté dorado, sacarlo y reservarlo. En el aceite que queda, hacer un refrito con la cebolla, los ajos y el pimiento.
Volver a echar los trozos de magro, añadir un vasito de vino blanco, la sal y la pimienta. Poner a fuego lento y dejar tapado hasta que la carne esté casi tierna.
Preparar una salsa de tomate para añadir a la carne.

Magras con tomate

Ingredientes

12 lonchas finas de jamón serrano • Leche • Harina • ½ kg de tomates • Aceite y sal

Elaboración

Poner las lonchas, o magras, en leche durante ½ h. Pasado este tiempo, rebozar con harina y freírlas en una sartén con aceite bien caliente.

Preparar una salsa con el tomate y sazonar con un poco de sal (¡ojo con la sal!, el jamón la lleva en cantidad). Añadir las magras a la salsa y dejarlas cocer durante 10 min.
Servir muy calientes.

Magret de pato a la naranja

Ingredientes

1 pechuga de pato sin hueso y en trozos • 2 naranjas en zumo • 1 cs de ralladura de naranja • 150 ml de caldo de pollo • 1 cc de maicena • 1 cs de salsa de soja • Sal y pimienta molida

Elaboración

Hacer unos cortes en forma de cruz en la grasa que recubre la pechuga del pato.
Asar la pechuga, previamente salpimentada, en una sartén al fuego, en primer lugar por el lado de la grasa. Una vez dorada por ambos lados, quitar el exceso de grasa de la sartén.
Sacar la pechuga, reservarla y añadir el resto de los ingredientes a la sartén. Mover con una cuchara de madera y dejar hacer durante 5 min.
Agregar la pechuga y cocer durante 2 min a fuego suave. Retirar del fuego, filetear y servir acompañado de su salsa.

Magro de cerdo con arroz

Ingredientes

300 g de carne magra de cerdo • 1 cebolla • 2 dientes de ajo • 150 g de jamón serrano cortado en dados • 25 ml de aceite • 1 l de caldo de carne • Una pizca de tomillo • 1 hoja de laurel • 1 ramito de perejil • 3 tomates ma-

duros • Una pizca de nuez moscada en polvo • Una pizca de pimienta blanca • Una pizca de canela • 400 g de arroz • 200 g de guisantes y sal

Elaboración

Cortar la carne en dados, salpimentarla y dorarla en una cazuela con aceite de oliva. Añadir la cebolla cortada muy fina y los ajos; una vez sofritos, poner el jamón y las hierbas (tomillo, laurel y perejil).

Al empezar a dorarse, agregar el tomate cortado muy fino, un poco de nuez moscada, la pimienta y la canela. Sofreír y echar el arroz, remover y verter el caldo.

Cuando esté casi en su punto, incorporar los guisantes, y dejar hacer hasta que estos estén tiernos. Retirar del fuego y servir.

Manitas de cerdo a la jardinera

Ingredientes

2 manos de cerdo • 1 limón • 1 nabo • 1 zanahoria • 1 cebolla • Laurel • Perejil • Tomillo • Sal y 2 l de agua

Para la guarnición:

150 g de guisantes • 3 zanahorias • 1 cebolla • 1 diente de ajo • 3 cs de tomate triturado • Aceite y vino

Elaboración

Quemar con una llama las manos de cerdo partidas por la mitad, lavarlas y atarlas de 2 en 2 con bramante, para restituir su forma primitiva.

Poner en una olla el agua, la cebolla, el nabo, la zanahoria, el laurel, el tomillo, el perejil y la sal. Cocer a fuego lento de 2 a 3 h en olla normal o 1 h en olla a presión.

Cortar el bramante, quitar los huesos del interior y colocar en una fuente de horno, untada con aceite.

Para la guarnición: hacer un sofrito con la cebolla, el ajo y el tomate. Añadir el vino y reservar. Hervir los guisantes y las zanahorias cortadas en cuadritos.

Esparcir las zanahorias y los guisantes cocidos sobre las manos de cerdo y napar con el sofrito. Meter en el horno, precalentado a 190 °C durante 25 min.

Servir muy caliente.

Manitas de cerdo en salsa

Ingredientes

4 manitas de cerdo • 150 g de jamón serrano • 500 g de salsa de tomate • 3 cebolletas • 2 puerros • 1 pimiento verde • 3 zanahorias • 1 diente de ajo • 1 pimiento choricero • 1 cs de harina • Perejil • Laurel • Tomillo • Aceite y sal

Elaboración

Cocer las manitas con los puerros, el pimiento verde, las zanahorias y el perejil, 1 h en una olla a presión, o durante 2 ó 3 h si lo hacemos en una olla normal.

Una vez cocidas, sacarlas del caldo y guardar ½ l del mismo. Deshuesarlas con paciencia y reservar.

Picar la cebolla, cortar el jamón en tacos y rehogarlos con aceite en una cazuela. Añadir laurel, tomillo y ajo; a continuación, un poco de harina y 2 cs de carne de pimiento choricero. Remover y agregar el caldo que habíamos reservado, la salsa de tomate y la sal.

Incorporar las manitas a la cazuela con la salsa. Dejar cocer durante 15 min y servir muy caliente.

Manitas de cordero en salsa

Ingredientes

16 manitas de cordero • 2 cebollas • 1 cs de pimiento choricero • 5 cs de salsa de tomate • Harina y aceite • Huevo y sal
Para cocer:
1 cebolla • 1 puerro y 1 tomate

Elaboración

Cocer las manitas en agua con la cebolla, el puerro y el tomate durante por lo menos 2 h a fuego medio. Una vez estén bien cocidas, deshuesar y rebozar con harina y huevo. Freír en abundante aceite caliente hasta que se doren. Reservar.
Aparte, picar las cebollas y ponerlas a pochar con un poco de aceite. Cuando estén doraditas, añadir el tomate y la carne del pimiento choricero. Dar el punto de sal y dejar cocer durante 10 min.
Agregar medio vaso del caldo de cocción de las manitas. Dejar hervir 5 min más y servir muy caliente.

Mar y montaña

Ingredientes

500 g de pechuga de capón cortadas en filetes • 8 langostinos • 1 cebolla • 2 tomates pelados y sin pipas • 50 ml de aceite • 1 hoja de laurel • 150 ml de cava o de vino blanco seco • Sal y pimienta

Elaboración

En una cazuela de barro, calentar el aceite y saltear los langostinos. Reservar. En el mismo aceite, dorar las pechugas, previamente salpimentadas y sacarlas del recipiente. A continuación, sofreír el tomate y la cebolla a fuego lento

15 min. Añadir el laurel y el cava, y dejar cocer hasta que la salsa quede ligada.
Incorporar las pechugas y cocer 15 min con la cazuela tapada y a fuego muy lento. Añadir los langostinos y cocer destapado 5 min más.
Servir caliente.

Menestra de cordero

Ingredientes

1 ¼ kg de cordero recental mayor • 2 dientes de ajo • 1 cebolla • 5 cs de tomate frito • 8 cs de aceite de oliva • 1 huevo • 4 cs de caldo de cordero o carne • 3 zanahorias • 8 espárragos • 4 alcachofas • ½ kg de acelgas • ½ kg de guisantes desgranados • ½ kg de patatas nuevas pequeñas (admite todas las verduras que se quieran añadir) • 8 cs de vino blanco • Aceite para rebozar y freír • Harina • Perejil • Sal y pimienta

Elaboración

Cortar el cordero en trozos, salpimentarlo y saltearlo con el ajo y la cebolla. Cuando esté dorado, añadir el tomate y el vino blanco. Al romper el hervor de nuevo, verter 1 cs de caldo y dejar cocer a fuego suave, durante unos 60 min, hasta que esté tierno el cordero.
Cocer las verduras en poca agua con sal, cada una por separado y dejarlas al dente. Escurrir y rebozar en harina y huevo las alcachofas cortadas en mitades o en cuartos, según tamaño, y los tallos de las acelgas y sus hojas en forma de bolitas. Freír.
Unir las verduras al cordero, y añadir, si fuera necesario, un cucharón de caldo. Dejar hervir 5 min a fuego suave.
Servir con las patatas, cocidas al vapor y espolvoreadas de perejil, y los espárragos recién cocidos.

Menestra de pierna de cordero ***ΨΨΨ***

Ingredientes

1 paletilla de cordero • 1 cebolla • 2 hojas de laurel • 2 ó 3 dientes de ajo • 4 alcachofas • Una pizca de pimienta • ½ l de vino blanco • Sal y aceite

Elaboración

Rehogar la cebolla con el ajo y el laurel y, cuando esté dorada, añadir la paletilla troceada, previamente salada y sofreír.

Añadir las alcachofas, la pimienta y el vino blanco. Cocer hasta que se evaporen dos tercios del vino. Cubrir con agua y cocer 60 min a fuego suave.

Muslos de pollo al estragón ***ΨΨ***

Ingredientes

8 muslos de pollo • 1 cebolla • 100 ml de vino blanco • 2 cs de maicena • 50 ml de nata líquida • 3 cs de aceite de oliva • Estragón • Sal y pimienta

Elaboración

Salpimentar el pollo y reservar. En una olla con aceite, rehogar la cebolla, previamente cortada en aros, y añadir el estragón. Poner el pollo y rehogarlo, añadir el vino y dejar cocer durante 40 min.

Colocar el pollo en un recipiente para horno y reservar. Disolver la maicena en un poco de agua y añadirla a la cazuela con la salsa. Poner al fuego y, cuando dé el primer hervor, incorporar la nata y remover bien. Agregar la salsa a los muslos e introducir en el horno a gratinar durante 5 min. Servir caliente.

Paletilla en costra

Ingredientes

2 kg de paletilla de cerdo • 2 hojas de laurel • 1 manojo de verduras para caldo • 2 cebollas • 150 ml de cerveza • Sal • 6 clavos • 1 pastilla de caldo de carne y pimienta negra molida

Elaboración

Hacer unos cortes en forma de cruz en la piel de la carne, salarla y mechar con el laurel cortado en 4 trozos y los clavos. Trocear las verduras, pelar y trocear las cebollas también.

Colocar todo junto con la carne en una bandeja de asar y añadir ¼ l de agua.

Meter la carne al horno precalentado a 180 °C, durante 1 h.

Regar con cerveza y un poco de agua caliente, y volver a meter al horno durante 45 min más. Conservar el asado caliente.

Colar el caldo del asado, dar un hervor y agregar la pastilla de carne. Rectificar de sal si hiciera falta.

Servir con su salsa.

Paloma en salsa

Ingredientes

4 palomas • 2 cebollas • 2 zanahorias • 2 puerros • 1 tomate • 1 botella de vino tinto • ½ l de agua • 80 g de brandy • ¼ de hoja de laurel • Una pizca de tomillo • Aceite • Sal y pimienta

Elaboración

Limpiar bien las palomas.

Picar las verduras (cebollas, zanahorias y puerros) y pocharlas en aceite.

Añadir el laurel y el tomillo. Pelar el tomate, trocearlo e incorporarlo. Sazonar y dejar que se dore un poco.
Salpimentar las palomas y rehogarlas en una cazuela con una pizca de aceite.
Agregar las verduras pochadas a las palomas y sofreír el conjunto. Verter el vino, el agua y el brandy. Dejar cocer a fuego lento hasta que las palomas estén tiernas.
A continuación, colocarlas en una fuente y pasar la salsa por un pasapurés o túrmix. Cocer durante 5 min las palomas con su salsa. Probar de sal y servir.

Pastel de carne

Ingredientes
750 g de carne picada de cerdo • 100 g de jamón de York picado • 50 g de jamón serrano picado • 50 g de vino blanco • 100 g de tocino picado • 4 cs de tomate frito • 2 huevos • 1 cebolla muy pochada • 50 g de pan rallado • Perejil picado • Sal y pimienta

Elaboración
Mezclar todos los ingredientes picados con los huevos, la cebolla, el tomate, el vino, la sal, la pimienta y el pan rallado.
Verter la mezcla en el molde previamente engrasado, e introducirlo al horno, precalentado unos 5 ó 10 min, a 160 °C durante 1 h.
Dejar enfriar y desmoldarlo. Servirlo, frío o caliente, sobre pan tostado solo o acompañado de salsa mayonesa o de tomate.

Pastel de pollo

Ingredientes
1 pollo grande en cuartos • 2 cebollas medianas picadas • 20 g de apio en trozos • 1 l de agua • 1 zanahoria en daditos • 100 g de guisantes al natural

• 200 g de jamón de York en tiras gruesas • 200 g de champiñones en rodajas finas • 2 huevos cocidos en 4 gajos cada uno • 1 cs de maicena • ½ kg de puré de patata • Sal y pimienta

Elaboración

Cocer el pollo con las cebollas y el apio en muy poca agua, hasta que la carne comience a desprenderse de los huesos, aproximadamente 45 minutos.

Retirar del fuego, terminar de separar la carne y colocarla en un recipiente para horno con la cebolla, la zanahoria, los guisantes, el jamón y los champiñones. Salpimentar y poner encima los gajos de huevo, rociar con una taza del caldo que se ha producido al cocer el pollo, en la que se habrá desleído la maicena, y cubrir todo con el puré de patata.

Finalmente, poner en el horno, precalentado unos 5 ó 10 min, a 200 °C hasta que el puré se haya gratinado.

Pato asado

Ingredientes

1 pato limpio • 4 patatas medianas • 2 manzanas • 4 ciruelas pasas • Puré de castañas • 100 ml de vino tinto • 150 ml de agua • Aceite • Mantequilla • Perejil • Sal y harina de maíz

Elaboración

Poner el pato en el horno, agregar el vino, el agua, un chorrito de aceite y sal. Meter al horno precalentado a 200 °C, durante 50 min.

Cortar las manzanas en rodajas y colocar en el centro una nuez de mantequilla. Meter al horno hasta que se doren.

Pelar y cortar en paja las patatas, freír y reservar. Con el jugo que sueltan los patos, hacer la salsa. Desengrasar la fuente del horno, poner esta en un cazo al fuego y añadir una cucharadita de harina de maíz diluida en agua y perejil picado.

Para servir poner en el centro del plato los patos y cubrir con la salsa. Adornar con ciruelas, manzanas, puré de castañas y patatas.

Pavo asado relleno 🍴🍴🍴

Ingredientes

1 pavo de 2 a 3 kg deshuesado • ½ kg de carne picada (mitad de cerdo, mitad de ternera) • 1 huevo • 2 rebanadas de pan de molde mojadas en leche • 100 ml de jerez • 1 lata de frutas de 150 g (macedonia sin azúcar) • Perejil • Sal y pimienta

Para la salsa:

50 ml de brandy • 50 g de mantequilla y 50 ml de agua

Elaboración

Batir el huevo y mezclar con la carne picada, las frutas y el jugo de la lata. Sazonar con pimienta, nuez moscada y sal. Incorporar las 2 rebanadas de pan y el jerez, y remover hasta obtener una masa homogénea. Rellenar el pavo con esta mezcla.

Coser la piel para que no se salga el relleno.

Meter al horno precalentado a 200 °C durante 30 min, voltear y hornear otros 30 min. Darle la vuelta de nuevo y hornearlo durante 1 h más a 160 °C.

Desengrasar la fuente con una pizca de mantequilla y un chorro de brandy, añadir un poco de agua y hervir la salsa 2 min.

Pavo en pepitoria 🍴🍴

Ingredientes

4 muslos de pavo • 2 cebollas • 4 huevos cocidos • ¼ l de vino blanco seco • 1 l de caldo • 50 g de harina • ¼ kg de patatas • 2 l de aceite • 1 hoja de laurel • 30 g de almendras tostadas • Sal y pimienta

Para el majado:
1 rebanada de pan frito • 1 yema de huevo duro • 4 hebras de azafrán • 1 cs de perejil y 10 ml de agua

Elaboración

Dorar los muslos en aceite hasta que tomen buen color.
En una sartén aparte, freír la cebolla muy lentamente y, cuando empiece a tomar color, incorporar la harina y sofreír ligeramente. Añadir el vino blanco y los muslos dorados.
Incorporar el caldo hasta cubrir y añadir la hoja de laurel. Cocer a fuego suave 30 min. Agregar el majado previamente hecho con los huevos, las almendras, la sal y la pimienta y dejar cocer muy lentamente 1 h.
Trocear las patatas y freírlas en una sartén. Añadirlas al guiso 30 min antes de servir.

Pavo relleno con frutos secos

Ingredientes

1 pavo entero de ¾ kg limpio para rellenar • 300 g de ciruelas pasas • 30 g de piñones • 6 orejones • 1 loncha de 100 g de jamón del país • 10 salchichas de cerdo • 1 tarrito pequeño de 1 ó 2 trufas • 150 ml de jerez seco • Canela • Pimienta • Sal y aceite de oliva

Elaboración

Salpimentar por dentro y por fuera el pavo, y regarlo con 2 copas de jerez. Dejarlo reposar durante 1 h.
Mientras tanto, preparar el relleno. Para ello, saltear en una sartén las ciruelas deshuesadas, las salchichas, el jamón y la trufa, todo bien picado. Añadir los orejones y, cuando empiecen a tomar color, incorporar los piñones, el resto del jerez, 2 pellizcos de canela, sal y pimienta al gusto.

A continuación, rellenar y coser el pavo. Embadurnarlo con aceite de oliva y asar en el horno precalentado a 200 °C durante 2 ½ h. Bajar a 160 °C tras la primera hora de asado.

Trinchar el pavo y acompañarlo con el relleno mezclado con el jugo de la cocción.

Pavo relleno de castañas

Ingredientes

2 ½ kg de pavo • 500 g de castañas cocidas • 1 cs de harina • 250 g de magro de cerdo • Aceite de oliva • 150 ml de caldo de pollo • Pimienta y sal

Elaboración

Pelar las castañas y deshuesar el pavo con mucho cuidado.

Sofreír el cerdo, previamente salado con las castañas enteras. Añadir la harina y rehogar hasta que tome color. Agregar el caldo y la pimienta, y cocer hasta que esté casi seco. Rellenar y coser el pavo con esta masa.

Embadurnar el pavo con aceite de oliva y asar con el horno a 200 °C durante 2 ½ h. Bajar a 160 °C tras la primera hora de asado.

Trinchar el pavo y acompañarlo con el relleno mezclado con el jugo de la cocción.

Pechugas de pavo al jerez

Ingredientes

2 pechugas de pavo • 1 cebolla • 1 zanahoria • 150 ml de jerez seco • 1 cs de pasas • 8 ciruelas sin hueso • 4 orejones • 1 dl de aceite de oliva y una pastilla de caldo de pollo

Elaboración

Poner en un recipiente las pasas, ciruelas y orejones con el jerez seco, y meter en el microondas 1 min a potencia máxima.

Sazonar las pechugas y dorarlas con el aceite. Sacar y reservar. Picar la cebolla y la zanahoria muy finas. Rehogarlas en la misma cazuela. Añadir las pasas, ciruelas y orejones con el jerez, y las pastillas de caldo.

Cuando hayan evaporado dos tercios del jerez, meter las pechugas, cubrir con agua y dejar cocer 45 min.

Pechugas de pollo al oporto

Ingredientes

3 pechugas de pollo • 150 ml de oporto • ½ cebolleta • 1 tomate • ½ kg de champiñones • Sal • Aceite de oliva • Pimienta y maicena (si necesita espesar)

Elaboración

Picar muy fina la cebolleta y el tomate, pelado y sin pepitas. Ponerlos en una cazuela con aceite a rehogar, salpimentar e incorporar los champiñones cortados en láminas y las pechugas, en tiras.

Dejar sofreír todo y, cuando las pechugas estén doraditas, añadir el vino. Poner a fuego lento, más o menos 20 min, hasta que reduzca la salsa. Si queda ligera, espesar con harina de maíz. Servir bien caliente.

Pechugas empanadas con salsa de tomate

Ingredientes

4 pechugas de pollo • Harina • Huevo • Pan rallado • Salsa de tomate • Bechamel y aceite

Elaboración

Rebozar los filetes de pollo en bechamel bien espesa, dejar enfriar en el frigorífico y rebozar en harina, huevo y pan rallado. Freír en una sartén con aceite.

Servir acompañados de la salsa de tomate.

Perdices en pepitoria

Ingredientes

2 perdices grandes • 6 cs de aceite de oliva • 1 copa de vino blanco • Harina • 1 cs de apio picado • 2 dientes de ajo picados finos • 150 g de setas o champiñones grandes, en trozos medianos • 8 cebollitas • 2 lonchas de jamón serrano graso • Sal y pimienta

Elaboración

Limpiar bien las perdices, cortar cada una en 4 trozos y dorarlas en el aceite de oliva hasta que hayan tomado color. Retirar un momento del fuego, espolvorear con ½ cs de harina, removerlas bien, salpimentar y volver a poner al fuego.

Mojar con el vino blanco e igual cantidad de agua, y añadir las cebollitas peladas, las setas, el ajo y el apio. Tapar la cazuela y cocer a fuego muy suave durante 1 h , agregarles más agua si llegaran a secarse demasiado.

Finalmente, poner en una fuente de horno o en una cazuela. Cubrirlas con el jamón y hornear durante ½ h a fuego moderado.

Perdiz a la asturiana

Ingredientes

2 perdices • 50 g de manteca de cerdo • 75 g de tocino en dados • 10 cebollitas francesas • 1 zanahoria mediana picada • 1 cs de harina • 2 copas

de sidra • 1 ramito de hierbas • Caldo de ave • Tomillo • Nuez moscada • Aceite y sal

Elaboración

Limpiar las perdices y atarlas con un hilo de cocina para que no se deformen mientras se cuecen. Ponerlas en una cazuela de barro con la manteca de cerdo, el tocino, las cebollitas y la zanahoria, y rehogarlas hasta que comiencen a dorarse. Salpimentar, espolvorear con 2 pellizcos de tomillo, uno de nuez moscada y la harina.

Remover sin parar remojándolas con la sidra y, cuando comience a hervir añadir el ramito de hierbas, tapar la cazuela y dejar hacer a fuego muy suave durante 90 min. A mitad de la cocción, retirar las perdices, quitar el hilo, cortar por la mitad y colocar en otra cazuela.

Pasar la salsa por un pasapurés y verterla sobre las perdices. Si la salsa hubiera espesado demasiado, añadir un poco de caldo. Tapar la cazuela y continuar la cocción hasta que estén a punto.

Perdiz con judías

Ingredientes

1 perdiz • 400 g de judías pochas • 50 g de aceite • 200 g de vino blanco • 1 cabeza de ajos • 100 g de cebollas • 4 hojas de laurel • 5 g de pimienta negra • Una pizca de sal y 1 ramito de tomillo

Elaboración

En una cazuela, poner las judías toda la noche en agua.

Desplumar y limpiar bien la perdiz, y atarla con un cordelito.

Aparte, picar la cebolla y los ajos, y agregar a las judías. Añadir la perdiz, previamente salada y cubrir generosamente de agua junto con el laurel, el vino, el tomillo, el aceite y la pimienta. Dejar cocer muy lentamente un par de horas con la cazuela tapada.

Sacar la perdiz, desmenuzarla y ponerla de nuevo en la cacerola.
Dejar hervir 5 min más y servir muy caliente.

Pichones asados al vino tinto

Ingredientes

4 pichones • 200 g de vino tinto • Mantequilla • 400 g de caldo de carne • 80 g de *foie gras* • Aceite • Patatas panadera • Ajos y sal

Elaboración

En una cazuela de barro con aceite, poner los pichones sazonados con un ajo en su interior.
Meter al horno a 200 °C durante 10 min. Retirar y sacarlos del recipiente.
En la misma cazuela, poner la mantequilla, el *foie gras* en trozos, el vino tinto y la mitad del caldo. Dejar que reduzca a fuego suave.
Trocear los pichones de tal manera que nos queden mitades limpias de huesos. Depositarlos en el caldo que se está reduciendo para darles sabor. En 30 min, la salsa estará lista.
Presentar acompañados con las patatas panadera.

Pierna de cordero al cava

Ingredientes

1 pierna de 1 ½ kg • 4 dientes de ajo • 4 chalotas • Una pizca de tomillo • Pimienta negra en grano • 1 hoja de laurel • Unas ramas de perejil • 250 ml de cava • Aceite de oliva • Sal • 1 cc de maicena y perejil picado

Elaboración

Macerar el cordero 4 h con 1 vaso de aceite, el tomillo, la pimienta, el laurel, el perejil, las chalotas y los ajos. Sazonar.

Después, colocarlo en una bandeja y rociar con el preparado de la maceración y el cava.
Meter al horno a 180 °C durante 75 min. Rociar a menudo con el caldo. Si es necesario, añadir más cava y agua para que no se seque.
Colocar el jugo en una sartén para que reduzca y engordar con un poco de maicena.

Pierna de cordero asada

Ingredientes

1 pierna de cordero • Sal • Aceite de oliva • 1 cebolla pequeña. • 1 ramita de perejil • 4 dientes de ajo • ½ l de vino blanco y 2 patatas

Elaboración

Salar la pierna y disponer en una fuente con algún corte. Embadurnar con aceite. Poner la cebolla, el perejil, los ajos enteros pelados y las patatas en trozos. Añadir el vino blanco y meter al horno a 180 °C durante 1 ½ h. Voltear de vez en cuando.

Pierna de cordero asada al jerez

Ingredientes

50 ml de aceite de oliva • 400 g de champiñones frescos laminados • ½ l de jerez seco • 1 ½ kg de pierna de cordero • 1 ramito de romero y sal

Elaboración

En una cazuela de horno, poner la pierna, la sal y el romero. Embadurnar con el aceite.
Rociar el jerez por encima y asar en el horno a 200 °C, durante 75 min.
Si fuera necesario, agregar un poco más de jerez. Unos 10 min antes de finalizar, añadir los champiñones laminados.

Pimientos verdes rellenos de codornices 🍴🍴🍴

Ingredientes

6 codornices • 50 g de tocino de jamón • 6 pimientos verdes grandes • 1 cebolla • 2 dientes de ajo • 1 cs de harina • 100 ml de jerez seco • 50 ml de aceite • 2 cs de agua • 1 cs de chocolate rallado y sal

Elaboración

Limpiar las codornices y dorarlas en aceite.

Poner encima de cada una de ellas unas tiritas de tocino muy finas.

Meter dentro de los pimientos y colocar en una cazuela.

Aparte, sofreír la cebolla picada y los ajos, y añadir la harina para que se dore.

Incorporar el jerez, el agua y el chocolate, y verter sobre los pimientos rellenos.

Cocer a fuego lento moviendo de vez en cuando la cazuela para que no se agarre al fondo.

Pinchos morunos 🍴🍴

Ingredientes

400 g de carne de pierna de cordero • 1 pimiento verde • 1 pimiento rojo • 2 cebollas medianas • 2 cs de aceite • 2 dientes de ajo picados • Comino • Orégano • Tomillo • Cúrcuma • Sal y pimienta

Elaboración

Cortar la carne en trozos pequeños. En un mortero, machacar el aceite con los ajos y las especias. Mezclar bien y añadir al cordero. Dejar marinar en la nevera un mínimo de 2 h (mejor un día entero).

Lavar y cortar los pimientos en trozos también pequeños. Pelar y cortar las cebollas en cuatro partes cada una.

Montar los pinchos y alternar trozos de carne, pimiento y cebolla.
Asar los pinchos en la plancha bien caliente, o al horno a 200 °C durante 20 min.

Pollo a la cerveza

Ingredientes

1 pollo cortado en trozos • 2 cebollas • 2 zanahorias • 4 patatas • ½ l de cerveza • 50 g de harina • 50 ml de aceite de oliva • 1 cc de sal y 1 cc de pimienta negra

Elaboración

Espolvorear los trozos de pollo con la sal y la pimienta. Enharinarlo y sacudir para eliminar el exceso de harina.
Pelar y picar finamente las cebollas. Lavar, pelar y cortar las zanahorias en rodajitas, y las patatas, en láminas.
Calentar el aceite en una cazuela y añadir los trozos de pollo. Freír hasta que estén bien dorados.
Agregar las cebollas y las zanahorias y rehogar bien. Incorporar la cerveza. Tapar y dejar cocer a fuego lento durante 40 min.

Pollo a la mostaza

Ingredientes

1 pollo de 1 ½ kg en trozos • 3 cs de aceite de oliva • 2 cebollas • 5 cc de mostaza tipo Dijon • 250 g de nata líquida • 1 rama de tomillo • 100 ml de vino blanco • Sal y pimienta

Elaboración

En una cazuela, poner el aceite a calentar y rehogar los trozos de pollo salpimentados. Retirar y reservar. Pelar y picar la cebolla, añadir a la misma

cazuela, junto con el tomillo, y rociar con vino blanco. Tapar y dejar cocer suavemente durante 30 min.
Sacar los trozos de pollo, incorporar la mostaza a las cebollas y el jugo que haya soltado el pollo. Mezclar y dejar cocer lentamente 15 min.
Añadir la nata y mezclar. Rectificar de sal.

Pollo al brandy

Ingredientes

4 cuartos de pollo • 3 cs de aceite de oliva • 1 cebolla grande • 3 dientes de ajo • 100 ml de brandy • ½ limón • Sal y pimienta

Elaboración

Rociar el pollo con el limón y salpimentar. Poner en una bandeja de microondas junto con el aceite, e introducir dentro del horno durante 15 min.
A mitad de la cocción, añadir la cebolla y los ajos bien picados junto con la copa de brandy. Remover y poner de nuevo el microondas en marcha durante 20 min más.

Pollo al chilindrón I

Ingredientes

2 pollos medianos • 200 g de jamón serrano • 1 cebolla • 2 dientes de ajo • 4 pimientos rojos • Pimienta en grano • Aceite de oliva y sal

Elaboración

Freír los ajos en una sartén con medio vaso de aceite, retirarlos y freír en el mismo aceite los pollos bien limpios y cortados en 8 pedazos cada uno.
Salpimentar y, cuando empiezan a dorarse, añadir la cebolla y el jamón picados. Por último, echar los pimientos cortados en cuatro trozos a lo largo.
Dejar cocer hasta que el pollo esté bien hecho, unos 35 min.

Pollo al chilindrón II

Ingredientes

2 kg de pollo • 6 dientes de ajo • 400 g de cebolla • 2 pimientos verdes • 300 g de tomates maduros pelados • 30 g de harina • 1 hoja de laurel • 1 cc de tomillo • 50 ml de aceite de oliva • Sal y pimienta

Elaboración

Limpiar y trocear el pollo. Salpimentar y enharinar. Cortar los ajos en láminas, la cebolla y los pimientos en tiras y los tomates por la mitad.

Freír el pollo en aceite y pasarlo a una cazuela de barro. Reservar. En el mismo aceite, rehogar los ajos, la cebolla y los pimientos. Agregar los tomates.

A mitad de cocción de las verduras, echarlas sobre el pollo y cocer lentamente. Añadir el laurel y el tomillo.

Cocer muy lentamente durante 60 min.

Pollo a la chilindrón III

Ingredientes

1 pollo mediano • 1 cebolla • 3 dientes de ajo • 1 pimiento verde • 1 pimiento rojo • 2 tomates • 100 g de jamón serrano • Almendra molida cruda • Aceite de oliva • Sal y pimienta blanca molida

Elaboración

Salpimentar el pollo troceado y sin piel. Freír en aceite hasta que esté dorado. Retirar y reservar.

En el mismo aceite, freír la cebolla y el ajo picados, y los pimientos cortados en tiras. Cuando estén a medio hacer, añadir los tomates cortados en trocitos. Una vez el sofrito esté hecho, echar al pollo por encima y cubrir con agua. Cocer a fuego suave durante 1 ½ h.

Por último, incorporar las almendras trituradas y los trocitos de jamón. Cocer durante 5 min más.

Pollo al limón I

Ingredientes

1 pollo entero de 1 ¼ kg • 1 limón • 5 cs de aceite • Ajos • Pimienta blanca y sal

Elaboración

Rellenar el pollo con el limón, pinchado varias veces y partido por la mitad, y los ajos. Untar el pollo por fuera con aceite, sal y pimienta, y meter en horno a 200 ° C durante 75 min.

Mientras se asa, regar cada 10 min con su propio jugo.

Pollo al limón II

Ingredientes

2 pechugas de pollo • 2 patatas • 6 rábanos • 2 cebolletas • 1 limón • 1 cc de finas hierbas • 1 cc de vinagre • 1 cc de mostaza • 1 cs de aceite de oliva • Una pizca de pimentón • Sal y pimienta molida

Elaboración

Cortar las pechugas de pollo a lo largo. Rallar la cáscara del limón con cuidado de no pasar a la parte blanca para que no amargue. Poner en un plato con el zumo del limón. Salpimentar. Rebozar la carne en esta salsa y reservar.

Cocer las patatas, con la piel, 20 ó 25 min. Cortar en rodajas los rábanos y las cebolletas.

Escurrir bien el pollo y rehogarlo 5 min por cada lado. Cubrirlo con la salsa y 2 cs de agua, y tapar. Dejar cocer otros 15 min.

Mezclar el vinagre, la mostaza, el aceite y 1 cs de agua. Salpimentar.
Pelar las patatas, cortarlas en dados y servirlas en ensalada con los rábanos y las cebolletas. Espolvorear con las finas hierbas.

Pollo al romero

Ingredientes

1 pollo de 1 ¼ kg cortado en trozos grandes • Unas ramas de romero • Unas ramitas de perejil • 2 dientes de ajo • 2 cs de aceite de oliva • Sal • Pimienta negra molida • 100 ml de vino blanco y 1 hoja de laurel

Elaboración

Machacar en el mortero los ajos y el perejil con un poco de sal. Añadir el aceite, el romero, la pimienta y el vino, y mezclar todo bien.
Colocar el pollo troceado en una fuente y regarlo con el adobo preparado; poner la hoja de laurel. Asar con el horno a 200 °C durante 55 min. Voltear a media cocción.

Pollo asado

Ingredientes

1 pollo • 50 ml de brandy • Aceite de oliva • 100 ml de agua • Sal y pimienta

Elaboración

Salpimentar y untar el pollo con aceite de oliva. Poner en la bandeja de horno. Rociar con el agua y el brandy. Hornear en el horno a 200 °C durante 60 min. Voltear a media cocción.

Pollo con champiñones y aceitunas

Ingredientes

1 pollo de 1 ½ kg • El zumo de un limón • 100 g de beicon • 2 dientes de ajo • 1 hoja de laurel • 100 ml de caldo de pollo • 75 g de aceitunas verdes sin hueso • 300 g de champiñones • 250 g de tomate al natural triturado • 50 ml de brandy • Sal • Azúcar y pimienta blanca molida

Elaboración

Salpimentar y rociar el pollo con la mitad del zumo de limón. Picar el beicon y saltear en una cazuela hasta que esté bien dorado. Retirar y dorar el pollo, añadir 2 dientes de ajo machacados y el laurel, y rociar con el caldo.

Tapar la cazuela y poner en el horno a 180 °C durante 30 min. Entretanto, limpiar los champiñones. Echar el tomate triturado, las aceitunas y los champiñones a la cazuela. Salpimentar y poner una pizca de azúcar para contrarrestar la acidez del tomate.

Hornear de nuevo durante otros 30 min. Retirar del horno la cazuela y rociar el pollo con el brandy. Prender fuego y dejar que la llama se apague por sí misma. Cortar el pollo en 4 trozos y servir con los champiñones y las aceitunas como guarnición.

Pollo con gambas

Ingredientes

1 pollo de 1,300 kg • 8 gambas • 6 tomates maduros sin piel ni pepitas • 2 zanahorias • 3 cebollas • 800 g de almendras tostadas • 3 chalotas • 1 dl de caldo de pollo • 2 copitas de brandy • 1 ramillete de hierbas • Aceite de oliva • Sal y pimienta

Elaboración

Trocear el pollo, salpimentar y dorarlo en una sartén con aceite de oliva. Saltear también las gambas y trocear las hortalizas. Freír las cebollas con las chalotas, los tomates, las zanahorias y el ramillete de hierbas, todo troceado.

En una cazuela de barro, colocar los trozos de pollo y las gambas en posición plana, y añadir el aceite en el que se frieron. Poner a fuego lento y, cuando esté caliente, rociar con el brandy. Añadir el sofrito con todas las hortalizas cuando haya evaporado el brandy, y verter el caldo caliente.

Cocer 10 min. Incorporar una picada hecha con las almendras majadas en el mortero. Cocer 5 min más.

Se pueden sacar el pollo y las gambas para triturar y colar la salsa, y volverlos a colocar en la cazuela.

Servir al momento.

Pollo con hongos

Ingredientes

6 u 8 porciones de pollo (muslos, pechuga deshuesada, etc.) • 400 g de hongos • 500 g de nata • 1 sobre de crema de hongos deshidratada • 1diente de ajo picado y ¼ de taza de vino blanco

Elaboración

Adobar las porciones de pollo con la crema de hongos, ponerlos en una bandeja de horno y agregar los hongos previamente limpios y salteados con el ajo y la nata. Meter al horno a 200 °C durante 30 min. Incorporar el vino 5 min antes de sacarlo.

Se puede acompañar con arroz blanco y verduras.

Pollo en pepitoria

Ingredientes

1 pollo mediano • 1 cebolla • 3 dientes de ajo • 100 g de jamón • 100 ml de vino blanco • Azafrán • Nuez moscada • 2 huevos • 50 g de almendras crudas • Sal • Pimienta y aceite

Elaboración

Salpimentar el pollo sin piel. Freír en el aceite hasta que esté dorado.

En el mismo aceite, sofreír la cebolla, el jamón y el ajo finamente picados. Cuando la cebolla tome color, añadir el vino blanco y cocer hasta que se hayan evaporado dos terceras partes.

Agregar el azafrán machacado, la nuez moscada y la sal. Cocer durante 1 h. Mientras tanto, poner a cocer los dos huevos. Una vez que haya terminado la cocción del pollo, añadir los huevos duros picados y las almendras también picadas y previamente salteadas. Cocer 30 min más.

Pollo en salsa

Ingredientes

1 pollo de 1 ½ kg • 2 cebollas • 1 pimiento verde • ½ l de caldo • 2 dientes de ajo • 1 hoja de laurel • 6 cs de aceite de oliva • Sal y pimienta negra

Elaboración

Trocear el pollo ya limpio y salpimentado. Saltear los trozos en una cazuela con aceite hasta que se doren.

Picar la cebolla y el pimiento verde y añadir al pollo. Rehogar unos minutos.

Triturar el caldo con el resto de los ingredientes y verterlo sobre el pollo.

Dejar guisar durante 30 min (si ves que se queda seco, añade más caldo).

Pasar la salsa por un pasapurés (retira la hoja de laurel).

Servir el pollo y salsearlo.

Pollo escabechado

Ingredientes

8 filetes de pechuga de pollo • 100 ml de vino blanco • 150 ml de vinagre de jerez • 150 ml de vinagre de vino • ¼ l de caldo • 1 cebolla • 1 pimiento verde • 1 zanahoria • 1 hoja de laurel • Aceite • Sal y pimienta

Elaboración

Picar y rehogar la zanahoria, el pimiento y la cebolla.

Añadir el laurel y la sal. Sofreír 10 min. Aparte, salpimentar las pechugas y dorarlas con un poco de aceite.

En la cazuela de rehogar las verduras incorporar los vinagres, el vino, el caldo, las pechugas de pollo y unos granos de pimienta negra.

Cocer 15 min, retirar del fuego y dejar macerar 24 h en la misma cazuela. Servir frío.

Pollo exprés

Ingredientes

1 ½ kg de pollo • 1 pastilla de caldo de pollo • El zumo de 1 limón • Una pizca de pimienta • 3 dientes de ajo picados • 1 cebolla picada • 100 ml de vino blanco • 100 ml de agua • 4 cs de aceite de oliva y sal

Elaboración

Dorar bien el pollo en la olla exprés con el aceite. Añadir el resto de los ingredientes, cerrar la olla y cocer durante 20 min.

Pollo relleno I

Ingredientes

1 pollo mediano deshuesado • 250 g de jamón de York • 250 g de queso en lonchas • Aceite y 1 cs de pimentón

Elaboración

Estirar el pollo deshuesado y colocar encima, también estiradas, las lonchas de jamón y queso. Enrollar el pollo y atarlo con una cuerda de cocina.
Colocar en una fuente de horno. Untar con el aceite y el pimentón, y asar con el horno a 180 °C durante 50 min.

Pollo relleno II

Ingredientes

1 pollo deshuesado • 500 g de carne picada • 2 huevos cocidos • 2 huevos crudos • 1 manzana picada • Pepinillos picados • Aceitunas picadas • 100 g de beicon • 50 g de pasas • 2 zanahorias picadas • Sal y pimienta

Elaboración

Rellenar el pollo con la mezcla de todos los ingredientes, coser con una aguja por donde lo hemos rellenado, atarlo y asarlo en el horno, a una temperatura de 180 °C durante 90 min.
Enfriar y cortar en lonchas lo más finas posibles. Servir con su salsa previamente templada.
Este plato se puede comer frío o caliente.

Pollo trufado

Ingredientes

1 ½ kg de pollo • 200 g de menudillos de pollo • 25 g de trufa negra • 100 g de miga de pan • 100 ml de leche • 1 manzana reineta • 1 huevo • 2 cs de jerez • 50 g de jamón y 50 g de tocino

Elaboración

Hacer una pasta con los menudillos picados, la trufa, el jamón, el tocino, el pan mojado en leche, la manzana picada y el huevo batido, y rellenar el pollo con ella.

Asar al horno a 200 °C durante 75 min regando con el jerez.

Pringada

Ingredientes

400 g de tocino fresco con carne • 4 rebanadas de pan • Aceite de oliva • Sal • 100 g de chorizo y 2 cs de leche

Elaboración

Freír en aceite el tocino magro y fresco cortado en lonchas finas. En la grasa que este tocino deje en la sartén o cazuela, freír el pan.

Retirar las rebanadas de la sartén y freír ligeramente el chorizo cortado en trozos. Mezclar todo, rectificar de sal y añadir la leche. Removerlo durante 1 min en el fuego.

Servir muy caliente.

Nota

Receta de posible origen navarro en referencia despectiva a los agotes.

Rabo de toro a la cordobesa I

Ingredientes

1 rabo de toro de 1 ½ kg en trozos • 3 zanahorias • 1 cebolla • 2 tomates rojos • 3 dientes de ajo • 2 puerros • Laurel • 50 ml de brandy • 250 ml de vino blanco seco • ½ l de caldo de carne • Harina • Aceite de oliva • Sal y pimienta

Elaboración

Pelar y cortar en daditos la cebolla, el puerro y la zanahoria, y trocear el tomate. Poner un poco de aceite en una sartén y rehogar la cebolla y los ajos. Cuando se empiece a dorar la cebolla, añadir los puerros y las zanahorias.

Pasar por harina los trozos de rabo y dorarlos en una cazuela con un poco de aceite.
Añadir los trozos de tomate, salpimentar, agregar las verduras de la sartén y dejar cocer 10 min.
Cuando la carne vaya tomando color, incorporar el brandy y el vino blanco; a continuación, el caldo de carne y el laurel. Seguir cociendo durante 3 h.
Servir la carne acompañada de la salsa, una vez bien triturada y colada.

Rabo de toro a la cordobesa II

Ingredientes

100 ml de aceite de oliva • 3 dientes de ajo • 100 ml de brandy • 100 ml de vino blanco seco • ½ l de caldo de carne • 1 cebolla • Una pizca de estragón seco • 100 g de harina • 1 hoja de laurel • 2 puerros • 1 ½ kg de rabo de toro • 2 tomates maduros • 3 zanahorias • Sal y pimienta

Elaboración

Pelar y picar finamente la cebolla, las zanahorias y el puerro, y trocear el tomate pelado.
Poner un poco de aceite en una sartén y rehogar en ella la cebolla y los ajos. Cuando se ablanden, añadir los puerros y las zanahorias.
Pasar por harina los trozos de rabo y dorarlos en una cazuela con un poco de aceite.
Agregar los trozos de tomate, salpimentar, añadir las verduras de la sartén y dejar cocer 10 min.
Cuando la carne vaya tomando color, incorporar el brandy y el vino blanco; a continuación, el caldo de carne, el laurel y el estragón. Seguir cociendo durante 3 h.
Servir la carne acompañada de la salsa, una vez pasada por el chino.

Si se quiere, se puede adornar con unas patatas al vapor, espolvoreadas con perejil picado.

Ragout a la jardinera

Ingredientes

1 kg de morcillo de vaca en trozos • 4 cs de aceite de oliva • 750 ml de caldo de carne • 200 ml de vino tinto • 1 cebolla picada • 1 diente de ajo • 2 cs de harina • 1 cc de mostaza de Dijon • 1 hoja de laurel • 250 g de zanahorias pequeñas • 250 g de guisantes • 350 g de patatas nuevas • Sal • Pimienta y perejil picado

Elaboración

Calentar el aceite en una cazuela y dorar la carne. Reservar.

En el mismo aceite, sofreír la cebolla picada y el ajo pelado y machacado. Cuando empiece a tomar color, espolvorear la harina, remover y dorar durante 1 min más.

Añadir el vino poco a poco junto con la mostaza y la hoja de laurel, poner la carne en la cazuela, salpimentar y bañar con el caldo caliente. Tapar bien el recipiente y dejar cocer a fuego lento durante 1 h aprox.

Pasado este tiempo, agregar las patatas y las zanahorias, raspadas y enteras, y cocer 15 min. Incorporar entonces los guisantes, rectificar de sal si fuera necesario y continuar la cocción unos 10 ó 15 min más, hasta que la carne y las verduras estén tiernas.

Añadir perejil picado y servir bien caliente.

Ragout de cerdo

Ingredientes

850 g de carne magra de cerdo • 1 cebolla • 1 hoja de laurel • 4 zanahorias • La cáscara de un limón • 40 g de harina • ½ l de caldo de pollo

• 100 g de judías blancas • Pimienta negra • Aceite de oliva • Sal y perejil

Elaboración

Cortar la carne en trozos, picar la cebolla, cortar la piel del limón en tiras finas y las zanahorias, en rodajas.

En una cazuela con aceite, freír el cerdo hasta que esté dorado. Escurrir y reservar.

En el mismo aceite, sofreír la cebolla, añadir la harina, remover y añadir lentamente el caldo y la hoja de laurel.

Llevar a ebullición, dejar espesar, agregar las zanahorias, el limón y las judías (previo remojo toda la noche). Salpimentar y dejar cocer 10 min.

Incorporar nuevamente la carne, cocer durante 2 h a fuego lento, rectificar de sal y espolvorear con perejil picado.

Ragout de rabo de buey

Ingredientes

800 g de rabo de buey • 200 g de cebolla • 2 dientes de ajo • 250 g de puré de tomate • 200 g de zanahorias • 1 puerro muy picado • ¼ l de agua • 50 ml de aceite • 1 cs de harina • 250 ml de vino tinto • Apio y especias al gusto

Elaboración

Poner aceite en una olla y dorar los trozos de rabo, cortados en trozos regulares. Reservarlos en una fuente.

En la grasa que nos queda, dorar las verduras y añadir las especias y el tomate. Sofreír 15 min. Añadir el vino, el agua y los trozos de rabo. Cerrar la olla y cocer 40 min aprox.

Rechigüelas al ajo cabañil

Ingredientes

600 g de rechigüelas (redaños, peritoneo de los animales) de cordero • 400 g de patatas • 6 dientes de ajo picados • 1 cs de vinagre de vino • Aceite para freír • Sal y pimienta

Elaboración

Salpimentar las rechigüelas, trocearlas y freírlas con aceite en una sartén.

Pelar las patatas, cortarlas en láminas y freírlas en otra sartén. Sazonar.

Escurrir bien de aceite tanto las rechigüelas como las patatas.

En una sartén con aceite y 2 dientes de ajo picados, mezclar y saltear las rechigüelas y las patatas. Sazonar

Esparcir sobre ellas el ajo sobrante, previamente majado junto con el vinagre. Servir.

Redondo de pavo a la naranja

Ingredientes

1 redondo de pavo de 1 kg • 3 naranjas • 50 ml de nata líquida • 100 ml de coñac • 20 g de mantequilla • Aceite de oliva • Sal • Pimienta y 100 g de almendras fileteadas

Elaboración

Salpimentar el redondo y colocarlo en una fuente para horno. Regar con un chorrito de aceite, el zumo de 2 naranjas y el coñac.

Asar a horno fuerte durante 40 min hasta que quede bien dorado. Pinchar para comprobar el punto de cocción y reservar.

En una sartén, mezclar los jugos de la cocción con la nata líquida y reducir a fuego lento.

Una vez frío, cortar el redondo en rodajas, salsear y adornar con las almendras y gajos de naranja salteados con mantequilla.

Riñones al jerez

Ingredientes

2 riñones de ternera • 120 g de jerez seco • 1 cebolla • 3 dientes de ajo • 1 cs de harina • 2 cc de perejil picado • 5 cs de aceite de oliva • 150 g de caldo de ave • El zumo de 1 limón y sal

Elaboración

Limpiar bien los riñones por fuera y por dentro. Cortarlos en rodajas y rociarlos con el zumo del limón. Hervir agua en una cazuela y escaldarlos dos veces en diferentes aguas. Escurrir y secarlos bien.

Una vez bien limpios, macerar durante 30 min con la mitad del vino y los dientes de ajo machacados previamente.

Rehogar la cebolla picada fina en una sartén a fuego lento con aceite hasta que esté en su punto. Añadir una pizca de perejil.

Sazonar los riñones, incorporarlos al rehogado y cocerlos durante 5 min junto con los ajos y el vino de la maceración. Agregar el resto del vino y la harina, y mezclar bien. Verter el caldo y cocer durante 7 min. Probar de sal y servir.

Riñones de cordero al vino con pasta

Ingredientes

10 riñones de cordero • 2 dientes de ajo picados • 200 g de pasta fresca • 2 cebollas • 80 g de vino tinto • 150 g de caldo de carne o ave • 1 cs de pan rallado • Aceite de oliva • Pizca de tomillo • Sal y pimienta negra

Elaboración

Cocer la pasta en agua con sal y un poco de aceite. Escurrir y reservar.
Picar la cebolla y los ajos, y rehogarlos con aceite. Cuando estén ligeramente coloreados, añadir el vino y el caldo. Dejar cocer hasta que reduzca a la mitad y reservar.
Limpiar los riñones y trocearlos por la mitad. Salpimentarlos y saltearlos en aceite junto con el ajo. Espolvorearlos con el pan rallado y verter la salsa por encima. Añadir el tomillo y dejar cocer durante 7 min. Rectificar de sal.
Saltear la pasta con un poco de aceite y presentar el plato colocando la pasta como base y, sobre ella, los riñones con su salsa.

Rostit de payés

Ingredientes:

½ pollo troceado • ½ conejo troceado • 500 g de butifarras • 1 cebolla • 1 tomate • 1 cabeza de ajos • 200 g de piñones • 150 g de uvas pasas • 150 g de ciruelas pasas • 100 g de brandy • 70 g de aceite • Sal y pimienta

Elaboración

Calentar el aceite en una cazuela de barro. Salpimentar ligeramente las carnes de pollo y conejo e introducirlas en la cazuela. Añadir la butifarra. Rehogarlo todo por igual. Cuando la carne esté toda dorada, agregar la cebolla cortada a trozos grandes, el tomate partido en 4 trozos y la cabeza de ajos entera. Dejar cocer todo durante 15 min.
Agregar a la cazuela las ciruelas y las pasas, previamente remojadas durante ½ h en agua caliente, los piñones y el brandy. Remover todo bien y dejar que el brandy se reduzca. Cocer a fuego suave durante ½ h.
Introducir la cazuela en el horno durante 5 min antes de servir.

Solomillo al cabrales

Ingredientes

4 filetes gruesos de solomillo de ternera • 50 ml de coñac • 50 g de queso de Cabrales • 50 ml de nata líquida • Aceite • Sal y pimienta

Elaboración

En una sartén, poner a calentar aceite y dorar la carne troceada y salpimentada. Añadir el coñac y flamear. Antes de que se haya apagado el fuego, poner el queso y remover hasta que quede bien fundido.

Incorporar la nata, mezclar bien y dejar cocer 3 min. Retirar del fuego y servir inmediatamente para que la carne no se haga demasiado.

Solomillos de cerdo con piña

Ingredientes

4 solomillos de cerdo enteros • 2 dientes de ajo picados • 2 cebollas • 2 cs de aceite de oliva. • 250 g de piña en almíbar troceada • 100 ml de caldo • Sal y pimienta negra molida

Elaboración

Salpimentar y dorar los solomillos en una sartén con el aceite bien caliente. Reservar. En el mismo aceite, dorar la cebolla y el ajo, y añadir la piña en el último momento. Rehogar 2 min más. Añadir el caldo y cocer 5 min.

Incorporar los solomillos y dejar que se hagan durante 2 min por cada lado.

Solomillo de ternera al jerez

Ingredientes

4 medallones de solomillo de ternera o vaca • 3 cebolletas • 1 diente de ajo • 100 ml de jerez • 1 pellizco de pimienta negra molida • 2 tomates maduros • 2 cs de aceite de oliva y sal

Elaboración

Dorar la carne salpimentada a fuego fuerte y reservar.

Freír en la misma sartén el ajo hasta que tome color y retirarlo; añadir la cebolla picada y, poco después, el tomate pelado y también picado. Verter el jerez y cocer 5 min.

Incorporar la carne y dejar que se haga 2 min por cada lado.

Solomillo de ternera al oporto

Ingredientes

4 medallones de solomillo de ternera • 1 cebolla grande • 2 dientes de ajo • Un poquito de perejil • 150 ml de oporto • 100 ml de caldo de carne • 2 cs de aceite de oliva • Sal y pimienta

Elaboración

Salpimentar y dorar los medallones en el aceite muy caliente. Reservarlos.

En el mismo aceite, rehogar la cebolla y el ajo 10 min. Añadir el oporto y cocer hasta que se hayan evaporado por lo menos dos terceras partes. Verter el caldo de carne y cocer 5 min. Triturar y colar la salsa.

Poner en la cazuela la salsa con los medallones de solomillo ya dorados. Cocer 2 min más por cada lado. Añadir un pellizco de perejil picado y servir inmediatamente para que la carne no se haga demasiado.

Solomillo de ternera con salsa de setas

Ingredientes

4 medallones de solomillo de ternera o vaca • 300 g de champiñones • 2 cs de aceite • 1 cebolla mediana • 200 ml de caldo de carne • 100 de brandy • Sal y pimienta

Elaboración

Salpimentar y dorar los medallones en el aceite muy caliente. Reservarlos.
En el mismo aceite, rehogar la cebolla 10 min. Añadir los champiñones lavados y cortados por la mitad, y rehogar 5 min más. Flamear con el brandy. Cuando se haya apagado el fuego, añadir el jugo de carne y dejar cocer durante 5 min.
Poner los medallones y cocer durante 2 min por cada lado. Servir inmediatamente para que la carne no se haga demasiado.

Solomillo de ternera en salsa

Ingredientes

4 medallones de solomillo • 200 g de cebolla • 200 ml de jugo de carne • 100 ml de aceite de oliva • 50 ml de coñac • Romero • Sal y pimienta

Elaboración

Salpimentar y dorar los medallones en el aceite muy caliente. Reservarlos.
En el mismo aceite, rehogar la cebolla 10 min, verter el ron y flamear, añadir el romero y el jugo de carne. Cocer durante 5 min.
Poner los medallones y hacer durante 2 min por cada lado.

Quebrada de rabo de buey

Ingredientes

300 g de pasta quebrada • 2 rabos de vaca • 8 cs de tomate • 8 lonchas de queso fresco • 8 champiñones • 4 lonchas de jamón cocido • 2 pimientos del piquillo • 1 cebolla • 1 tomate • 1 puerro y 1 zanahoria

Elaboración

Cocer los rabos de vaca con la cebolla, el tomate, el puerro y la zanahoria a fuego suave durante 2 h por lo menos.

Aparte, estirar la pasta quebrada y untarla con la salsa de tomate.
Encima, colocar el jamón cocido en trocitos, la carne de rabo muy bien desmigada y los champiñones cortados en láminas.
Cubrir todo con tiras de pimiento del piquillo y las lonchas de queso fresco.
A continuación, Meter al horno a 180 °C durante 20 min aprox.
Servir muy caliente.

Ternera abulense

Ingredientes

1 kg de lomo de ternera • 120 g de tocino • 150 ml de vino rosado • 2 cs de aceite de oliva • 14 cebollas pequeñas y tiernas • 14 zanahorias pequeñas • 2 tomates pelados, sin pepitas y escurridos • 1 cs de harina • 2 ramitos de perejil fresco picado • Sal y pimienta

Elaboración

Calentar el aceite en una sartén y freír ligeramente las cebollas y las zanahorias. Reservar. Escaldar el tocino cortado en tiras y saltearlo. Cuando esté a medio hacer, añadir la ternera y subir el fuego.
Añadir la harina y sofreírla un poco, echar el vino y mezclar bien, raspando el fondo de la sartén con una cuchara de madera. Agregar el perejil y los tomates. Salpimentar. Incorporar las cebollas y las zanahorias. Cubrir con agua y cocer a fuego lento durante 40 min.
Cortar la carne en rodajas finas y colocar en una fuente con las zanahorias y las cebollas alrededor. Verter 1 cs de salsa sobre la ternera y poner el resto en una salsera.

Ternera estofada I

Ingredientes

1 ½ kg de falda de ternera • 1 cebolla picada • 3 dientes de ajo • 2 tomates maduros • 250 ml de vino tinto • 1 hoja de laurel • 3 clavos • Sal • Aceite • Perejil y agua

Elaboración

Trocear la carne, salpimentar y dorar en un poco de aceite caliente. Reservar.

En el mismo aceite, saltear los dientes de ajo, la cebolla y el tomate, todo bien picado. Cuando esté rehogado, añadir la carne y las especias, incorporar el vino y dejar reducir. Cubrir con agua y cocer lentamente durante 1 ½ h.

Poner el punto de sal.

Ternera estofada II

Ingredientes

1 kg de falda, aguja o morcillo en trozos • 100 ml de vino tinto • 4 cs de aceite de oliva • 1 cabeza de ajos • 1 cebolla grande • 1 cc de pimentón dulce • Perejil • Tomillo • Sal • Pimienta y agua

Elaboración

En una cazuela con aceite, rehogar la cebolla y los ajos picados. Cuando estén dorados, añadir la carne salpimentada y troceada. Incorporar el vino, el pimentón, el tomillo y el perejil picado, y cocer hasta que se evapore el vino. Cubrir con agua, tapar la cazuela y cocer a fuego lento 2 h.

Servir acompañado de patatas fritas.

Ternera guisada

Ingredientes

500 g de carne troceada • 12 patatas • 12 zanahorias • 200 g de guisantes frescos • 8 cebollitas pequeñas • 12 champiñones • 250 ml de vino blanco • ½ l de caldo de carne o agua • Harina • Aceite de oliva • Sal • Pimienta y perejil picado

Elaboración

Trocear, salpimentar y enharinar la carne. Freír en una sartén con aceite bien caliente.

Cuando la carne esté dorada, añadir las patatas y las zanahorias peladas y troceadas. Incorporar los champiñones, las cebollitas, los guisantes y el vaso de vino. Rehogar 6 min y cubrir con el caldo o con agua.

Cocer durante 1 ¼ h a fuego lento. Rectificar de sal, espolvorear el perejil picado y servir.

Ternera guisada con hierbas

Ingredientes

1 kg de carne de ternera para guisar • 1 diente de ajo • 2 cebollas • 5 cs de aceite • Sal • Pimienta • Orégano • Tomillo y romero

Elaboración

Cortar la carne en trozos y salpimentar.

Pelar y picar el ajo y la cebolla. Calentar el aceite en una cazuela y dorar la carne. Retirar y reservar.

En el mismo aceite, freír la cebolla, añadir después el ajo y las hierbas. Cuando esté bien pochada la verdura, poner la carne, cubrir de agua y cocer a fuego lento durante 60 min.

POS
TRES

Andarines

Ingredientes

500 g de azúcar • 225 g de manteca de cerdo • 100 g de pasas • 500 g de pan rallado sin sal • 500 g de almendras ralladas • 1 cs de piel de limón rallada • 1 cc de canela molida y 150 g de fruta en almíbar (cerezas, peras, melón, naranja...)

Elaboración

Echar el azúcar y la manteca en una olla bastante honda a fuego lento e ir removiendo poco a poco hasta que el azúcar se funda. Seguidamente, añadir las pasas y, cuando el azúcar se vuelva caramelo, añadir el pan, la almendra rallada, el limón y la canela. Seguir removiendo durante 5 min. Apagar el fuego, remover 1 minuto más y dejar que se enfríe.

Moldear dando forma de barra de pan y colocarlo sobre un trozo de papel de aluminio bastante grande. Poner la fruta encima y envolverlo con el mismo papel.

Arroz con leche

Ingredientes

1 l de leche • 100 g de nata líquida • 100 g de arroz • 200 g de azúcar • Cáscara de un limón • Canela en polvo y una pizca de sal

Elaboración

Poner a cocer la leche con la nata y, cuando rompa a hervir, añadir el arroz. Dejar cocer hasta que esté tierno, unos 20 min.

Agregar el azúcar y la cáscara de limón bien lavada, y dejar cocer otros 15 min a fuego muy suave. Agregar un poco de sal.

Dejar reposar fuera del fuego 10 min más. Verter en bandejas o cuencos, espolvorear con canela y dejar enfriar.

Arroz con leche a la castellana

Ingredientes

400 g de arroz • 2 vasos de agua (400 g) • 3 l de leche • 1 palito de canela • 1 cáscara de limón • 1 cáscara de naranja • 400 g de azúcar y una pizca generosa de canela en polvo

Elaboración

Poner a remojo el arroz en el agua en un pote grande y dejar de 5 a 10 min. Transcurrido este tiempo, añadir en el mismo pote la leche, el palito de canela y las cáscaras de limón y naranja, así como el azúcar. Poner el cazo sobre el fuego y que hierva lentamente removiéndolo de vez en cuando.

Con 20 ó 25 min suele ser suficiente, y siempre con el cazo destapado. Verter en una fuente y cubrirlo con canela en polvo.

Servir frío

Arroz con leche asturiano

Ingredientes

300 g de arroz • 2 l de leche fría • ½ kg de azúcar • ½ palo de vainilla • ½ palo de canela • 100 g de mantequilla y una pizca de sal

Elaboración

Lavar el arroz en un colador bajo el chorro de agua fría y cocerlo en una cacerola con la leche, la canela y la vainilla durante 1 hora a fuego muy suave removiendo con frecuencia. Agregar al final 400 g de azúcar y la mantequilla. Dejar hervir 10 min más y dar punto de sal.

Retirar del fuego y dejar enfriar en bandejas.

Cuando esté frío, espolvorear la superficie con el azúcar restante y, con la ayuda de una pala de quemar, dorar la superficie hasta formar una capa

crujiente. No os preocupéis, saldrá un montón de humo, o sea que hacerlo en un sitio aireado.
Una conjunción de texturas cremosas y crujientes.

Arroz con leche y vainilla

Ingredientes
150 g de arroz • ½ l de agua • 1 l de leche • 1 cáscara de limón • 200 g de azúcar • 1 ramita de vainilla y 15 g de canela en polvo

Elaboración
En un cazo, poner agua a hervir y añadir el arroz. Dejar cocer durante 10 min. Escurrir y reservar.
En otro cazo, echar la leche con la cáscara de limón, el azúcar y la ramita de vainilla. Añadir el arroz y dejar cocer 25 min a fuego suave.
Retirar la cáscara de limón y la vainilla, y colocar el arroz en una fuente.
Dejarlo enfriar a temperatura ambiente. Espolvorear con canela antes de servir.

Arroz ilustrado

Ingredientes
200 g de arroz • 50 g de azúcar • 600 g de agua • 40 g de mantequilla • 50 g de dátiles • 50 g de pasas de Corinto • 50 g de almendras • 50 g de cerezas confitadas • 50 g de cáscara de naranja confitada y sal
Para el almíbar:
600 g de agua • 1 cc de esencia de almendra y 100 g de azúcar

Elaboración
Cocer el arroz con el agua hirviendo levemente salada durante 15 min y, cuando falten 5 min, añadirle el azúcar y la mantequilla.

Escurrir el arroz y poner en moldes, previamente untados con mantequilla. Mezclar a conciencia con la mitad de las frutas y cocer los moldes al baño María durante 10 min.
Desmoldar y decorar al gusto con los frutos confitados. Rociar por encima con el almíbar, que se habrá hecho cociendo el agua con el azúcar y la esencia de almendras durante 15 min a fuego suave, y dejado enfriar.

Biscuit de nuez

Ingredientes

125 g de nueces peladas • 9 cs de azúcar • 3 huevos y 300 g de nata

Elaboración

Hacer un caramelo en una sartén con 6 cs de azúcar. Cuando esté oscuro, echarlo sobre las nueces. Dar un par de vueltas y dejar enfriar. Triturar las nueces y reservar.
Montar a punto de nieve las claras con las 3 cs de azúcar restantes. Batir las yemas y agregar a las claras con suavidad. Montar la nata.
Juntar todo con ayuda de una espátula y a la vez ir echando las nueces caramelizadas poco a poco para que la mezcla no se desmorone.
Depositar esta mezcla en una flanera pequeña de plástico y meterla al congelador por lo menos 1 día entero.

Bizcocho

Ingredientes

5 huevos • Un poco de mantequilla y harina para untar el molde • 120 g de azúcar • 100 g de harina • Canela en polvo y ralladura de medio limón

Elaboración

Separar las claras de las yemas y montarlas por separado.

Para montar las yemas: batirlas con la mitad del azúcar durante unos 15 min con una varilla. Estarán montadas cuando espumen, blanqueen y doblen el volumen. Ayuda el estar cerca de una fuente de calor, como una cazuela con agua hirviendo.

Montar las claras a punto de nieve, cuanto más frías estén, mejor. Añadir al final el resto del azúcar y seguir batiendo unos 5 min. A continuación, mezclar las claras y las yemas con suavidad.

Después, agregar la harina espolvoreándola poco a poco y mezclando con cuidado para que no se desmonte la mezcla. Por último, añadir la canela y el limón.

Untar el molde con mantequilla y espolvorearlo con harina. Echar la mezcla en el molde y meterlo en el horno a 180 °C durante 20 min. Es importantísimo no abrir el horno.

Desmoldar el bizcocho en caliente y colocarlo sobre una rejilla.

Bizcocho de almendras

Ingredientes

6 huevos • 200 g de azúcar • 250 g de almendras molidas • Ralladura de 1 limón • Extracto de vainilla • ½ cc de canela • Mantequilla • Azúcar glas y almendras fileteadas

Elaboración

Separar las claras de las yemas. Mezclar las yemas con la mitad del azúcar, las almendras molidas, la canela, la vainilla y la ralladura de limón.

Aparte, montar las claras mezcladas con el resto del azúcar.

Mezclar las dos cremas con ayuda de la batidora a velocidad lenta.

Untar un molde con mantequilla. Verter la mezcla y meter en el horno a 160 °C durante 30 min. Desmoldar y dejar enfriar.

Espolvorear el bizcocho con azúcar glas y almendras fileteadas.

Bizcocho de nata

Ingredientes

100 g de nata líquida • 100 g de azúcar • 2 huevos • 3 cs de coñac • 40 g de nueces • Frutas confitadas • 1 cc de levadura • 100 g de harina y 10 g de mantequilla

Elaboración

Batir la nata agregar el azúcar, añadir las yemas y, por último, el coñac, las nueces y las frutas. A continuación, la levadura y la harina.

Aparte montar las clara, a punto de nieve. Mezclar con suavidad ambas preparaciones.

Untar un molde de bizcocho con mantequilla y verter la mezcla.

Meter en el horno a 165 °C durante 35 min.

Comprobar con una aguja si está cocido: cuando se pincha y esta sale limpia, está hecho.

Bizcocho de yogur

Ingredientes

3 huevos • 2 medidas de yogur de azúcar • 1 yogur natural • 3 medidas de yogur de harina • Ralladura de medio limón • 1 cs de aceite de oliva • 1 sobre de levadura en polvo • 10 g de mantequilla • Nata montada y guindas

Elaboración

Batir los 3 huevos. Con cuidado, agregar el azúcar y mezclar. Después, el yogur y volver a mezclar.

A continuación, echar la harina, la ralladura de limón y 1 cs de aceite. Mezclar todo muy bien. Por último, agregar la levadura en polvo.

Untar un molde con mantequilla y verter en él la masa para el bizcocho. Meter al horno caliente a 160 °C durante 1 h aprox. Sacar y dejar enfriar.
Desmoldar cuando esté completamente frío y adornarlo con nata montada y unas guindas.

Bizcocho de yogur de limón

Ingredientes

1 yogur de limón • 1 cs de aceite • 3 cs de azúcar • 3 cs de harina • 3 huevos • 1 sobre de levadura • Nueces • Pipas de girasol y frutas troceadas

Elaboración

Echar en un bol el yogur, el aceite, el azúcar, los huevos, la harina y el sobre de levadura, y mezclar todo batiéndolo. Añadir las nueces, pipas y frutas. La masa tiene que quedar consistente.
Disponer la mezcla en un molde engrasado, cuya base se pueda retirar, y meter en el horno a 170 °C durante 40 min.

Bizcocho de yogur y chocolate con leche

Ingredientes

3 huevos • 1 yogur azucarado • 50 g de chocolate con leche rallado • 1 cs de aceite de oliva • Ralladura de limón • 1 vaso de yogur de harina • ½ vaso de yogur de azúcar • 1 sobre de levadura • Mantequilla para untar el molde y azúcar glas

Elaboración

Un clásico en donde parte de las cantidades, como hemos hecho en recetas anteriores, se miden con el envase del yogur una vez vaciado.
En un bol, batir bien los huevos con el yogur, el azúcar, el chocolate, el aceite y la ralladura del limón. Agregar la harina con la levadura. Mezclar todo y

verterlo en un molde untado con mantequilla. Meter en el horno, a 160 °C durante 30 min.
Dejar enfriar, desmoldar y espolvorear con azúcar glas.

Bizcochos de Calatayud

Ingredientes

6 huevos • 200 g de harina • 125 g de azúcar • 10 g de levadura en polvo • 75 g de azúcar glas y 1 cs de aceite de oliva

Elaboración

Batir las yemas junto con el azúcar hasta conseguir una masa esponjosa. Añadir la harina con la levadura, incorporar a continuación el aceite y, por último, las claras batidas a punto de nieve junto con el azúcar glas.
Mezclar todo ello con el máximo cuidado procurando que quede un conjunto perfectamente homogéneo, pero sin manipularlo en exceso.
Seguidamente, con una manga y boquilla ancha, llenar rectángulos de papel de barba ligeramente aceitado para formar unos bizcochos. Antes de hornear, espolvorear con azúcar glas y cocer a horno medio. Con 170 °C y 10 ó 15 min será suficiente.

Boditas

Ingredientes

12 higos secos • 150 g de coñac • 12 medias nueces y miel

Elaboración

Remojar los higos en el coñac durante 12 h.
Abrirlos por la mitad y poner dentro media nuez. Cerrar y rebozar en miel.
Poner en una hoja de papel de aluminio sobre la bandeja del horno y dejar caramelizar durante 20 min con el horno a 180 °C.

Servir acompañado de helado de limón o cualquier otro cítrico que compensará el dulzor de la preparación.

Bollos con crema y frambuesa

Ingredientes

4 bollos suizos • ¼ kg de frambuesas • 3 cs de jalea de frambuesa y 4 cs de azúcar glas

Para la crema:

600 g de leche • 1 corteza de limón • 3 yemas de huevo • 120 g de azúcar • 35 g de maicena • 20 g de harina y ½ rama de vainilla

Elaboración

Preparar la crema pastelera poniendo en un cazo la leche, la vainilla y la corteza del limón. En otro cazo, mezclar las yemas de huevo, el azúcar, la maicena y la harina hasta que quede homogéneo.

Cuando la leche empiece a hervir, verterla con cuidado en la elaboración anterior sin dejar de remover con una cuchara de madera. Dejar cocer a fuego lento durante 3 ó 4 min. Retirar del fuego y verter en una fuente para que se enfríe antes de utilizarla.

Hacer una incisión en la parte central del bollo con un cuchillo y retirar parte de la miga.

Rellenar con la crema pastelera. Espolvorear por encima 1 cs de azúcar glas y dorarlo bajo el grill.

En el momento de servir, poner en el fondo de los platos una capa de jalea de frambuesa. Sobre ella, disponer los bollos y repartir las frambuesas.

Si piensa preparar esta receta de postre, será mejor que haga una comida más bien liviana, o simplemente utilice este postre como merienda.

Brazo de gitano de cacao

Ingredientes

3 huevos • 70 g de azúcar glas • 50 g de harina • ½ cc de levadura en polvo • 30 g de cacao en polvo • 30 g de azúcar • 100 g de nata líquida • 200 g de requesón • 2 melocotones en almíbar y azúcar glas

Elaboración

Batir los huevos con el azúcar glas hasta que espesen un poco. Mezclar la harina con la levadura y el cacao en polvo, y agregarlo a los huevos. Remover la masa suavemente y verter en un molde rectangular, tapizado con un papel un poco engrasado. Alisar la superficie con una espátula y poner a cocer en el horno a 160 °C durante 18 min.

Desmoldar el bizcocho sobre otro papel. Después, enrollarlo y dejarlo enfriar. Mientras tanto, batir la nata y mezclarla con el requesón, el azúcar y medio melocotón picado. Desenvolver el bizcocho y untar con el preparado anterior. Volver a enrollar con cuidado y colocarlo sobre una fuente de servir.

Decorarlo con melocotón y nata montada, y espolvorear con azúcar glas.

Brazo de manzana

Ingredientes

1 kg de manzanas reineta o golden • 300 g de hojaldre • 200 g de crema pastelera • Canela en polvo • Mermelada de albaricoque y un poco de mantequilla

Elaboración

Estirar la masa del hojaldre en forma rectangular y disponerla encima de una bandeja untada con mantequilla para que no se pegue. Reservar.

Disponer la crema pastelera (ver pág. 516) a lo largo del hojaldre.

Pelar y cortar las manzanas en láminas y disponerlas encima de la masa de hojaldre. Meter en el horno, precalentado unos 5 ó 10 min, a 180 °C durante 30 min hasta dorar.
Pintar con la mermelada caliente y espolvorear con canela en polvo.

Buñuelos de fresas

Ingredientes

24 fresas • Aceite para freír y azúcar con canela
Para la masa:
125 g de harina • ½ cc de levadura • 1 huevo • Una pizca de sal • 130 g de leche • 1 cs de aceite de oliva y 3 cs de coñac

Elaboración

En un bol, poner la harina mezclada con la levadura, añadir una yema de huevo, 1 cs de aceite, el licor y una pizca de sal. Mezclar todo y agregar la leche poco a poco.
Una vez hecha la masa, taparla con un papel de plástico y dejarla reposar unas 3 h.
Cuando haya pasado el tiempo, echar la clara a punto de nieve, mezclar bien e incorporar las fresas, rebozarlas bien y freírlas en aceite. Finalmente, rebozarlas en el azúcar con canela.

Buñuelos de manzana

Ingredientes

3 manzanas reineta • 1 taza de jerez oloroso y 2 cs de azúcar
Para la masa:
1 yema • 40 g de leche • 150 g de cerveza • 150 g de harina • 2 cs de azúcar • Una pizca de sal y 200 g de aceite de oliva

Elaboración

Pelar las manzanas y quitarles el corazón. Cortar en rodajas finas y sumergir en el jerez y el azúcar durante 1 h. Mezclar la yema con la leche, la sal y la cerveza, y añadir la harina. Dejar en reposo durante 1 h.

Calentar el aceite en una sartén honda y sumergir, de una en una, cada rodaja de manzana en esta masa. Freír hasta que queden doradas.

Escurrir sobre un papel secante, espolvorear con azúcar y servir calientes.

Buñuelos de Sigüenza

Ingredientes

2 huevos • 3 yemas de huevo • ¼ l de leche • 100 g de harina • 50 g de mantequilla • ¼ l de nata • ½ cc de sal y aceite para freír

Elaboración

Batir los huevos con las yemas y la mitad de la leche. Agregar la harina. Remover la masa hasta formar una pasta lisa. Derretir la mantequilla y mezclarla con la pasta junto con la leche restante, la nata y la sal. Dejarla descansar al frío 60 min.

Batir la pasta. Calentar el aceite en una sartén. Ir friendo sucesivamente en aceite caliente cs de esta pasta por los 2 lados hasta que queden bien dorados.

Canutillos de Bilbao a la crema

Ingredientes

Pasta de hojaldre y azúcar glas

Para la crema:

½ docena de yemas de huevo • ½ l de leche • 20 g de maicena • 100 g de azúcar y vainilla en polvo

Elaboración

Para la crema, mezclar las yemas de huevo con el azúcar, la maicena y la vainilla. Añadir poco a poco la leche, que estará fría, removiendo constantemente (tener en cuenta la cantidad de leche que se vierte, a fin de que la crema quede espesa). Dar un hervor sin dejar de remover. Dejar enfriar en una bandeja y reservar.

Preparar una pasta de hojaldre fina. Enrollarla alrededor de un molde cilíndrico metálico, de unos 5 cm de diámetro, dejando abiertos ambos extremos del cilindro. Cocer en el horno durante 20 min a 200 °C, sacar y dejar enfriar.

Una vez frío el hojaldre, rellenar el hueco con la crema hecha anteriormente y espolvorear con azúcar glas.

Caramelo

Ingredientes

200 g de azúcar • 70 g de agua y unas gotas de zumo de limón

Elaboración

En un cazo pequeño, calentar el azúcar con un poco de agua y unas gotas de zumo de limón. Dejar hervir a fuego suave hasta que alcance el punto de caramelo dorado, pero sin llegar a quemarse. En este punto, la mezcla tomará una viscosidad característica.

Verter, por ejemplo, en el fondo de un molde para hacer flan. O dejar secar sobre un papel sulfurizado para hacer polvo y mezclar en algún postre. También se puede utilizar para bañar unos *petit choux*.

Churros

Ingredientes

200 g de harina • 200 g de agua • 1 cs de aceite de oliva • Un pellizco de sal • Aceite de oliva abundante para freír y azúcar

Elaboración

Poner en un cazo al fuego, el agua, la sal y el aceite. Cuando rompa a hervir, añadir de golpe la harina, remover rápidamente con la espátula hasta que quede una masa espesa y fina.

Esperar a que se enfríe y ponerla en la churrera. Ir formando los churros y freírlos en abundante aceite muy caliente hasta que estén dorados. Espolvorear con azúcar y servir al momento.

Cítricos a la menta

Ingredientes

3 naranjas • 1 pomelo • 1 limón • 1 kiwi • 100 g de azúcar • Zumo de una naranja • Hojas de menta fresca y ½ copa de Cointreau

Elaboración

Pelar las frutas y cortar la naranja, el limón y el pomelo en gajos, y el kiwi, en rodajas.

Seguidamente, colocar los gajos de la naranja y pomelo intercalados en forma de círculo en un plato. En el centro del círculo, poner el limón y cubrirlo con el kiwi.

A continuación, espolvorear azúcar por encima de todas las frutas.

Por último, mezclar el zumo con el licor y rociar por todo el plato. Adornar con unas hojitas de menta fresca.

Coca de Sant Joan

Ingredientes

320 g de harina • 100 g de azúcar • ¼ de l de leche • 4 huevos • 80 g de mantequilla • 20 g de levadura en polvo • 10 cerezas confitadas • 100 g

de frutas confitadas • 50 g de piñones pelados • 30 g de azúcar glas • Anís molido • Ralladura de corteza de limón y canela en polvo

Elaboración

Hacer un volcán con la harina en la mesa de trabajo y en su interior poner el azúcar, la leche, 3 huevos, el anís, la ralladura y un poco de canela. Mezclar bien con las manos. Añadir la mantequilla ablandada y la levadura, mezclándolas con el resto de la pasta. Espolvorear la mesa con harina y darle la forma típica de las cocas.

Colocarla en una placa de hornear ligeramente untada con mantequilla y espolvoreada con harina, y dejarla reposar 15 min en un lugar templado.

Pintar la coca con el huevo restante batido y distribuir por encima los trozos de fruta confitada y las cerezas partidas por la mitad. Repartir los piñones y espolvorear con el azúcar glas.

Meter en el horno, previamente calentado unos 5 ó 10 min, a 200 °C durante 20 min.

Coca de turrón a la manera de Mallorca

Ingredientes

550 g de almendras molidas • 450 g de azúcar glas • Ralladura de limón • Canela en polvo • 100 g de zumo de naranja • 20 g de zumo de limón • 30 g de licor de anís y obleas circulares

Elaboración

Mezclar la almendra con el azúcar, la canela y la ralladura, e ir añadiendo los zumos y trabajar hasta que quede una pasta espesa. Repartir sobre una oblea con un grosor de 1 cm, aplanar poner otra oblea por encima y tapar. Cerrar los bordes mojándonos las manos con el licor de anís.

Dejar reposar por lo menos 15 días antes de consumir.

Colineta

Ingredientes

9 yemas de huevo • 150 g de azúcar • 200 g de almendras molidas • 2 claras • La ralladura de ½ limón • Mantequilla y harina

Elaboración

Calentar el horno a 180 °C. Untar con mantequilla un molde redondo y espolvorear con harina. Batir las yemas 5 min, añadir el azúcar y las almendras, y batir 5 min más. Montar las claras a punto de nieve y agregar la ralladura de limón. Incorporarlas a la mezcla y verterlo en el molde. Hornear 20 min. Dejar enfriar y desmoldar.

Decorar con merengue, hilos de caramelo, melocotones en almíbar y almendras.

Compota de manzana

Ingredientes

6 manzanas reineta • 1 l de agua • 20 g de coñac • 1 rama de canela y 6 cs de azúcar

Elaboración

Pelar las manzanas y cortarlas en 4 partes, quitarles el corazón y las semillas, y cortarlas en trozos que no sean muy pequeños, o directamente en cuartos.

Poner en una cacerola con el azúcar, el agua, añadir la rama de canela y el licor, y hervir a fuego medio. Cocer aproximadamente unos 35 min y dejar enfriar.

Retirar la canela y servir en compoteras o copas individuales.

Compota ribereña de Navidad

Ingredientes
200 g de orejones de melocotón • 200 g de ciruelas • 200 g de uvas pasas • 1 ½ l de agua • 1 vasito de moscatel blanco • 1 palo de canela • 6 cs de azúcar

Elaboración
Lavar las frutas secas, la misma cantidad en peso de cada clase, y dejarlas en remojo con agua fría durante toda la noche.

Colocar las frutas en una cacerola que no sea de aluminio, con un poco del agua donde han permanecido toda la noche, el moscatel, la canela y el azúcar.

Dejar hervir destapado durante 1 h a fuego suave. Servir bien fría.

Copa de melocotón

Ingredientes
1 bote de melocotón en almíbar • 250 g de nata montada • 4 bolas de helado de fresa • 40 g de almendras garrapiñadas • 4 cs de azúcar • 4 hoja de menta • Canela en polvo y guindas

Elaboración
Rellenar cada copa con una bola de helado de fresa. Encima de cada una de ellas, poner varias cs de nata montada azucarada. A continuación, el melocotón cortado en varios gajos, a los cuales habremos hecho un corte en el centro para colocarlos, montados sobre el borde mismo de la copa.

Adornar con almendras garrapiñadas fileteadas, espolvorear con un poco de canela y colocar una hoja de menta y la guinda en el centro.

Nos ha quedado un poco demodé pero estará riquísimo.

Coscarana

Ingredientes

4 huevos • 100 g de azúcar • Una pizca de sal • 200 g de harina • 30 g de levadura • Agua y margarina

Para el relleno:

200 g de nueces peladas • Moscatel • Miel • Para el azúcar fondant: • 300 g de azúcar y ¼ l de agua

Elaboración

Preparar la masa del bollo un día antes. Batir los huevos con el azúcar y la sal. Añadir la harina y la levadura, y remover. Agregar el agua y seguir mezclando hasta conseguir una pasta que no se pegue en las manos y se despegue del bol. Formar una bola y meter en un molde redondo, untado con margarina. Reservar junto a una fuente de calor hasta que la masa haya cubierto el molde.

Introducir el molde en el horno y dejar cocer durante 40 min a 180 °C. Una vez frío (al día siguiente), preparar el relleno.

Para el relleno: abrir el bollo y emborracharlo con el moscatel; untar con la miel y añadir las nueces peladas. Tapar el bollo y decorar con miel, nueces y azúcar glas o fondant.

Para el azúcar fondant: Mezclar los ingredientes y cocerlos a 116 °C. Verter en un mármol e ir trabajándolo con una espátula de madera hasta que se vaya poniendo blanquecino y levemente satinado. Dejar reposar.

Calentar una parte con unas gotas de agua y pintar la superficie del bollo.

Nota

Como bien dice la RAE, la coscarana es una voz onomatopéyica de la zona de Huesca que se refiere a una torta delgada y seca que cruje. En esta receta vamos más lejos, porque ni es delgada ni cruje, pero esta buenísima y le mantenemos el nombre porque nos gusta.

Crema catalana I

Ingredientes

8 yemas de huevo • Ralladura de medio limón • 200 g de azúcar • 35 g de almidón o harina de maíz (maicena) • Una pizca de sal • 1 l de leche y 50 g de azúcar para quemar

Elaboración

Echar las yemas en una cazuela. Rallar la piel del limón y agregar el azúcar primero y la harina después; añadir una pizca de sal y la leche.

Ponerlo a fuego lento y removerlo continuamente con una espátula de madera. Cuando haya dado un par de hervores, retirar del fuego y verter en cazuelitas de barro individuales.

Dejar a temperatura ambiente, espolvorear con azúcar y quemar la superficie con una pala de quemar hasta que caramelice. Será cuestión de 3 segundos. Si tuviésemos un pequeño soplete, también podríamos hacerlo, pero el resultado es mejor con la pala de quemar.

Crema catalana II

Ingredientes

800 g de leche • 200 g de nata líquida • 8 yemas de huevo • 10 cs de azúcar • Cáscara de 1 limón • 2 cs de maicena • ½ cc de canela molida y azúcar para quemar

Elaboración

En una cacerola, poner la leche y la nata a cocer con 4 cs de azúcar, la canela y la cáscara de limón.

En un bol, batir las yemas con 6 cs de azúcar y la maicena, y cuando esté todo mezclado y sin grumos, agregar la leche caliente muy despacio y sin dejar de

batir para que las yemas no se coagulen. Bajar el fuego y dejar cocer durante 2 min, removiendo continuamente con una cuchara de madera.
Colarla y servirla en una fuente o en platos individuales.
En ambos casos, pasados 10 min, se espolvorea con azúcar y se quema con ayuda de una pala de quemar.
Nos quedará la superficie muy crujiente y su interior, meloso.

Crema catalana hecha por un vasco

Ingredientes

10 yemas de huevo • 2 cs de maicena • 250 g de azúcar • 1 l de leche • Canela en rama • 1 rama de vainilla • 1 corteza de limón • Una de pimienta negra • 1 clavo de olor • ½ cc de perejil picado y 50 g de azúcar para quemar

Elaboración

Batir las yemas con el azúcar y la maicena (por este orden) hasta dejarlas muy lisas y sin grumos.
Cocer la leche con el medio palo de canela, el clavo, la vainilla y el limón. Retirar y añadir el conjunto, casi hirviendo, poco a poco sobre la mezcla de las yemas, removiendo sin cesar.
Dejar hacer todo durante 3 min sin parar de remover. En el último minuto, agregar la pimienta y el perejil. Repartir la crema en cazuelitas de barro y dejar templar.
Con los 50 g de azúcar, hacer un caramelo sobre un cazo. Cuando se vuelva dorado, verter sobre un papel sulfurizado y dejar enfriar en fino. (Salvo si el vasco que la elabora es del centro de Bilbao, hay que tener cuidado al manipular el caramelo, pues quema mucho).
Una vez frío y duro, romperlo en trozos pequeños y depositar sobre la superficie de la crema.

Esta última operación nos evita sopletes y palas de quemar, que no suelen ser habituales en las casas. No queda igual pero no está nada mal.

Crema de frambuesas

Ingredientes

100 g de frambuesas • 100 g de leche • 20 g de azúcar • 20 g de coñac y canela en polvo

Elaboración

Triturar las frambuesas con la leche y el azúcar. A continuación, pasarlo por un chino, o un colador.

Agregar el licor y servir muy frío en una copa, acompañado por una bola de helado de vainilla o simplemente sola. Espolvorear la canela por encima.

Crema de limón

Ingredientes

2 huevos • 4 limones (zumo) • 75 g de mantequilla • 150 g de azúcar • 4 claras y fideos de chocolate

Elaboración

Batir los huevos y ponerlos en un cazo con el zumo de los limones, la mantequilla y la mitad del azúcar. Cuando empiece a hervir, retirar del fuego y dejar enfriar. Reservar.

Batir las claras al punto de nieve con el resto del azúcar, y añadirlas a la crema mezclando el conjunto con delicadeza.

Repartir en recipientes individuales y servir espolvoreándolas con los fideos de chocolate.

Crema frita

Ingredientes

1 l de leche • La cáscara de un limón • 3 cs de maicena • 200 g de azúcar • 3 yemas de huevo

Además:

Harina • 2 huevos • Aceite • Azúcar y canela

Elaboración

En un cazo, calentar la leche con la cáscara de limón hasta que hierva. En otro cazo aparte, mezclar la maicena, el azúcar y las yemas, todo bien batido, y añadirlo a la leche justo recién hervida. Dejar hervir a fuego suave durante 3 min sin dejar de remover.

Enfriar en la nevera en una bandeja de modo que la mezcla tenga un grosor de 2 cm. Al día siguiente, trocearla en cuadrados, pasarla por harina y huevo, y freírla en aceite fuerte. Espolvorear después con azúcar y canela.

Crema pastelera

Ingredientes

1 l de leche • 1 palo de vainilla o canela • 150 g de azúcar • 6 yemas • 1 huevo entero • 45 g de harina de trigo • 25 g de harina de maíz y 1 nuez de mantequilla

Elaboración

Echar en un cazo la leche con la vainilla para que hierva y luego dejarla templar.

En un cuenco aparte, poner el azúcar con las yemas y el huevo y, por último, la harina de trigo y la de maíz. Mezclar bien y agregar la leche con la vainilla, que deberá estar caliente. Hervir durante 2 min sin parar de remover.

Sacarlo todo a un cuenco y bañar la superficie con mantequilla para que no se le haga costra.

Cuajada casera con compota de manzana

Ingredientes

2 manzanas reinetas • ½ limón • 2 cs de azúcar • 1 l de leche y unas gotas de cuajo

Elaboración

Preparar una compota con las manzanas, el azúcar y las gotas de limón. Pasar por el pasapurés y poner 2 cs de la misma en el fondo de las copas donde se vaya a servir la cuajada.

Hervir la leche y dejar que suba a unos 37 °C. Añadir las gotas de cuajo. Rápidamente, verter sobre la compota en las copas. Dejar enfriar y servir.

Cuajado de nuez

Ingredientes

250 g de nueces molidas • Nueces enteras • 6 huevos • 250 g de azúcar • 50 g de chocolate rallado • Azúcar glas • 30 g de miel y harina

Elaboración

Mezclar las nueces, el azúcar y el chocolate en un recipiente. A continuación, añadir los huevos enteros uno a uno y mezclar todo muy bien.

Después, untar un molde con aceite y espolvorear con harina para que no se pegue.

Echar en el molde la mezcla y meter en el horno, a unos 160 °C, durante 40 min. Pinchar con una aguja para saber si está hecho: si la aguja sale seca, significa que ya está listo. Dejar enfriar y desmoldar.

Para servir, poner miel en el fondo del plato, disponer el cuajado encima, espolvorear con azúcar glas y adornarlo con nueces enteras.

Cubierta para tarta de chocolate

Ingredientes

200 g de chocolate de cobertura

Elaboración

Poner el chocolate bien troceado al baño María en un bol, con mucho cuidado de que no entre agua en el interior. Calentarlo a fuego lento para que se vaya derritiendo. Cuando las ¾ partes aprox. estén fundidas, apartarlo del fuego y removerlo hasta que se derrita del todo.

Con él puedes bañar bizcochos, galletas, etc. El resultado será una cubierta dura y crujiente.

Si añades a este chocolate aceite de girasol (2 cs) la cubierta será menos crujiente, aumentará el brillo y el corte de la tarta será más recto.

Si pones además, 4 cs de leche, la cubierta será un poco más blanda y la textura más melosa.

Ensalada de frutas I

Ingredientes

½ piña fresca • 3 kiwis • 1 manzana • 2 naranjas • 12 frambuesas • 200 g de azúcar • 1 l de agua • La cáscara de 2 limones • Zumo de un limón • 25 g de Gran Marnier y 8 hojas de menta fresca

Elaboración

Pelar la piña y los kiwis y cortarlos en trozos. Mondar las naranjas eliminando toda la piel y reservar la cáscara de una de ellas. Cortar las naranjas en rodajas y, por último,

pelar la manzana, cortarla en láminas y rociarla con el zumo de limón.
Repartir todas las frutas en boles individuales.
Por otro lado, cocer el agua durante 5 min junto con el azúcar, las hojas de menta y las cáscaras de naranja y limón. Colar el líquido y echarlo caliente sobre cada bol individual de frutas.
Dejar enfriar en la nevera. En el momento de servir, añadir el Gran Marnier y las hojas de menta picada.

Ensalada de frutas II

Ingredientes

200 g de mangos • 100 g de piña fresca • 100 g de kiwi • 200 g de fresas y 3 naranjas
Para el aliño:
30 g de vinagre • 50 g de aceite de oliva • ½ cc de mostaza • Una pizca de pimienta negra molida • Una pizca de azúcar • Una pizca de sal y 50 g de zumo de piña

Elaboración

Colocar en una fuente las frutas troceadas. Batir el aliño y echarlo sobre la mezcla. Escurrir y presentar en copas.
Ideal acompañado por un helado.

Esponjados

Ingredientes

200 g de azúcar y 200 g de agua
Para la glasa:
30 g de clara de huevo • 40 g de azúcar y un poco de aceite

Elaboración

Poner al fuego el agua y el azúcar en un cazo de cobre especial para hacer esponjados, y dejar hervir hasta que en la superficie comiencen a formarse burbujas muy cerradas.
En ese punto, poner el cazo a fuego más lento y, rápidamente, verter sobre la glasa ya esponjada en forma de hilo. Seguir batiendo fuertemente (si lo hacemos con una batidora, mejor) hasta que el almíbar comience a subir; retirar entonces el cazo y dejar enfriar el esponjado en el mismo cazo.
Verter sobre un mármol untado de aceite. Seguidamente quemar con un hierro candente y dividir en seis esponjados.

Filloas

Ingredientes

130 g de harina • 3 huevos • 40 g de mantequilla • 250 ml de leche • 15 g de azúcar • Sal fina • Un trozo de mantequilla (para freír) y azúcar glas

Elaboración

En una jarra, echar la harina, los huevos con la mantequilla fundida, la leche, el azúcar y la sal. Mezclar todo bien con ayuda de la batidora, cuidando de que no se formen grumos.
Untar con un poco de mantequilla el fondo de una sartén antiadherente pequeña. Ponerla a fuego medio y verter la masa suficiente para cubrir el fondo. Si es demasiada, nos quedará muy grueso. Lo mejor es devolver al bol la masa sobrante en cuanto se haya hecho la capa (con un poco de maña se hace sin problemas).
Cuando esté dorado por un lado, darle la vuelta para que se dore la otra cara. Debe quedar fino. Repetir esta operación hasta freír las filloas que desees o hasta terminar la masa.

Presentarlas calientes y espolvoreadas con azúcar glas en el momento de servir. También se pueden rellenar.

Filloas rellenas

Ingredientes

2 ó 3 filloas por comensal • 400 g de crema pastelera • Mantequilla y azúcar

Para la masa de filloas:

50 g de harina • 3 huevos • 250 g de leche • 20 g de coñac • ½ cc de canela molida y 1 trozo de tocino

Elaboración

Para la masa de las filloas: mezclar todos los ingredientes, menos el tocino, y triturarlos con una batidora. Sobre una sartén antiadherente caliente y untada con un poco de tocino, echar medio cacito aproximadamente de la masa. Devolver la masa sobrante una vez se haya hecho una capa fina. Cuando se dore, apenas 1 min, darle la vuelta y dejar unos segundos por el otro lado.

Una vez hechas las filloas, rellenarlas con la crema pastelera y enrollarlas en forma cilíndrica. Reservar. Preparar 2 sartenes antiadherentes. Poner en el fondo de una de ellas un poco de mantequilla y 2 cs de azúcar. Llevar a fuego vivo hasta que el azúcar empiece a caramelizarse. Llenar el fondo de la sartén con las filloas rellenas. Dejar que el azúcar se tueste. Dar la vuelta con un plato y rápidamente, como si fuera una tortilla, pasarlas a la otra sartén preparada de igual forma que la primera. Caramelizar por ese lado las filloas, dar la vuelta en un plato de servir.

Tienen que prepararse justo en el momento de consumirlas.

Flan

Ingredientes
2 cs de azúcar para el caramelo • 2 cs de agua para el caramelo • 3 huevos • 100 g de azúcar • 500 g de leche y 1 vainilla

Elaboración
Poner en la flanera el azúcar y el agua para hacer el caramelo. Cuando tome un bonito color dorado, retirarlo y dejar enfriar.

Echar en un bol los 3 huevos con el azúcar, batir un poco y agregar la leche, hervida previamente con la vainilla. Raspar con un cuchillo su interior, mezclar todo bien y verter en la flanera.

Meter en el horno, precalentado unos 5 ó 10 min, a 100 °C durante 1 h en un recipiente con agua casi hirviendo, a baño Maria.

Sacar del horno y dejar enfriar. Desmoldar frío.

Flan a toda leche

Ingredientes
3 huevos • 8 cs de azúcar • La ralladura de 1 limón • 500 g de leche • 2 cs de azúcar y agua

Elaboración
Batir con cuidado los huevos para no hacer excesiva burbuja, añadir el azúcar, la raspadura de limón, y por último, la leche.

Hacer un caramelo con el resto del azúcar y el agua en el molde flanero hasta que esté dorado. Enfriar teniendo cuidado de que quede todo el molde bañado.

Verter la mezcla en el molde y cerrarlo con papel aluminio.

En la olla exprés, poner tres dedos de agua, meter el molde y cerrar. Cuando la válvula de la olla empiece a girar, dejar 5 min y apagar el fuego.
Sacar de la olla y dejar enfriar antes de desmoldar.
No es muy ortodoxo pero es resultón.

Flan de cacao

Ingredientes

1 l de leche • 25 g de cacao • 5 huevos • 175 g de azúcar • 300 g de nata • 50 g de azúcar glas y mantequilla

Elaboración

En un cazo, hervir la leche, agregar el cacao y mezclarlo bien.
Untar con mantequilla un molde en forma de corona con el hueco en el centro.
Mezclar los huevos y el azúcar en un recipiente. A continuación, agregar poco a poco la leche hervida con el cacao, que habremos dejado templar. Ligar todo bien y verterlo en el molde.
Meter en el horno caliente a 120 °C durante 50 min.
Transcurrido este tiempo, dejar enfriar en el mismo molde. Desmoldar y pasarlo a una fuente. Monta la nata con el azúcar glas y rellenar con esta mezcla el centro del flan.
El aspecto del flan, al no tener azúcar quemado en el fondo, será distinto, pero no menos interesante.

Flan de frutas cántabro

Ingredientes

500 g de peras • 200 g de agua con 50 g de azúcar • 4 huevos • 160 g de azúcar • 500 g de leche y ralladura de limón

Elaboración

Caramelizar un molde de flan con 60 g de azúcar. Dejar enfriar.

Pelar las peras y cortarlas en trocitos pequeños. Cocer en el agua azucarada. Cuando estén cocidas, colar y repartir los trocitos de pera sobre el caramelo. Reservar.

En un bol, batir los huevos, añadir los 100 g de azúcar restantes y la ralladura de limón, verter la leche templada y batir bien para mezclarlo todo. Rociar por encima de las peras. Precalentar el horno a 170 °C. Introducir el flan en el horno al baño María y dejar cocer unos 40 min. Comprobar el punto de cocción. Desmoldar cuando ya esté frío.

Flan de melocotón

Ingredientes

6 yemas • 150 g de azúcar • 1 melocotón en almíbar • 4 cs de brandy • 125 g de soletillas • 100 g de nata montada • 100 g de frambuesas y 2 cs de azúcar

Elaboración

Caramelizar un molde para flanes, con 2 cs de azúcar. Reservar.

Aparte, mezclar en un recipiente las yemas con el azúcar hasta hacer una pasta homogénea. Después, agregar el melocotón troceado con un par de cs de su jugo, el brandy y las soletillas desmenuzadas. Mezclar bien y verter en la flanera.

Meter al horno caliente a 160 °C durante 40 min al baño María. Sacar y dejar enfriar. Una vez frío, desmoldar y adornar con la nata montada y las frambuesas.

Flaó

Ingredientes

Para la masa:

300 g de harina • 1 tacita de aceite • 1 tacita de manteca • 1 copa de anís • Un poco de agua • Semillas de anís y aceite para untar el molde

Para el relleno:

400 g de queso fresco • 250 g de azúcar • 4 huevos y hierbabuena fresca

Elaboración

Para la masa: mezclar los Ingredientes y amasar. Dejar reposar la masa. Untar un molde con aceite y forrar con la masa. Pinchar con un tenedor para que no se hinche al cocer.

Para el relleno: picar el queso y la hierbabuena, añadir los huevos batidos junto con el azúcar, mezclarlo todo y ponerlo sobre la masa.

Meterlo al horno, precalentado unos 5 ó 10 min, a 180 °C durante 25 a 30 min. Decorar con brotes de hierbabuena.

Frangollo

Ingredientes

1 ½ l de leche • Cáscara de limón • ¼ kg de harina de maíz • 3 yemas • 100 g de azúcar • 50 g de mantequilla • 100 g de pasas • 10 almendras peladas y molidas y miel

Elaboración

Calentar la leche con la cáscara de limón. Cuando la leche empiece a hervir, bajar el fuego al mínimo y sacar la cáscara. A continuación, echar en la cazuela la harina, y revolver bien hasta que la mezcla espese. En ese momento, añadir las yemas de huevo batidas, el azúcar, la mantequilla, las pasas y las

almendras, todo sin dejar de remover. Poco después, sacar y servir a temperatura ambiente y con miel aparte.
Los puristas dicen que no se puede hacer con gofio, solo con harina de maíz… pues vale.

Frutas con yogur

Ingredientes
2 manzanas • ½ piña • 100 g de pasas • ½ l de agua • 100 g de azúcar • Canela • Hierbabuena • 100 g de yogur de frutas • 100 g de yogur natural • 1 cs de miel

Elaboración
Lavar, pelar la fruta y trocearla.
A continuación, cocer las manzanas y las pasas durante 15 min en un poco de agua con azúcar y canela. Escurrir y reservar.
En un bol aparte, mezclar los yogures junto con la miel. A continuación, verter todo en el plato y poner las frutas cocidas y la piña por encima.
Por último, adornar con unas hojas de hierbabuena antes de servir.

Gateau de almendras (pastel)

Ingredientes
8 claras de huevo • 500 g de azúcar • 600 g de almendras crudas y molidas finas • 12 yemas de huevo • Raspadura de limón • ½ cc de canela en polvo • Un pizca de sal • Mantequilla y azúcar glas

Elaboración
En un recipiente, montar las claras a punto de nieve fuerte y, en el último momento, mezclar la mitad del azúcar. Mezclar las almendras con el resto del

azúcar, las yemas, la raspadura de limón, la canela y la sal. Agregar las claras de huevo montadas y remover con exquisita suavidad.

Untar un molde grande con mantequilla y verter la masa preparada, hasta llenar ¾ partes.

Cocer a horno suave, a 160 °C durante 50 min Cuando esté en su punto, apagar el horno y dejarlo un poco abierto, para que el gateau pierda calor lentamente. Servir frío y espolvoreado con azúcar en glas.

Helado de bizcocho y avellanas

Ingredientes

200 g de bizcocho soletilla • 5 yemas de huevo • 200 g de azúcar • ¾ l de leche • 300 g de nata montada • 1 cáscara de limón • 50 g de avellanas tostadas y picadas y chocolate rallado

Elaboración

Colocar los bizcochos en un lugar caliente para que se sequen, una vez secos, desmigarlos.

En un recipiente mezclar las yemas con el azúcar y la leche con la nata hervida con la cáscara de limón.

Poner la mezcla a fuego suave y removerlos constantemente hasta que empiece a ligar pero sin llegar a hervir. Retirar del fuego.

Añadir el bizcocho en polvo y las avellanas molidas.

Remover el conjunto.

Poner a congelar batiendo la mezcla cada media hora hasta que cuaje.

Disponer bolas de helado en copas.

Adornar con chocolate rallado.

Helado de castañas

Ingredientes

1 bote de puré de castañas azucarado (600 g aprox.) • 4 huevos • 3 cs de azúcar y 250 g de nata montada

Elaboración

En la batidora, depositar el puré de castañas, los huevos y el azúcar, y batir todo muy bien. A continuación, añadir la nata montada y volver a batir para mezclarlo totalmente.

Verter la mezcla en un recipiente de cristal e introducirlo en el congelador por lo menos 1 noche.

Sacar del congelador un poco antes de servirlo para que se pueda desmoldar.

Acompañar con salsa de chocolate o natillas.

Helado de chocolate y café

Ingredientes

150 g de chocolate de cobertura • 500 g de nata líquida • 150 g de azúcar • 50 g de café (50 g de agua con un sobre de café soluble) y un café con azúcar muy caliente (aprox. 50 g)

Elaboración

Fundir el chocolate en el microondas a media potencia durante unos minutos.

Montar la nata con el azúcar con ayuda de una varilla. Reservar.

Añadir a continuación el café y el chocolate a la nata montada, y remover con la espátula hasta que esté bien mezclado. Verter la mezcla en un molde rectangular y meterlo en el congelador hasta que se solidifique.

Cuando se vaya a comer, sacarlo un poco antes a la nevera para que no esté tan duro.
En el momento de servir, cortar un rectángulo de helado sobre un plato sopero y verter por encima un café con azúcar muy caliente.

Horchata de chufas

Ingredientes

300 g de chufas • 2 l de agua para el remojo • 1 corteza de medio limón • 250 g de azúcar • 1 ½ l de agua • Canela en polvo y rodajas de naranja

Elaboración

Poner las chufas en agua a remojo durante 12 h.
En una jarra echar la cáscara de limón (solamente la parte amarilla), el azúcar, las chufas y el agua (1 ½ l). Triturar todo con la batidora y dejar reposar durante 2 ó 3 h en la nevera.
Pasado el tiempo, colar por un chino o por una tela fina. Servirla en copas adornada con canela espolvoreada y una rodaja de naranja en el borde de la copa.

Huesillos

Ingredientes

6 huevos • 250 g de azúcar • 6 cs de aceite de oliva • 10 g de bicarbonato • 1 limón • 10 g de aguardiente de cerezas • Harina • Aceite para freír y azúcar glas

Elaboración

Mezclar los huevos y añadir el azúcar poco a poco sin dejar de batir. Seguidamente, agregar el aceite, removiendo continuamente. Incorporar el bicarbonato, la ralladura de la corteza del limón y el aguardiente.

Mezclar todo bien y agregar harina poco a poco, la que admita, hasta formar una masa. Trabajarla y dejarla suave.
Tomar trocitos de masa y dar forma a los huesecillos. A continuación, freír en una sartén con aceite caliente. Sacar y escurrir bien. Disponer en una fuente y espolvorear con azúcar glas.

Huesos de santo

Ingredientes
200 g de patatas • 250 ml de agua • 225 g de azúcar • Ralladura de limón • 400 g de almendras molidas y 12 yemas

Elaboración
Cocer las patatas con piel, escurrir, pelar y pasar por un pasapurés. Hervir el agua con 50 g de azúcar y la ralladura de limón hasta que adquiera punto de hebra; a continuación, añadir la almendra molida, mezclar y agregar el puré de patata. Dejar enfriar y amasar.
Extender y cortar en tiras, y enrollarlas en forma de canutillos. Hornear unos minutos para secarlos. Poner un vasito de agua en un cazo con 175 g de azúcar y hervir hasta que alcance el punto de hebra fuerte.
Añadir las yemas de huevo y batir hasta que se cuajen. Retirar y dejar enfriar para rellenar los canutillos (huesitos) con esta crema. Servir una vez rellenos.

Leche asada canaria

Ingredientes
4 huevos • 4 cs de azúcar • ½ l de leche • Ralladura de 1 limón • 1 cc de canela • Una pizca de sal • Mantequilla y miel

Elaboración

Batir a conciencia los huevos con el azúcar. Añadir la leche, la ralladura de limón, la canela y la pizca de sal. Mezclar todo bien y verter en un molde con mantequilla.

A continuación, meter en el horno caliente al baño María, durante 30 min a 170 °C . Retirar el molde del horno y dejar enfriar. Desmoldar.

Para servir, poner en el fondo del plato la miel y, encima de esta, el flan de leche asada.

En realidad, es casi como un flan, pero la manera de hacerlo da un toque curioso.

Leche frita con natillas

Ingredientes

Para la natilla:

½ l de leche • Un poco de vainilla • 6 yemas de huevo • 100 g de azúcar

Para la leche frita:

1 l de leche • 1 palo de canela • Ralladura de 1 naranja • 200 g de azúcar • 70 g de harina de maíz • 2 huevos para rebozar • Harina y aceite

Elaboración

Para la natilla: hervir la leche con la vainilla en una cazuela.

Mezclar las yemas con el azúcar y añadir leche tibia. Poner al fuego 5 min para que espese poco a poco, pero sin que hierva. Retirar del fuego y pasarlo a otra cazuela para que baje la temperatura. Dejar enfriar.

Para la leche frita: poner a hervir la leche con la canela y la ralladura de naranja. Agregar el azúcar y la harina de maíz. Mantener a fuego suave apenas 2 min hasta que espese y luego dejar enfriar. Cuando esté frío, trocear en rectángulos, rebozar en harina y huevo, y freír en aceite caliente hasta que se dore. Espolvorear con azúcar y canela.

Lenguas de gato

Ingredientes

4 claras de huevo • 125 g de mantequilla • 125 g de azúcar • 125 g de harina y 1 cc de vainilla

Elaboración

En un bol, poner la mantequilla, que tiene que estar blanda, y agregar el azúcar, las claras de huevos sin batir una a una, y la vainilla. Mezclar de forma homogénea el conjunto. A continuación, añadir la harina poco a poco.

Una vez incorporado todo, encender el horno a temperatura media y, con este caliente, formar con ayuda de una cucharilla, tiras pequeñas de masa del grosor de un dedo y dejarlas caer sobre la bandeja forrada con papel.

Si queremos que queden con brillo, pintarlas con un pincel mojado en huevo batido por encima. Meter la bandeja al horno a 170 °C durante 10 min.

Manta andaluza

Ingredientes

Para la crema:

6 yemas de huevo • 5 cs de azúcar • 3 cs de harina • 500 g de leche y 1 g de cominos

Para la masa:

5 cs de azúcar • 2 cs de harina • 6 claras de huevo • 2 yemas • 25 g de mantequilla y sal

Elaboración

Para la crema: hacer la crema mezclando las yemas, el azúcar, los cominos muy picados, la harina, y la leche. Cocer el conjunto a fuego lento hasta que espese.

Para la masa: mezclar el azúcar y las claras, y batir a punto de nieve. Agregar, con cuidado de no bajar la mezcla, la harina y la mantequilla fundida.
En una fuente de horno, disponer un papel sulfurizado por las cuatro esquinas y extender la masa sobre él. Meter en el horno a 170 °C durante 10 min aprox.
Una vez esté cocida, desprender los bordes para poder luego doblarla con mayor facilidad.
Disponer sobre la masa la crema a lo largo y enrollarla. Espolvorear con azúcar y caramelizarlo con un tridente al rojo vivo. Una expresión digna de Lucifer.

Manzanas asadas

Ingredientes

4 manzanas reinetas • 2 cs de azúcar • 50 g de agua • 40 g de mantequilla y 100 g de vino blanco (o sidra)

Elaboración

Limpiar muy bien las manzanas y quitarles el corazón con un cuchillo de punta.
Colocarlas en una fuente de horno, poner el azúcar en cada agujero y la mantequilla por encima. Echar el agua y el vino blanco a partes iguales.
Meter al horno a 170 °C hasta que estén listas (unos 40 min, depende de la clase de manzanas y de su tamaño)
Se sirven frías o templadas.

Manzanas rellenas a la bilbaína

Ingredientes

4 manzanas medianas • 125 g de nata montada • 200 g de natillas • 100 g de vino blanco • 40 g de azúcar y 1 puñadito de nueces

Elaboración

Retirar el corazón a las manzanas. Ponerlas en una fuente de horno y asarlas durante 15 min a 175 °C. Cuando empiecen a tomar color, añadir el azúcar y el vino, y volver a meter otros 15 min en el horno.

Una vez estén frías, rellenar el hueco del centro con las natillas más bien espesas. Adornar con la nata montada y algunas nueces. Servir muy frío

Melocotones al vino de Rioja

Ingredientes

8 melocotones • 1 l de vino tinto joven de la Rioja • 750 g de azúcar • Piel de naranja • Piel de limón • Canela en rama • Azúcar glas y canela en polvo

Elaboración

Pelar los melocotones y reservar. Echar el azúcar con 100 g de vino en una cazuela y calentar para hacer un caramelo.

Cuando empiece a dorarse, añadir el resto del vino, la piel de naranja y la canela.

Dejar que el líquido dé unos cuantos hervores y, a continuación, agregar los melocotones a la cazuela.

Cocerlos a fuego suave hasta que estén blandos, que será alrededor de ½ h. Comprobar si están en su punto pinchándolos con la punta de un cuchillo: si cede la pulpa, están listos. Retirar del fuego, dejar enfriar y reservar.

Para conseguir la salsa, hervir de nuevo el vino hasta que se reduzca y espese.

Presentar el plato con los melocotones bien rociados con la salsa de vino, y acompañarlos con frutas, azúcar glas y una pizca de canela.

Merengue

Ingredientes

4 claras de huevo frías • 170 g de azúcar y una pizca de sal

Elaboración

Montar las claras con una pizca de sal en un cuenco con ayuda de una varilla. Batir insistentemente hasta que estén muy compactas y duras. Acto seguido, y sin dejar de batir, añadir el azúcar poco a poco. Una vez echado todo el azúcar, seguir montando con energía; en unos 5 ó 6 min, el merengue estará listo para su uso.

Merengues de café

Ingredientes

6 claras de huevo • 400 g de azúcar • 1 vasito de agua • 1 sobre de café soluble y azúcar glas

Elaboración

Batir las claras, mejor en máquina, cuidando de que no tengan nada de yema para que suban bien, hasta que estén a punto de nieve bien firme.

Poner el azúcar, salvo 2 cs grandes, en un cazo con un poco de agua. Cocer hasta conseguir un almíbar a punto de hebra, es decir, cuando al coger un poco de almíbar entre los dedos y separarlos, el líquido quede adherido a ellos y unido por una hebra fina.

Añadir este almíbar hirviendo, poco a poco y en forma de hilo, a las claras a punto de nieve sin dejar de batir. ¡Ojo!, porque habrá que hacer coincidir las claras a punto de nieve con el punto del azúcar hirviendo

Derretir al fuego las 2 cs de azúcar reservadas, hasta que tomen un color dorado, junto con el café soluble y agregarlas a la mezcla anterior sin dejar de batir.

Con ayuda de una cuchara, poner montoncitos de merengue sobre el papel sulfurizado.

Espolvorear con azúcar glas y meterlo al horno a 60 °C. Estarán en su punto, cuando se desprenda bien el papel. Por lo menos 6 horas.

Sacarlos y guardarlos al abrigo de la humedad.

Mermelada de melocotón de Calanda 🍴🍴

Ingredientes

1 kg de melocotones • 600 g de azúcar y el zumo de ¼ de limón

Elaboración

En un bol, mezclar los melocotones limpios y troceados con el azúcar, alternando a capas (empieza y acaba con azúcar). Dejar reposar durante 6 horas. Escurrir los melocotones, verter el líquido azucarado en una cazuela y hervirlo unos 10 ó 15 min a fuego suave.

Apartar la cazuela del fuego e introducir los melocotones. Dejar reposar otras 6 horas. Agregar el zumo de limón y dar un hervor de 30 min siempre a fuego suave. Retirar la espuma que se produzca a lo largo de toda la elaboración. Dejar enfriar.

Mousse de chocolate 🍴🍴

Ingredientes

125 g de chocolate • 3 cs de leche fría • 75 g de mantequilla • 3 yemas de huevo • 3 cs de azúcar glas • 4 claras de huevo y una pizca de sal

Elaboración

En un cazo, poner a fuego muy suave el chocolate partido en trozos con la leche (mejor al baño María o también en microondas al mínimo), hasta que el chocolate esté derretido. Retirar del calor e incorporar la mantequilla en trozos.

En otro recipiente aparte, mezclar las yemas con el azúcar, moviendo bien, hasta que esté espumoso. Agregar el chocolate y revolver bien. Dejar enfriar y reservar.

Batir las claras a punto de nieve muy firme con un pellizquito de sal.

Con la crema de chocolate a temperatura ambiente, incorporar las claras muy suavemente.
Poner la *mousse* en una ensaladera de cristal o en varias copas, meter en la nevera por lo menos 1 h antes de servir.
Se puede adornar con un poco de nata o con guindas, aunque esto de adornar con guindas está más visto que el tebeo
Muy listo... y entonces, ¿con qué decoramos?
Con trozos de frutas a la plancha frías, hojas de menta, polvos de almendra, etc.
Ya sé que esto también está muy visto, pero un poco menos.

Mousse de chocolate blanco

Ingredientes

150 g de leche • 1 rama de vainilla • 1 hoja de gelatina (2 g) • 200 g de chocolate blanco y 300 g de nata semimontada

Elaboración

Poner a hervir la leche junto a la vainilla. Una vez hierva, diluir en ella la hoja de gelatina, previamente hidratada en agua, e incorporar poco a poco el chocolate hasta que se derrita por completo.
Agregar la nata semimontada al momento. Dejar reposar 2 h en el frigorífico y servir en cuencos.

Mousse de chocolate y menta

Ingredientes

125 g de chocolate • 3 cs de leche fría • 75 g de mantequilla • 3 yemas de huevo • 3 cs de azúcar • 250 g de nata semimontada y 1 cs de licor de menta

Elaboración

En un cazo de cristal, poner el chocolate partido en trozos con la leche. Fundir en el microondas a media potencia hasta que el chocolate esté derretido. Incorporar a trozos la mantequilla y reservar.

En un tazón aparte, mezclar las yemas con el azúcar, removiendo bien hasta que esté espumoso. Añadir el chocolate, mezclarlo todo y dejar enfriar.

Una vez enfriada la crema de chocolate, incorporar la nata muy suavemente y el licor de menta, y dejar enfriar

Rellenar copas anchas con la mousse y dejar enfriar 6 h como mínimo.

Servir acompañado de una buena copa de champán muy seco.

Mousse de fresón de Huelva

Ingredientes

400 g de fresón • 4 claras de huevo • ¼ l de nata montada • 150 g de azúcar y 1 plátano

Elaboración

Limpiar el fresón y triturarlo en un vaso de batidora.

Mezclarlo en un bol con las claras a punto de nieve y añadir la nata, montada previamente con el azúcar. Volver a mezclar todo bien y repartir en copas.

Adornar con unos taquitos de plátano.

Naranjas Lola al vino

Ingredientes

4 naranjas grandes Lola • 1 ramita de canela • 2 clavos de olor • 1 cs de mermelada de naranja amarga • 2 cs de azúcar • 200 g de zumo de naranja • 100 g de vino tinto • 2 cs de almendra tostada y nata montada

Elaboración

Pelar las naranjas y quitar toda la piel blanca. Cortarlas en rodajas de 1 cm de grosor y colocarlas en una fuente honda. Reservar.

Lavar la cáscara de ½ naranja y ponerla en un cacito con la canela, los clavos, la mermelada, el azúcar y el zumo de naranja. Cocer durante 15 min a fuego suave. Añadir el vino y dejar hacer 5 min más.

Retirar la cáscara de naranja, regar las rodajas con la mezcla y dejar enfriar. Servirlas con nata montada y espolvoredas con las almendras picadas.

Nata montada

Ingredientes

1 l de nata líquida y 150 g de azúcar

Elaboración

Es muy importante que la nata sea fresca y esté muy fría. Además, es aconsejable que el recipiente donde se vaya a montar esté metido en otro cuenco con hielo.

Batir la nata con una varilla hasta que se monte y endurezca. Cuando esté montada, duplicará su volumen. Añadir el azúcar durante el proceso de batido: ni al principio ni al final.

Se puede aromatizar la nata con azúcar avainillado, corteza de limón o naranja.

Es recomendable que la nata se monte en el momento de servir o poco antes, y se mantenga siempre refrigerada.

Panecillos de Ávila

Ingredientes

1 huevo • 3 cc de licor de anís • 2 cs de azúcar • 4 cs de aceite de oliva • 200 g de harina • 1 cc de levadura en polvo • Aceite para freír y azúcar glas

Elaboración

Mezclar el huevo con el anís, el azúcar y el aceite en un cuenco.
En otro recipiente, mezclar la harina con la levadura y agregar poco a poco la mezcla anterior removiendo con una espátula hasta conseguir una masa compacta. Dejar reposar 30 min.
Para hacer los panecillos, coger bolas de masa y darles forma.
Calentar el aceite en una sartén y, cuando esté templado, echar los panecillos.
Freírlos a fuego lento y, una vez dorados, escurrir bien y sacarlos.
Espolvorear con azúcar glas y servir.

Panellets ʏʏ

Ingredientes

Para la masa:
150 g de patatas • 500 g de almendras molidas • 500 g de azúcar glas y ralladura de un limón
Para las guarniciones:
100 g de piñones • 100 g de almendras crudas picadas • 100 g de coco rallado • 25 g de cacao en polvo • 2 huevos y maicena

Elaboración

Para la masa: hervir las patatas con piel, pelarlas, aplastarlas con un tenedor y dejar enfriar. Mezclar con las almendras molidas, añadir el azúcar y trabajar la mezcla con una espátula de madera. Raspar la piel del limón y añadírsela a esta masa.
Dividir la masa en tantas partes como clases de *panellets* queramos hacer.
Para las guarniciones:
Piñones: formar bolitas, pasar por maicena, clara de huevo batida , finalmente, por los piñones, pintar la superficie con yema de huevo, con un pincel.

Almendra: formar tiras y después medias lunas, pasar por maicena, clara de huevo, cubrir con las almendras picadas y pintar con huevo.
Coco: mezclar la masa con la mitad del coco, formar pirámides, pasar por coco rallado y pintar con huevo solo la punta.
Chocolate: mezclar con 25 g de cacao en polvo, formar bolitas, pasar por clara de huevo y por azúcar.
Untar las placas del horno con mantequilla y colocar los *panellets*. Precalentar el horno a 220° C, introducir las bandejas y dejar cocer 12 min. Enfriar y servir.

Papones

Ingredientes

3 huevos • 70 g de miga de pan • ½ cc de bicarbonato • Aceite para freír • ½ l de leche • 125 g de azúcar • Palo de canela • Cáscara de limón y canela en polvo

Elaboración

Batir los huevos con la miga de pan y el bicarbonato. Preparado este batido, calentar una sartén con abundante aceite, coger porciones de la mezcla con una cucharita de café y freírlas. Reservar.
Poner a cocer la leche, la canela, el azúcar y la cáscara de limón. Incorporar las bolas fritas y cocer durante 5 min a fuego muy suave. Dejar enfriar y servir con canela espolvoreada por encima.

Pastel de peras leridanas

Ingredientes

200 g de pasta quebrada • 1 kg de peras • 200 g de nata líquida • 100 g de leche • 2 huevos • 3 cs de azúcar y 50 g de almendra en polvo

Elaboración

Cubrir un molde de tarta con la pasta quebrada estirada. Pinchar el fondo con un tenedor y meter en el horno a 160 °C durante 20 min.

Pelar las peras, cortarlas en rodajas gruesas y ponerlas sobre la masa quebrada.

En un cuenco, batir la nata con la leche, los huevos, el azúcar y la almendra en polvo.

Verter esta mezcla sobre las peras y meter en el horno a 170 °C hasta que cuajen bien, (40 min aprox).

Pastel de queso de Burgos

Ingredientes

180 g de queso de Burgos • 150 g de leche • 125 g de azúcar • 4 yemas batidas • 1 cs de pan rallado • 2 claras montadas a punto de nieve y 20 g de mantequilla

Elaboración

Mezclar el queso con la leche y triturarlo bien con el azúcar y las yemas. Añadir a continuación el pan rallado y seguir batiendo unos minutos más.

Finalmente, incorporar las claras montadas a punto de nieve y volcar esta elaboración en una fuente plana para horno untada con la mantequilla. Cocer en el horno a 150 °C durante unos 30 min hasta que esté cuajado.

Cuando esté frío, disponer en platos soperos y acompañar con natillas muy ligeras.

Pastel vasco

Ingredientes

Para la masa:

600 g de harina • 400 g de azúcar • 360 g de mantequilla • 4 yemas de huevo • 1 huevo • 10 g de levadura en polvo • 300 g de almendra en polvo y 30 g de licor de anís

Para el relleno:

500 g de leche • 100 g de almendra molida • 120 g de azúcar • 30 g de fécula de maíz (maicena) • 4 huevos y 30 g de licor de anís

Elaboración

Mezclar los ingredientes de la masa, teniendo en cuenta que esta debe quedar muy pringosa, pero no ofrecer dificultad al trabajar con las manos.

Extender la masa con un rodillo y encamisar un molde circular con fondo desmontable. Elaborar un segundo círculo que nos servirá para cerrar el pastel. Reservar.

Para elaborar el relleno, calentar la leche y verter sobre ella los ingredientes bien mezclados. Hervir durante 3 min y dejar enfriar en una fuente. Reservar.

Rellenar el molde con esta masa y cerrar con el segundo círculo.

Pintar con huevo batido y meter en el horno a 170 °C durante por lo menos 40 min.

Pastelillos de higos con chocolate

Ingredientes

½ kg de higos «cuello de dama» • ½ kg de kiwis • 100 ml de nata líquida • 250 ml de leche condensada • 200 g de chocolate amargo • 150 g de mantequilla • Brandy • Agua y azúcar

Elaboración

Cocer los higos durante 40 min a fuego suave y triturarlos hasta conseguir una mermelada. Reservar.

Pelar los kiwis y asarlos en una bandeja con un poco de agua y azúcar durante 30 min a 180 °C. Triturarlos para conseguir una mermelada suave. Reservar.

Montar la nata y añadirle la leche condensada y la mitad de la mermelada de higos. Ponerlo en moldes e introducirlos en el congelador.

Fundir el chocolate al baño María en un cazo con la mantequilla, el brandy y un poco de agua.
Desmoldar los dulces y presentarlos decorados con las dos mermeladas y la salsa de chocolate.

Peras con chocolate

Ingredientes

1 kg de peras • 150 g de azúcar • 2 l de agua • 300 g de chocolate • 50 g de azúcar glas • Azúcar glas para espolvorear y hojas de menta

Elaboración

Poner a cocer las peras peladas con azúcar y agua hasta que estén blanditas. Escurrir, enfriar y reservar.
Fundir el chocolate en el microondas a media potencia. Mezclar el azúcar glas con un poquito de chocolate y batir. Colocar las peras, juntas y de pie, con el rabito hacia arriba y bañarlas con el chocolate fundido. Dejar enfriar.
Espolvorear con azúcar glas para adornar, y disponer encima unas hojitas de hierbabuena o menta.

Pestiños

Ingredientes

250 g de aceite de oliva • 1 corteza de limón • 1 cc de anises • 1 cc de ajonjolí • 900 g de harina • 180 g de vino blanco • 15 g de levadura • Una pizca de sal • Aceite para freír • 100 g de azúcar y 10 g de canela

Elaboración

Freír en el aceite la corteza de limón y los anises.

Dejar enfriar y hacer una masa con este aceite, la harina, el vino caliente, la levadura, el ajonjolí y la pizca de sal. Amasar justo hasta que esté compacta y dejar reposar 1 h.
Estirar la masa, dar forma de cuadrado, recoger dos de los extremos y freír en abundante aceite.
Una vez fritos, rebozarlos en canela y azúcar, o en un almíbar hecho con miel.

Pestiños manchegos

Ingredientes

180 g de miel • 50 g de agua • 500 g de harina • ¼ l de vino blanco • 30 g de aceite • Sal y 50 g de manteca de cerdo

Elaboración

Hervir la miel con el agua durante 5 min a fuego suave. Enfriar y reservar.
Formar con la harina un volcán y verter en el centro el vino blanco, el aceite, la sal y la manteca. Formar bolas con la masa y estirarlas con el rodillo.
Formar rollitos con las manos y freírlos en abundante aceite muy caliente. Una vez fritos, poner a escurrir y bañar en la miel que hemos preparado con anterioridad.

Piña con limón

Ingredientes

1 kg de piña en almíbar con su jugo • 1 ½ sobre de gelatina de limón y ½ l de nata líquida

Elaboración

Montar la nata líquida con una varilla. Reservar.
Calentar el jugo de la piña. Pasar con la batidora la piña troceada hasta hacer puré.

Echar el sobre de gelatina de limón en el jugo de piña que hemos calentado y remover bien hasta que se disuelva. Mezclar con la piña triturada y, por último, cuando se haya templado un poco, agregar la nata montada y echar en un molde o en copas individuales. Meter al frigorífico hasta que cuaje.
Una vez cuajado, sumergir hasta el borde el molde en agua caliente para poder desmoldarlo.
En el caso de las copas, servir directamente.

Queimada

Ingredientes
3 l de aguardiente de orujo • 500 g de azúcar • 20 g de granos de café • 2 cortezas de limón y 30 g de azúcar para caramelizar
Elaboración
Verter el aguardiente y el azúcar en un recipiente de barro. Añadir las cortezas de limón y los granos de café.
Remover y calentar levemente. Acercar una llama y prender fuego. Lo mejor es hacerlo primero con una cantidad pequeña en un cazo y, cuando este tenga llama, acercar con cuidado al recipiente principal. Dar vueltas hasta que el alcohol se consuma en parte.
En el mismo cazo, echar un poco de azúcar, esta vez seca, colocarlo sobre la queimada y dejar que se queme un poco hasta que se haga caramelo. A continuación, dejarlo caer sobre la queimada, sumergir el cazo y remover para que se disuelva.

Quesada pasiega

Ingredientes
4 huevos • 250 g de azúcar • 100 g de mantequilla • 1 l de leche • ½ cáscara de limón rallada • Canela en polvo y 100 g de harina

Elaboración

Batir los huevos con el azúcar y la mantequilla fundida. Mezclar la leche con la ralladura del limón y un poco de canela en polvo.

Añadirlo al batido con los huevos, y mezclar bien hasta conseguir una pasta homogénea. Incorporar la harina poco a poco y amasar con las manos. Cuando la mezcla haya admitido toda la harina, colocarla en un molde de tarta. Meter al horno previamente calentado 5 ó 10 min, a 180 °C durante ½ hora, hasta que la superficie se dore y la masa esté cuajada. Se presenta en el mismo molde con forma de tarta.

Quesadillas de El Hierro

Ingredientes

1 kg de queso tierno • ¼ kg de harina • 4 huevos • 500 g de azúcar • Canela • Ralladura de limón y ½ cucharadita de matalahúva (anís)

Elaboración

Amasar el queso y mezclar con la harina, los huevos, el azúcar, una pizca de canela molida, ralladura de limón y matalahúva. Poner la pasta en moldes pequeños y meter en el horno a 170 °C durante 30 min. Retirar cuando la superficie esté dorada.

Queso manchego frito

Ingredientes

600 g de queso manchego de oveja, de media curación • 3 huevos • 50 g de harina • Aceite de oliva para freír y pan rallado

Elaboración

Cortar el queso en porciones.

Rebozar en harina y después en huevo batido y pan rallado.
Poner abundante aceite a calentar (debe estar muy caliente para que se nos haga por fuera, y por dentro nos quede medio derretido). Introducir el queso en el aceite y dejar dorar, dar la vuelta con mucho cuidado, dado que se podría romper.
Sacar del aceite y servir inmediatamente.

Rapadura de gofio

Ingredientes

100 g de gofio • 100 g de almendras • ½ l de miel • ¼ kg de azúcar • 1 limón • Matalahúva y canela

Elaboración

Introducir en un recipiente todos los ingredientes, salvo el gofio y las almendras; agregar el azúcar, la miel, la ralladura de limón, un poco de matalahúva y canela. Dejar al fuego hasta conseguir un caramelo y reservar.
Aparte, triturar las almendras crudas y peladas, y añadirlas al caramelo que teníamos reservado. Mezclar bien los ingredientes y poner al fuego unos minutos. Finalmente, incorporar el gofio y dejarlo reposar en un molde en forma de piruleta previamente engrasado.

Repápalos con leche

Ingredientes

150 g de pan • 2 huevos • 80 g de anís • ½ kg de azúcar • 2 l de leche • 150 g de nata líquida • La corteza de 1 limón y aceite

Elaboración

Preparar una pasta con el pan, los huevos, el anís y 100 g de azúcar. Formar bolitas con la mezcla y freír en una sartén con aceite. Reservar.

Cocer en una cacerola la leche junto con la nata, la corteza de limón y el resto del azúcar. Una vez comience a hervir, incorporar las bolitas y dejar cocer durante 15 min a fuego suave.
Servir frío como si se tratase de una sopa.

Repápalos con leche y canela

Ingredientes

4 huevos • 100 g de azúcar • 1 cc de canela en polvo • 100 g de pan rallado • 1 l de leche • 150 g de azúcar y aceite de oliva para freír

Elaboración

Batir en el vaso de la batidora eléctrica, los huevos, el azúcar, la canela y el pan rallado hasta que espese la masa.
A continuación, sacarla y dejarla reposar durante ½ h. Formar con dos cucharas unas bolitas de masa del tamaño de los buñuelos.
Calentar el aceite de oliva en una sartén, en cantidad suficiente para freírlos, y echarlos uno a uno, cuando el aceite esté bien caliente. Una vez dorados, sacarlos con una espumadera y dejarlos escurrir encima de un papel absorbente.
Finalmente, cocer la leche con el azúcar, agregar los repápalos y dejar que hiervan a fuego muy suave durante 10 min.
Dejar enfriar y servir en plato sopero con el caldo, aunque también se pueden presentar calientes.

Roscón de Almería

Ingredientes

90 g de leche • 1 cc de levadura • Sal • 450 g de harina • 150 g de azúcar • 1 huevo • 90 g de anís • 30 g de aceite • Mantequilla y azúcar

Elaboración

Templar levemente la leche, añadir la levadura y un poco de sal. Mezclar hasta que se deshaga la levadura. Formar un volcán de harina sobre el mármol y agregar los demás ingredientes (la leche y la levadura al final).
Mezclar y amasar bien hasta conseguir una pasta homogénea; dejar reposar en un sitio caliente por lo menos 1 h. Amasar un poco más y estirar la masa. Redondearla y unir los dos extremos para así formar el rosco.
Colocarlo en una bandeja previamente untada con mantequilla, espolvorear con azúcar y llevar al horno, a 190 °C durante 40 min aprox. Servir frío.

Rosquillas

Ingredientes

3 huevos • ½ kg de harina • 9 cs de aceite • 1 limón (zumo y ralladura) • 70 g de licor de anís • Una pizca de bicarbonato • 1 sobre de Armisén (gasificante para repostería) • Aceite para freír y azúcar glas para espolvorear

Elaboración

En un recipiente grande, mezclar todos los ingredientes y amasar bien. Añadir harina hasta que la masa no se pegue a las manos. Dejar reposar 15 min, y taparla con un trapo.
Pasado este tiempo, formar las rosquillas y freír en abundante aceite.
El aceite debe estar bien caliente, pero no en exceso, para que se hagan bien por dentro.
Cuando estén fritas, espolvorear con azúcar.

Sopa de leche y nueces

Ingredientes

1 l de leche • 200 g de azúcar • ½ palo de canela • 100 g de nueces picadas • 50 g de barra de pan del día anterior • Corteza de naranja y 100 g de nueces caramelizadas

Elaboración

En una cazuela, mezclar la leche con el azúcar, la canela y las nueces picadas. Poner al fuego y añadir el pan troceado. Dejar hervir a fuego lento hasta que la leche engorde, pero no demasiado.

Verter en los tazones de servir y adornar con tiras de cáscara de naranja cortada en juliana, y las nueces caramelizadas partidas.

Suflé de queso

Ingredientes

Mantequilla • 4 yemas de huevo • 160 g de queso fresco cremoso • 6 claras de huevo • 2 cs de azúcar y ralladura de medio limón

Elaboración

Untar con mantequilla los cuatro moldes de suflé.

Mezclar bien las yemas con el queso hasta quede bastante consistente.

Aparte, montar las claras a punto de nieve y añadir el azúcar.

Mezclar en un recipiente las yemas montadas con las claras y la ralladura de limón. Verter sobre los moldes y meter al horno a una temperatura de 200 °C por espacio de 6 min. Servir según sale del horno.

Tarta de manzana

Ingredientes

500 g de masa quebrada • 3 manzanas reinetas y 100 g de mermelada de albaricoque

Para la crema:

3 huevos • 50 g de azúcar glas • 30 g de harina • 250 g de leche • 30 g de almendras molidas • 1 cc de vainilla azucarada y 25 g de mantequilla

Elaboración

Para la crema: separar dos yemas y mezclarlas en un bol con el azúcar y la harina. Poner la mezcla en un cazo y verter la leche hirviendo, remover bien y cocer un par de minutos hasta que espese. Retirar del fuego y añadir las almendras y la vainilla. Dejar enfriar. Reservar.

Aparte, pelar las manzanas, quitarles el corazón y cortar finas en medias lunas. Picar los recortes sobrantes y mezclarlos con la mermelada.

Engrasar con mantequilla un molde para tartas y forrar con la masa quebrada estirada muy fina, apretando con la mano contra los bordes. Pinchar la masa con un tenedor y cubrir con papel de aluminio con algún peso encima, garbanzos por ejemplo, para evitar que suba. Hornear 15 min a 160 °C.

Sacar del horno, desechar el aluminio y los garbanzos, cubrir con la crema y colocar los trozos de manzana de forma decorativa.

Hornear durante 30 min más a 180 °C y dejar enfriar. Desmoldar.

Finalmente, pintar con la mermelada para que adquiera un bonito color brillante.

Tarta de naranja

Ingredientes

300 g de zumo de naranja • 120 g de azúcar • 1 paquete de gelatina de naranja • 250 g de nata líquida y galletas maría redondas

Elaboración

En un recipiente de cristal, poner el zumo de naranja y el azúcar, y meterlo al microondas hasta que empiece a hervir. Dejar enfriar.
Echar la gelatina en polvo en la mezcla anterior, disolverla al calor y dejar que enfríe un poco. Cuando esté templada, agregar la nata líquida y mezclar. Echar en un molde redondo, dejar enfriar y cubrir con una capa de galletas. Meter en la nevera 6 h.
Cuando vayamos a servirlo, meter el molde en agua caliente para poderlo desmoldar y volcarlo en una fuente, de forma que queden las galletas por la parte inferior sirviendo de base a la tarta.

Tarta de pera caramelizada

Ingredientes

1 rectángulo de hojaldre de 12 por 45 cm • 4 cs de crema pastelera • 4 peras confitadas y azúcar glas
Para la crema pastelera:
5 yemas • 2 huevos enteros • 150 g de azúcar • 75 g de harina y 700 g de leche

Elaboración

Para la crema: mezclar a conciencia las yemas con los huevos, el azúcar y la harina. Verter la leche hirviendo, remover con fuerza y dejar hervir 2 min a fuego suave sin dejar de dar vueltas. Reservar.
Para la base: hornear los hojaldres a 190 °C durante 20 min. Dejar enfriar, abrir a lo largo y colocar la crema pastelera encima de uno de ellos.
Cortar las peras en lonchas y disponerlas en forma de abanico sobre la crema. Cerrar con la otra mitad.
Espolvorear con azúcar glas y gratinar en el horno durante 3 min.
Servir caliente.

Tarta de queso

Ingredientes
4 huevos • 6 cs de azúcar • ½ kg de queso fresco • Sal • 12 soletillas (bizcochos) • 100 g de café • 50 g de coñac y chocolate negro para decorar

Elaboración
Batir las yemas con el azúcar a temperatura ambiente, añadir el queso y volver a batir todo muy bien.
Montar las claras a punto de nieve con un poco de sal lo más duras que se pueda y añadirlas a la mezcla anterior poco a poco, batiendo hasta formar una crema homogénea.
En una fuente de cristal de forma rectangular, colocar una capa de bizcochos previamente mojados en la mezcla de café junto con el coñac. Cuando tengamos todo el fondo cubierto, echar por encima un poco de la crema hasta que cubramos todas las soletillas. Después, repetir otra vez la misma operación para terminar con una capa de crema.
Meter al frigorífico un mínimo de 2 h y, cuando lo vayamos a consumir, echar por encima polvo de chocolate negro sin azúcar.

Tarta de queso y fresón

Ingredientes
Para el relleno:
125 g de nata líquida • 1 vaina de vainilla • 2 hojas de gelatina • 125 g de queso blanco fresco • 25 g de azúcar en polvo • 250 g de fresón y azúcar glas
Para la base:
200 g de masa de hojaldre • 1 clara • Mantequilla y harina

Elaboración

Para el relleno: en un cazo poner 50 g de nata a calentar hasta que hierva. Apagar el fuego, agregar la ramita de vainilla partida en dos a lo largo, y dejar en infusión 15 min. Reservar.

Mientras tanto, poner la gelatina en agua fría para que se ablande. Una vez blanda, escurrir y agregar a la nata con la vainilla. Remover para incorporarla bien.

Añadir el queso y el azúcar en polvo, y mezclar bien. Batir con las varillas el resto de la nata hasta montarla e incorporarla poco a poco. Reservar a temperatura ambiente.

Para la base: estirar la masa de hojaldre con el rodillo pastelero y cubrir con ella un molde de tarta untado de mantequilla, previamente enharinada, de unos 20 cm de diámetro; pinchar el fondo con un tenedor, sin que llegue a calar, y meter en el horno a 180 °C durante 10 min.

Sacar, dejar que se enfríe durante unos minutos y untar con la clara de huevo batida. Volver a meterla en el horno 5 min más para que se dore. Sacar del horno y dejar que se temple. Rellenar con la mezcla anterior del queso. Poner por encima el fresón en láminas y espolvorear con azúcar glas.

Guardar en frío por lo menos 3 h.

Tarta de soletilla

Ingredientes

15 soletillas (bizcochos) • 1 lata de piña en almíbar • Un poquito de ron • 200 g de nata montada • 50 g de azúcar • 250 g de nata liquida y cerezas en almíbar (verdes y rojas)

Elaboración

Colocar las soletillas en un molde.

Empapar por encima con un poco de almíbar de piña y un poco de ron.

Poner después sobre ella una capa de piña en almíbar cortada en trocitos y mezclados con la nata montada con el azúcar.
Disponer la otra capa de bizcochos y volver a mojar un poquito con el almíbar. Extender otra capa de piña troceada mezclada con la nata líquida. Colocar la última de las capas y poner de nuevo un poquito de almíbar.
Para terminar, cubrir con nata montada dulce por encima. Decorar con trocitos de piña y cerezas en almíbar. Dejar enfriar 4 horas.

Tarta de trucha

Ingredientes

300 g de trucha • 150 g de sal • 150 g de azúcar • Aceite de oliva • 600 g de hojaldre de mantequilla • Canela en polvo • Almendra en polvo y 100 g de crema pastelera y azúcar glas

Elaboración

Limpiar la trucha y dejarla en dos lomos sin piel ni espinas. Enterrarlos en una mezcla de sal y azúcar a partes iguales. Mantener durante 2 horas. Sacarlos de la mezcla y lavarlos un instante con agua fría. Secarlos a conciencia con una tela y ponerlos en aceite de oliva. Reservar en frio.
Estirar el hojaldre en forma circular hasta que haya conseguido 1 cm de grosor, dando seis cortes hasta la mitad del grosor en forma radial. Espolvorear con canela en polvo y algo de almendra.
Hornear durante 25 min a 190ºC. Dejar enfriar.
Abrir el hojaldre en dos pisos y rellenar con un poco, muy poco de la crema pastelera (ver *Recetas sencillas para novatos y cocinillas del laboratorio de Arzak* pág. 532) y de los trozos de trucha escurridos del aceite.

Espolvorear el conjunto con abundante azúcar glass y un poco de almendra y canela.

Nota

Versión libre, muy libre y pequeño homenaje a la gente de León.
En particular a la editorial Everest y toda su gente que hace posibles libros maravillosos y en especial a los autores primigenios de la receta, Nicanor Rodríguez González (autor de los famosísimos hojaldres Nicanores de Boñar que ahora sus descendientes se encargan de elaborar con gran acierto) del pueblo de Boñar, que tuvo la feliz idea de incluir pescado en un postre. Creemos que es la única referencia en la gastronomía del mundo que usa pescado en postres. Ahí es nada. En León.

Tarta de zanahorias

Ingredientes

180 g de mantequilla • 200 g de azúcar • 4 huevos • 100 g de nueces picadas • 150 g de zanahorias ralladas • 120 g de harina • ½ sobre de levadura y harina para untar el molde y azúcar glas

Elaboración

En un bol grande, echar la mantequilla con el azúcar y mezclar bien. Añadir los huevos uno a uno y batir.
A continuación, echar las nueces picadas y las zanahorias sin dejar de batir.
Por último, echar la harina mezclada previamente con la levadura.
Disponer el conjunto bien batido sobre un molde de tarta y meter en el horno a 180 °C durante 30 min. Dejar enfriar para desmoldar y decorarlo con el azúcar glas.
Está mejor de un día para otro.

Terrina de melocotón

Ingredientes

8 melocotones • ½ kg de fresón • 100 g de vino blanco afrutado • 1 cs de zumo de limón • 100 g de zumo de naranja • 5 cs de azúcar • 120 g de agua • 8 hojas de gelatina y 2 cs de azúcar glas

Elaboración

Lavar y secar los melocotones. Poner el vino a calentar junto con el zumo de naranja, el azúcar y el agua. Cuando el líquido esté hirviendo, meter los melocotones y que se hagan a fuego suave durante 5 min. Apagar el fuego y dejar que se enfríen en este caldo.

Poner la gelatina en remojo en agua fría. Cortar los melocotones en láminas gruesas y los fresones, en trozos pequeños. Calentar de nuevo el caldo, separarlo del fuego e incorporar las hojas de gelatina bien escurridas previamente. Colar y dejar que se enfríe removiendo con una cuchara de madera. Verter en una terrina o molde de bizcocho alargado ½ cm de caldo con la gelatina en el fondo. Meter en la nevera o en el congelador hasta que se haga (unos 15 min). Cubrir entonces esta capa con unas láminas de melocotón intercaladas con trocitos de fresón. Cubrir con otra capa de gelatina y volver a meterla en la nevera hasta que se cuaje. Ir intercalando capas de estos ingredientes hasta terminar con una de gelatina y dejarlo así hasta el día siguiente.

En el momento de servir, desmoldar la terrina y acompañar por ejemplo con unas bolitas de sorbete de limón, naranja o cualquier otra fruta que combine bien, y con una salsa de frambuesa (que podrá hacerse sencillamente pasando unas frambuesas por la batidora junto con un poco de azúcar y zumo de limón). Espolvorear con azúcar glas.

Torrijas al anís

Ingredientes

20 rebanadas de pan del día anterior • 1 l de leche • 100 g de azúcar • 3 huevos • ½ rama de canela • Aceite para freír • Para el caldo de las torrijas: • 8 cs de azúcar • 120 g de agua • ¾ l de leche • La corteza de una naranja y 1 cs de granos de anís levemente machacados

Elaboración

Poner las rebanadas en una fuente a remojar en leche y azúcar recién hervidos, durante 12 h en el frigorífico.

Pasar estas por el huevo y freír en una sartén con abundante aceite. Una vez fritas, depositarlas en una bandeja y espolvorearlas con azúcar y canela en polvo.

Para el caldo de las torrijas: disponer el azúcar en un cazo al fuego para que se tueste, y removerlo con una cucharada. Cuando el azúcar esté dorado, añadir el agua. A continuación, verter la leche, la corteza de naranja y los granitos de anís, y dejar cocer unos 10 min.

Seguidamente, agregar la salsa a las torrijas para que se empapen bien en ella.

Torrijas al vino tinto

Ingredientes

200 g de vino tinto • 200 g de azúcar • 12 rodajas de pan del tamaño de una nuez • Huevos • Ralladura de una naranja • Harina • Aceite y canela en polvo

Para acompañar:

Mermelada de grosellas o fresas

Elaboración

Disolver la mitad del azúcar en el vino y poner a macerar las rodajas de pan en un bol con dicha mezcla.

A continuación, batir los huevos con la ralladura de la naranja.

Cuando el pan esté bien empapado de vino, sacar, escurrir levemente y rebozar en harina y, a continuación, en el huevo batido. Seguidamente, freír en aceite muy caliente. Retirar a un papel absorbente y rociar con azúcar y canela en polvo.

Podemos servirlas adornando el fondo del plato con una mermelada de grosellas o de fresas.

Pero la verdadera pregunta es... ¿y si no lo rebozamos ni freímos?

No te quepa la menor duda: sabor más nítido y mayor ligereza. ¿Te atreves?

Ni mejor ni peor... distinto.

Torrijas con natillas

Ingredientes

Para las torrijas:

Pan de torrijas (mejor, comprado la víspera). • 1 l de leche • ½ vaina de vainilla • 100 g de nata líquida • 3 cs de azúcar • 3 huevos • Aceite para freír y azúcar molida para espolvorear

Para las natillas:

1 ½ l de leche • 8 cs de azúcar • La cáscara de un limón • ½ cc de maicena • 6 yemas de huevo • ½ vaina de vainilla y polvo de canela

Elaboración

Para las torrijas: cortar la barra de pan de un dedo de grueso y colocarla en una fuente un poco honda. Poner la leche con la nata y la vainilla a calentar con 3 cs de azúcar y, cuando esté a punto de cocer, verterla sobre el pan. Dejarlas 2 h para que se empapen.

En un plato sopero, batir 2 huevos como para tortilla. Coger las torrijas de una en una con una espumadera sin apenas escurrirlas para que mantengan en su interior todo el jugo, rebozarlas en el huevo batido y pasar a la sartén con el aceite bien caliente para que se frían por ambos lados. Sacarlas a un papel absorbente, escurrirlas un poco y reservarlas en una fuente. Espolvorear con azúcar.

Para las natillas: echar la leche en un cazo al fuego con 4 cs de azúcar, la cáscara del limón y la vainilla.

Mientras tanto, en una cazuela, mezclar las 4 cs de azúcar y la maicena. Agregar las yemas y batir bien. Verter la leche que acaba de hervir. Poner el cazo en el fuego suave sin parar de dar vueltas con la cuchara de madera, de modo que no llegue a hervir la crema. Entonces estarán listas.

Espolvorear con canela. Dejar enfriar y servir con las torrijas.

Torrijas Viernes Santo

Ingredientes

1 barra de pan de hace 2 días • 1 ½ l de leche • ½ cc de canela • 250 g de azúcar • Aceite • 4 huevos • Azúcar y canela

Elaboración

Partir el pan en rebanadas gruesas y disponerlas en un bol hondo. Hervir 1 l de leche con 180 g de azúcar y la canela molida, verter en caliente sobre el pan y dejar enfriar durante por lo menos 6 h.

Batir mientras tanto los huevos. Coger las rebanadas de pan con una espumadera, escurrir levemente y pasar por el huevo batido.

Preparar una sartén con abundante aceite. Cuando esté bien caliente, echar las rebanadas de pan y dejar que se hagan por un lado, darles la vuelta para que se hagan por el otro lado, sacarlas y reservarlas en una fuente honda. Espolvorearlas con azúcar y canela.

Poner en un cazo el ½ l de leche restante con 70 g de azúcar y una pizca de canela. Hervir 5 min y verter sobre las torrijas.
Servir en plato sopero en frío o caliente.

Torta de plátanos

Ingredientes
6 plátanos • 2 cs de azúcar • 2 cs de harina • 1 copita de anís • ½ cc de canela • 2 huevos • Aceite y miel

Elaboración
Pelar los plátanos, ponerlos en una cacerola y rociar con agua hirviendo por encima. Dejar 2 ó 3 min y escurrir. Ponerlos en un bol, machacarlos y añadir el azúcar, la harina, la canela, el anís y los huevos batidos.
Mezclar todo muy bien y freír cs de esta pasta en aceite caliente hasta que estén doradas. Servir frías o calientes con un poco de miel caliente.

Tortas de *txantxigorris*

Ingredientes
200 g de *txantxigorris* picados (chicharrones) • 350 g de harina • 100 g de azúcar • 2 huevos • 1 cs de mantequilla y ralladura de un limón pequeño

Elaboración
Sobre la mesa, pasar la harina a través del tamiz, hacer un hoyo en su centro y echar en él los demás ingredientes, incluyendo los chicharrones picados (reservar 50 g de azúcar para endulzar las tortas una vez estén marcadas, y también 50 g de harina para espolvorear la masa al formarlas).
Amasar todo, trabajando bien hasta que la masa quede fina. Dejar reposar durante unos minutos. Marcar las tortas redondas y delgadas aplastándolas

un poco con la mano (emplear el rodillo) y espolvorear por encima con el resto del azúcar.
Cocer en el horno precalentado hasta que estén doradas. Con 30 min a 180 °C será suficiente.

Trufas

Ingredientes

150 g de chocolate negro • 100 g de chocolate con leche • 3 cs de nata líquida • 2 cs de ron • 2 yemas de huevo • 30 g de mantequilla fundida • ½ cc de extracto de vainilla • ½ cc de Nescafé y 100 g de fideos de chocolate

Elaboración

Fundir los dos chocolates al baño María muy suave y mezclar con el resto de los ingredientes templados. Poner en un molde y meter en el congelador durante 1 h para poder trabajar mejor.
Cuando ya esté lo suficientemente duro, dar forma de bolitas y rebozar en fideos de chocolate.
Conservar en frío.

Trufas de chocolate

Ingredientes

200 g de chocolate de cobertura • 100 g de mantequilla • 5 cs de azúcar • 3 yemas de huevo • 200 g de nata montada y fideos de chocolate para rebozar

Elaboración

Fundir el chocolate troceado al baño María (o en microondas con un poco de agua) con el azúcar y la mantequilla.

Cuando esté templado, añadir las yemas y la nata, mezclarlo bien y dejarlo en el congelador hasta que se haya endurecido.
Formar bolitas y rebozarlas con los fideos de chocolate.
Servir las trufas en cápsulas de papel rizado.
Se pueden sustituir los fideos de chocolate por chocolate rallado o cacao en polvo.

Turrón de Alicante

Ingredientes

200 g de azúcar • 3 cs de agua • 350 g de miel • Unas gotas de anís • 2 claras de huevo • 650 g de almendras tostadas y obleas

Elaboración

En un cazo, hacer un almíbar a punto de bola dura (es el que, tomando un poco entre los dedos, se puede formar una bolita). En otro recipiente, poner a calentar la miel y, una vez líquida, juntarla con el almíbar y trabajarlo bien. Poner al fuego para que alcance el punto de caramelo.
Echar la almendra partida, el anís y las claras batidas a punto de nieve. Trabajar hasta que quede unido y echarlo en moldes forrados de obleas, con papel sulfurizado por debajo. Cubrir con otra oblea y colocar encima una tabla con un peso encima. Mantenerlo así varios días en frío.

Yemas de Ávila

Ingredientes

250 g de azúcar • 150 ml de agua • 11 de yemas de huevo • 1 huevo entero • Ralladura de naranja o limón y 50 g de azúcar glas

Elaboración

Poner al fuego el agua con el azúcar y dejar que hierva hasta obtener un almíbar a punto de bola (es el que, tomando un poco entre los dedos, se puede formar una bolita).

Batir en un recipiente las 11 yemas, el huevo entero y la ralladura. Cuando el almíbar esté a punto, incorporar el batido y seguir cociendo, batiendo sin cesar, hasta que se forme una masa levemente compacta.

Retirar del fuego y volcar la masa sobre una superficie espolvoreada con azúcar. Cuando esté fría, dividir en pequeñas porciones y formar bolas con las manos. Pasar por azúcar glas y colocar en las cápsulas de papel.

diccionario de términos

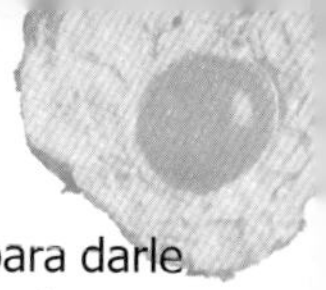

Aliñar: condimentar o sazonar los alimentos con sal, especias, vinagretas, salsas, etc.

***Brunoise*:** picar la verdura en trocitos muy pequeños.

Espumar: retirar la espumilla que sobresale en la superficie de algunos cocidos (como lentejas o garbanzos), resultado de los primeros minutos de cocción de los mismos.

Flamear: rociar una preparación o plato con un licor y prenderle fuego. La diferencia de sabor que suele haber, cuando se añade un licor a una preparación, y que éste haya sido quemado o no, cambia notablemente.

Juliana (cortar a la): cortar, por lo general la verdura (pero no exclusivamente) en forma de cerilla o bastoncillos.

Marinar: introducir pescado o carne, en un líquido (vinos, salmueras, etc.) durante un tiempo determinado, para darle más sabor, ablandarlo, etc.

Napar: cubrir con una salsa o un líquido espeso una preparación o un producto.

Pochar: sinónimo de rehogar, es decir, freír o cocinar los alimentos a fuego suave para que se vayan haciendo. También puede decirse guisar o sofreír.

Reducir: disminuir el volumen de un preparado líquido por evaporación; por lo general hirviéndolo en el fuego y haciendo que se concentre.

Saltear: cocinar a fuego fuerte durante un corto espacio de tiempo (por lo general, en una sartén) con el fin de dorar por fuera el producto y mantener los jugos de su interior.

Tamizar: pasar por un colador o cedazo ciertos productos, como la harina, para hacerla más fina y quitarle impurezas.

índice alfabético de recetas

Acelgas con anchoas	191
Acelgas salteadas con patatas	191
Adobo para chuletillas	229
Aguacate con salmón ahumado	109
Ajoarriero a la tudelana	301
Ajoarriero navarro	301
Ajo blanco I	35
Ajo blanco II	35
Ajo mataero	109
Albóndigas a la andaluza	383
Albóndigas a la bilbaína	383
Albóndigas caseras	384
Albóndigas con champiñones	385
Albóndigas de espinacas	110
Albóndigas de la abuela de Chamberí	385
Albóndigas en salsa	386
Albóndigas en salsa castellana	387
Albóndigas guisadas	388
Albóndigas rellenas	388
Alcachofas con salsa amontillada	192
Alcachofas con zanahorias guisadas	192
Alcachofas en vinagreta	193
Alioli I	229
Alioli II	229
Alioli III	230
Alitas de pollo al horno	389
Alitas de pollo al vino	390
All cremat	302
Almejas a la malagueña	273
Almejas a la marinera I	273

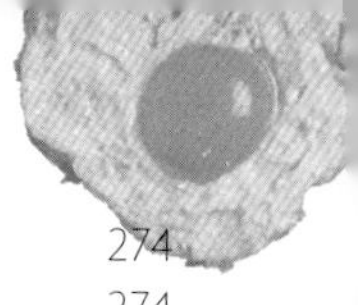

Almejas a la marinera II 274
Almejas con espinacas 274
Almejas en salsa verde 275
Almejas salteadas 275
Almogrote 111
Alparagate 390
Alubias blancas guisadas con judías verdes 84
Alubias con puré de berza 85
Alubias con salchichas 85
Alubias pintas 86
Alubias rojas y sus sacramentos 93
Ancas de rana a la leonesa 391
Andarines 495
Angulas a la cazuela 302
Aros de cebolla rebozados 193
Arroz 161
Arroz a banda I 163
Arroz a banda II 164
Arroz al ajo 168
Arroz a la marinera I 165
Arroz a la marinera II 165
Arroz a la marinera III 166
Arroz a la santanderina 167
Arroz con atún 168
Arroz con bonito 169
Arroz con calabacines 169
Arroz con leche 495
Arroz con leche a la castellana 496
Arroz con leche asturiano 496
Arroz con leche y vainilla 497

Arroz con moscancia 170
Arroz con pollo 170
Arroz con pollo II 171
Arroz con pollo III 172
Arroz con pollo y berberechos 167
Arroz con verduras y marisco 172
Arroz cremoso marinero 173
Arroz ilustrado 497
Arroz integral con verduras 173
Arroz negro 174
Arroz negro II 175
Atascaburras I 111
Atascaburras II 112
Atún «pamplonica» 303
Bacalao a la cántabra 303
Bacalao a la gallega 304
Bacalao a la manchega 305
Bacalao a la riojana 305
Bacalao a la vizcaína 306
Bacalao al jerez 306
Bacalao al pilpil I 307
Bacalao al pilpil II 308
Bacalao asturiano 308
Bacalao cántabro 309
Bacalao con ajos 309
Bacalao con crema de leche 310
Bacalao con migas 311
Bacalao con *samfaina* 311
Bacalao con tomate 312
Bacalao fresco asado con tomillo 313

Bacalao fresco con salsa de chacolí 313
Bacalao rebozado 314
Bacalao y patata en frío 314
Bechamel en el microondas 231
Bechamel I 230
Bechamel II 231
Berenjenas con carne y verduras 194
Berenjenas de Almagro 194
Berenjenas en salsa 195
Berenjenas rellenas con anchoa 196
Berenjenas rellenas II 197
Berenjenas rellenas III 198
Berenjenas y tomates como en Eibar 198
Besugo a la donostiarra 315
Besugo a la espalda 316
Besugo al estilo Orio 316
Besugo al horno I 317
Besugo al horno II 318
Besugo aragonés 318
Besugo de Bermeo 319
Besugo de San Vicente 319
Biscuit de nuez 498
Bizcocho 498
Bizcocho de almendras 499
Bizcocho de nata 500
Bizcocho de yogur 500
Bizcocho de yogur de limón 501
Bizcocho de yogur y chocolate con leche 501
Bizcochos de Calatayud 502
Bocaditos de lomo al microondas 391

Bocaditos de mejillones 320
Bocartes al ajillo 321
Boditas 502
Bogavante con arroz 175
Boliche de ternera braseado 392
Bollos con crema y frambuesa 503
Boniatos mallorquines 199
Bonito a la riojana 321
Bonito con tomate 322
Boquerones en vinagre 322
Borrajas gratinadas 199
Brandada de bacalao 323
Brazo de gitano de cacao 504
Brazo de manzana 504
Brochetas de merluza 323
Brochetas de ternasco 393
Brochetas de ternera 393
Brochetas tropicales 324
Bubangos al gratín 200
Buey al vino rancio 394
Buñuelos de bacalao 325
Buñuelos de fresas 505
Buñuelos de manzana 505
Buñuelos de Sigüenza 506
Cabrito asado 394
Cabrito en salsa 395
Cachelos con lacón a la gallega 201
Cachuela de Logroño 395
Calamares a la mallorquina 276
Calamares al estilo balear 276

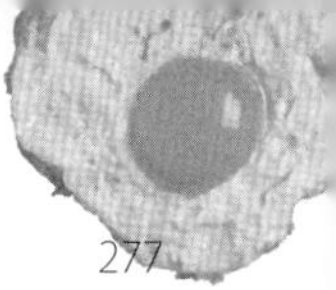

Calamares con arroz 277
Calamares con guisantes 278
Calamares en su tinta I 278
Calamares en su tinta II 279
Calamares estofados 280
Calamares fritos 280
Calamares guisados 281
Calamares rellenos 281
Calamares rellenos a la ibicenca 282
Caldeirada gallega 325
Caldereta de cordero 396
Caldereta extremeña 396
Calderete ribereño 397
Caldo con tropezones 36
Caldo de carne 36
Caldo de hortalizas 36
Caldo de perro gaditano 37
Caldo de pollo y verduras 37
Caldo de rabo de buey 38
Caldo gallego I 39
Caldo gallego II 39
Caldo guanche 40
Callos a la madrileña 398
Callos al estilo canario 399
Canelones Barceloneta 176
Canelones de berenjenas 201
Canelones rellenos de pescado 177
Cangrejos de río a la madrileña 283
Cangrejos en salsa 283
Canutillos de Bilbao a la crema 506

Capón con manzanas asadas	400
Capón con setas y castañas	401
Capón de Villalba	402
Capón relleno	402
Capón relleno con frutos secos	403
Caracoles	112
Caracoles a la madrileña	113
Caracoles a la riojana	114
Caracoles en salsa figón	114
Caramelo	507
Cardo con jamón	202
Cardo con panceta	202
Cardos a la madrileña	203
Carne con fideos	404
Carne con patatas	405
Carne en salsa	405
Carrilleras estofadas	406
Cazón con tocineta	326
Cazuela de gallina	407
Cebollas rellenas	204
Cebollas rellenas de Ibiza	203
Champiñones a la cazuela	115
Champiñones al ajillo	116
Champiñones al brandy	116
Champiñones al jerez	117
Charlota de berenjenas y mollejas	117
Chirigol	204
Chorizos a la sidra	118
Chorizos al infierno	118
Chuletas con salsa de tuétano	407

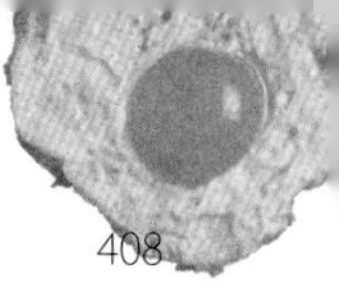

Chuletas de cerdo con manzanas 408
Chuletas de cerdo con naranja 409
Chuletillas de cordero asadas y con su salsa 409
Churros 507
Cigalas y langostinos con ensaladilla 284
Cítricos a la menta 508
Coca de atún 118
Coca de Sant Joan 508
Coca de turrón a la manera de Mallorca 509
Coca de verduras 119
Cochifrito 410
Cochifrito al estilo de Cuenca 410
Cochifrito de cordero 411
Cochinillo asado I 411
Cochinillo asado II 412
Cochinillo asado III 412
Cochinillo frito 413
Cocido andaluz 86
Cocido madrileño I 87
Cocido madrileño II 88
Cocido maragato 88
Codillo de cerdo al estilo alemán de Mallorca 413
Codornices con salsa de membrillo 414
Codornices con uvas 414
Codornices en escabeche I 415
Codornices en escabeche II 416
Codornices en escabeche III 416
Codornices Sacramenia 417
Cogollos con *txangurro* 13
Cola de merluza con queso y nata 326

Cola de salmón del Narcea al horno 327
Col a la catalana 205
Col estofada con butifarra 206
Coliflor 206
Coliflor al queso de Treviso 207
Coliflor con aguacates 208
Coliflor con jamón 208
Coliflor rebozada 209
Colineta 510
Compota de manzana 510
Compota ribereña de Navidad 511
Conejo a la castellana 417
Conejo al ajillo I 419
Conejo al ajillo II 419
Conejo a la navarra 418
Conejo asado 420
Conejo con aceitunas 420
Conejo con ciruelas pasas 421
Conejo con pimentón 421
Conejo con pisto 422
Conejo en adobo 423
Conejo encebollado 425
Conejo en escabeche 423
Conejo en salsa 424
Conejo en salsa de vino parreño 424
Conejo escabechado 425
Congrio a la cerveza 327
Congrio al aroma de jerez 328
Congrio con almejas 328
Congrio con guisantes 329

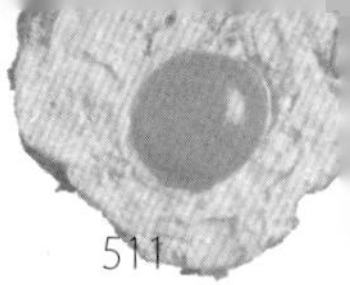

Copa de melocotón 511
Cordero a la burgalesa 426
Cordero a la caldereta 427
Cordero al chilindrón 427
Cordero asado 428
Cordero asado a la riojana 428
Cordero asado al estilo Cuenca 429
Cordero con guisantes y patatas 429
Cordero guisado 430
Corona de marisco 120
Coscarana 512
Costillas de cerdo agridulces 430
Costrada navarra 40
Crema catalana I 513
Crema catalana II 513
Crema catalana hecha por un vasco 514
Crema de aguacates 41
Crema de calabacín I 41
Crema de calabacín II 42
Crema de cangrejos 42
Crema de champiñones 44
Crema de frambuesas 515
Crema de gambas 45
Crema de langostinos 43
Crema de limón 515
Crema de nécoras 46
Crema frita 516
Crema ligera de coliflor 46
Crema pastelera 516
Crêpes de langostinos 284

Croquetas 121
Croquetas de bacalao 121
Croquetas de pollo 122
Cuajada casera con compota de manzana 517
Cuajado de nuez 517
Cubierta para tarta de chocolate 518
Desalar bacalao 330
Dorada a la espalda 330
Elaboración 39
Emberzados 431
Empanada compostelana 123
Empanada de atún 124
Empanada de calamares 124
Empanada de lamprea a la gallega 125
Empanada de lomo de cerdo 126
Empanada de sardinas 127
Empanada de vieiras 128
Empanada de *xoubas* 129
Empanada ovetense 131
Empanadillas de verduras 131
Endivias gratinadas 209
Ensaimada mallorquina de sobrasada 132
Ensalada agridulce 14
Ensalada a la vinagreta de azafrán 13
Ensalada campera 14
Ensalada de arroz Reinosa 15
Ensalada de atún 15
Ensalada de atún y nueces 16
Ensalada de brócoli y jamón 17
Ensalada de carne 27

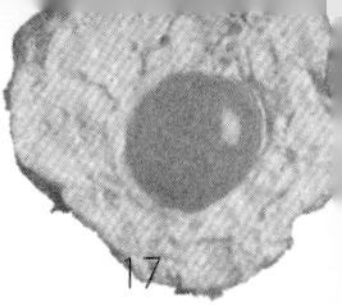

Ensalada de cigalas y aguacates 17
Ensalada de cogollos con aguacate 18
Ensalada de cogollos y anchoas en salsa de queso 18
Ensalada de cogollos y brócoli 19
Ensalada de frutas I 518
Ensalada de frutas II 519
Ensalada de hongos 16
Ensalada de invierno 20
Ensalada de langostinos con alcachofas 20
Ensalada de langostinos y queso 21
Ensalada de maíz y judías 22
Ensalada de manzana 23
Ensalada de manzana y gambas 22
Ensalada de mariscos y cogollos 28
Ensalada de melón con langostinos 23
Ensalada de pasta I 24
Ensalada de pasta II 24
Ensalada de rabanitos y cogollos 25
Ensalada de rollitos de mar 25
Ensalada de rosada 26
Ensalada de salmón ahumado 26
Ensalada de tetilla 27
Ensalada de vieiras 28
Ensalada murciana 29
Ensalada templada de pasta y salmón 29
Ensaladilla rusa I 30
Ensaladilla rusa II 30
Ensaladilla toledana 31
Entrecot de buey al vapor 432
Entremeses de sardinas 133

Escabeche de pollo con champiñones	133
Escaldón de gofio	432
Escalivada	210
Escalopes de mero al tomillo	331
Escalopes de pollo	433
Escalopes de salmón con puerros y soja	331
Escalopes de ternera al limón	433
Escalopes de ternera con salsa de almendras	434
Escalopines al moscatel	434
Escalopines al oporto	435
Escalopines con salsa de cerveza	435
Espárragos a la andaluza	211
Espinacas a la catalana	211
Espinacas gratinadas	212
Esponjados	519
Estofado de costillas con patatas	436
Fabada asturiana I	89
Fabada asturiana II	90
Farcellets de pavo	436
Fideos con chirlas	177
Fideuá de marisco I	178
Fideuá de marisco II	178
Filetes de gallo al vino blanco	332
Filetes de lenguado con salsa gratinada	332
Filetes de merluza rellenos de espinacas	333
Filetes de pescadilla rellenos	334
Filispas de cecina de vacuno	437
Filloas	520
Filloas rellenas	521
Flamenquines	438

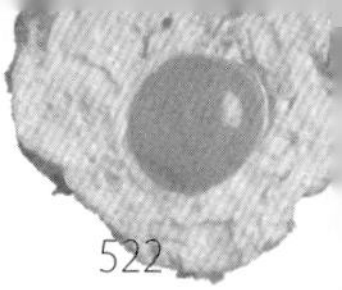

Flan 522
Flan a toda leche 522
Flan de cacao 523
Flan de frutas cántabro 523
Flan de melocotón 524
Flaó 525
Frangollo 525
Fricandó de buey 438
Fritada de conejo y caracoles 439
Fritura andaluza 334
Frutas con yogur 526
Fumet de pescado 231
Gachas manchegas 439
¡¡¡¡Gallineeeejas!!!! 440
Gallo al vino tinto 335
Gallos a la molinera 336
Gambas a la andaluza 286
Gambas al ajillo 286
Gambas al ajillo en microondas 286
Gambas al curry 287
Gambas en gabardina 287
Garbanzos a la catalana 90
Gateau de almendras (pastel) 526
Gazpacho andaluz 47
Gazpacho de naranja 47
Gazpacho madrileño 47
Gazpacho manchego I 48
Gazpacho manchego II 48
Gazpachuelo malagueño de pescados y mariscos 49
Gilda 134

Gratén de atún	134
Gratinado de centollo	288
Greixonera de sepia	336
Guiso de patatas con chorizo	68
Gulas con vinagreta de ajo	135
Habas a la catalana	91
Habas con jamón	92
Habitas guisadas	92
Helado de bizcocho y avellanas	527
Helado de castañas	528
Helado de chocolate y café	528
Hígado a la veneciana	440
Hígado de cordero con huevos	441
Hojaldre de merluza y gambas	135
Hojaldre de puerros y gambas	136
Hojaldre de salmón	137
Hojaldre de vieiras con setas y gambas	137
Hongos salteados con tiras de cecina	212
Horchata de chufas	529
Huesillos	529
Huesos de santo	530
Huevos a la bilbaína	253
Huevos a la española	253
Huevos a la flamenca	254
Huevos a la florentina	254
Huevos a la gaditana	255
Huevos a la goyesca	255
Huevos al nido	256
Huevos al plato	257
Huevos al plato a la catalana	257

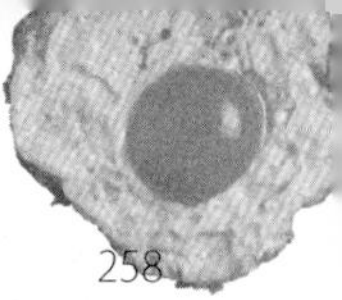

Huevos al plato a la flamenca 258
Huevos al plato a la madrileña 258
Huevos al plato con puerros 259
Huevos con jamón y salsa holandesa 259
Huevos con miel 260
Huevos con tomate gratinados al estilo de El Escorial 260
Huevos con *txapela* 261
Huevos escalfados 261
Huevos escalfados con jamón gratinados 262
Huevos fritos en nidos 263
Huevos moldeados 263
Huevos rellenos 264
Huevos rellenos con gambas 265
Jamoncitos de pavo al limón 442
Jamón guisado 441
Judías pintas guisadas con cerdo 93
Judías verdes a la riojana 213
Judías verdes con espárragos 213
Judías verdes gratinadas 214
Katuarraina a la vasca 337
Kokotxas y almejas en salsa verde 338
Langostinos a la plancha con ensalada 289
Langostinos al cava 289
Langostinos al jerez 290
Langostinos al ron 290
Langostinos con muselina de ajo 291
Lasaña boloñesa *made in Benidorm* 179
Lasaña de marisco 180
Lechazo al roble 443
Lechazo asado 443

Leche asada canaria 530
Leche frita con natillas 531
Lengua de ternera con salsa de berros 444
Lengua de ternera estofada 444
Lenguado al cava 338
Lenguado al horno 339
Lenguado con almendras 340
Lenguado con cigalas 340
Lenguados con salmón ahumado 341
Lengua mechada 445
Lenguas de gato 532
Lentejas estofadas I 94
Lentejas estofadas II 95
Lentejas guisadas con almejas 95
Lentejas guisadas con chorizo 96
Lentejas guisadas con conejo 96
Locha al vapor con verduras 341
Lombarda a la madrileña 214
Lomo de cerdo a la cerveza 445
Lomo de cerdo a la sal 446
Lomo de cerdo al ron 447
Lomo de cerdo con manzanas 447
Lomo de cerdo y huevo hilado 446
Lomo de ciervo en salsa de setas y trufa 448
Lomo en adobo 449
Lomos de merluza a la crema 342
Lomos de merluza al horno 342
Lomos de merluza al mediterráneo 343
Lomos de merluza con pimientos 344
Lomos de merluza en papillote 344

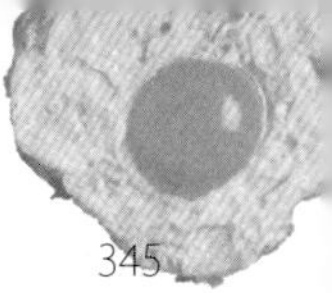

Lomos de merluza en salsa riojana 345
Lomos de salmón en papillote con judías verdes 345
Lubina a la cebolla 346
Lubina al horno I 346
Lubina al horno II 347
Lubina con patatas 347
Lubina, merluza o salmón cocidos 348
Macarrones a la catalana 181
Macarrones hortelana 182
Macerar y marinar 232
Madejas de cordero al vino blanco 449
Magra de cerdo con tomate 450
Magras con tomate 450
Magret de pato a la naranja 451
Magro de cerdo con arroz 451
Manitas de cerdo a la jardinera 452
Manitas de cerdo en salsa 453
Manitas de cordero en salsa 454
Manta andaluza 532
Manzanas asadas 533
Manzanas rellenas a la bilbaína 533
Mariscos con patatas nuevas 291
Mariscos en salsa 292
Mar y montaña 454
Masa de empanadillas 138
Masa de empanadillas II 139
Matafam 139
Mejillones al ajo y perejil 293
Mejillones a la pimienta verde 292
Mejillones rellenos II 294

Mejillones rellenos I (tigres)	293
Melocotones al vino de Rioja	534
Menestra de cordero	455
Menestra de pierna de cordero	456
Menestra riojana	215
Merengue	534
Merengues de café	535
Merluza a la asturiana	348
Merluza a la sidra	349
Merluza al azafrán con chirlas	350
Merluza al brandy con cogollos	350
Merluza al horno	351
Merluza con alcachofas	351
Merluza con almejas en salsa verde	352
Merluza con gambas, ajetes y trigueros	352
Merluza con patatas a la malagueña	353
Merluza con salsa de piquillo y mayonesa gratinada	354
Merluza dorada	354
Merluza en salsa con oricios	355
Merluza en salsa de tomate	355
Merluza frita con pimientos rojos	356
Merluza y langostinos en papillote	356
Merluza y rape al horno	357
Mermelada de melocotón de Calanda	536
Mero a la naranja	358
Mero al chacolí	358
Mero con almejas	359
Mero en salsa	360
Michirones (habas)	98
Migas	140

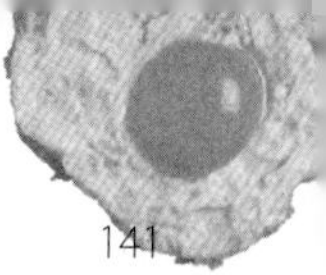

Migas a la cordobesa 141
Migas con jamón 141
Mistela 142
Mojarra en adobo 360
Mojo de cilantro y cominos 232
Mojo de perejil 233
Mojo de queso fresco 233
Mojo de tomates asados 234
Mojo de vino 234
Mojo picón canario 235
Mojo picón I 235
Mojo picón II 235
Mojo rojo 236
Mojo verde I 236
Mojo verde II 237
Moros y cristianos I 98
Moros y cristianos II 99
Morteruelo 142
Mousse de chocolate 536
Mousse de chocolate blanco 537
Mousse de chocolate y menta 537
Mousse de fresón de Huelva 538
Muslos de pollo al estragón 456
Naranjas Lola al vino 538
Nata montada 539
Níscalos en salsa 143
Níscalos salteados 144
Olla alicantina 99
Ostras al vermut 295
Paella de la huerta 183

Paella de mariscos	184
Paella de pollo y sepia	184
Paella mixta	182
Paella valenciana	185
Paletilla en costra	457
Paloma en salsa	457
Pan de aceitunas y jamón	144
Panecillos de Ávila	539
Panellets	540
Panojas malagueñas	145
Papones	541
Pasta a la marinera	186
Pasta con salchichas	186
Pasta fresca con cigalas	187
Pastel caliente de salmón y tocino	145
Pastel de carne	458
Pastel de merluza	146
Pastel de peras leridanas	541
Pastel de pescado	146
Pastel de pescado y marisco	147
Pastel de pollo	458
Pastel de puerros y tomate	148
Pastel de queso de Burgos	542
Pastel de *samfaina*	148
Pastel vasco	542
Pastelillos de higos con chocolate	543
Patatas a la importancia	72
Patatas a la logroñesa	73
Patatas a la riojana I	72
Patatas a la riojana II	73

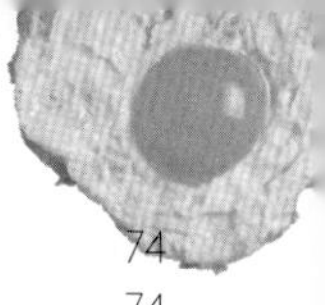

Patatas al cabrales 74
Patatas al horno 74
Patatas alioli 75
Patatas asadas al ajillo 75
Patatas bravas 76
Patatas con calamares 76
Patatas con chirlas 77
Patatas con chorizo 77
Patatas con costillas 71
Patatas con queso gratinadas 78
Patatas guisadas 78
Patatas guisadas con costillas 79
Patatas guisadas con hongos 80
Patatas guisadas con níscalos 80
Patatas guisadas con setas de cardo 81
Patatas guisadas del día de San Martín 82
Patatas rellenas con salmón ahumado 82
Paté casero 149
Pato asado 459
Pavo asado relleno 460
Pavo en pepitoria 460
Pavo relleno con frutos secos 461
Pavo relleno de castañas 462
Pechugas de pavo al jerez 462
Pechugas de pollo al oporto 463
Pechugas empanadas con salsa de tomate 463
Pencas de acelgas con gambas 216
Peras con chocolate 544
Perdices en pepitoria 464
Perdiz a la asturiana 464

Perdiz con judías	465
Pescado escabechado	361
Pestiños	544
Pestiños manchegos	545
Pichones asados al vino tinto	466
Pierna de cordero al cava	466
Pierna de cordero asada	467
Pierna de cordero asada al jerez	467
Pimientos asados I	217
Pimientos asados II	217
Pimientos del piquillo con gambas al ajillo	218
Pimientos del piquillo rellenos de atún	218
Pimientos del piquillo rellenos de marisco	219
Pimientos del piquillo rellenos de pescado	220
Pimientos rellenos de rabo	221
Pimientos rojos rellenos de carne	221
Pimientos verdes rellenos de arroz y jamón	222
Pimientos verdes rellenos de codornices	468
Pinchos morunos	468
Piña con limón	545
Piperrada	237
Pipirrana	238
Pisto	222
Pisto con salmón	149
Pisto manchego	223
Pochas blancas con tocino y chorizo	100
Pollo a la cerveza	469
Pollo a la chilindrón III	471
Pollo a la mostaza	469
Pollo al brandy	470

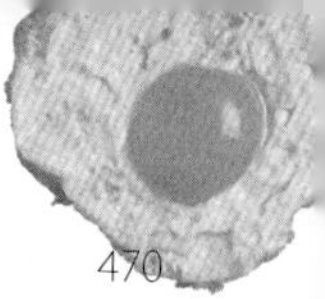

Pollo al chilindrón I 470
Pollo al chilindrón II 471
Pollo al limón I 472
Pollo al limón II 472
Pollo al romero 473
Pollo asado 473
Pollo con champiñones y aceitunas 474
Pollo con gambas 474
Pollo con hongos 475
Pollo en pepitoria 476
Pollo en salsa 476
Pollo escabechado 477
Pollo exprés 477
Pollo relleno I 477
Pollo relleno II 478
Pollo trufado 478
Porra antequerana 50
Porrusalda I 51
Porrusalda II 51
Potaje castellano 100
Potaje de garbanzos 101
Potaje de garbanzos con bacalao 101
Potaje de garbanzos de Viernes Santo 102
Potaje serrano 103
Pote asturiano 103
Pote gallego 104
Pringada 479
Pucherete 83
Puchero estilo catalán 83
Pudin de pescado 150

Puerros con bechamel 223
Pulpo «a feira» 295
Puré de bacalao y patatas 69
Puré de patatas 69
Puré de verduras con merluza 70
Puré de verduras con pollo 70
Quebrada de rabo de buey 488
Queimada 546
Quesada pasiega 546
Quesadillas de El Hierro 547
Queso manchego frito 547
Rabo de toro a la cordobesa I 479
Rabo de toro a la cordobesa II 480
Ragout a la jardinera 481
Ragout de cerdo 481
Ragout de rabo de buey 482
Rajas de salmón al horno 362
Rapadura de gofio 548
Rape a la americana 362
Rape a la cántabra 363
Rape a la gallega 363
Rape alangostado 364
Rape con almejas y gambas 365
Rape con patatas 365
Rape negro y rojo 366
Raya a la sidra 366
Rechigüelas al ajo cabañil 483
Redondo de pavo a la naranja 483
Repápalos 150
Repápalos con leche 548

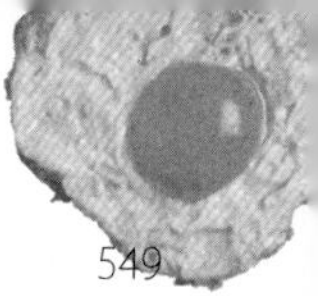

Repápalos con leche y canela 549
Repollo a la vasca 224
Revuelto a la manchega 265
Revuelto de ajetes tiernos 266
Revuelto de espárragos triguerossetas y *Gula del Norte* 266
Revuelto de guisantes y habas 266
Revuelto de pimientos del piquillo con gambas 267
Revuelto de salmón ahumado 267
Revuelto de salmón y ajos frescos 267
Riñones al jerez 484
Riñones de cordero al vino con pasta 484
Robellones al horno 152
Robellones con patatas 153
Rodajas de rape al horno 367
Rollitos de jamón de york rellenos de piña 151
Rollitos de pescado con crema de marisco 367
Rollitos de salmón con *Gula del Norte* 151
Romesco de mariscos 152
Rosada con salsa de jerez 368
Roscón de Almería 549
Rosquillas 550
Rostit de payés 485
Salmón al cava 368
Salmón al caviar 369
Salmón al horno 369
Salmón con salsa al mújol 370
Salmón en escabeche 370
Salmón en salsa verde 371
Salmonetes al azafrán 372
Salmorejo 52

Salmorejo cordobés 52
Salsa base 238
Salsa brava 239
Salsa chimichurri 239
Salsa de cabrales 239
Salsa de tomate clásica 240
Salsa de tomate I 241
Salsa de tomate II 241
Salsa de vino blanco 242
Salsa de vino de Jerez y champiñones 240
Salsa de vino tinto 242
Salsa española 242
Salsa holandesa 243
Salsa mayonesa clásica 243
Salsa mayonesa I 244
Salsa mayonesa II 244
Salsa romesco 245
Salsa salmorreta alicantina 245
Salsa tártara 246
Salsa verde 246
Salsa vinagreta base 248
Salsa vinagreta de cogollos 248
Salsa vinagreta I 247
Salsa vinagreta II 247
Salsa vizcaína 248
Sancocho canario 372
Sardinas guisadas 373
Sepia con guisantes 373
Setas al ajillo 154
Setas a la navarra 153

Sobras de garbanzos de cocido fritos con tacos de cecina 105
Solomillo al cabrales 486
Solomillo de ternera al jerez 486
Solomillo de ternera al oporto 487
Solomillo de ternera con salsa de setas 487
Solomillo de ternera en salsa 488
Solomillos de cerdo con piña 486
Sopa burgalesa 53
Sopa campestre 53
Sopa de ajo 54
Sopa de ajo castellana 54
Sopa de ajo con jamón 55
Sopa de almendras y ajo 55
Sopa de cebolla 56
Sopa de espárragos trigueros 56
Sopa de fideos con espárragos 57
Sopa de leche y nueces 551
Sopa de mejillones montserratina 57
Sopa de Mondeña 58
Sopa de pescado 59
Sopa de pescado con mejillones y langostinos 59
Sopa de pescado de Candás 60
Sopa de pescado tinerfeña 61
Sopa de rape 61
Sopa de rape con gambas 62
Sopa de salmón y verduras 62
Sopa de tencas 63
Sopa de tomate 64
Sopa de vendimia 64
Sopa de verduras con pollo 65

Sopa gaditana 65
Sopa marinera de mejillones 66
Sopa montserratina 67
Sopa moruna de Cádiz 67
Suflé de queso 551
Tarta de manzana 552
Tarta de naranja 552
Tarta de pera caramelizada 553
Tarta de queso 554
Tarta de queso y fresón 554
Tarta de queso y jamón 154
Tarta de soletilla 555
Tarta de trucha 556
Tarta de zanahorias 557
Tartaleta de menestra 156
Tartaletas de salmón ahumado 157
Tarta salada de verduras y pollo 155
Ternera abulense 489
Ternera al caramelo 437
Ternera estofada I 490
Ternera estofada II 490
Ternera guisada 491
Ternera guisada con hierbas 491
Terrina de melocotón 558
Tiznao 375
Tomatada 249
Torrijas al anís 559
Torrijas al vino tinto 559
Torrijas con natillas 560
Torrijas Viernes Santo 561

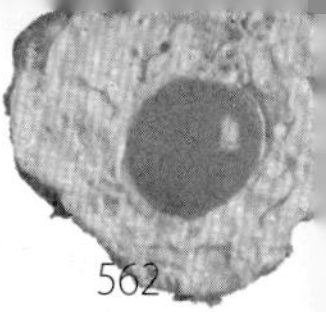

Torta de plátanos 562
Tortas de *txantxigorris* 562
Tortilla de patatas 269
Tortilla francesa con salmón y caviar 268
Tostada de escalivada 157
Tostas de salmón 158
Tripoches 158
Truchas a la navarra 375
Truchas al horno 376
Truchas al limón 376
Truchas con manzanas 377
Truchas con sofrito de jamón 377
Trufas 561
Trufas de chocolate 563
Turrón de Alicante 564
Urta a la roteña 378
Ventresca de merluza con gambas 379
Verduras a la plancha 224
Verduras rellenas de salmón 225
Vieiras al estilo gallego 296
Vieiras con mantequilla 296
Vieiras y salmón crudo marinados 297
Yemas de Ávila 564

Índice de recetas por dificultad

ensaladas

para novatos

Ensalada a la vinagreta de azafrán 13
Ensalada agridulce 14
Ensalada campera 14
Ensalada de arroz Reinosa 15
Ensalada de atún 15
Ensalada de atún y nueces 16
Ensalada de brócoli y jamón 17
Ensalada de cogollos con aguacate 18
Ensalada de cogollos y anchoas en salsa de queso 18
Ensalada de cogollos y brócoli 19
Ensalada de invierno 20
Ensalada de langostinos con alcachofas 20
Ensalada de langostinos y queso 21
Ensalada de maíz y judías 22
Ensalada de manzana y gambas 22
Ensalada de manzana 23
Ensalada de melón con langostinos 23
Ensalada de pasta I 24
Ensalada de pasta II 24
Ensalada de rabanitos y cogollos 25
Ensalada de rollitos de mar 25
Ensalada de rosada 26
Ensalada de salmón ahumado 26
Ensalada de tetilla 27
Ensalada murciana 29
Ensaladilla rusa I 30
Ensaladilla rusa II 30

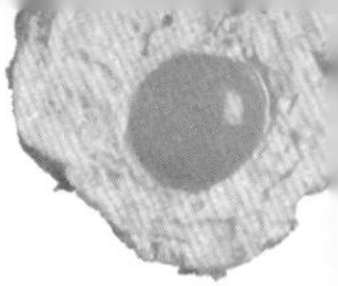

para pinches

Ensalada de hongos 16
Ensalada de cigalas y aguacates 17
Ensalada de carne 27
Ensalada de vieiras 28
Ensalada de mariscos y cogollos 28
Ensalada templada de pasta y salmón 29
Ensaladilla toledana 31

para cocinillas

Cogollos con *txangurro* 13

sopas, cremas, guisos y legumbres

para novatos

Ajo blanco I 35
Ajo blanco II 35
Caldo con tropezones 36
Caldo de hortalizas 36
Crema de calabacín I 41
Crema de calabacín II 42
Gazpacho andaluz 47
Gazpacho de naranja 47
Gazpacho madrileño 47
Porrusalda I 51
Porrusalda II 51
Puré de patatas 69
Patatas asadas al ajillo 75
Patatas bravas 76

Patatas con chorizo 77
Patatas con queso gratinadas 78
Patatas guisadas 78

para pinches

Caldo de carne 36
Caldo de perro gaditano 37
Caldo de pollo y verduras 37
Caldo gallego I 39
Caldo gallego II 39
Caldo guanche 40
Costrada navarra 40
Crema de aguacates 41
Crema de cangrejos 42
Crema de champiñones 44
Crema de gambas 45
Crema ligera de coliflor 46
Gazpacho manchego I 48
Salmorejo 52
Salmorejo cordobés 52
Sopa burgalesa 53
Sopa campestre 53
Sopa de ajo 54
Sopa de ajo castellana 54
Sopa de ajo con jamón 55
Sopa de almendras y ajo 55
Sopa de cebolla 56
Sopa de espárragos trigueros 56
Sopa de fideos con espárragos 57

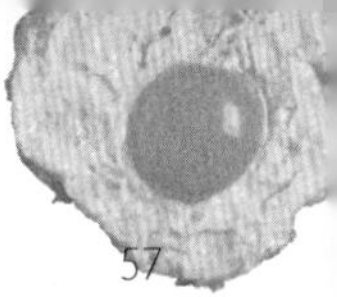

Sopa de mejillones montserratina 57
Sopa de Mondeña 58
Sopa de pescado 59
Sopa de pescado con mejillones y langostinos 59
Sopa de pescado de Candás 60
Sopa de pescado tinerfeña 61
Sopa de rape 61
Sopa de rape con gambas 62
Sopa de salmón y verduras 62
Sopa de tomate 64
Sopa de vendimia 64
Sopa de verduras con pollo 65
Sopa gaditana 65
Sopa marinera de mejillones 66
Sopa montserratina 67
Sopa moruna de Cádiz 67
Guiso de patatas con chorizo 68
Puré de bacalao y patatas 69
Puré de verduras con merluza 70
Puré de verduras con pollo 70
Patatas con costillas 71
Patatas a la importancia 72
Patatas a la riojana I 72
Patatas a la riojana II 73
Patatas a la logroñesa 73
Patatas al horno 74
Patatas al cabrales 74
Patatas con calamares 76
Patatas con chirlas 77

Patatas guisadas con costillas 79
Patatas guisadas con setas de cardo 81
Patatas guisadas del día de San Martín 82
Patatas rellenas con salmón ahumado 82
Alubias blancas guisadas con judías verdes 84
Alubias con puré de berza 85
Alubias con salchichas 85
Alubias pintas 86
Cocido andaluz 86
Cocido madrileño I 87
Cocido madrileño II 88
Cocido maragato 88
Fabada asturiana I 89
Fabada asturiana II 90
Garbanzos a la catalana 90
Habas a la catalana 91
Habas con jamón 92
Habitas guisadas 92
Judías pintas guisadas con cerdo 93
Alubias rojas y sus sacramentos 93
Lentejas estofadas I 94
Lentejas estofadas II 95
Lentejas guisadas con almejas 95
Lentejas guisadas con chorizo 96
Lentejas guisadas con conejo 96
Llegumet 97
Michirones (habas) 98
Moros y cristianos I 98
Moros y cristianos II 99

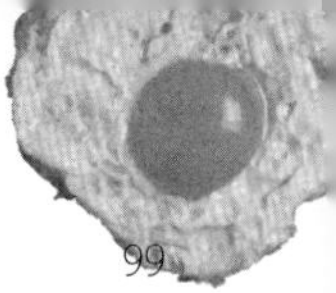

Olla alicantina 99
Pochas blancas con tocino y chorizo 100
Potaje castellano 100
Potaje de garbanzos 101
Potaje de garbanzos con bacalao 101
Potaje de garbanzos de Viernes Santo 102
Potaje serrano 103
Pote asturiano 103
Pote gallego 104
Sobras de garbanzos de cocido fritos con tacos de cecina 105

para cocinillas

Caldo de rabo de buey 38
Crema de langostinos 43
Crema de nécoras 46
Gazpacho manchego II 48
Gazpachuelo malagueño de pescados y mariscos 49
Porra antequerana 50
Sopa de tencas 63
Patatas alioli 75
Patatas guisadas con hongos 80
Patatas guisadas con níscalos 80
Pucherete 83
Puchero estilo catalán 83

entrantes

para novatos

Aguacate con salmón ahumado 109
Champiñones a la cazuela 115

Champiñones al ajillo 116
Champiñones al brandy 116
Champiñones al jerez 117
Chorizos a la sidra 118
Chorizos al infierno 118
Entremeses de sardinas 133
Gilda 134
Gulas con vinagreta de ajo 135
Mistela 142
Níscalos salteados 144
Pastel de puerros y tomate 148
Paté casero 149
Rollitos de jamón de york rellenos de piña 151
Rollitos de salmón con *Gula del Norte* 151
Setas a la navarra 153
Setas al ajillo 154
Tostada de escalivada 157
Tostas de salmón 158
Tumbet 159

para pinches

Ajo mataero 109
Albóndigas de espinacas 110
Almogrote 111
Atascaburras I 111
Atascaburras II 112
Empanadillas de verduras 131
Escabeche de pollo con champiñones 133
Gratén de atún 134

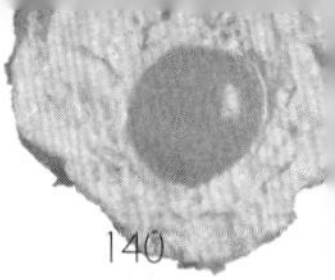

Migas 140
Migas a la cordobesa 141
Migas con jamón 141
Níscalos en salsa 143
Panojas malagueñas 145
Pastel caliente de salmón y tocino 145
Pastel de merluza 146
Pastel de pescado 146
Pastel de pescado y marisco 147
Pastel de *samfaina* 148
Pisto con salmón 149
Pudin de pescado 150
Repápalos 150
Romesco de mariscos 152
Robellones al horno 152
Robellones con patatas 153
Tarta de queso y jamón 154
Tartaletas de salmón ahumado 157

para cocinillas

Caracoles 112
Caracoles a la madrileña 113
Caracoles a la riojana 114
Caracoles en salsa figón 114
Charlota de berenjenas y mollejas 117
Coca de atún 118
Coca de verduras 119
Corona de marisco 120
Croquetas 121

Croquetas de bacalao 121
Croquetas de pollo 122
Empanada compostelana 123
Empanada de atún 124
Empanada de calamares 124
Empanada de lamprea a la gallega 125
Empanada de lomo de cerdo 126
Empanada de sardinas 127
Empanada de vieiras 128
Empanada de *xoubas* 129
Empanada ovetense 131
Ensaimada mallorquina de sobrasada 132
Hojaldre de merluza y gambas 135
Hojaldre de puerros y gambas 136
Hojaldre de salmón 137
Hojaldre de vieiras con setas y gambas 137
Masa de empanadillas 138
Masa de empanadillas II 139
Matafam 139
Morteruelo 142
Pan de aceitunas y jamón 144
Tarta salada de verduras y pollo 155
Tartaleta de menestra 156
Tripoches 158

arroz y pasta

para novatos

Macarrones a la catalana 181
Macarrones hortelana 182

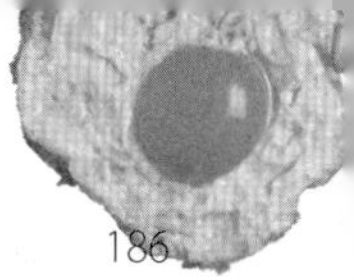

Pasta con salchichas 186

para pinches

Arroz a banda II 164
Arroz a la marinera I 165
Arroz a la marinera II 165
Arroz a la marinera III 166
Arroz con pollo y berberechos 167
Arroz a la santanderina 167
Arroz al ajo 168
Arroz con atún 168
Arroz con bonito 169
Arroz con calabacines 169
Arroz con pollo I 170
Arroz con pollo II 171
Arroz con pollo III 172
Arroz con verduras y marisco 172
Arroz cremoso marinero 173
Arroz integral con verduras 173
Arroz negro I 174
Arroz negro II 175
Bogavante con arroz 175
Canelones rellenos de pescado 177
Fideos con chirlas 177
Fideuá de marisco I 178
Fideuá de marisco II 178
Lasaña boloñesa *made in Benidorm* 179
Pasta a la marinera 186

para cocinillas 🍴🍴🍴

Arroz a banda I 163
Arroz con moscancia 170
Canelones Barceloneta 176
Lasaña de marisco 180
Paella mixta 182
Paella de la huerta 183
Paella de mariscos 184
Paella de pollo y sepia 184
Paella valenciana 185
Pasta fresca con cigalas 187

verduras

para novatos 🍴

Acelgas salteadas con patatas 191
Alcachofas con zanahorias guisadas 192
Alcachofas en vinagreta 193
Aros de cebolla rebozados 193
Boniatos mallorquines 199
Cachelos con lacón a la gallega 201
Chirigol 204
Col a la catalana 205
Col estofada con butifarra 206
Coliflor 206
Escalivada 210
Espinacas a la catalana 211
Espinacas gratinadas 212
Hongos salteados con tiras de cecina 212

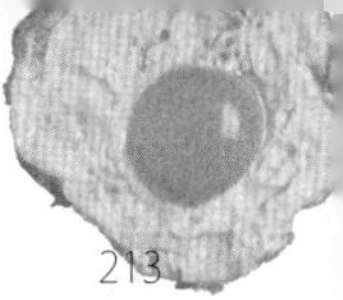

Judías verdes con espárragos 213
Judías verdes gratinadas 214
Pimientos asados I 217
Pimientos asados II 217
Pimientos del piquillo con gambas al ajillo 218
Pisto 222
Pisto manchego 223
Repollo a la vasca 224
Verduras a la plancha 224

para pinches

Acelgas con anchoas 191
Alcachofas con salsa amontillada 192
Berenjenas con carne y verduras 194
Berenjenas rellenas con anchoa 196
Berenjenas y tomates como en Eibar 198
Borrajas gratinadas 199
Bubangos al gratín 200
Canelones de berenjenas 201
Cardo con jamón 202
Cardo con panceta 202
Cardos a la madrileña 203
Cebollas rellenas de Ibiza 203
Cebollas rellenas 204
Coliflor al queso de Treviso 207
Coliflor con aguacates 208
Endivias gratinadas 209
Espárragos a la andaluza 211
Judías verdes a la riojana 213

Lombarda a la madrileña 214
Menestra riojana 215
Pencas de acelgas con gambas 216
Pimientos del piquillo rellenos de atún 218
Pimientos del piquillo rellenos de marisco 219
Pimientos del piquillo rellenos de pescado 220
Pimientos rojos rellenos de carne 221
Puerros con bechamel 223

para cocinillas

Berenjenas de Almagro 194
Berenjenas en salsa 195
Berenjenas rellenas I 197
Berenjenas rellenas II 198
Coliflor con jamón 208
Coliflor rebozada 209
Pimientos rojos rellenos de rabo 221
Pimientos verdes rellenos de arroz y jamón 222
Verduras rellenas de salmón 225

salsas

para novatos

Adobo para chuletillas 229
Bechamel I 230
Bechamel II 231
Bechamel en el microondas 231
Fumet de pescado 231
Macerar y marinar 232
Mojo de cilantro y cominos 232

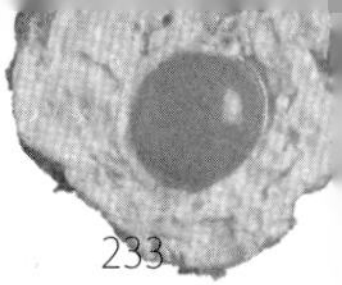

Mojo de perejil 233
Mojo de queso fresco 233
Mojo de tomates asados 234
Mojo de vino 234
Mojo picón II 235
Mojo picón canario 235
Mojo rojo 236
Mojo verde I 236
Pipirrana 238
Salsa base 238
Salsa de cabrales 239
Salsa tártara 246
Salsa vinagreta I 247
Salsa vinagreta II 247
Salsa vinagreta base 248
Salsa vinagreta de cogollos 248

para pinches

Alioli II 229
Mojo picón I 235
Mojo verde II 237
Piperrada 237
Salsa brava 239
Salsa chimichurri 239
Salsa de vino de Jerez y champiñones 240
Salsa de tomate clásica 240
Salsa de tomate I 241
Salsa de tomate II 241
Salsa de vino blanco 242

Salsa de vino tinto 242
Salsa española 242
Salsa mayonesa clásica 243
Salsa mayonesa I 244
Salsa mayonesa II 244
Salsa salmorreta alicantina 245
Salsa verde 246
Tomatada 249

para cocinillas

Alioli I 229
Alioli III 230
Salsa holandesa 243
Salsa romesco 245
Salsa vizcaína 248

huevos

para novatos

Huevos al plato 257
Huevos al plato a la catalana 257
Huevos al plato a la madrileña 258
Huevos con miel 260
Huevos rellenos 264
Revuelto a la manchega 265
Revuelto de ajetes tiernos 265
Revuelto de espárragos trigueros, setas y *Gula del Norte* 266
Revuelto de pimientos del piquillo con gambas 267
Revuelto de salmón ahumado 267
Revuelto de salmón y ajos frescos 267

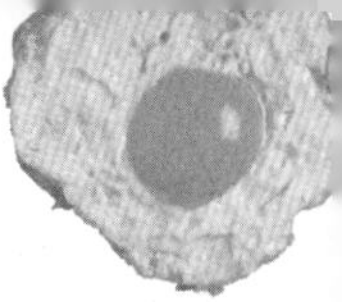

para pinches

Huevos a la bilbaína 253
Huevos a la española 253
Huevos a la flamenca 254
Huevos a la gaditana 255
Huevos a la goyesca 255
Huevos al plato a la flamenca 258
Huevos al plato con puerros 259
Huevos con tomate gratinados al estilo de El Escorial 260
Huevos escalfados 261
Huevos fritos en nidos 263
Huevos rellenos con gambas 265
Revuelto de guisantes y habas 266
Tortilla francesa con salmón y caviar 268
Tortilla de patatas 269

para cocinillas

Huevos a la florentina 254
Huevos al nido 256
Huevos con jamón y salsa holandesa 259
Huevos con *txapela* 261
Huevos escalfados con jamón gratinados 262
Huevos moldeados 263

mariscos

para novatos

Almejas a la malagueña 273
Almejas salteadas 275
Calamares fritos 280

Gambas al ajillo 286
Gambas al ajillo en microondas 286
Langostinos a la plancha con ensalada 289

para pinches 🍴🍴

Almejas a la marinera I 273
Almejas a la marinera II 274
Almejas con espinacas 274
Almejas en salsa verde 275
Calamares con guisantes 278
Calamares en su tinta I 278
Calamares en su tinta II 279
Calamares estofados 280
Calamares guisados 281
Cigalas y langostinos con ensaladilla 284
Gambas a la andaluza 286
Gambas al curry 287
Gratinado de centollo 288
Langostinos al cava 289
Langostinos al jerez 290
Langostinos al ron 290
Mejillones a la pimienta verde 292
Mejillones al ajo y perejil 293
Pulpo «a feira» 295
Vieiras al estilo gallego 296
Vieiras y salmón crudo marinados 297

para cocinillas 🍴🍴🍴

Calamares a la mallorquina 276

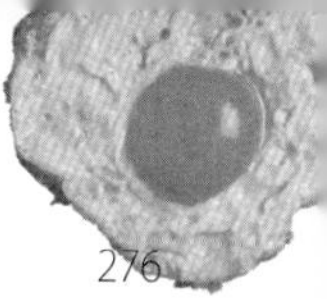

Calamares al estilo balear 276
Calamares con arroz 277
Calamares rellenos 281
Calamares rellenos a la ibicenca 282
Cangrejos de río a la madrileña 283
Cangrejos en salsa 283
Crêpes de langostinos 284
Gambas en gabardina 287
Langostinos con muselina de ajo 291
Mariscos con patatas nuevas 291
Mariscos en salsa 292
Mejillones rellenos I (tigres) 293
Mejillones rellenos II 294
Ostras al vermut 295
Vieiras con mantequilla 296

pescados

para novatos

Desalar bacalao 330

para pinches

Ajoarriero a la tudelana 301
Ajoarriero navarro 301
All cremat 302
Atún «pamplonica» 303
Bacalao a la cántabra 303
Bacalao a la gallega 304
Bacalao a la manchega 305

Bacalao a la riojana	305
Bacalao a la vizcaína	306
Bacalao al jerez	306
Bacalao asturiano	308
Bacalao cántabro	309
Bacalao con ajos	309
Bacalao con tomate	312
Bacalao rebozado	314
Bacalao y patata en frío	314
Bocartes al ajillo	321
Bonito a la riojana	321
Bonito con tomate	322
Brandada de bacalao	323
Brochetas tropicales	324
Cazón con tocineta	326
Cola de merluza con queso y nata	326
Cola de salmón del Narcea al horno	327
Congrio con almejas	328
Congrio con guisantes	329
Escalopes de mero al tomillo	331
Lenguado al horno	339
Lomos de merluza al horno	342
Lomos de merluza con pimientos	344
Lomos de merluza en salsa riojana	345
Lomos de salmón en papillote con judías verdes	345
Merluza a la asturiana	348
Merluza al horno	351
Merluza con gambas, ajetes y trigueros	352
Merluza dorada	354

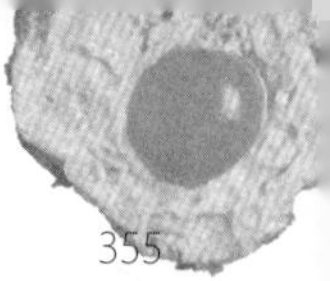

Merluza en salsa de tomate 355
Merluza frita con pimientos rojos 356
Mero a la naranja 358
Mero al chacolí 358
Mojete 361
Pescado escabechado 361
Rajas de salmón al horno 362
Rape a la gallega 363
Rape alangostado 364
Rape con almejas y gambas 365
Rape con patatas 365
Rape negro y rojo 366
Raya a la sidra 366
Rodajas de ape al horno 367
Salmón al cava 368
Salmón al horno 369
Salmón con salsa al mújol 370
Salmón en salsa verde 371
Sancocho canario 372
Sardinas guisadas 373
Sepia con guisantes 373
Truchas al horno 376
Truchas al limón 376
Truchas con manzanas 377
Truchas con sofrito de jamón 377

para cocinillas

Angulas a la cazuela 302
Bacalao al pilpil I 307

Bacalao al pilpil II 308
Bacalao con crema de leche 310
Bacalao con migas 311
Bacalao con *samfaina* 311
Bacalao fresco asado con tomillo 313
Bacalao fresco con salsa de chacolí 313
Besugo a la donostiarra 315
Besugo a la espalda 316
Besugo al estilo Orio 316
Besugo al horno I 317
Besugo al horno II 318
Besugo aragonés 318
Besugo de Bermeo 319
Besugo de San Vicente 319
Bocaditos de mejillones 320
Boquerones en vinagre 322
Brochetas de merluza 323
Buñuelos de bacalao 325
Caldeirada gallega 325
Congrio a la cerveza 327
Congrio al aroma de jerez 328
Dorada a la espalda 330
Escalopes de salmón con puerros y soja 331
Filetes de gallo al vino blanco 332
Filetes de lenguado con salsa gratinada 332
Filetes de merluza rellenos de espinacas 333
Filetes de pescadilla rellenos 334
Fritura andaluza 334
Gallo al vino tinto 335

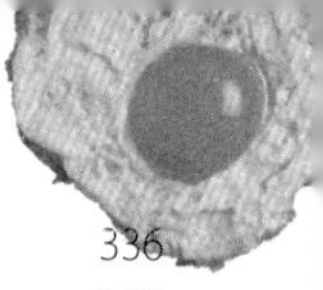

Gallos a la molinera 336
Greixonera de sepia 336
Katuarraina a la vasca 337
Kokotxas *337*
Kokotxas y almejas en salsa verde 338
Lenguado al cava 338
Lenguado con almendras 340
Lenguado con cigalas 340
Lenguados con salmón ahumado 341
Locha al vapor con verduras 341
Lomos de merluza a la crema 342
Lomos de merluza al mediterráneo 343
Lomos de merluza en papillote 344
Lubina a la cebolla 346
Lubina al horno I 346
Lubina al horno II 347
Lubina con patatas 347
Lubina, merluza o salmón cocidos 348
Merluza a la sidra 349
Merluza al azafrán con chirlas 350
Merluza al brandy con cogollos 350
Merluza con alcachofas 351
Merluza con almejas en salsa verde 352
Merluza con patatas a la malagueña 353
Merluza con salsa de piquillo y mayonesa gratinada 354
Merluza en salsa con oricios 355
Merluza y langostinos en papillote 356
Merluza y rape al horno 357
Mero con almejas 359

Mero en salsa 360
Mojarra en adobo 360
Rape a la americana 362
Rape a la cántabra 363
Rollitos de pescado con crema de marisco 367
Rosada con salsa de jerez 368
Salmón al caviar 369
Salmón en escabeche 370
Salmonetes al azafrán 372
Suquet de peix 374
Tiznao 375
Truchas a la navarra 375
Urta a la roteña 378
Ventresca de merluza con gambas 379

carnes

para novatos

Alitas de pollo al horno 389
Alitas de pollo al vino 390
Bocaditos de lomo al microondas 391
Brochetas de ternera 393
Cochinillo frito 413
Conejo al ajillo I 419
Conejo al ajillo II 419
Conejo con pimentón 421
Cordero asado 428
Cordero con guisantes y patatas 429
Escalopes de pollo 433
Ternera al caramelo 437

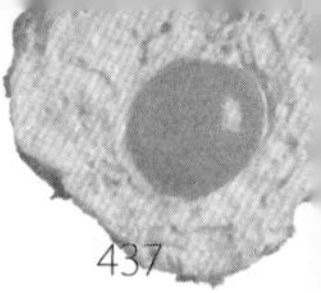

Filispas de cecina de vacuno 437
Hígado de cordero con huevos 441
Jamoncitos de pavo al limón 442
Magra de cerdo con tomate 450
Magras con tomate 450
Pollo al limón I 472
Pollo al limón II 472
Pollo al romero 473
Pollo asado 473
Pollo exprés 477
Pringada 479
Solomillo al cabrales 486
Solomillos de cerdo con piña 486
Solomillo de ternera con salsa de setas 487
Solomillo de ternera en salsa 488

para pinches

Albóndigas a la andaluza 383
Albóndigas a la bilbaína 383
Albóndigas caseras 384
Albóndigas con champiñones 385
Albóndigas de la abuela de Chamberí 385
Albóndigas en salsa 386
Albóndigas en salsa castellana 387
Albóndigas guisadas 388
Alparagate 390
Boliche de ternera braseado 392
Brochetas de ternasco 393
Buey al vino rancio 394

Cabrito asado	394
Cabrito en salsa	395
Caldereta de cordero	396
Carne con fideos	404
Carne con patatas	405
Carne en salsa	405
Chuletas de cerdo con manzanas	408
Chuletas de cerdo con naranja	409
Chuletillas de cordero asadas y con su salsa	409
Cochifrito	410
Cochifrito al estilo de Cuenca	410
Cochifrito de cordero	411
Cochinillo asado I	411
Cochinillo asado II	412
Cochinillo asado III	412
Codornices con salsa de membrillo	414
Codornices con uvas	414
Codornices en escabeche I	415
Codornices en escabeche II	416
Codornices en escabeche III	416
Codornices Sacramenia	417
Conejo a la castellana	417
Conejo a la navarra	418
Conejo asado	420
Conejo con aceitunas	420
Conejo con ciruelas pasas	421
Conejo con pisto	422
Conejo en adobo	423
Conejo en escabeche	423

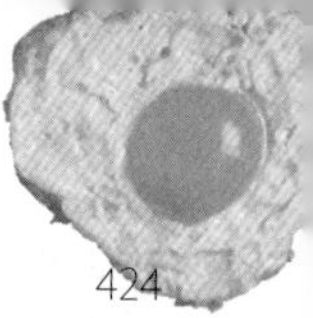

Conejo en salsa 424
Conejo en salsa de vino parreño 424
Conejo encebollado 425
Conejo escabechado 425
Cordero a la burgalesa 426
Cordero a la caldereta 427
Cordero al chilindrón 427
Cordero asado a la riojana 428
Cordero asado al estilo Cuenca 429
Cordero guisado 430
Costillas de cerdo agridulces 430
Entrecot de buey al vapor 432
Escaldón de gofio 432
Escalopes de ternera al limón 433
Escalopes de ternera con salsa de almendras 434
Escalopines al moscatel 434
Escalopines al oporto 435
Escalopines con salsa de cerveza 435
Estofado de costillas con patatas 436
Farcellets de pavo 436
Flamenquines 438
Fricandó de buey 438
Fritada de conejo y caracoles 439
Gachas manchegas 439
¡¡¡¡Gallineeeejas!!!! 440
Hígado a la veneciana 440
Jamón guisado 441
Lechazo al roble 443
Lechazo asado 443

Lengua de ternera con salsa de berros 444
Lengua de ternera estofada 444
Lomo de cerdo a la cerveza 445
Lomo de cerdo y huevo hilado 446
Lomo de cerdo a la sal 446
Lomo de cerdo al ron 447
Lomo de cerdo con manzanas 447
Lomo en adobo 449
Magro de cerdo con arroz 451
Mar y montaña 454
Muslos de pollo al estragón 456
Paletilla en costra 457
Pastel de carne 458
Pato asado 459
Pavo en pepitoria 460
Pechugas de pavo al jerez 462
Pechugas de pollo al oporto 463
Pechugas empanadas con salsa de tomate 463
Perdices en pepitoria 464
Perdiz con judías 465
Pichones asados al vino tinto 466
Pierna de cordero al cava 466
Pierna de cordero asada 467
Pierna de cordero asada al jerez 467
Pinchos morunos 468
Pollo a la cerveza 469
Pollo a la mostaza 469
Pollo al brandy 470
Pollo al chilindrón I 470

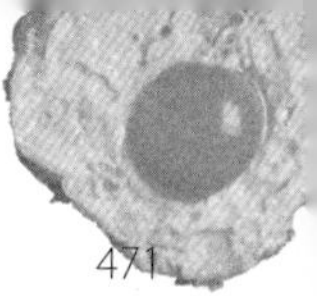

Pollo al chilindrón II 471
Pollo a la chilindrón III 471
Pollo con gambas 474
Pollo con hongos 475
Pollo en pepitoria 476
Pollo en salsa 476
Pollo relleno I 477
Pollo trufado 478
Ragout a la jardinera 481
Ragout de cerdo 481
Ragout de rabo de buey 482
Redondo de pavo a la naranja 483
Riñones al jerez 484
Riñones de cordero al vino con pasta 484
Solomillo de ternera al jerez 486
Solomillo de ternera al oporto 487
Quebrada de rabo de buey 488
Ternera abulense 489
Ternera estofada I 490
Ternera estofada II 490
Ternera guisada 491
Ternera guisada con hierbas 491

para cocinillas

Albóndigas rellenas 388
Ancas de rana a la leonesa 391
Cachuela de Logroño 395
Caldereta extremeña 396
Calderete ribereño 397

Callos a la madrileña	398
Callos al estilo canario	399
Capón con manzanas asadas	400
Capón con setas y castañas	401
Capón de Villalba	402
Capón relleno	402
Capón relleno con frutos secos	403
Carrilleras estofadas	406
Cazuela de gallina	407
Chuletas con salsa de tuétano	407
Codillo de cerdo al estilo alemán de Mallorca	413
Emberzados	431
Lengua mechada	445
Lomo de ciervo en salsa de setas y trufa	448
Madejas de cordero al vino blanco	449
Magret de pato a la naranja	451
Manitas de cerdo a la jardinera	452
Manitas de cerdo en salsa	453
Manitas de cordero en salsa	454
Menestra de cordero	455
Menestra de pierna de cordero	456
Paloma en salsa	457
Pastel de pollo	458
Pavo asado relleno	460
Pavo relleno con frutos secos	461
Pavo relleno de castañas	462
Perdiz a la asturiana	464
Pimientos verdes rellenos de codornices	468
Pollo con champiñones y aceitunas	474

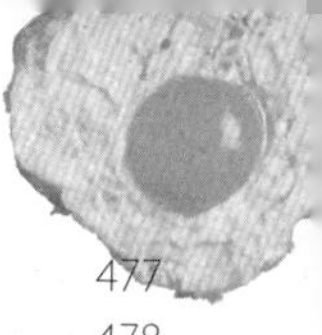

Pollo escabechado 477
Pollo relleno II 478
Rabo de toro a la cordobesa I 479
Rabo de toro a la cordobesa II 480
Rechigüelas al ajo cabañil 483
Rostit de payés 485

postres

para novatos

Bizcocho de yogur 500
Bizcocho de yogur de limón 501
Bizcocho de yogur y chocolate con leche 501
Compota ribereña de Navidad 511
Crema de frambuesas 515
Frutas con yogur 526
Helado de castañas 528
Helado de chocolate y café 528
Horchata de chufas 529
Manzanas asadas 533
Merengue 534
Nata montada 539
Torta de plátanos 561
Trufas 563

para pinches

Arroz con leche 495
Arroz con leche a la castellana 496
Arroz con leche asturiano 496
Arroz con leche y vainilla 497

Biscuit de nuez	498
Bizcocho	498
Bizcocho de almendras	499
Bizcocho de nata	500
Bizcochos de Calatayud	502
Boditas	502
Bollos con crema y frambuesa	503
Brazo de manzana	504
Buñuelos de manzana	505
Buñuelos de Sigüenza	506
Caramelo	507
Churros	507
Cítricos a la menta	508
Coca de turrón a la manera de Mallorca	509
Colineta	510
Compota de manzana	510
Copa de melocotón	512
Crema catalana I	513
Crema catalana II	513
Crema de limón	515
Crema frita	516
Crema pastelera	516
Ensalada de frutas I	518
Ensalada de frutas II	519
Flan	522
Flan a toda leche	522
Flan de cacao	523
Flan de frutas cántabro	523
Flan de melocotón	524

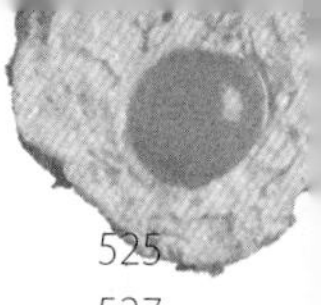

Frangollo 525
Helado de bizcocho y avellanas 527
Huesillos 529
Leche asada canaria 530
Leche frita con natillas 531
Lenguas de gato 532
Manta andaluza 532
Manzanas rellenas a la bilbaína 533
Melocotones al vino de Rioja 534
Mermelada de melocotón de Calanda 536
Mousse de chocolate 536
Mousse de chocolate blanco 537
Mousse de chocolate y menta 537
Mousse de fresón de Huelva 538
Naranjas Lola al vino 538
Panecillos de Ávila 539
Panellets 540
Papones 541
Pastel de peras leridanas 541
Pastel de queso de Burgos 542
Pastelillos de higos con chocolate 543
Peras con chocolate 544
Pestiños manchegos 545
Piña con limón 545
Queimada 546
Quesada pasiega 546
Quesadillas de El Hierro 547
Queso manchego frito 547
Rapadura de gofio 548

Repápalos con leche 548
Repápalos con leche y canela 549
Rosquillas 550
Sopa de leche y nueces 551
Suflé de queso 551
Tarta de manzana 552
Tarta de naranja 552
Tarta de pera caramelizada 553
Tarta de queso 554
Tarta de soletilla 555
Tarta de zanahorias 557
Torrijas al anís 559
Torrijas al vino tinto 559
Torrijas con natillas 560
Torrijas Viernes Santo 561
Trufas de chocolate 563

para cocinillas

Andarines 495
Arroz ilustrado 497
Brazo de gitano de cacao 504
Buñuelos de fresas 505
Canutillos de Bilbao a la crema 507
Coca de Sant Joan 508
Coscarana 512
Crema catalana hecha por un vasco 514
Cuajada casera con compota de manzana 517
Cuajado de nuez 517
Cubierta para tarta de chocolate 518

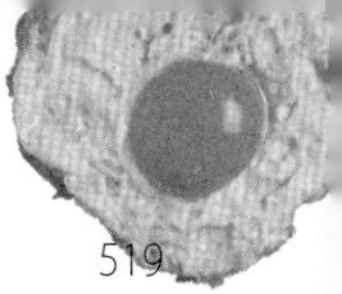

Esponjados 519
Filloas 520
Filloas rellenas 521
Flaó 525
Gateau de almendras (pastel) 526
Huesos de santo 530
Merengues de café 535
Pastel vasco 542
Pestiños 544
Roscón de Almería 549
Tarta de queso y fresón 554
Tarta de trucha 556
Terrina de melocotón 558
Tortas de *txantxigorris* 562
Turrón de Alicante 564
Yemas de Ávila 564

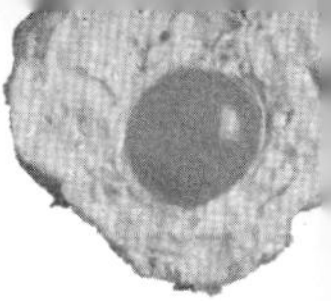

Agradecimientos

La receta de la tarta de trucha nos la pasó nuestro amigo Florián Líndener, que seguía sin creerse que la única receta de postre con pescado que existe en España (y pensamos que en todo el mundo) fuese de León.

Además, llegaron refuerzos
Para que brille con luz propia, Lucia Calduch.

Un alegrón
Asistir a la boda de tus padres y volver a encontrar una madre no es cosa habitual ni fácil. Un beso, Karmele.

Una sonrisa
Para las personas que supieron mantener en su memoria las recetas de sus padres y abuelos, pues de este modo podemos disfrutar ahora de ellas.

Un subidón
Volver a editar con Everest es algo que nos motiva.

La cara alegre que me alegra la existencia
La más cercana, la tuya, Lola.